THE BARCELONA LEGACY

JONATHAN WILSON

バルセロナ・レガシー

クライフ哲学の申し子たちによる
熾烈極まる抗争

ジョナサン・ウィルソン
西部謙司 解説
三好幸詞 訳

TOYOKAN BOOKS

目　次

第一章
偉大なる伝統

どんな偉大な人物でも、それにふさわしい引き際を迎えることができるのはごくわずか。サッカーの監督に限らずどんな指導者でも、そのキャリアはとかく残念な結末を迎えがちだ。ヨハン・クライフのバルセロナ監督解雇劇を見てほしい。会長との間にくすぶり続けた抗争の末、リーグ三位という成績に甘んじた混迷のシーズンの終盤になってお払い箱にされたのだから、酷く後味の悪いものであった。クライフはこのときまだ四九歳という若さだったが、これ以後一度も監督の座に戻ることはなかった。監督としてのキャリアはわずか一一年、二つのクラブを歴任しただけで終わってしまったのだ。だが、監督の真の評価とは、最後に采配を振るったシーズンに対してではなく、後々まで受け継がれるその遺産《レガシー》によって下されるものである。クライフが亡くなるまでの二〇年間、かつて存在した他のどんな監督よりも、彼の理念が今日のゲームスタイルを築いてきたと言えるだろう。少なくとも二つのクラブがクライフのサッカー哲学を堂々と実践し、彼の及ぼした影響となると、さらに至るところで見受けられる。それでも、八年間監督を務めたバルセロナを追い出された当時は、誰も驚かなかったし、多くの、いやほとんどのファンはそれが妥当な決断だと感じていた。

一九九六年五月一八日、ホームでのリーガ最終節セルタ・ビゴ戦の前日、ジョアン・ガスパール副会長がクライフに会いに練習場へやってきた。二人が何の話をしたのかは言うまでもない。少なくとも一週間、おそらくはずっと以前から、両者の関係はすでに終わっていた。

遡ること二年前、アテネで開かれたチャンピオンズリーグ決勝戦でファビオ・カペッロ監督率いるACミランに〇対四で大敗を喫したときから、事はギクシャクし始めた。その前の四シーズンでリーガ四連覇を果たし、初のチャンピオンズリーグ優勝も手に入れたバルセロナにとって、これはドリームチームの終焉を意味していた。どんなに優れたチームでもいつかは必ず終わりが来る、だからそれはごく自然な結末だった。クライフはむしろ、第一次黄金時代が幕を下ろしただけなのだ、と納得していた。

スタジアムからホテルに戻るバスの中、クライフは数名の選手に売却の話を切り出していた。彼はチームを根本から再構築することを目指し、監督就任後の数シーズンの間に顕著にみられたような、大胆な選手の入れ替えが再び始まった。GKのアンドニ・スビサレッタ、司令塔のミカエル・ラウドルップ、攻撃的MFのヨン・アンドニ・ゴイコエチェア、そしてセンターフォワードのフリオ・サリナスらは、こののち早々とバルセロナを去った。ロマーリオは翌年一月に移籍。エウセビオ・サクリスタン、フリスト・ストイチコフ、ロナルド・クーマン、チキ・ベギリスタインらも、翌夏の移籍市場でチームを後にした。そのシーズンのバルセロナは、宿敵レアル・マドリードに九ポイントも勝点差をつけられ、成績も四位に終わり、もはや王者の姿はなかった。

新たに加入したゲオルゲ・ポペスク、ロベルト・プロシネチキそしてゲオルゲ・ハジは、なかなかチームになじめずにいた。もっとも、一九九五―九六シーズンは期待外れの連続であった。四月一〇日のコパ・デル・レイ杯（スペイン国王杯）決勝戦ではアトレチコ・マドリードに敗れ、その六日後、バルセロナのホームで行なわれたUEFAカップ準決勝第二戦では、バイエルン・ミュンヘンが二対一で勝利を収めたことにより、合計スコア三対四で決勝進出を逃した。この頃、元イングランド代表監督のボビー・ロブソンがクライフから監督の座を奪うのではないか、との噂《うわさ》が根強く囁かれていたが、クライフは引き続き指導者としての役割を務め、シーズンが終わる二週間ほど前には、レアルのミッドフィルダー、ルイス・エンリケのバルサ移籍の話もまとめていた。

五月の半ばには、クライフの退任はほぼ確実となっていた。そんな中、『ディアリオ・スポルト』紙は「クラブ理事会から新たなクライフ批判が勃発」と大きく見出しを付け、ジョゼップ・ルイス・ヌニェス会長が、選手たちが負傷に悩まされるのはクライフのトレーニング手法に原因があると見ていると報じた。その記事は続けて、理事会側が週間練習スケジュールの改革を計画しているとも伝えた。それは、クライフによるトレーニングの前に選手たちにフィットネスコーチの指導を受けさせるといった、クライフの影響を大幅に少なくさせるような内容であり、クライフが困惑したのも無理はない。『ムンド・デポルティボ』紙も特集記事を組んで次のように報じている。

「ヨハン・クライフに疲労の影が出始めている。シーズンが終了したら理事会の意向に応じるつもりであったのが、今やイライラは募るばかり。昨日はメディアの取材に応じ、全力をかけて真剣に取り組んでいる姿を見せたが、コメントの歯切れは悪い。その受け答えを少し聞いただけでも、クライフが不安定な状態に置かれ、気が張り詰め、また怒りさえも感じているのが手に取るようにわかった」

その一方で、クライフは移籍の件で理事会の詰めの甘さを非難し、ジネディーヌ・ジダンがボルドーを離れ、結局はバルサではなくユベントスに移籍したことについて、「ジダンがイタリアに行ってしまうんだって？　一月には彼と同意にこぎつけていたのに」と怒りを露わにした。

その夜、バルセロナは先の土曜日に豪雨で中断したエスパニョール戦の残り八二分の消化試合に臨んだ。スポーツ評論家ジョセプ・カサノバスはこう書き残している。

「今夜はバルセロナダービー。しかし試合が始まるまでは、クライフとヌニェス会長の、まるで犬と猫の喧嘩のような争いがもっぱら注目の的だ。クラブにとってはマイナスにしかならない、この意味のない戦いに、選手たちはただ茫然となり、ファンは怒りを覚える。全く空しい見世物としか言いようがない」

ルイス・フィーゴとギジェルモ・アモールがレッドカードを受けるなど、波乱の末に一対一の引き分けに終わったこの試合で、バルサは期待通り首位のアトレチコとの差をさらに縮めた。しかしその翌日、いよいよ誰もが予想していたニュースが飛び込んできた。『ディアリオ・スポルト』紙のトップ見出しに「クライフ解雇」の文字が躍る。見出しの下には、「ヌニェスとクライフの蜜月はまるで永遠に続くかのように思われた。しかし、UEFAカップでの残念な結果により、ついに破局を迎えることになった」との記事が。同紙がファンを対象に行なったアンケートでは、八三・六パーセントがヌニェスとクライフの信頼関係は崩壊したと感じ、それがチームの成績に悪い影響を与えていると答えたのが七九パーセントに上り、ファン側も早急に根本的なチーム改革が必要と感じていたことをうかがわせる。多くのファンがクライフに非があると思っていたようで、監督の支持率はわずか二一・四パーセントに過ぎず、支持も不支持もしない層が六〇パーセントを占めた。

『ムンド・デポルティィボ』紙は一面トップで「完」という見出しを付けた。以下は編集後記の抜粋である。

「物語がもうすぐ終わろうとしている。今はその最後のエピソードが書き進められているところだ。その書き手たちは、一旦はどんでん返しの流れも見せたが、これまでのモヤモヤを昨日ついに取り払った。ヌニェスがクライフを一撃。クライフはもうバルセロナで監督を続けることはない……クラブは後任を誰にするかで頭を抱えている……ほんの二週間前には続投をオファーしたのに、なぜ今頃になって追い出そうとするのか、クライフは理解に苦しんだ。それに、彼は誰からもそんな話は聞いていなかった。サポーターたちは、黄金時代とスランプを経たこのサイクルの終焉に茫然となり、今後への不安を募らせた」

そんな中、残る一つの関心事は、クライフをどういう形で送り出すかということであった。クライフ指揮のもとでプレーしたフォワードのエルネスト・バルベルデは次のように語っていた。

「クラブやその都市がいかに素晴らしいか、ほんの些細なことでわかることが多いね。彼はバルセロナに多大な幸福をもたらしたし、礼節を守るのはよくできた人間の証。だから、クライフには英雄にふさわしい花道を用意してやるべきだ」

そんな意見もむなしく、退陣劇にはひとかけらの感謝の心も威厳も無かった。ガスパールが控室に入るなり、クライフは「裏切り者のくせに、よくあいさつに来られたものだな」と言った。彼はまた、面と向かって解雇を告げなかったヌニェス会長を非難した。二人の怒鳴り声が、隣の部屋の選手たちの耳にも入ってきた。椅子を投げつける音がする。ガスパールも売り言葉に買い言葉で、「ここはもうお前の居場所じゃない」と言い放ち、警察を呼ぶ前にスタジアムを去るよう命じた。

確かに、クラブと一人の人間がこれほど固く結ばれた例は、バルセロナとクライフをおいて他にない。一人の男にこれほど強烈にイメージづけられたクラブも他にない。クライフは次のようなコメントを残した。

「ファンにきちんと別れを告げられないのは辛い。もしみんなが私を必要としているならいつでも帰ってくる。ただ、ヌニェスと一緒になるのは金輪際ごめんだ」

事実、クライフは完全にバルセロナを離れることはなかったが、その事件の直後には、衝撃と共に否定的な反応がひときわ目立った。「こんな形でお払い箱にするなんて、全く敬意に欠けている。彼がこんな風に追い出される姿を見るのは忍びない。一体クライフのどこが不満だったのか、わからない」とコメントしたのは、当時故国オランダのフェイエノールトでプレーしていたロナルド・クーマンだ。

翌日、長きにわたってクライフのアシスタントを務めてきたカルロス・レシャックが代わりにベンチに入り、クライフの息子でフォワードのジョルディも健闘を見せ、バルサは三対二で勝利を収め、復活を印象づけた。試合終了の数分前に交代したジョルディは、「クライフ、イエス！　ヌニェス、ノー！」と連呼する群衆の大声援を受けながらピッチを後にした。

クライフの偉業は、安定さに欠けるチームだったバルセロナをスペインの一大強豪に仕立て上げただけでも、クラブ初のチャンピオンズリーグ優勝をもたらしただけでもない。彼はクラブのスタイルというものを決定づけ、今や全世界で通用する戦術モデルを確立した。クライフ以前の時代にサッカー哲学という言葉を使うのはどこか奇妙であるが、彼は監督がいかにあるべきかという哲学を一新させ、その哲学によって単にチームをまとめる指揮者から、信念を伝える思想家へと変貌を遂げていった。クライフはその戦術にスピリチュアルといえるほどの拡がりを与え、それは単調なトレーニング主体であった以前のやり方を完全に時代遅れにした。彼が作り上げたのは、監督術の手本ではなく、その後二〇年にわたり、そしておそらく今後もサッカーを形成する元になるであろう、試合に対する熱意と取り組み方なのだ。

クライフは、アヤックスでもバルセロナでも、選手および監督として、革命児とまではいかなくとも、革新的な哲学を実践した人物として知られている。しかし、彼がバルセロナであれほど輝かしい成果を残して推し進めた理念は、実は世界初のサッカー国際試合、一八七二年にグラスゴーのパーティックで行なわれたスコットランド対イングランド戦から脈々と続いているものであった。クライフは確かに急進的だったが、その急進性はサッカーの偉大な伝統の一部をしっかりと受け継いでいたのだ。

その試合では誰もがイングランドの勝利を予想していた。イングランド勢は経験も人材も豊富であり、信じるかどうかは別として、言い伝えではイングランドの選手は一人当たりの体重がスコットランド人選手に比べて平均一ないし二ストーン〔訳注・一ストーンは約六・三キログラム〕も上回っていたそうだ。* それでも、不利な条件は時に斬新な発想をもたらすことがある。スコットランド代表チームは、当地で唯一真っ当なクラブであったクイーンズパークの選手たちで占められ、彼らはこの劣勢をどう克服するか知恵を絞った。そして出した答えが、当時主流だったチャージ中心のゲームを極力避けること、そしてパスに重点を置いて、とにかくイングランドにボールを渡さないというものであった。当時、パスは非常に珍しい、いや全く使われていなかったプレーであった。スコットランドは前衛《フォワード》から一人の選手を後衛《バック》に回して、イングランドの一―二―七のフォーメーションに対し、二―二―六で試合に臨んだ。

＊このエピソードに関しては、後から尾ひれのついた逸話だと最近になって言われるようになったが、当時の『グラスゴー・ヘラルド』紙でもそう報じられており、議論の余地はあるように思われる。

この作戦が功を奏し、スコットランドは〇対〇のドローで試合を乗り切った。以後、スコットランドはパスを中心としたプレースタイルに移行し、イングランドは依然としてドリブルとチャージを駆使し続けた。スコットランドは一六の国際試合のうち黒星をたったの二試合にとどめ、この大成功により、またイングランドにおけるサッカーのプロ化の到来と相まって、一八八〇年代の中盤にはパスが広く使われるようになった。イングランドは頑なに規律正しいプレーをするアマチュア選手を排除し、より勝利を挙げることに集中した。それでも、スコットランドの選手たちはパスの王者に変わりなく、フォワードラインいっぱいにボールをジグザグと操ることから、「織り模様」と呼ばれるスタイルで一躍有名になった。

一八九〇年代、クイーンズパーク設立以来おそらく最も優れたセンターフォワードと謳《うた》われたロバート・スミス・マッコールが現れた。マッコールは一九〇〇年にセルティック・パークで開かれた対イングランド戦でハットトリックを成し遂げ、スコットランドは四対一で快勝した。この試合でマッコールは一三試合で一三得点を挙げるという当時の世界記録を樹立した。しかし、彼は翌年ニューキャッスル・ユナイテッドへ移籍したことから、それが母国でプレーした最後の試合となった。マッコールは契約金として受け取った三〇〇ポンドのうち、三分の一を彼の弟トムとの小型売店RS McColl の事業立ち上げに充てたことから、「飴売りボブ」とのニックネームを頂戴することになった。マッコールはニューキャッスルで三年過ごし、その間にパスの重要性に関する彼の理念をしっかりと根づかせ、その後はグラスゴーに戻ってレンジャーズでプレーした。

スコットランドからはもう一人、とりわけこのプレースタイルに傾倒した人物がいた。それが、ピーター・マクウィリアム。選手時代には左サイドハーフでプレーし、一九一二年一二月にトッテナム・ホットスパーの監督になった際、マッコールの理念を大々的に導入した。マクウィリアムは一九二七年にトッテナムを離れてミドルスブラへ移ったが、一九三八年に古巣トッテナムへ戻り、そこで四年間采配を振るった。彼はこの二度目のトッテナム時代、後に監督として輝かしいキャリアを築くことになる三人の選手、アーサー・ロウェ、ビル・ニコルソン、ヴィク・バッキンガムを世に送り出した。

ロウェは国外のサッカーにも関心を持ち、一九三九年にハンガリーに渡って精力的に指導を行ない、熱く創造性にあふれたブダペストのカフェ文化に刺激を受けて現地の監督たちとアイデアを交わし合った。しかし、第二次世界大戦の勃発により、ロウェは故国に帰ることを余儀なくされた。一九四九年にトッテナムの監督となったロウェは、一九四九―五〇シーズンでチームを二部リーグ優勝、その次のシーズンでは一部リーグ優勝に導き、さらに翌シーズンもリーグ二位と快進撃を続け、そのプレースタイルはプッシュ&ラン、いわゆるワンツーとして広く知られようになる。

一九五八年にトッテナムの指揮を任されたニコルソンは、一九六一年にFAカップと一部リーグの両方を制覇する「ダブル」を成し遂げ、一九六二年と一九六七年にもFAカップ優勝を飾った。一九六七年当時のトッテナムには、一九八四年から一九八七年までバルセロナの監督を務めたテリー・ヴェナブルズも在籍していた。ニコルソンのサッカーは、マクウィリアムやロウェのスタイルを忠実に踏襲していた。

一方、世界の舞台で最も名を馳せたのは三人目の男、バッキンガムである。一九五三年にウェスト・ブロムウィッチの監督に任命されると、初シーズンはFAカップでプレストン・ノースエンドを倒して優勝、そして一部リーグでの成績が二位と、ほとんどダブルを達成したと言ってもよかった。このチームには当時、後にバルセロナでクライフの後任を務めたボビー・ロブソンがプレーしていた。バッキンガムは一九五九年にアヤックスへ移り、オランダリーグ優勝を果たし、一九六一年にイングランドに戻ってシェフィールド・ウェンズディの監督となるも、その二年後にふたたびアムステルダムの地を踏んだ。この二度目のアヤックス時代は結局一シーズンのみ、結果は二部リーグ降格ギリギリの順位という成績に終わったが、バッキンガムはこのとき、ヨハン・クライフにデビューのチャンスを与えたのだ。

アヤックスはこの頃からすでに、パス&ムーブを基本にしたサッカーを展開するチームであった。このスタイルはマンチェスター生まれの元ウィンガーで、一九一五年から一九四七年の間に三度アヤックスの監督を務めたジャック・レイノルズが導入したものである。バッキンガムはこの伝統を受け継ぎ、次のリヌス・ミケルスへ、後に来るトータルフットボールの基礎を築いたのである。

バッキンガムはその後、フラムで試練に満ちた三年間を過ごし、それからアテネのクラブ、エスニコスにも短期間所属した後、一九六九―七〇シーズンからバルセロナの監督を務めることになる。バッキンガムはここで、かつてマクウィリアムから教わった基本スタイル、つまりおよそ一〇〇年前にスコットランド代表が編み出したパス中心のゲームを当時風にアレンジしたプレーススタイルを導入した。彼は一九七一年にコパ・デル・レイ杯で優勝をチームにもたらしたが、背中と腰の痛みに悩まされ、イングランドへ帰ることを決めた。こうしてバルセロナが彼の後任へと白羽の矢を立てたのが、バッキンガムの後釜としてアヤックスの監督を務めた経験を持つミケルスであった。ミケルスはクライフを中心にチームを構成し、激しいプレスをかけるプレーとポゼッションを基本にしたサッカーで、六シーズンにわたる監督在任期間中、オランダリーグを四度制覇し、カップ優勝三回、UEFAチャンピオンズカップ優勝一回という輝かしい成績を残していた。

ミケルスがバルセロナに渡った二年後、クライフも彼を追ってバルセロナへやってきた。こうして、バルセロナとアヤックスはさらに強い絆《きずな》で結ばれるようになった。とはいえ、バルセロナの伝統はこの二人の人物から始まったのではない。その前のバッキンガム、マクウィリアム、さらには「飴売りボブ」マッコールと世界初の国際試合に臨んだスコットランド代表チームにまで遡るのだ。クライフの急進性には、先人たちの強い誇りに満ちた経緯が脈々と流れていたのである。

＊
＊
＊

もっと直接的な関わり合いという点では、クライフがアヤックスの伝統の中で生まれたという事実がある。まず、彼の父親がアヤックスのファンであり、クライフ一家が住んでいたのは、アヤックスが一九九六年にアムステルダム・アレナに本拠地を移すまでクラブのホームグラウンドであっただデ・メール競技場から歩いて五分ほどのところにあった。クライフ少年がボールを追いかけていた砂の多い空き地の一角は、偶然にも当時アヤックスを指揮していたヤニ・ファン・デル・フェーン監督の住まいから見下ろせる場所でもあった。ジャック・レイノルズとの共同作業の経験もあるファン・デル・フェーンは、窓から見える華奢な少年を見て、アヤックスのテストを受けてみないかと誘った。ファン・デル・フェーンはこう振り返る。

「クライフはいつも年上の子供たちと一緒にサッカーをしていましたが、クライフのほうが彼らを引っ張っていましたね。まるでボールと一体となっているようでした」

こうしてクライフは一〇歳の誕生日にアヤックスに加入した。

ファン・デル・フェーンはサッカーの面で自分が強く影響を受けた最初の人物であり、一二歳で父親を亡くしてからはまるで第二の父親のようになった、とクライフは語っている。ファン・デル・フェーンこそ、クライフを両利きの選手に育て、足首にウェイトをつけてそれを上下させることで彼の足首の強度を飛躍的に向上させた人物なのだ。クライフが次に大きな影響を受けたのは、一七歳のときに彼をアヤックスのトップチームのメンバーに起用したバッキンガムである。もっとも、彼はクライフにとって単なる監督以上の存在であった。というのも、監督にはクライフとほぼ同じ年頃の息子が二人いて、クライフは彼らとともにバッキンガム宅で過ごす時間が多く、そのうえ、クライフの母親がそこで家政婦として働いていた。クライフによると、彼にきちんとした英語を教えてくれたのはバッキンガム一家だそうである。

それから一年足らずでバッキンガムはアヤックスを去ったが、その後を継いだリヌス・ミケルスとの間に、クライフはより強い絆を結ぶことになる。ミケルス指揮下での最初の試合、ＭＶＶマーストリヒト戦は九対三と圧勝し、この試合で大活躍を見せたクライフは一躍時の人となった。ミケルスは彼が単に足が速い有能なだけの選手ではないことにいち早く気がついていた。というのも、彼はまだ一八歳だったクライフと戦術に関する議論を交わしていたというのだから。そんな早熟なクライフが、オランダのサッカー紙『フトバル・インターナショナル』で最初に彼自身が関わった記事というのが、ありふれたインタビューではなく、彼が二〇歳のときに同誌の編集部へ直接よこした手紙で、そこには一対一のドローに終わったレアル・マドリード戦について同紙が掲載した記事に対していくつかの反論点を挙げるというものであった。

クライフは早くから「ピッチ上での組織力の重要さ」を理解し、戦術の持つ「頭脳的な計算術」という一面を好んだ。二〇一六年、クライフの死後まもなく発表されたその自伝の中で、彼は「チームをどのように組織するべきか、いったん完璧に理解すれば、そこにどんな可能性が秘められているのか自ずとわかるはずだ」と語っている。クライフは他のスポーツでもそうした可能性を見出していた。というのも、クライフは野球の腕にも秀で、オランダユース代表でキャッチャーを務めていたこともある。野球では、ボールをキャッチする前から、そのあとでボールをどこへ向かって投げるべきか理解することが大事だと学んだクライフは、後にその原理をサッカーに応用することとなる。クライフは自分の周りにあるスペースとチャンスを素早く感知する才能に絶えず恵まれていたようだ。アヤックスの野球チームでは一九六一年の対WV - HEDW戦にてデビューを飾ったクライフだが、監督のリン・ファン・トホフは彼の腕力の弱さが気になり、起用には及び腰だったという。

「最初のボールから、クライフはずいぶんと長く考えるものだから、試合に負けるんじゃないかと気が気でありませんでした。でも、絶妙のタイミングで彼はくるりと身を返し、三塁に向かってボールを投げました。相手の選手は三塁ベースからかなり離れたところにいて、それで彼は結局アウトになり、アヤックスは優勝を手に入れました」

かの有名なクライフターンは、クライフ本人は状況に応じた本能的な動きに過ぎないと常に主張してきたが、ホッケーの技術と非常に似ている部分がある。状況判断、ゲームの先を読むイメージ力、他の選手たちの動きを尊重しつつも独創的なプレーを行なう能力など、クライフにとってトータルフットボールを成功させるうえで重要なカギとなるスキルは、あまりに早い時期に身についてしまうので、まるでそれが持って生まれた才能だと錯覚してしまうこともある。クライフは次のように語っていた。

「優秀な選手というのは、一度ボールに触れたとたんにどの方向へ向かって進むべきか理解する。やみくもに走ればいいというのではない。サッカーは頭を使うスポーツだ。適切な場所に、早すぎず遅すぎず、適切なタイミングでいなければならない」

この理念は攻撃のときだけではなく、ディフェンダーからボールを奪い返しやすい状況を作るときにも通用する。クライフはその自伝の中で、ミケルス指揮下のアヤックスが発展させたプレスのパターンについて、いくつかの例を挙げている。

「利き足が右のディフェンダーにプレスをかけるなら、自分が彼の右側に近づいて、利き足ではない左足でパスをさせるよう仕向ける。その間にヨハン・ニースケンスが中盤から彼の左側に向かってくるので、ディフェンダーはパスを送らざるを得なくなり、状況はさらに苦しくなる。そういった流れに運ぶために、ニースケンスは彼をマークしているディフェンダーを泳がせておく必要がある。ニースケンスはいったんマークされなくなるが、そのディフェンダーは彼の動きをうかがってばかりもいられない。なぜなら、こちらのディフェンスからヴィム・シュルビアが突進してニースケンスのポジションに収まるからだ。こうして、迅速かつ効果的に三人対二人という構図を作れるのだ」

ミケルス退陣後、アヤックスはルーマニア人監督シュテファン・コヴァチの下でさらに快進撃を続け、オランダリーグ優勝二回、一九七二年と七三年にはUEFAチャンピオンズカップで二連覇を飾った。コヴァチはミケルスに比べるとより人当たりがソフトで、絶対的な指導者ではなかった。するとアヤックス内には、選手それぞれが自己主張できるような、より自由な空気が流れ始めた。だが、それは後に来るスランプ時代の到来を急がせる結果になったのではなかろうか。

話は前後するが、ミケルスはアヤックス在任時、ディフェンス面が悩みの種で、一九六六年一〇月に、パルチザン・ベオグラードのガッツあふれるリベロ、ヴェリボール・ヴァソヴィッチに接近し始めた。一九六六―六七シーズンのUEFAチャンピオンズカップ準々決勝でスパルタ・プラハに敗れたことで危機的状況に追いやられたアヤックスは、シーズン終了後に彼と契約を結んだ。ヴァソヴィッチは自分でも言っていたように、アヤックスに「屈強さ、規律、そして何が何でも勝つという気合い」をチームにもたらした。しかし、ヴァソヴィッチは喘息に苦しみ、一九七一年のUEFAチャンピオンズカップ決勝戦でキャプテンを務めたのち、三一歳の若さで引退。彼の後釜にはより攻撃的なプレーをするホルスト・ブランケンブルグが就いた。

後方から攻め上げるドイツ風の構造的なプレー、そして穏やかなコヴァチ監督をベンチに迎えたアヤックスは、この一九七一年から一九七三年の間に、間違いなくその最高の、あるいは最も攻めに入ったプレーを繰り広げた。MFのヘリー・ミューレンは当時について次のように語っている。「コヴァチはいい監督でしたよ。でも優しすぎたかな。ミケルスはもっとプロ意識が高かった。厳格で、どの選手にも同じように接していた。でも、コヴァチ監督の下での最初のシーズンでは、それ以前よりもプレーに磨きがかかっていた。それは自分たちの実力もあるけれど、何よりも自由を与えられましたからね。ただ、そうこうしているうちに規律が無くなってしまい、そのあとはもうさんざんでした。みんなの気持ちがバラバラになって、もしあの後も団結していたならば、チャンピオンズカップでさらに連覇を続けられたのではないかと思います」

自由に、そしてわがままになりすぎたアヤックスは、衰退の道をたどることとなる。それはまるで完熟した果実がだんだん腐敗していくようであり、監督は腐敗がこれ以上進行しないように食い止めるだけで手いっぱいになった。これはクライフにとって忘れることのできない教訓となった。「監督が規律を守らせないと、チーム内のあちこちから不協和音が起きて収拾がつかなくなる」と彼は述べている。

それはおそらく、トータルフットボールに見られる最も厄介な皮肉であろう。トータルフットボールほど選手が平等になれるサッカーはない。イギリスのサッカージャーナリスト、デイヴィッド・ウィナーが『オレンジの呪縛』の中で指摘しているように、アムステルダムという都市を一変させた急進的精神とアヤックスとの間には、直接的にも間接的にも繋がりがある。アルベール・カミュが「パイプをくわえた男たちが、いつも同じところで運河に降る雨をただじっと眺めている」と描いたような何の面白みのないこの町が、わずか一〇年間で、若者たちの熱気あふれる繁華街へと変貌を遂げた。アヤックスも、アムステルダムの街も、各自が自分を表現してそれが全体の活気につながるムードに包まれていたという部分は共通していた。一九九七年にオランダのジャーナリスト、フベルト・スメーツは、雑誌『ハード・グラス』に次のような記事を寄せている。

「オランダ人は、既成のシステムと個人個人の独創性をうまく結びつけることができたとき、その力をいかんなく発揮する。その代表格がヨハン・クライフだ。第二次世界大戦後にオランダという国を作り上げたのはまさしくクライフである。彼は一九六〇年代という時代を本当に理解していた唯一の人物だと私は思う」

イギリス人にとってのビートルズがそうであるように、オランダ人にとってクライフこそが六〇年代を象徴する存在なのだ。*

＊『ザ・ブリザード』第三号のサイモン・クーパーとデイヴィッド・ウィナーの記事「アップルとオレンジの比較」を参照のこと。

この考え方はトータルフットボールという言葉に要約される。オランダ語ではtotaal voetbalと表現されるこの言葉は、一九七四年のオランダ代表チームの活躍を受けて登場したが、「totaal」という単語はもともと建築学の用語であった、オランダ人建築家ヤコブ・バケマは、例えば「トータル都市計画」「トータル環境」「トータルエネルギー」といった事柄について語っている。彼は一九七四年に行なった講義で次のように語った。

「物事の間にある関係性を理解しなければならない。（中略）かつて、社会の相互関係性における最も崇高なイメージが『神』という言葉で表されていて、人間は大地と空間を、それに細心の注意を心がけるという条件で、自由に使うことが許されていた。しかし、この種の注意（ケア）と敬意を現代風に改める時が来た。なぜなら、人間はその知能により原子の関係と呼ばれる相互関係性の現象に近づいてきているからである。人間は自分がトータルなエネルギーのシステムの一部であると感づくようになったのである」

アヤックスの選手たちが他の選手たちとの相互関係性を見出していた一方で、上下関係の崩壊という危機が生まれた。一九七三年、チームの主将を選ぶ投票では、クライフではなくピート・カイザーが選ばれた。「直視できないほどの酷い傷を負った」と後に振り返るクライフは、彼が感じたように、「単なるチームメイトだけでなく、親友たちにも」裏切られたのである。

クライフは常にここぞという大事な場面でその真骨頂を見せてきたように思える。彼がバルセロナでのデビューを飾ったのは一九七三年一〇月末の対グラナダ戦。バルサはシーズン開幕からそれまでの七試合で二勝三敗と全く振るわないスタートを切っていたが、この試合で四対〇と快勝。以後、バルサは無敗を続け、二月にレアル・マドリードとの試合に臨んだ。この試合の直前、妻ダニーは、クライフがこのレアル戦に出場できるよう、アムステルダムの病院で帝王切開により息子のジョルディを予定日通りに出産していたが、ミケルス監督にはクライフのこうした事情よりももっと心配なことがあった。それは、レアルのセンターバック、グレゴリオ・ベニトの向かいに住んでいたオランダ人の友人、テオ・デフロートから、レアルがクライフを徹底してマークする作戦を考えているという話を耳にしたからである。そうして、ミケルスはクライフをいつものセンターフォワードのポジションから少し下がらせ、ゴールアシスト役の意味合いが強いポジションに置いた。こうして、後にフォルスナイン*として知られるようになる役割が編み出されたのである。一九七七年にこのポジションについての説明を求められたクライフは、次のようにまとめていた。

「相手の選手から追われていないときには自由に動けて、攻めてこられたら相手はディフェンスが一人足りないようになる」

＊しかしながら、クライフをフォルスナインの先駆者と見るのは正確ではない（同様に、クライフが直感的にスペースに飛び込んでいったのではないと考えるのもおそらく間違いで、単にこのアクションが明確な形をとり、人々に意識されるようになっただけのことではないだろうか）。早くは一八九〇年代初頭から、ストライカーがマークしている選手から逃れてスペースに入り込もうとする姿は見られた。コリンチャンスのG・O・スミスは、そうしたプレーで有名になった最初の選手であり、一九二〇年代のアルゼンチンサッカー界で活躍した様々な司令塔たちや、一九三〇年代のオーストリア代表選手マティアス・シンデラー、一九五〇年代初めにハンガリーの黄金時代の立役者ヒデクチ・ナーンドル、そしてもちろん、自分の役割について「少し下がったセンターフォワード」と評されていたレアル・マドリードのアルフレッド・ディ・ステファノと並んでサッカーの偉人たちの先頭に立った。

この戦略の初めての試みは大成功を収め、バルサは五対〇でレアルを撃沈。それぞれの得点を五本の指になぞらえて、このスコアはスペイン語で「手」を意味するマニータと呼ばれている。当時バルサのフォワードとして活躍し、後に長きにわたってコーチを務めたカルロス・レシャックをして、現在のバルセロナが誕生したのはこのときだと言う。それはまさしく、レアルという強豪を前にしたときにいつも感じていた劣等感が崩れ去った、バルサにとって大きなターニングポイントだった。クライフがバルセロナで初めて黒星を喫したのは、クラブが一四年ぶりの悲願のリーグ優勝を決定させた後のことだった。クライフは俊足と超越したバランス感覚に恵まれた優れたプレーヤーであったのはもちろんだが、チーム全体を大いに活気づけた立役者ともいえるだろう。バルセロナに加入した直後、クライフはこう語っていた。

「自分よりも技術的に優れた選手や、ずっと健康な選手はいるが、やっぱり大事なのは戦術だ。ほとんどの選手に欠けているのは戦術の力なのだ」

一九七四年三月、ミケルスはオランダ代表監督に指名され、ワールドカップに向けて大役を担うことになった。この大会でトータルフットボールは全世界に知れ渡るようになり、オランダはその華麗で堂々としたプレーで決勝戦まで勝ち進んだ。その当時は、選手間の動きや攻撃時のペースの速さが俄然注目の的になったが、オランダがゲームを自在に操ることを可能にさせたあのプレスは、これまでにないほど激しかった。現在のプレステクニックと比べるとやや粗削りのように見えるが、攻撃性は申し分なかった。

このワールドカップでブラジル代表のキャプテンを務めたマリーニョ・ペレスは、混乱しつつこの戦術に立ち向かった。彼は次のように言い残している。

「オランダの選手たちはとにかくスペースを少なくしようと、チームが一致団結していた。何はともあれ試合の流れを止めるためにオフサイドトラップを利用する。これは自分にとって全く新しい発想でした。ブラジルの人々からみれば、ボールを浮かせ上げてそれから他の選手が走り込めば何とかなる、と思われていたみたいですが、実際はそんな簡単なものではなかった。そんなことをしている時間がないんですよ」

マリーニョは一九七四―七五シーズン開幕前にバルセロナに移籍し、この新しいディフェンススタイルを習うことになった。彼はこんなエピソードも披露している。

「ある練習試合のとき、すごく張り切って、相手チームの選手を四、五人ほどオフサイドトラップにかけたことがありました。それは気持ちよかったですが、ミケルスがこっちに来て怒鳴るんですよ。監督は、ボールを持っていた選手に対して他のチームメイトと一緒にチャージをかけてほしかったんですね。なぜなら、相手側にはオフサイドポジションでゲームに関与しない選手がいるからです。オフサイドはこうやって攻撃の力になったんですね」

その夏にはヨハン・ニースケンスもバルセロナへやってきて、彼とクライフはバルセロナのプレスに磨きをかけ、そのスタイルはさらに注目された。しかしながら、その後の成績はリーガ三位、続いて三年連続の二位。ようやく手にしたのは一九七八年のコパ・デル・レイ杯の優勝のみであり、結果につながったとは言い難い。だが、クライフはタイトルにも、ひょっとしたらサッカーそのものにもそれほど固執していなかったのかもしれない。[*]

*ニースケンスはオランダ代表として出場し、二対〇で白星を飾ったワールドカップの対ブラジル戦でマリーニョから意図的でないとはいえ激しいタックルを受けたが、移籍について何ら疚しい理由があったとは思われない。

バルセロナに加入して以来、クライフはクラブに関して様々な意見をぶつけてきたが、それはクライフが権力に対抗せずにはいられない、そんな反逆精神によるものである。クライフがバルサに加入したのは、単にアヤックスが彼をレアル・マドリードに売却しようとしていたからだった。自分の息子をジョルディと名づけたのも、カタルーニャ地方の守護聖人の名前だからではなく、ただその名前を気に入っていたからであるが、ジョルディという名前がスペインで許可されている名前のリストに入っていないことを耳にすると、役所に抗議した。抗議はもちろんだが、息子がオランダ人だというもっともな主張を通すことも忘れなかった。彼がバルセロナでの初試合となった対グラナダ戦のちょうどその日に逮捕され、いったんは投獄されたこともある共産主義者のジョゼップ・ソレ・イ・バルベラにサイン入りの写真と試合のチケットを二枚送ったのは、その政治思想に共感していたというよりもむしろ、反権力やいたずらの気持ちから出た行為だった。クライフはその姿勢からオランダでの文化改革の顔となっていたが、バルセロナではさらに大きな変革のうねりの象徴となった。もっとも、彼がバルセロナでデビューを飾ったときからすでに、それを暗示するような出来事があった。『ラ・バングアルディア』紙はグラナダ戦の翌朝、ナルシス・デ・カレーラスがバルセロナの会長に就任する直前の一九六八年一月に残した言葉を借りて、「クラブ以上の存在、バルセロナ」と見出しを掲げた。この「クラブ以上の存在」をカタルーニャ語に訳したものが、後にバルセロナのスローガンとなる。この一文は、当初クラブの政治的かつ文化的な特色を表していたが、それは次第にバルサのアイデンティティーそのものとなる、一種の美学を呼び起こすようになった。クライフは、現役時代にはタイトル獲得という点ではそれほどの成功は手にしなかったが、クラブに自信を与えたという点ではこの上なく重要な役割を演じたのである。

ワールドカップ・アルゼンチン大会（一九七八年）では、クライフは誘拐を恐れて不参加を決めた。また、この大会でもオランダは決勝戦で敗れた。三一歳だった彼はその年の夏に引退することもできたが、深く考えずに始めた養豚事業で大いに損失を被っていたことから、アメリカにわたり、まずはLAアズテックス、そしてワシントン・ディプロマッツでプレーを続けることになった。

ディプロマッツでプレーしていた一九八〇年、クライフはアヤックスのテクニカルアドバイザーに就任した。自分がいつでも正しく、欠点を逐一指摘してもみんなそれを喜んで受け入れてくれる、そう信じて疑わなかった彼がチーム内に軋轢《あつれき》を生んだのは当然の成り行きであった。アヤックスがホームでトヴェンテと対戦したとき、途中まで二対三でリードされていたが、クライフは自分の席を離れてベンチに入り込み、レオ・ベーンハッカー監督の隣に座った、そして、おそらく何の依頼も受けたわけでなく、どんどん選手交代を行なってチームを作り直した。結局この試合はアヤックスが五対三で勝利を収めたが、ベーンハッカー監督はすっかり気分を害して次の年にアヤックスから去ってしまった。スペインに戻り、レバンテで一〇試合に出場し二得点を挙げたクライフは、一九八一年、今度は選手としてアヤックスに戻り、オランダリーグ優勝を二度経験した。クライフが三六歳になったとき、アヤックスは彼と新たな契約を結ばない決断を下したが、それに対するクライフの答えは、アヤックスの最大のライバルであるフェイエノールトと契約するという、大胆かつひねくれたものだった。フェイエノールトではわずか一試合欠場したのみで、チームが一〇年ぶりにリーグ優勝を果たしたこともあり、その年の最優秀オランダ人プレーヤーにも選ばれた。クライフはこうして思い残すことなく完全に現役から退いた。

引退後はロダJCケルクラーデで臨時アドバイザーを務め、MVVマーストリヒトのユースチームの指導に当たったのち、一九八五年六月に監督として古巣アヤックスに戻ってきた。クライフが目指したのは、彼の言葉を借りれば「アヤックスに再びアヤックスらしい姿を与える」ことであった。別の言い方をすれば、クライフが望んでいたのはトータルフットボールの再現である。しかし、それが実際にどういうものなのかは、思ったほど明確ではない。

トータルフットボールという言葉は、今となってはもうその価値が下がってしまい、一九二〇年代のウルグアイ代表チーム、三〇年代のオーストリア代表、そして五〇年代のハンガリー代表など、とにかくボールをキープして選手たちが入れ代わり立ち代わり動き回るという昔のチームを語るときに使われるだけになった。七〇年代のオランダ代表チームとの違いは、その渦を巻くような選手たちの動きにプレッシングと攻撃的なオフサイドトラップが加えられたことである。

クライフの哲学は、とにかくボールを支配し、その状態を維持するという、その核心は非常に単純なものであった。自伝の中で「ボールは一つ。奪うか奪われるか。ボールを奪うことができたら、相手はゴールできない。ボールをうまくさばければ、良い結果が生まれるチャンスは失敗する危険よりも俄然多くなる」と書いているクライフによると、それが一九七四年のワールドカップの遺産であり、世界的に認知されたトータルフットボールであったという。このオランダの例は、「努力と体力」よりも「質とテクニック」に重点をシフトさせた。とはいえ、「努力と体力」なしではそれは成り立たない。ペップ・グアルディオラが活躍していた頃のバルセロナは、誰が見てもその両方が見事に融合したチームそのものだった。

ミケルス監督が作ったチームは、四―三―三のフォーメーションで戦う傾向にあった。イングランド式のオフサイド戦術を駆使するときと同様に、バックの四人をフラットではなく配するものだが、センターバックのうちの一人が中盤に上がっていけるようになっている。相手側ディフェンスを間延びさせてサイドにスペースを作るには、ウィンガーが決め手となると信じていたクライフは、フォワードはそのまま三人、その後ろにクリエイター役を務める選手を置こうと決めた。八〇年代半ばには多くのチームが四―四―二のフォーメーションを採用しており、三人しかMFを置かず、そのうちの一人がクリエイターを担うとなれば、非常にリスクが高いことはクライフもよく承知していた。そこで、ディフェンスから中盤に助っ人に入れるような選手を求めて、三―三―一―三というフォーメーションが生まれた。これは、三―四―三を基本にして、ポゼッションしていないときには四―三―三に変形し、オフサイドラインをより高い位置に設定でき、ライン間の距離も一〇ないし一五メートルを超えることはなく、非常にコンパクトな布陣である。さらに、ゴールキーパーも動員してその補佐をさせた。監督業で一番好きなところは、「配置をパズルのように入れ替えて、それに合った戦略を作ること」と述べている。これはクライフが後世に残した手法であり、その戦略面での考えが与えた影響は、グアルディオラが好んで口にする「ゲームはまずポゼッションありき」という信念にも垣間見られる。

クライフはまた、ゴールキーパーについても明確かつ、賛否両論を呼ぶ考えを持っていた。彼自身、アヤックスの三軍時代の一時期、またトップチームに入ったばかりの頃にもゴールキーパーを経験したことがあり、それが彼なりの理論を作り上げたのもうなずける。クライフにとってのゴールキーパーは、ボールがゴールに入るのを食い止めるだけではない、ゲームを作るもう一人のフィールドプレーヤーであった。「ハイレベルのゴールキーパー術とは、とにかく物事を見極める力だ」という彼の言葉には、ゴールキーパーももっと持ち場を離れてプレーに参加すべきだという意味もあった。そのために、クライフはキーパーから絶大な信頼を得るよう、そして他のメンバー全員にその新たな考え方を理解させるよう努力した。

「キーパーが最も恐れているのは、ハーフウェイラインから飛び込んできたボールが頭上を抜けて失点を許してしまうことだと思っているのなら、それは現実とは全く違うということを肝に銘じておかなければならない。もしキーパーがそんな気持ちでプレーしているのなら、それはチームにとって大切なものを軽く見ているということだ。高いところに飛び込んできたボールを一度セーブできないぐらいが何なんだ」

キーパーをリベロ的に扱うというこの理論は、一九七四年のワールドカップで、PSVアイントホーフェンのヤン・ファン・ベフェーレンを押しのけてFCアムステルダム所属のヤン・ヨングブルートが代表に選出されたことと少なからずつながりがある（その当時、ファン・ベフェーレンは鼠径部の負傷に悩まされていたのは事実であるが、とりあえずミケルス監督に抗議し、本大会前の親善試合に半分だけでも出場させてほしいと訴えた。その後、スポンサーからの報酬額が選手によって違うことを知り、それを他のメンバーに公表した）。「ヨングブルートは若い頃ストライカーだったんです。これは素晴らしいことでしたね。ゴールキーパーとしても、ただフィールドでのプレーに参加するのを好んだだけでなく、それがまた実に手際よかった」。とはいえ、クライフがそうしたキーパー戦術の可能性を十二分に発揮できたのはアヤックスであった。それは、監督としてしっかりと手綱を握っていたことに加え、クライフが「フィールドプレーヤーとしても十分通用するキーパー」と称したスタンリー・メンゾも要因の一つだった。

クライフ指揮下のアヤックスは一九八五―八六シーズンで三四試合で一二〇得点を記録したものの、リーグの最終成績はPSVアイントホーフェンに続いて二位に終わり、次のシーズンでも同様の結果に終わった。それでも、アヤックスはその二シーズンのカップ戦では優勝し、一九八六―

八七シーズンではロコモティブ・ライプツィヒを下してウィナーズ・カップも手に入れた。これは、一九七三年にチャンピオンズカップを獲得した後、クライフがクラブを去って以来初となる欧州タイトルであった。しかし、クライフとアヤックスはやはりお互いに個性が強く、仲間割れする危険性がないとは必ずしも言えない間柄だった。クライフは何かにつけクラブの理事会と衝突してきたが、一九八七年にACミランへ売却されたマルコ・ファン・バステンの代わりとしてコヴェントリーシティのフォワード、シリル・レジスとの契約を理事会が拒んだとき、両者の関係はきわめて険悪な状態に陥った。その次のシーズンで、クライフは一八試合で監督を務めた後にクラブを去り、その年の夏にルイス・アラゴネスに代わりバルセロナの監督の座に就いた。バルセロナの栄光の八年間の始まりである。クラブ創設以来初の、成功に次ぐ成功を収めたこの八年間は、クラブの性質そのものを変貌させ、サッカーの歴史に新たな流れを作り出した。

＊
＊
＊

クライフが就任した頃のバルセロナは、有名なクラブではあったが、強豪というわけではなかった。一九八五年にはテリー・ヴェナブルズの下、クライフが選手としてチームを引っ張った一九七四年以来に久々のリーガ優勝を飾ったが、別の言い方をすれば、二五年間でわずか二度しかタイトルをとれなかったのである。しかし、翌年のチャンピオンズカップ決勝戦でステアウア・ブカレストを相手にPKの末に敗れたのは大きな痛手であった。ヨーテボリとの対決となった準決勝では、バルセロナは第二戦で三対〇と白星を挙げスコア合計でタイに持ち込み、そのまま決勝進出をかけたＰＫ戦で逆転勝利をもぎ取って復活ぶりをアピールしたばかりであったのだから。そのうえ、決勝戦の開催地はセビリア。ルーマニアからやってきたサポーターは四〇人ほどと、バルセロナにとってこれ以上ないほどおぜん立てが整っていた。〇対〇のままもつれ込んだＰＫ戦では、バルセロナは四度も失敗し、ＰＫ二対〇で優勝を逃した。これについて、ジョアン・ガスパール元会長は「全く酷い、とてつもなく悲しい、おそろしいトラウマになった」と語っている。こんな状況の下でさえチャンピオンズカップを獲得できないのなら、その栄冠を獲得できるのはいったいいつのことだろう？

この敗北はチームを奈落の底に突き落とし、果てはヴェナブルズ監督に対し、イギリス人プレーヤーを優遇しすぎたのが元凶という意見まで噴き出すようになった。監督は確かに、この決勝戦ではスペイン人のピチ・アロンソをさしおいて、怪我から復帰したばかりのスティーヴ・アーチボルドを出場させた。彼自身、決勝戦当日は体力的にまだ完璧な状態ではなかったと後になって認めている。

一九八七年に監督に任命されたアラゴネスは、後述する「エスペリアの乱」と呼ばれる事件の後、混迷を極めた一シーズン限りで退陣を余儀なくされた。ヴェナブルズが獲得したイギリス人選手の一人、ゲーリー・リネカーは、「アラゴネスは選手をがんじがらめにして、それが解任につながったのではないか」と証言している。「エスペリアの乱」は、一部のバルセロナの選手たちが年棒に加えて肖像権で収入を得ていたことに端を発する。彼らはこうして収入をアップさせると同時に税金を安く抑えることができたのである。その事実が明るみになると、ヌニェス会長はクラブ側ではなく選手たちに対し、一定の金額を支払うよう命じた。これに反発した選手たちがマドリードのエスペリアホテルで会長と顔を合わせ、会長に辞任を要求した、というものである。これにはサポーターたちも困惑し、試合を見に来ていた彼らは選手たちを支持するか会長を支持するかで二分された。その年の六月に会長選挙を控えていたヌニェス会長は、世間をあっと驚かすような決断を下し、何としても人々の支持を取り戻したかった。それにうってつけだったのがクライフであった。彼をクラブに呼び戻すという決断は、バルセロナの歴史の中で最も重要な出来事であったが、それは何よりもヌニェス会長が窮地から脱するための、やむを得ない決断であった。もしこのときクラブが何も問題を抱えていなかったら、会長はあれほど頭の固い人物と手を組もうなど考えもしなかっただろう。

クライフの自信に満ちた態度は、クラブ内に漂っていた不穏な空気を一掃するのに不可欠であった一方で、すべてにおいて行き詰まりを感じていたクラブの実情から、クライフはさほど周囲からの反発もなくチームの大改革を推し進めることができたと言える。クライフは「選手としても監督*としても、自分は常に理念を大切にする人間でした」と語る。その年の夏、とりわけ例のエスペリアの乱を理由にチーム内で粛清が行なわれ、ビクトル・ムニョス、ラモン・カルデレ、ベルント・シュスターなど一五人の選手たちがお払い箱になった。しかしながら、反乱の主犯格であったキャプテンのアレシャンコは、クライフの計らいによりチーム残留を許された。

*オランダ語で「監督」と言う場合、一般的には「トレーナー」という言葉が使われる。これには英語のようにフィジカルトレーナーという意味は含まれないが、オランダにおいて監督という役割が、チームのまとめ役というよりも、いかに選手の指導と実力向上とに結びつけられているのかを如実に表していると言えるだろう。その点で、英語では監督を表すときに「マネージャー＝管理する人」という言葉が好んで使われるの

は興味深い。

イギリス人選手を大量に投入したことでヴェナブルズが直面した問題を肝に銘じたクライフは、よりスペイン人、あるいはカタルーニャやバスク地方出身の選手たちを主体としたチーム構成に変えていった。また当時は、クラブの育成組織ラ・マシア出身の有能な選手たちにも恵まれていた。クライフは次のように話している。

「バルセロナのファンは、カンテーラ*からの生え抜きの選手がレギュラーで活躍するのを見たがっている。そうすると、監督もバルセロナの人間だと彼らは認めてくれる。また、いかにもカタルーニャらしいと言われるプレースタイルにもチャレンジしたことがある。そうすることで、多少試合でうまく行かなくても、サポーターからのブーイングも少なくなります」

クライフはその最初のシーズンで、ミッドフィルダーのギジェルモ・アモールとルイス・ミランを、そして左サイドバックのセルジをレギュラーに昇格させた。また、サイドのチキ・ベギリスタイン、フォワードのホセ・マリア・バケロとフリオ・サリナス、そしてミッドフィルダーのエウセビオ・サクリスタンなど、総勢一二人の選手を新たに迎えた。

*直訳では「採石場」という意味だが、かつてはユース養成機関を意味していた。

エウセビオはクライフが監督に就任した直後の様子を次のように語っている。

「クライフは最初から革新的なスタイルを貫こうとした。ディフェンスを三人しか置かず、中盤は四人の選手がひし形を作るように配置され、三人のフォワードのうち、二人は両端ギリギリのところにいるという、三―四―三のフォーメーションだった。こんなの見たことなかったので、度肝を抜かれましたよ。でも、自分にとってはすごくエキサイティングだった。自分もテクニック、先を読むプレー、決定力には自信がありましたから。現役時代はプロサッカーで抜きんでるのは大変だな、と痛感させられてばかりでした。とにかく身体能力、パワーそして高いテクニックがすべてだったけれど、それはとりわけ個人のレベルでの話。自分はパサーだったので、チームメイトには自分の渡すボールが有益になるような場所にいてもらう必要がありました」

　エウセビオはそのガッツを認められてバリャドリード、アトレチコでキャリアを築き上げたが、そこでは常に四―四―二のフォーメーションであり、ポジションはサイドであった。一方、クライフ式の三―四―三では、彼は中盤の三つのポジションのうちのいずれか、またはサイドでもプレーが可能だった。「目の前にいろんな可能性が開けていた」とエウセビオは語る。

　しかし、クライフのやり方はメンバー全員に受け入れられたわけではなかった。サリナスの加入により、サイドへと押しやられたリネカーは次のように当時を振り返る。

「シーズンの最初の頃は肝炎で体調を崩していたせいで*、しばらくの間は試合に出られなかった。それに、クライフは自分が加入させた外国人選手を起用したがった。だから自分は蚊帳の外。そのうえ、私の不満を大きくしようとクライフはわざと自分をサイドでプレーさせるものだから、こちらも不満が爆発しそうだった。でも、自分なりに納得して、それからはプロらしく、シーズンが終わるまでサイドでプレーを続けました。クライフから言われたことといったら、足が速いのでこの役にぴったりだ、くらいですね。こうして彼はサリナスをトップに置きました。サリナスは立派なセンターフォワードでしたよ。でも、最もフラストレーションがたまったのはやっぱりクライフのプレーシステムですね。もし私をセンターにおいてくれたなら、実力を十二分に発揮できたと思います。でも、それは監督の思うところではなかった。決定権は彼にあり、自分もそれを理解していましたから」

＊『ザ・ブリザード』二七号、トム・ウィリアムスのインタビューにて。

これはもちろん、クライフのもう一つの顔といえる。天才であることは確かだが、非常に気難しくもあった。リネカーはこう続ける。

「クライフは一対一のやり取りを嫌っていました。彼は優れた監督で、先見の明があり、選手としても素晴らしかった。とても尊敬している。でも、信じられないほど傲慢でもあった。とにかく自信満々で、自分は何でもわかっているという感じだった」

そうしたクライフとの軋轢にもかかわらず、リネカーは彼の下で得るものも多かったと認めている。

「本当にたくさんのことを学びました。スペースを感知する力、攻撃の際にできる限りワイドにプレーする方法など。練習ではとにかくそのことに集中していました。ボールをキープしているときはワイドにプレーすべき、そうしないと何もかも小さくなってしまう。その理念を伝えようとする彼のやり方にはとても惹かれました。それはポゼッションサッカーの極意。九人対七人、七人対五人など、どんな状況でも通用する、実に面白く、賢いやり方でした」

また、エウセビオは次のように語っている。

「選手は縦横無尽に走り回った。クライフは『止まるな、チームメイトが支配しているスペースに入り込むな。ディフェンダーに君たち二人を同時にマークさせないよう、とにかく離れていろ』と言っていた。彼の頭の中には、『自分にはテクニックのある選手がいる。敵がボールを奪えないような位置にそんな選手たちを配しよう。パスのラインは常に開かれた状態にしておくこと。ウィンガーを自由に動かして、彼らを阻止しようとするディフェンダーを振り回すんだ。他のチームはみなディフェンスが四人もいる、それは、遊んでいる選手がいるということでもある。こちらはフィールドプレーヤー一〇人全員を有効に使い、なおかつ自由にポジションを変えられる選手が常に一人いるから、お互いにパスを回し合うんだ。誰かが攻めに来たら、別の選手にパスを渡せばいい』という考えがあった。それは、いつ、そして誰にパスを送るか、タイミングを見極めてとっさに判断するということなんだ」

トレーニングでは、ボールを保持することだけではなく、それをいかに有効なプレーと結びつけるかということも重要視された。エウセビオはこう説明する。

「狭いスペースでのポジションづくりは、（選手の数の面で）有利な状況を生み出した。だから、もっと広いスペースでも、練習のときにやっていたことが難なく応用できる。だから、適切な位置にいなかったときや、すぐそばの選手に短いパスをしたときなど、『だめだ、もっと離れたところにいる選手にパスを渡せ。相手のプレスを克服したら、遠くの選手にパスを送って、攻撃を仕掛けやすくさせ、その選手がまたさらにパスを送ってどんどんつなげていくのだ……』と、クライフは監督になってまだ日の浅い頃に言っていた。クライフだけが知っていた、というか、発見したというか、気がついたというか……今までとは違う、前衛的で革新的なエキサイティング……どう言い表せるんだろう？　自分にとっては、信仰できる神様に出会えた、そんな感じだったね」

クライフが監督に就任して最初のシーズン、リーガではレアル・マドリードに勝点五の差をつけられて二位に終わった。それよりも特筆すべきは、ベルンで行なわれたウィナーズ・カップの決勝戦でサンプドリアを二対〇で下し、この風変わりな戦法で七年ぶりの欧州タイトルを獲得したことだ。クライフは引き続きチーム再構築を推し進め、リネカーとフランシスコ・ロボ・カラスコがクラブを去り、その代わりにやってきたのはミカエル・ラウドルップ、そしてなんといっても、PSVアイントホーフェンでチャンピオンズカップ、オランダ代表で欧州選手権のタイトルを手にしたばかりのロナルド・クーマンだった。

金髪がトレードマーク、パワフルで頭脳が冴え、驚異的な正確さに恵まれたクーマンが加入して最初のシーズンのバルサは、レアル・マドリードに一一ポイントの勝点差をつけられて三位に甘んじ、リーガでは不本意な結果に終わったが、コパ・デル・レイ杯では決勝でレアル・マドリードを二対〇で下して栄冠を手にし、クライフもこれで首がつながった。しかし、シーズンが終わると、その目まぐるしい選手の入れ替わりに不満の声がクラブ内で上がった。ヌニェス会長はクライフ不信任派へと転じ、辞任させるべきと考えるようになった。

選手の入れ替わりはさらに続き、クライフはチームのバランスを模索していたが、やはり自分に最も理解のある選手のみでチームを固める方針を押し通した。こうして、ミラ、アロンソ、エルネスト・バルベルデ、そしてロベルトらがレギュラーから外され、代わってユースチームからGKのカルレス・ブスケ（セルヒオの父）とFWのヨン・アンドニ・ゴイコエチェアを昇格させ、そしてCSKAソフィアからブルガリア人ストライカー、フリスト・ストイチコフも獲得した。ストイチコフは才能に恵まれていたのはもちろん、精神力、自信、予測不可能な動きをするという面でも一流のプレーヤーだった。

バルセロナの育成組織であるラ・マシアから数人の選手を獲得したクライフだが、彼はその組織の運営に不満を抱いていた。クライフが監督となった当時、ラ・マシアは手首検査と呼ばれる、身長一八〇センチに満たない選手を振るい落とすための口実となるレントゲン検査を依然として行なっていた。クライフにとって、背の高さなど全く問題ではなかった。彼が求めていたのは、技術、気力、そして戦術を理解できる頭脳であったので、そのテストを廃止させ、後に三―四―三のシステムで難なくプレーできるよう、ジュニアに至るまでユースのチーム全体にそのシステムを採用するよう勧めた。

それは長い目で見るととてつもない影響を及ぼす可能性のある策だったが、とりあえずは早急な成功がチームには必要だった。クラブがリヴァプールからのヤン・モルビー獲得に失敗したことで、クライフはクラブの役員会に対する不信を募らせた。クラブには彼と契約する気など毛頭なかったのではないか、と。クーマンは負傷し、ミラは売却され、バルサにミッドフィルダー不足の危機が訪れたとき、クライフは彼のアシスタントでユース組織の担当もしていたレシャックに相談すると、彼は即座にペップ・グアルディオラを推薦した。

クライフは一年半前、バニョーレスとの親善試合ですでにグアルディオラにデビューのチャンスを与えていた。当時一八歳だったグアルディオラにクライフはとりわけ強い印象を受けず、その上「自分の祖母よりも動きがのろい」とこき下ろしていた。そんな彼の姿をもう一度見てみようと、彼が所属するバルセロナBの試合を見に行ったクライフは、グアルディオラがベンチを温めているのを目にした。理由を尋ねると、この試合ではもっと体格の大きいダイナミックなプレーヤーが必要だったからという答えが返ってきた。これにクライフは「プレーヤーの良し悪しに体の大きさなど関係あるものか」と激怒したという。

ラ・マシアで育ったグアルディオラは、四歳年上のギジェルモ・アモールに心酔し、練習場には二時間前に来てアモールのトレーニング姿を観察していた。アモールが一時出場停止になったことが、一九歳のグアルディオラにトップチーム入りのチャンスをもたらし、一九九〇年一二月の対カディス戦で二対〇と白星を飾った試合が彼にとってバルサでのリーガデビューとなった。GKのアンドニ・スビサレッタはグアルディオラについてこう証言している。

「監督やトレーナーになる前のペップは、本当に勉強熱心だった。バルサに監督としてやってきたとき、どんなサッカーをするのか教えこもうという考えは彼にはなく、現行のシステムでどんなプレーができるのか理解することにこだわった。僕たちを質問攻めにして、観察して、修正を加え、そうして自分のものにしていったんだ」

その一九九〇―九一シーズンは、すべてが結実したシーズンだった。一月のレアル・マドリード戦で挙げたあの思い出深い二対一の勝利で、バルセロナは首位争いの波に乗り、その一か月後にクライフが心臓の病気で苦しんでいた頃もペースダウンすることはなかった。クライフはシーズン終盤になって復帰したが、口元にはおなじみのタバコではなく、チュッパチャップスキャンディーを咥《くわ》えていた。バルサはウィナーズ・カップの決勝、マンチェスター・ユナイテッド戦にて、ヴェナブルズ監督時代にバルサと契約したものの一度もレギュラーの座に収まらなかったマーク・ヒューズに二得点を許して敗れはしたものの、六年ぶりのリーガ優勝に比べれば、それは大したことではなかった。これは、好成績を上げたことそれ自体よりもはるかに重要な出来事であった。クライフの哲学が実を結び始めたことの表れであり、一年後に全世界に知れ渡る、ドリームチームの最初の一歩だったのである。その技術面でのクオリティの高さに注目が集まったのはもちろんだが、クライフはその成功の中心にはプレスとパスがあると固く信じていた。相手チームの選手と五メートルのスペースが取れれば、それは優秀な選手の証。それが三メートルに縮まると、選手失格だった。

「そうしたプレーができるようになるには、素早く動き、なおかつスピードに緩急をつけなければならない。ドリームチームのレベルに達するには、一万時間以上のトレーニングが必要だ」とクライフは自伝の中で述べている。

ポジショニングも非常に重要で、クライフはたびたびトレーニングを中断して細かい変更を加えた。選手たちにとっては迷惑だが、その効果は絶大だった。彼は次のように語っている。

「ボールを持っている選手がその行き先を決めるのではない、それ以外の選手たちだ。常に三角形のポジションを作るというのは、パスが絶え間なく行き渡るということを意味する」

そのためにはとにかく練習が欠かせなかった。「より本能的にプレーができるようになると、メンタル面でエネルギーを使う必要も少なくなる」とクライフは説明している。そして、相手側が自陣で動きが取れなければ取れないほど、バルサの選手たちは走り回らなくて済む。これが、後にグアルディオラが世に広く知らしめるポジショナルプレーの起源である。ストイチコフは次のように話していた。

「鍛錬しない人間にサッカーはできない。ストライカーがボールを奪われ、ボールを追う立場になっても、他の選手全員が素早く動いてボールを奪い返そうとする。相手にスペースを許さない。それがクライフのコンセプトだった」

グアルディオラは一九九〇―九一シーズンでは四試合しか出場しなかったが、次のシーズンではレギュラー入りを果たした。クライフは次のように振り返る。

「グアルディオラは頭を使うことを強いられた。当時はそれ以外に選択の余地がなかったのもそうだ。彼は私に少し似ている。多くの技術を身につけて、ボールを素早くさばき、衝突を避ける。避けるためには観察力が絶対に必要だ、そうなるとあとはドミノのように立て続けに、細部へ、他の選手のポジションへと目を光らせられるようになる。それは選手としても監督としても使える技だ。グアルディオラがそのやり方を習得できたのは、彼の体格のおかげもあるが、同じような経験をしてきた監督と出会えたという幸運もあった」

グアルディオラは守備的ミッドフィルダーとして、クーマンの前でプレーすることが多かった。そこには、後方から攻撃を組み立て、単に守備に徹するディフェンダーは排除するというクライフの決意がまざまざと見てとれた。「スピードのない者はディフェンダーにあらず」クライフはそう信じていた。だが結局のところ、バルサはほとんどの時間を敵陣側で戦っていたのだから、それはあまり意味がないことだとも感じていた。クーマンもグアルディオラも越えてくるロングシュートを受ける可能性が極力抑えられたことで、ゴールキーパーも積極的にペナルティエリアから出るプレーに駆り出された。スビサレッタが安心してそうしたプレーできるようになるために、クライフはトレーニングで彼に中盤でプレーさせ、プレッシャーで押しつぶれそうになってもボールを足で使い慣れるようにさせた。クライフのもとには「ウィンガーとして訓練され」、ゆえにクロスをインターセプトしに戻ってくるのに必要なスピードと直感を備えた「俊足のディフェンダーたち」が揃《そろ》っていた。

「三つ目のオプションは中盤へのつなぎだ。グアルディオラとクーマンはポジショニングが非常に秀でていたので、常にインターセプトに成功していたが、彼らはそれまで理想的とされていた中盤のディフェンダーとは明らかに違っていた」

バルセロナは次のシーズンでもリーガを制覇した。タイトルの行方は最終日までもつれ込み、レアル・マドリードがかつてレアルのストライカーだったホルヘ・バルダノ率いるテネリフェとのアウェー戦で二対三と敗れ、バルサがアスレティック・ビルバオを二対〇で下したことから逆転優勝を決めた。バルサはまた、それよりもさらなる快挙、チャンピオンズカップの栄冠をも手にした。決勝戦は、サンプドリアを相手にロンドンのウェンブリーで開かれ、延長にもつれ込んだ一一二分に、クーマンのフリーキックによって一対〇で競り勝った。このとき、バルサがアウェー用のオレンジ色のユニフォームを着ていたのも何か意味があったのだろうか。エウセビオによると、この快挙は「クライフの考えが間違っていないことを決定的に証明するために必要な出来事だった。やっぱり成績が評価につながるから、それは大事なこと」なのであった。

また、バルサはそれまでチャンピオンズカップのタイトルを手にしたことがなかっただけに、その必要性は大きかった。クライフの指揮下で優勝できていなかったなら、いったいいつ優勝できただろう？　優勝の暁にはテムズ川に飛び込むと以前から約束していたジョアン・ガスパール副会長は、試合終了後それを実行した。一夜明け、バルセロナ市庁舎のバルコニーにチームの面々が勢揃いしたとき、グアルディオラは、カタルーニャ自治州議長を務めたジョゼプ・タラデラスがフランコ死去後に亡命先からバルセロナに戻ってきたときに発した有名な言葉「カタルーニャの人々よ、ついに帰ってきました」になぞらえて、「カタルーニャの人々よ、ついに成し遂げました」と高らかに叫んだ。

翌年もまた、リーガの優勝決定は最終日までもつれ込んだ。レアル・マドリードはまたしてもアウェーでバルダノ指揮するテネリフェ相手に黒星を喫し、バルサはレアル・ソシエダを倒して劇的な逆転優勝を決めた。その次のシーズンではフォワードにロマーリオを迎えて、リーガ四連覇を果たした。ロマーリオは五対〇で大勝したレアル・マドリード戦でハットトリックを達成するなど大活躍であったが、このシーズンでの最大のライバルはデポルティボ・ラ・コルーニャであった。最終日を控えた前の週には、キャンディーをくわえてベンチに入るクライフをあざ笑っていたデポルティボだが、最終決戦の当日にはさすがにひるんだ。バルセロナ側はといえば、二月のサラゴサ戦で三対六と大敗した後、リーガで優勝すれば選手一人残らず契約を更新するとクライフが公約したことから、以後一四試合で勝点二八を記録する快進撃を続けていた。それでも、バルサの優勝決定はまたしても最終日までお預けとなった。首位だったデポルティボはバレンシアとの対戦でミロスラヴ・ジュキッチが試合終盤に訪れたPKを決めることができず、それによりバルセロナが優勝を手にしたのである。ドリームチームは実力だけでなく、運にも恵まれていた。

しかし、そのリーガ最終節から四日後、アテネで開催されたチャンピオンズリーグの決勝戦ではACミランを相手に〇対四と惨敗し、ついに幸運に見放された。バルセロナは勝つことにあまりにも慣れすぎていたのだろう。過去四年間に何度も酔った勝利の味に、今度も勝てるだろうという確信を持ち、監督の指導するサッカーを忠実に実現する自分たちはエリートだという意識があった。

クライフは試合の前にこう宣言した。

「バルセロナのほうが有利だ。(一九九二年の)ウェンブリーのときよりも、私たちはより団結し、闘志にあふれ、経験も積んだ。それに比べてミランときたら。彼らのプレーの基本は守備だが、こちらは攻撃が主体だ」

しかし、結果はその思い上がりが決定的に邪魔をした。クライフのアシスタントだったレシャックは、「用意がしっかりとできていなかった。集中力に欠けていた。アテネでのこの試合が終わりの始まりになった」とコメントしている。

ただ、本当に何もかもが終わったわけではなかった。エウセビオはこの試合について次のように語っている。

「物語の大きな流れを混乱させてしまうような事件が起こるのは仕方ない。けれどその流れはちゃんと残っている」

クライフは次第に厄介者と見られるようになり、三年後のバルセロナ創設一〇〇周年の記念となる年のシーズンの最初のアトレチコ戦には招待されなかった。しかし、その影響力は後々にまで及んだ。正式な役割を与えられなくても、クライフはバルセロナにとって常に背後に控え、苦しいときには助言を与え、実際に指導してくれるような、影の大物として、クラブの意識の中に生き続けた。クライフは何かにつけ、スペイン語で「環境」という意味の「entorno」、言うなればクラブ独自の体質に反抗してきた。クライフに言わせればそれがバルサを弱体化させた元凶であり、最後には彼自身がそのentornoの一部になっていたとはいえ、そのようにクラブと一定の距離を保つということが、おそらく彼にとって非常に重要であったのだろう。彼の理論はこうしたつまらないいざこざにびくともせず、クライフは二一世紀最初の二〇年間のサッカーのスタイルを形作っていったのであった。

第二章

最高峰の監督養成所

ボビー・ロブソンは過去二度バルセロナのオファーを断ってきた。最初はイプスウィッチ・タウン、その次はイングランド代表への忠誠を守るために。しかし、三度目のチャンスは逃さなかった。彼はその自伝の中で、それが過去の実績のおかげである、とやや楽観的に述べているが、クライフの後任に収まった人物なら誰であれ、とてつもなく難しい試練に直面するのは明らかだった。ロブソンはまた、「最初の頃はクライフの影に苛《さいな》まれた」とも認めている。

現在の視点でバルセロナの一九九六―九七シーズンを振り返ると、PSVアイントホーフェンから二〇〇〇万ドルで移籍してきたブラジル人ストライカー、ロナウドの大活躍の割には残念な結果に終わったという見方が強い。ロブソンはまた、監督としての失敗がある程度予想されていて、その契約の中には一年後にテクニカルディレクターへと移行できるという条項が盛り込まれていたが、それは彼がクライフの後のワンクッション役に過ぎないと見られていたことも示していた。バルセロナはウィナーズ・カップとコパ・デル・レイ杯の二つの栄冠を手にしたものの、リーガではレアル・マドリードに二ポイントの勝点差をつけられた。ちなみに、そのシーズンのレアルは戦った試合数がバルサより一四も少なかった。

こうした結果に終わった理由はおそらくその監督スタイルが原因であろう。もっとも、クライフからバトンを受け取った者なら誰でも、そうした問題を抱えるのも無理はない。ストイチコフは振り返る。

「ロブソンはもっと人情があったかな。選手とのコンタクトを大切にしていた。クライフはもっとサッカーだけに専念していた。ロブソンはただがむしゃらにプレーするのではなく、もっとハートでプレーしようとした」

そもそも、いったいどんな陰謀がらみの背景から彼への非難が飛び出したのかも不明瞭だ。ラヨ・バジョカーノ戦に六対〇で圧勝したにもかかわらず、チームがさんざん批判されたことでロブソンがショックを受けたのも当然である。当時、彼はバルセロナというクラブにはびこる特異な体質が全く理解できなかった。「あそこは非常に内部の勢力争いが激しいところで、自分はそういうのからは縁遠いので……ほんの些細な出来事から、カンプ・ノウ全体が集団ヒステリー状態に陥ったものです」

ロブソンが言ったように、彼がそれなりの成績を上げたことがバルサを「困惑させた」というのはやや大げさと思えるが、次に来るルイ・ファン・ハールに対してハードルを上げたのは確かである。結局、ロブソンもファン・ハールもバルセロナと契約を交わし、ロブソンは監督役から解放され、スカウトマネージャーとして世界各国を飛び回り、試合の観戦に明け暮れるようになった。彼が監督を務めたこの短い一年は、トータルフットボールの哲学を信奉する二人の監督に挟まれ、一種の過渡期のような様子を呈している。だからこそ、このシーズンのバルサはそれほど重要ではないと見られているのだろう。しかし、ウェスト・ブロムウィッチでヴィク・バッキンガム指導の下で試合づくりを学んだロブソンも、この同じ伝統と少なからずつながっているのだ。

ロブソンはまた、その伝統と対極にいる人物、後にバルセロナの最大の敵となる男を育て上げることにも貢献した。その男とは、ロブソンがバルセロナに来る際に連れてきた、鋭い目を持つはつらつとした黒髪の通訳、ジョゼ・モウリーニョである。もっとも、モウリーニョは通訳以上の役割を果たした。当時三三歳だった彼は、まさにサッカーの申し子といってよかった。彼の大叔父はポルトガルのクラブ、セトゥーバル・ヴィトーリアの会長を務めたことがあり、父親であるジョゼ・マヌエル・モウリーニョ・フェリックスはかつてゴールキーパーとしてプレーし、エウセビオがデビューした頃に彼のＰＫを阻止したことや、わずか八分間の出場とはいえ、ポルトガル代表チームでの試合経験もあり、現役引退後は監督として過ごした。

モウリーニョはプロサッカー選手を志望し、彼の父親が監督を務めていたリオ・アヴェを皮切りに、ベレネンセス、セシンブラとキャリアを積んだが、自分の将来は監督業であることを早くから悟っていた。

モウリーニョは、彼の大叔父が所有するセトゥーバル近郊の広大な敷地の家で育った。大叔父のマリオ・アセンサオ・レド氏は、イワシの缶詰工場をいくつも手掛け、一九三二年から六八年までポルトガルを支配した独裁者アントニオ・オリベイラ・サラザールの熱心な支持者であった。若い頃のモウリーニョは、庭でサッカーをし、使用人をゴールに立たせてシュートの練習をしていたという。彼はまた、非常にまじめな少年で、年頃になっても酒も飲まずタバコも吸わず、父親の後を追ってサッカー選手になること以外は全く眼中にないという風であった。

サラザールが浴室にて脳出血に襲われ転倒し、首相がその代理を務め始めた頃、モウリーニョは五歳。サラザールが作り上げたカトリック右派による独裁政権体制、エスタド・ノヴォ*が崩壊したときは一一歳。その結果、彼の母方の家族は大部分の不動産を手放すことになった。インテルでモウリーニョの下でプレーしたアルゼンチン人ディフェンダー、ハビエル・サネッティはその影響を次のように分析している。

「それはおそらくトラウマになるような事件だっただろうね。それで、仕事や正確さに徳を見出し、運を天に任せることを極端に嫌うようになったのではないかな」

＊アメリカの歴史学者、ディヴィッド・L・ラビーが言うように、この体制は厳密な意味でファシスト体制ではなく、「ファシストへの共鳴傾向」のある体制と位置づけられる。

モウリーニョは自分の意志で飛び込んだこの世界に、ほとんど幻想を抱いていなかった。サッカーの世界がいかに残酷なものになりうるのか、彼の父親の経験から身をもって理解していたのである。モウリーニョは、「九歳か一〇歳の頃に起きた」クリスマスの日の出来事をよく引き合いに出した。父親はちょうどクリスマスの日に解雇を言い渡されたのだ。このエピソードは実際、モウリーニョが二一歳のとき、一九九四年に起きたことであったが、大事な点は同じである。過去にどんな実績を上げても（モウリーニョの父はリオ・アヴェを一部に昇格させ、ポルトガルのカップ戦で決勝まで進出させたこともある）、立て続けに悪い結果を出したらすぐにでも首を切られるのである。

十代の頃からモウリーニョは、父親が監督をするチームの試合相手について、どうやって相手の弱点を攻撃できるかといった種類の調査リポートを作って父親の手助けをしていた。一九七九―八〇シーズンではアモラを一部昇格へと導き、息子のジョゼは若い選手の世話や、父親からのメッセージを選手たちに伝える役目も負った。

数学の成績が悪くて最初の大学受験に失敗し、母の勧めもあってビジネススクールで学業を続けようとしたモウリーニョだが、学校へは結局一日行っただけで、リオ・アヴェの監督をしていた父のもとへ向かった。そこで浪人生活を送った彼は翌年、試験に合格し、リスボン工科大学への入学を許可された。そこで彼はマヌエル・セルジオ教授に強い影響を受ける。セルジオ教授は、監督はサッカーに関する知識だけでは不十分で、人々の心理を察し、演説に長け、科学に通じていなければならないと信じていた。とりわけ、彼は感情についての講義を行ない、いかにして人々がマインドコントロールされるのかを説いた。モウリーニョはそうしたテーマに興味津々でかぶりついた。

「モウリーニョはまるで、小鳥を狙う猫のようでした」とセルジオ教授は語っている。

一九八七年に大学を卒業すると、しばらくの間モウリーニョは障がいを持った子供たちの体育教師として働いた。その翌年、スコットランドのラーグスに向かい、そこでUEFAの監督ライセンスを取得した。さらに一年後、父親が選手としても監督としても所属したセトゥーバル・ヴィトーリアから、ユースチームのコーチに任命された。トップチームのコーチは、元ポルトガル代表のフォワード、マヌエル・フェルナンデスで、彼は翌年エストレラ・ダ・アマドーラの監督に指名されており、モウリーニョをフィットネスコーチとしてクラブに呼び寄せた。エストレラの二部降格が決まると、フェルナンデスは解任され、モウリーニョはセトゥーバルに戻り、それからまたフェルナンデスを追ってオヴァレンセに入り、そこでスカウトマンとなった。

ボビー・ロブソンが、PSVでの二シーズンでともに国内リーグのタイトルを獲得した後の一九九二年、スポルティング・リスボンの監督に任命されたとき、クラブの伝説であったフェルナンデスがそのアシスタントに指名された。フェルナンデスはモウリーニョに、通訳として来る気はないかと誘った。これは二九歳だった彼にとって大きなチャンスだった。ロブソンはモウリーニョを気に入り、彼が単に言っている意味を伝えるだけではなく、選手たちに語りかけるそのトーンに何かがあることを感じた。ハンガリーの名選手ベーラ・グットマンは、その短気な性格が災いして監督として一つのクラブに長くいることができなかったが、彼は監督というものはライオン使いのように、選手たちを支配下におけるような人間でなければならないと語っている。モウリーニョのこうした通訳ぶりはおそらく、彼がそうした猛獣使いの一面を持っていることを見せた最初の証であっただろう。モウリーニョには、トップクラスの選手たちにも厳しく叱責を浴びせ、それについては一歩も譲らないという毅然とした態度をとれる性格の強さがあり、決してロブソンの言っていたことをただ機械的に伝えていたのではなかった（もっとも、ロブソン自身、優しそうな外見とは裏腹に、必要とあれば罵声を浴びせることも厭《いと》わない人物であった）。

ロブソンはスポルティングでの最初のシーズン、クラブが「最悪の状態」に陥っていたにもかかわらずチームを三位に導いた。しかし翌年の一二月、UEFAカップでカジノ・ザルツブルクに敗れた後に解任された。スポルティングはリーグ戦で首位を走っていたにもかかわらず、である。年が明けて一九九四年一月、FCポルトがトミスラフ・イヴィッチの後任にロブソンを指名し、モウリーニョも通訳兼プラスアルファ要員としてロブソンと共にポルトへ移った。本来オープンでおしゃべり好きなロブソンは、戦術についてモウリーニョと熱く議論を交わし、より責任のある役割を彼に与えはじめ、トレーニングプランの作成や対戦相手の情報収集にも彼を起用し、その細部へのこだわりと用心深い性格は、突発的で本能的な攻撃を得意とする自身のスタイルに程良いバランスを与えてくれると認めるようになった。ロブソンはモウリーニョから受けたスカウト活動の報告書について、「今まで見てきたどんな報告書とも比べ物にならない、素晴らしいものだった」とほめちぎるが、「彼はあくまでもアシスタント。監督の役を任せたことは一度もない」と、一定の線引きもはっきりしていたようだ。

しかし、そのアシスタントのレベルは次第に高くなっていった。モウリーニョは、彼の伝記を執筆したルイス・ロウレンソの取材の際、「ボビー・ロブソンの仕事は、主に最後の仕上げを行なうこと。仕上げて、そしてゴールを挙げさせることだった」と語るモウリーニョは、監督の仕事の隙間を埋め、調査と準備を受け持つ役であったと説明している。モウリーニョの伝記を書いた別の人物ジョエル・ネトによると、ロブソン率いる指導者グループの公式なナンバーツーはアウグスト・イナシオであったが、彼が選手たちとの個別面談を終えた後など、モウリーニョはイナシオを失脚させようと暗躍し、結局イナシオはチームから去らざるを得なくなった。こうした種類の出来事は何度も発生し、モウリーニョは自分のクラブ内での地位を高めると同時にクラブが前進するために術策をめぐらせたと言えるだろう。

ポルトはポルトガル・カップの決勝戦でカルロス・ケイロス監督率いるスポルティングを倒し、ロブソン指揮下での最初のシーズンは幕を閉じ、続く二シーズンではともにポルトガルリーグを制覇した。一九九五年、春も終わりを告げようとしていた頃、バルセロナのジョアン・ガスパール副会長がポルトに電話をかけてきた。スポルティングからルイス・フィーゴを獲得すべきかどうかと迷った末に連絡してきたのは明らかだった。これがきっかけで、両クラブの間でやり取りが行なわれるようになり、一年後にはバルセロナがロブソンに対し、クライフの後任として監督をオファーするに至ったのである。こうして、モウリーニョはロブソンと共にバルセロナへと向かった。

その夏、バルセロナは弱冠一九歳ですでに世界最高のストライカーの一人と称されたロナウドと契約した。オランダのジャーナリスト、フリッツ・バレンドは、それはクライフが去った後、バルセロナが新たにファンを獲得するために取った人気回復作戦であり（ただ、バルセロナでロナウドの知名度がどれほど高かったのかは議論の余地がある）、エスペリアの乱の後にクライフが迎えられたのと同じパターンである、とほのめかす。しかしながら、クライフの代わりとなれる人物を見つけることは依然として不可能なままであった。

ロブソンの才覚は、全く対照的な効果を生み出すこともできたであろうが、選手たちが抱えていた不安が一気に拡大したのは、ロブソン就任後間もない頃、ロッカールームの床にチョークで図を描きながら、モウリーニョを通訳につけて、その戦術構想を披露したときだった。クライフを経験した選手たちにとって、その戦術はいかにもありきたりだと思われた。加えて、ロブソンの説明にはクライフほどの明瞭さがなかった。そこで、モウリーニョはより明確な情報を付け足すようになった。

ストイチコフは当時を振り返ってこう語っている。

「一年間、毎日モウリーニョを見てきましたが……彼はいつでも目を光らせていた。選手たちの会話や態度、練習の様子を観察していましたね。何にでも目を光らせる典型的なタイプ。ロッカールームも、移動バスも、何もかも管理していた。だからあんなにタフな性格なのでしょうね。控室の中、規律、組織、なんでも一〇〇パーセントの完璧さを好んでいました」

ストイチコフは、絶対的な規律正しさを求めるところや、何でも管理したいという気性といった点で、監督としては自分がモウリーニョと似ていることを認めている。しかし、もっと驚くような人物との比較もしている。

「モウリーニョのような姿勢が気に入らないという人はいるでしょうね。それを好意的に受け止められるときもあれば、苦々しく思えるときもある。それでもやっぱり気に入らないのなら……それがどうした？　そんなにしょっちゅう謝るな、嫌いで結構、それはしょうがない、というような開き直りの姿勢が。モウリーニョはとても厳しい人だけれど、とても親身になってくれる。実際にはちゃんと謝りもするし、いろいろと話しかけてくれる。心の広い人です。クライフと似ていますね。クライフも厳しい言葉を浴びせたけれど、試合が終わると、『みんなよくやってくれた。大好きだよ』なんて言ってくれて、やっぱり嬉しいものです。時には口うるさく、衝突してくることもあるけれど、優しく包み込んでくれるときもある」

その当時、グアルディオラとモウリーニョは良好な関係を保っていた。サン・マメス競技場で行なわれたリーガの対アスレティック・ビルバオ戦で、ビルバオのチームの面々がベンチからモウリーニョに向かって押しかけてきたときにも、グアルディオラはモウリーニョを守ろうと仲介に入ったこともある。ロッテルダムで行なわれたウィナーズ・カップ決勝戦、バルセロナがパリ・サンジェルマンを下して優勝を決めた直後には、ピッチで抱き合って喜び合う姿もみられた。権威は劣るが、欧州タイトルを獲得できたという状況の中では、モウリーニョが小躍りしながら笑顔で自分に向かって来ているのに気づいたときのグアルディオラのリアクションが、二人の間にお互いを尊敬する、愛情に近い気持ちがあったことを物語っている。

モウリーニョはロブソンと選手たち、とりわけチームの牽引役であったグアルディオラ、ルイス・エンリケ、セルジ、アベラルドの「四人組」の間で通訳をしていたとはいえ、長々と試合について議論することはあまりなかったようだ。ロブソンはこう語る。

「グアルディオラは中でもリーダー格だった。素晴らしい選手でもあった。あんなふうにプレーするのは無理だとか、あれはできないとか、とにかくいろんなことについて何かしらの意見を持っていた。モウリーニョは、彼がクラブにとってかけがえのない人材になる、と察したのでしょう。『もっと彼のことを知らなければ。もっと親しくなろう』と。実際にそうなって、二人は非常に仲良しでしたよ」

グアルディオラは二〇〇一年に発表したその回想録『La meva gent, el meu futbol（私と関わった人々、私のサッカー）』の中で、選手たちはロブソンの考え方にすり寄っていたものの、クライフの後で彼のやり方に慣れるまでに三、四か月もかかったのは痛く、そうこうしているうちにタイトルを手放し、万事休すという思いが広がった。グアルディオラの言葉によると、「（ロブソンの考え方と選手たちの間で）思いを一致させるもさせないも、それは自己管理に任されていた」のであった。

それはおそらく真実であっただろう。一九九七年、コパ・デル・レイ杯決勝のレアル・ベティス戦で、一対一のまま前半を終了したバルサの選手たちは、後半の戦術プランに関してモウリーニョと議論を交わし、ロブソンはそれを眺めているだけだった。それは、もうロブソンが監督を続けることがないとわかっていたからか、それとも選手たちに自身で考えたやり方でプレーするよう導くだけで、彼らの決めたことを尊重するという姿勢だったからか。いずれにしても、その微調整により試合は延長戦の末にバルサが三対二で優勝を果たした。監督が独裁的でないということは、その監督が劣っているということを意味するのではない。アドバイスに耳を傾けることができるというのも、おそらくは強さの証であるに違いない。

グアルディオラは当時すでに戦術面でのリーダー的存在だった。チームメイトだったローラン・ブランは彼の「根気強さ」を遠回しにこう述べている。

「ペップには参りました。一日中、控室で戦術に関してあれやこれやと話しかけてくるので、こちらは頭がクラクラしましたよ」

ロブソンは結局、クラブの持つ独特の体質に最後まで振り回され続けた。コパ・デル・レイ杯とウィナーズ・カップの優勝、また、彼らがリーガで得た勝点数九〇がクライフ時代でさえもそれより多くの勝点を獲得したシーズンは一つしかないことを考えると（勝点はすべて変更後の三ポイントで換算）、イングランドであればヒーロー扱いされてもおかしくない、とロブソンは話す。彼の運命はすでに決まっていて、その決勝戦の数日後、ルイ・ファン・ハールを迎えるため、ロブソンは隅に追いやられた。

ヌニェス会長はおそらく以前からロブソンに対して彼の今後について話をしていたらしく、ファン・ハールに対しては、ロブソンとモウリーニョとの会合の際に監督を継ぐよう言い渡した。当時の様子をファン・ハールはこう振り返る。

「モウリーニョは怒り心頭で、思いのたけをぶちまけた。それはヌニェスにとっても私にとっても気持ちの良いものではなかった」

この監督交代の理由は何よりも思想的なものであった。ファン・ハールは次のように語っている。

「ロブソンは典型的なイングランドの監督で、選手たちに何らかのインスピレーションを与えた。父親のような存在とでも言おうか。彼はオランダ風のサッカーを実践しなかった。ロブソンは在任期間わずか一年で三つものタイトルを獲得したが、それでもバルセロナの理事会側はミケルスとクライフの思想にすっかり傾倒していたのだ」

私はロンドン中心部のとあるホテルでファン・ハールと会談した。それは二〇一八年のリーグカップ決勝戦の日の朝で、その試合ではマンチェスター・シティがアーセナルを下し、グアルディオラがイングランドで初めての栄冠を手にした。ファン・ハールは自分のディフェンダーが誰だったか、当時の状況はどんなものであったのか、絶えずこちらに質問してくる、インタビュー相手としては骨の折れる人物であるが、シティに対してはどうも傲慢さが見られると訝《いぶか》しむ声もあげていた。ファン・ハールは、時々シティのディフェンダーが「高い位置にいるときにボールを失った場合」のことを心配していた。やや保守的なアプローチ、ポゼッションを最優先するというプレーを好んだ彼ならではの意見である。「シティのようなプレーは、相手がプレスを突破してきたときにリスクが大きい。グアルディオラは最初からディフェンスに高い位置でプレスをかけさせる。プレミアリーグではこれまでその解決策を見出したクラブはないが、チャンピオンズリーグではよく調べてみないとわからない」

このように、ファン・ハールには先見の明があったが、シティのプレースタイルに関してはおおむね好意的で、シティの選手たちがリヌス・ミケルスから続くサッカー哲学を近年最も体現している、とみなしている。「最も大事なのは、ピッチの上でのポジショニングだ」と彼は明言する。ファン・ハール自身、そのキャリアを積み上げるうちに、様々な状況に適応しようと著しく柔軟に、多大な努力を払ってきたが、やはり「デビューした当時のアヤックスで実施していた一―四―三―三か一―三―四―三のシステム」がそれには最適という信念は揺るがない。

「これらのフォーメーションでは常に三角形を作れる。選手がボールをキープしているときに常に二つか三つの選択肢がある、それが目指すポイントだ。選択肢は前方にあるに越したことはない。後方でもいいが、自分だったらやはり前へ進みたい。これがカギとなる要素の一つ。フラットでプレーしていると、一―四―四―二ではうまくいかない。もちろん、五メートル動いて自由に動きが取れれば可能だが、それにはタイミングをしっかり見極める必要がある。他ならより自然な動きができる。また、空いているラインを見つけてさらに有利な状況を作れる。ただし、それは選手の実力次第だが」

ファン・ハールがフォーメーションを語るとき、ゴールキーパーも含めているのは非常に意味深い。四―三―三や三―四―三など、キーパーはあって当然ということで省かれるのが常だが、ファン・ハールにとって、キーパーは「他の選手と同様にプレーに参加すべき」事実上の補佐的なフィールドプレーヤーなのである。彼にとってのキーポイントは他に三つあり、「私は常に、個人よりもチームとしてのまとまりが大事だと力説してきました。これも非常に重要なことです」と最初のポイントを挙げる。だが、この考えがファン・ハールだけでなく、時にはグアルディオラにとっても厄介な問題を引き起こした。

二つ目のポイントは、「とにかく攻撃を仕掛けること。どんなことでも攻撃につなげる。たとえボールをキープしていなくても、まず攻撃。私たちが実践していたプレスがそうですね。ダイレクトプレスと言っていますが、それはディフェンダーがハーフウェイラインまで上がってきているという意味で、スペースを狭くするためですが、選手たちの立ち位置を定めるためでもあります」と説明する。マンチェスター・ユナイテッドを筆頭に、ファン・ハールのサッカーは攻撃的とは程遠いと主張する人はたくさんいるが、「攻撃」という単語は、サッカーにおいてはあいまいなものである。最もスリリングなゲームとは、攻められていたチームがあっという間に攻撃に転じるカウンターアタックである。ファン・ハールにとって攻撃とは、ボールを保持するにもプレスでボールを奪い返そうと狙うにも、常に積極的な姿勢で向かうという意味なのだ。

「そして三つ目は、攻撃をかけるからには、相手は守りの態勢に入っているのだから、小さなスペースからカウンターを狙っていると肝に銘じておくこと」

ボール保持している相手側を抑え込むため、プレスをかけ、敵陣にどんどん上がっていくというファン・ハールのやり方だと、ディフェンスライン後方に空間を作ってしまい、カウンターアタックに弱くなる。だからこそその空いた場所に積極的に出てゆくようなGKを持つことは重要であり、カウンターの危機の際に素早く応戦する（ドイツではその考えはゲーゲンプレスという名称を与えられて有名になった）のが現代サッカーの特徴の一つとなった。グアルディオラを最も苦しめた監督がそのゲーゲンプレスの第一人者であるユルゲン・クロップであったというのは、おそらく偶然ではないだろう。

ロブソンの退陣が初めから決まっていた一方、ファン・ハールの到来も明らかに当然の成り行きだったのではないか。一九九五年に若手を中心としたアヤックスをチャンピオンズリーグ優勝へと導いたファン・ハールは、当時ヨーロッパで最も頭角を現しつつある監督の一人であった。バルセロナから見れば、ファン・ハールは単に成功を収めた監督ではなく、何をおいてもアヤックスで成功を収めたということに大きな意味があった。アヤックスでクライフの正統な後継者となり、ミケルスを信奉しているファン・ハールの他に適した監督などいただろうか？

「一五歳の頃、私は選手たちではなくミケルスばかり追っていました。友達みんなが選手たちに熱中していたとき、私はミケルスのサインが欲しかったですね」

だが、実際はそう単純な話ではなかった。クライフとファン・ハールは、サッカーを学んだ環境は似ていても、全く対照的なタイプの人間である。ファン・ハールはクライフよりもわずか四歳年下だが、クライフと違ってかなりの遅咲きであった。アヤックスのホームグラウンドの近くで育ち、アムステルダムの人間にありがちな傲慢さは両者に共通しているが、クライフが華奢で動きも優雅だったのに対し、ファン・ハールは大柄で、そのいかつい顔つきは、後にスペインのバラエティ番組でレンガの壁などと笑いものにされるほどであった。

ファン・ハールは九人兄弟の末っ子で、厳格な父親は子供たち一人ひとりに、食器を並べる係、皿を洗う係など、家庭内での役割を与えた。彼に与えられた役目はジャガイモの皮むきであった。サッカー哲学は常に理想とその場の状況との間の妥協策となる傾向にある。ファン・ハールが実現しようと望んだ壮大な理想が何であれ、彼がチームを引っ張ってゆくやり方と、彼の父が家族を引っ張ってゆくやり方の間に何らかの共通点を見出さないわけにはいかない。

高校を卒業したファン・ハールは、体育大学に入学した。そこで彼が強く影響を受けたのが、心理学のジョン・ライスマン教授であった。「駆け引きにはネガティブさを前に出したやり方よりもポジティブな方がうまくいくということを学びました。私は調和を大切にするタイプ。リヌス・ミケルスとヨハン・クライフは戦闘タイプですね」、という彼の分析に、かつて現役時代に彼の指揮下にあった多くの選手たちはびっくりするのではないだろうか。

体育教師になる勉強の傍ら、ファン・ハールはアマチュアのクラブ、RKSVデ・メールにて、いつかアヤックスでプレーすることを夢見ながらサッカーを続けていた。一九七二年にアヤックスに入団したファン・ハールは、ひとシーズンを二軍チームでプレーし、結局レギュラー入りを果たすことはなかった。当時のアヤックスはクライフを中心とした欧州最強クラブの一つだったのだから無理もない。

選手としてのファン・ハールに関して、クライフは次のように述べていた。

「リズム感に欠けているが、観察力はなかなかだった。技術レベルも高い。ただ、プレスをかけられると一巻の終わり。もっとスピードをつける必要があった」

ファン・ハール自身も比較的同様の評価をしている。彼はクライフがバルセロナに移籍する直前にロイヤル・アントワープへと活動の場を移した。当時のベルギーリーグでは外国人出場選手は三人までに限られていたが、彼はチームで四人目の外国人選手であった。チームを指揮していたギィ・ティス監督もまた、高いレベルの試合でプレーするにはファン・ハールにはスピードが足りないと感じていた。

一九七七年にオランダに戻ったファン・ハールは、アムステルダムのドン・ボスコ地区にある学校で体育教師を務めることになる。しかしその一方、テルスターでプレーを続け、テルスターが二部に降格するとスパルタ・ロッテルダムに移り、後にアヤックスでファン・ハールがキャプテンを任せることになるダニー・ブリントと共にプレーした。ファン・ハールをエレガントと形容する人は誰一人いないだろうが、ロッテルダムで出場した二四八試合で、彼は効率的なプレーメーカーとして知られるようになる。イエローカードを受けた回数がわずかに五回で、そのいずれもが審判への異議というのは、彼のプレースタイル、ひいてはその性格をも如実に表している。彼の口の悪さはまた、唯一受けたレッドカードの引き金にもなった。それは彼が審判に向かって放ったこの言葉が原因だという。

「新聞に載りたいのならイエローカードを出せばいいさ。一面を飾りたいのなら、別のカードを出したらどうだい」

ロッテルダム在籍当時のチームメイトは、ファン・ハールがピッチの上で軌道修正のための微調整を頻繁に行なうなど、チームの組織づくりに貢献していたことをよく覚えているという。

アムステルダムとロッテルダムの往復が重荷になってきたと感じるようになった（疲労が原因で交通事故を起こしたことが二度ある）ファン・ハールは一九八六年、アルクマールのクラブＡＺに選手兼アシスタントコーチとして加入。しかし、ハンス・エイケンブルック監督の病気により、一年後にはプレーをやめ、より責任の大きい役割を任されることになったファン・ハールは、教師時代に行なってきたような一連の規律制定をチームに課した。遅刻は厳しく罰せられ、選手は各自のスパイクの手入れを行なうよう強制され、丁寧な言葉遣いも求められた（ファン・ハールは自分の娘にも自分に話しかけるときは敬語を使わせた。もっとも、彼自身も母親に対して敬語を使っていた)。「私は一本筋が通って、誠実で、思ったことははっきりと言う人間だ。でも、それが原因で人々から叩かれることもある」とファン・ハールは言う。

クライフと同様、彼もトレーニングを頻繁に中断してはポジショニングを修正し、パスを送る道が常に開けているよう心掛けた。そのあまりの熱心さがしばしば問題となったのもクライフと共通している。そのあまりの厳しさと注文の多さに選手もコーチも辟易し、チームの士気は下がり、結局一九八八年にファン・ハールは解任されてしまった。

そんな中、アヤックス内部での混乱がファン・ハールにチャンスを与えた。健闘した一九八六―八七シーズンとは裏腹に、次のシーズンではマルコ・ファン・バステンがACミランへ移籍して姿を消し、クライフ辞任の前にはフランク・ライカールトもレアル・サラゴサへと放出されたことから、チームは苦戦を強いられた。クライフの後任にはまず三人のコーチがあたり、その後、マルセイユとベルン・ヤングボーイズで監督経験のあったドイツ人のクルト・リンダーが就任した。一九八八年一〇月からはトヴェンテで選手としても監督としても活躍したルクセンブルグ生まれのスピッツ・コーンが代理監督を務め、コーンはファン・ハールをアシスタントとして起用した。翌シーズンは開幕直後こそ混迷していたものの、コーンとファン・ハールのタッグはアヤックスを立て直し、国内リーグでは最終成績二位と大健闘だった。ファン・ハールは次こそ自分が監督になる番かと希望を抱いていたが、新たに就任したのは荒い言葉遣いと葉巻でおなじみのレオ・ベーンハッカーであった。ベーンハッカーは一九八一年に、事実上クライフから追い出される形でアヤックスを去り、以後レアル・サラゴサ、オランダ代表、レアル・マドリードで監督を務めた。ファン・ハールはユースのチームを任され、クラレンス・セードルフ、パトリック・クライファート、エドガー・ダーヴィッツ、ミハエル・ライツィハーらの育成に尽力した。一九八九年にはオランダサッカー協会の監督養成コースに通い始め、そのプログラムにはバルセロナでのクライフの監督ぶりの観察も含まれていた。翌年、ファン・ハールはベーンハッカーのアシスタントになっていたコールの後任に収まり、一九九一年夏にベーンハッカーがマドリードへ戻ったのを機に、ファン・ハールはついに監督へと昇格した。

しかし、ファン・ハールはすぐに成功を収めることができなかった。ヤン・ボウタースをセンターから右に移したことで、当時人気のあったウィンガーのブライアン・ロイとの衝突が起きた。「サポーターは常にロイ派だった。理由は、オランダでは何よりも華麗なボールさばきが重要視される。自分にとってそれは数ある重要なことの一つに過ぎない」とファン・ハールは説明する。ロイには「頭脳プレー」のセンスに欠けると判断したのであろうか、ファン・ハールは彼を隅に追いやることになる。

このロイのスタメン外し事件は大きな議論を呼び、昔ながらのアヤックスのファンは当時のチームのプレーに大いに不満であった。そしておそらくアヤックス自体、バルセロナと並んで当時最もスタイルにこだわりを持っていたクラブとしてのアイデンティティーから、バルセロナ流のやり方を支持していたのではないか。彼の事務室の壁には「クオリティは偶然を完全に排除したところにあり」というスローガンが掲げられていた。そこには、すべてを管理していたいという思いがあり、ファン・ハールはそれがピッチの上での自然な動きを支えていると主張してきたが、彼に批判的な人々からは、それがむしろ妨げになっていると思われていた。

ファン・ハール率いるアヤックスはクライフ式の三—四—三を取り入れたが、たとえその絶頂期にあっても、その二〇年前の頃のチームの、あの流れるような、そして見ていてほれぼれするような美しさは持ちあわせていなかった。「アヤックスの背番号一〇は、相手側の選手を執拗に追いかけることで手本を示さなければならなかった」と説き残しているのは、『The Coaching Philosophies of Louis van Gaal and the Ajax Coaches（ルイ・ファン・ハールの監督哲学とアヤックスの指導者たち）』の著者、ヘニー・コルメリンクとチェウ・セーフェレンスである。ファン・ハールはその役目をデニス・ベルカンプ、続いてロブ・アルフェンに託したが、彼にとって最も理想的な背番号一〇はヤリ・リトマネンだった。「アヤックスがボールを失うと彼はすぐにディフェンスの役に回り、アヤックスがボールをキープすると、ちょうど良いタイミングでセンターフォワード方面に現れ、二人目のストライカーとしてプレーした」と、先の二人の著者は書いている。

ファン・ハールはまた、練習の量に固執していたようにも見受けられるが、本人いわく、選手たちにもっと走らないように指導した珍しい監督の一人だそうだ。彼のアシスタントコーチだったヘラルド・ファン・デル・レムは「私たちは常にボールのスピード、スペース、そして時間について話し合っていました。どこに最適なスペースがあるか、最も時間に余裕のある選手はどこにいるか、プレーするエリアを定める。選手各々がピッチ全体の相関図を把握している必要がありました」と、『オレンジの呪縛』の著者デイヴィッド・ウィナーに話している。

ともかく、アヤックスはこのシーズンを好成績で締めくくった。UEFAカップではヘントとジェノヴァを下して決勝戦に駒を進め、そこでベーンハッカー率いるレアル・マドリードを準決勝で倒して勝ち残ったトリノと対戦した。アヤックスはアウェーでの第一戦で二度リードを奪ったが、そのたびにトリノに追いつかれた。ホームでの第二戦ではベルカンプが病気のため欠場し、スティーヴン・パターソンは鎖骨の負傷をこらえての出場だった。* トリノは三本のシュートを放ったが得点には結びつかず、〇対〇で試合は終了し、アウェーゴールルールによりアヤックスの優勝が決定した。アヤックスに多少の運が味方していたのは誰も否定できないだろうが、ファン・ハールがもたらした精神もまた明らかだった。

*この第二戦に関して、アヤックス側はその前準備をするうえでも不運に見舞われた。というのも、ファン・ハールが試合前に選手へ見せるため、第一戦の試合のテレビ中継を録画していたのだが、そのビデオテープにファン・ハールの娘がオランダの長寿連続ドラマ『Goede Tijden, Slechte Tijden』を上書き録画してしまったのである。

アヤックスはその夏、ベルカンプ、ヴィム・ヨンクはじめ五人の選手をセリエAのチームへと放出したが、その一九九二―九三シーズンはオランダ・カップを獲得し、若い才能の台頭を強く感じさせた。一九九三―九四シーズン開幕前にはライカールトも復帰し、さらにナイジェリア人フォワード、ヌワンコ・カヌとフィニディ・ジョージもチームに加わった。

ところで、ファン・ハールの妻フェルナンダは、彼が一九歳のときにハンドボールの試合で知り合い、彼女との間に二人の娘をもうけた。一九九三年夏、結婚二〇周年を祝って出かけた船旅の途中、フェルナンダは胃に激しい痛みを訴えた。彼女は膵臓と肝臓を癌《がん》に侵されていたのだ。秋になると、ファン・ハールは彼女を看護し、二人の娘の世話も行ない、アヤックス第二の黄金時代の開花に向けていっそう仕事に励んだ。フェルナンダが亡くなったのは一九九四年一月、ファン・ハールが自身初のリーグ優勝を決める四か月前であった。カトリックの家庭で育ったファン・ハールは、教会にも足繁く通っていたが、フェルナンダの闘病中に信仰心を失ってしまった。このとき、娘たちからサッカーを続けるよう説得されていなければ、ファン・ハールはそのキャリアに終止符を打っていただろう。

その翌シーズン、アヤックスはリーグで無敗優勝という快挙を成し遂げ、さらに、チャンピオンズリーグでも、準決勝第二戦でバイエルン・ミュンヘンを五対二で撃沈し、決勝戦でACミランを一対〇で破って優勝した。ウィーンで開かれたその決勝戦に出場したアヤックスの一三人の選手のうち、エドウィン・ファン・デル・サール、ミハエル・ライツィハー、フランク・ライカールト、フランク・デ・ブール、クラレンス・セードルフ、エドガー・ダーヴィッツ、ロナルド・デ・ブール、パトリック・クライファートと、実に八人の選手がアヤックスの下部組織出身の選手であった。また、二五歳以上の選手は二人だけで、決勝戦当時、スタメン選手のクラブ在籍平均期間は八年。これはファン・ハールが何よりも強く求めていたことであった。ファン・ハール流のトータルフットボールは、伝統派からは批判を浴びていたが、クライフがACミランを相手に四対〇で惨敗したのとは対照的に、彼は栄冠を手にしたのであった。

それでも、ファン・ハールは後半八分経過後にセードルフを下げてヌワンコ・カヌを投入し、後半のほとんどを彼にプレーさせ、最後にクライファートを投入するという変わった作戦に打って出たが、最終的にそのクライファートが八五分に決勝点を入れた。

アヤックスは、次のチャンピオンズリーグではユベントスを相手にPKの末に敗れ、一九九六―九七シーズンに入ると崩壊が始まった。その理由の一つは単に金銭面での問題であった。ライツィハーの報酬は週五〇〇ポンドで、セードルフとクライファートが六〇〇ポンド、ダーヴィッツが八〇〇ポンドだった。また、本拠地がアムステルダム・アレナに移り、そのピッチの状態の悪さが仇となり、アヤックス得意のパス中心のゲームに支障をきたした。一九九六年の欧州選手権でオランダ代表チーム内を蝕んだ緊張がアヤックスにもじわじわと飛び火し、それもまた、セードルフ、ダーヴィッツ、ライツィハー（彼はデ・ブール兄弟が二人で週二〇〇〇ポンド稼いでいるともらした）の脱退の要因となった。マルク・オフェルマルスは長引く負傷に悩まされた。ライカールトは引退して下着ブランドを立ち上げた。低調になるとしばしば起こりうることだが、ファン・ハールのハードなプレー方針がチームを極端に疲弊させてしまったということも考えられる。あるとき、クライフがファン・ハールに対し、トップチームの結果がクラブの他の部分にある問題を偽装させていると言及し、ユースアカデミーを「窒息させている」と批判した。アヤックスはリーグ戦を四位で終え、チャンピオンズリーグでは準決勝で敗退、クラブもファン・ハール自身も変わらなければならない時期に来ていた。

もしバルセロナが第二のクライフを獲得したと思っていたのなら、それは誤りであっただろう。極端な意見かもしれないが、エウセビオは「二人のスタイルには関連性など全くない。共通点なんてまるでない」と断言する。クライフが公に出るときは手際よくユーモアを交えて話していたのに対し、ファン・ハールは尊大で大げさな口調で、特に酒が入ったときは「女性のサックス奏者を見かけまして……」などの奇妙な詩的表現を用いた。また時には奇行にも及び、バイエルン監督時代には選手たちに発破をかけるため、「タマ」がついているところを見せてやれと言いながら、驚くルカ・トーニの前でズボンを下ろして睾丸を揺さぶったのはその最たるものだった。

クライフはファン・ハールに信頼を寄せることは決してなかった。一九九五年二月、アヤックスがオランダリーグとチャンピオンズリーグで二冠を達成する三か月前にも、週刊誌『ニュウエ・レフ』に批判的な意見を寄せている。

「アヤックスでは今、たくさんのことが間違った方向に向かって進んでいる。アヤックスには昔ながらの、アヤックスならではのプレースタイルがあり、誰もそれを変えることはできない。それはかれこれ二〇年近く続いてきたし、幸運なことにファン・ハールはそれを変えようとはしていない」

クライフはまた、三年以内にチームは崩壊するだろうとも予言していた。サッカービジネスの現状と、最も優れた選手を売却するのが避けられないアヤックスの現状から、そうした見方は特に驚くにはあたらなかった。彼らの意見の相違は、まるでマルクス主義者が些細で不明瞭な教義に関して口論をしているようなところもあるが、クライフがファン・ハールなりのアヤックス哲学解釈を自分の解釈よりも劣っていると見ていたのは間違いない。

ファン・ハールにしてみれば、違いなど微々たるものであった。

「ミケルスの時代は、選手たちのポジションはより固定されていた。右のウィンガーは右に、左のウィンガーは左に。クライフのときの選手たちはもっと自由に動き回れた。左サイドが右に行き、クライフはストライカーも後方でプレーさせようとした。やたらとストライカーを下げて使おうとするあまり、中盤でウィンガー二人を動員してひし形を作ることもあった」

ファン・ハールはストライカーには常にストライカーの役を担わせることを好んだ。バルセロナでのソニー・アンダーソンとパトリック・クライファート、バイエルンではミロスラフ・クローゼとマリオ・ゴメス、オランダ代表ではロビン・ファン・ペルシという具合に。

もう一つの違いは後衛であった。ファン・ハールによると、「ミケルスはフルショフ、ヴァソヴィックといった強力なディフェンダーを常に置いていた。モウリーニョもそうだ。それからクライフの時代になると、二人のうち片方に攻撃できるディフェンダーを置いた。だが、攻撃は常に中盤で展開した」、というのである。こうして、ミケルスのときには四―三―三だったフォーメーションが、より三―四―三へと移行していった。ファン・ハールはセンターバックの前にそうした攻撃的なディフェンダーを配置するのを嫌がった。

「敵がそこに入り込める。後方にいるセンターバックはより攻めていくことを強いられるが、よりディフェンダーとしての性格が強い選手にはそうした資質が低い。私は、一九九五年のアヤックスのように、攻撃を組み立てるディフェンダーを二人置くのがいいと思った。そうなると、相手側は選択を迫られる。また、時間とスペースがあるときには中盤でさらにもう一人の選手を使うことができる、そうなると相手側にとって抵抗するのが難しくなる。しかし、私が監督を始めた一九九一年、ヴィム・ヨンクとダニー・ブリントという戦術的にはあまり重要でないセンターバックを二人起用していました。それでも、最初のシーズンでUEFAカップを獲得した。理由は、アヤックスが、試合中、ディフェンスがほとんどハーフウェイラインまで上がってプレーしていたからだ。もちろん、フランク・ライカールトをセンターバックにおいてからはアヤックスの守備力はさらに安定した。特に空中戦においては。こうしてチームが作り上げられていったのです」

リスク回避を重視してポゼッションを続けるというファン・ハール流のトータルフットボールのヴィジョンで、何か大事なものが失われつつあると感じていたのはクライフだけではなかった。七〇年代初頭のアヤックス第一次黄金期でウィンガーだったシャーク・スワルトは、フィニディ・

ジョージ、マルク・オフェルマルスらアヤックスの後輩たちが、二人のディフェンダーと直面した際に絶えず後ろをチェックする姿を見て、開いた口がふさがらなかったそうだ。スワルトは『オレンジの呪縛』の著者デイヴィッド・ウィナーにこう語った。

「私が現役の頃は、ディフェンスにバックパスを送るなど絶対にありませんでしたよ！　全く信じられなかった。でも、それがファン・ハールのスタイルだったのです。それにしても退屈な試合ばかりでしたね。テレビでは『アヤックスのボール支配率は七〇パーセント』なんて言われていましたけど、それが何だというのでしょう。あれはサッカーじゃない。クリエイティブな面がすっかりなくなってしまった」

クライフとファン・ハールの違いは、プレーに対する考え方の違いだけにとどまらなかった。クライフは「お互いに理解しあえなかった」と語っている。ファン・ハールが一九八九年にクライフのバルセロナでの指導ぶりを観察に来たとき、二人はすぐ意気投合したが、その年のクリスマスにファン・ハールがクライフ家に招待されたときの一件で関係は冷めきった。それは、姉が死亡したとの知らせを受けたファン・ハールが早々にクライフ家を立ち去ったというものであった。ファン・ハールは自伝の中でその事件について、自分が礼も言わずに立ち去ったことにクライフが怒り心頭だったと書いている。一方、「馬鹿馬鹿しい。そんな話を信じる人がいたとしたら、筋違いもいいところだ。筋どころか物語すべての解釈に問題ありだ」とクライフはコメントしている。

九〇年代を通じて、二人はお互いに刺激しあうのが恒例のようになっていった。ファン・ハールが自分はアヤックス史上最も成功を収めた監督だと宣言すれば、クライフはそれを侮辱と受け取った。クライフがバルセロナの監督だった当時、欧州で他に優れているチームはと聞かれたとき、パルマとオセールと答えたが、これらは過去二年間にアヤックスを相手に勝利を挙げたことのあるチームで、ファン・ハールはこれをあからさまな嫌味だと受け取っただろう。そして、ファン・ハールがバルサの監督に就くと、一年前にクライフが苦々しい思いで手放し、まだ未練が残っていた仕事を彼が行なっているのだから、それも当然の成り行きであった。

一方のロブソンは、ファン・ハールに対して似たような嫉妬心を持っていたかもしれないが、それを表には出さず、彼にモウリーニョを薦めた。監督交代の決まった日にモウリーニョが見せた激高ぶりにもかかわらず、ファン・ハールは彼を「第三アシスタント」として起用した。バルセロナでの最初のシーズンでリーガ優勝を飾ったファン・ハールは、相手チームの分析役としてモウリーニョを重宝した。タイトルを保持した次のシーズンでは、ファン・ハールはモウリーニョとともにトップチームの指導にあたった。

「私はポゼッションとポジショナルプレーの重要性を信じている。だから、練習ではポジショニング主体のトレーニングをたくさん行なう。チームを実際に監督できるかどうかはそんなときにわかる。モウリーニョは確かにその力があった」

ファン・ハールから絶大な信頼を得たモウリーニョは、親善試合やカタルーニャ杯に出場するチームの監督を任された。当時三四歳だったモウリーニョにとって、それは大きな飛躍であり、世界最高峰のサッカー人から敬意を払われるようになる第一歩であった。

とはいえ、モウリーニョがかなりの異色であることには変わりなかった。アヤックスでも、バルセロナでも、ウェスト・ブロムウィッチでさえもプレーした経歴がなく、トップレベルのクラブでの経験の大部分は、クライフ流の考えに大きな影響を受けた人物の下で積んできたとはいえ、そうしたサッカースタイルの考えは他の監督ほどモウリーニョには深く浸透しなかった。モウリーニョへの信頼が増す一方で、ファン・ハールは彼についてこう語っている。

「生意気でそれほど権威を尊重しないが、彼のそんなところが好きだった。決して服従的でなく、もし私の考えが間違っていると思えば思い切り反論もした。そんなわけで、他のアシスタントよりも彼の話に耳を傾けることがずっと多くなりました」（パトリック・バークレーによるモウリーニョの伝記より）

ファン・ハールが監督を務めた三シーズンの間に、バルセロナのチーム内には様々な軋轢や争いが生じた。しかし、建設的な話し合いも多く交わされ、バルセロナはサッカーの歴史の中で最高峰の監督養成所となった。後に監督としてかくも重要な役割を担うことになる選手がこれだけ同時に一つのクラブでプレーしていたというのは他に例がない。ファン・ハールが就任したときにはすでに中盤で共にレギュラーだったグアルディオラとルイス・エンリケ、またポルトとスペイン代表監督を歴任することになるサブGKのフレン・ロペテギも所属していた。ちなみに、後にフランス代表監督を務めたローラン・ブランは、ファン・ハールと入れ替わりでクラブを去った。ファン・ハールの監督就任から一年後に加入したメンバーでは、MFフィリップ・コクーは、後にPSVアイントホーフェンの監督としてオランダリーグのタイトルを獲得、また、同年アシスタントコーチとしてやってきたロナルド・クーマンはアヤックス監督時代にオランダリーグを制した。さらに次の年に加入したフランク・デ・ブールは、アヤックスで前人未到のオランダリーグ四連覇を達成した。そうした彼らの頂点に立つファン・ハールは、背景にクライフの影がちらついていたとはいえ、自分のやり方を貫こうと懸命に務めた。グアルディオラは後に、「ファン・ハールはファンマ・リージョと並んで私が最も議論を交わしてきた監督だ」と語っている。リージョは当時テネリフェの監督を務めていたが、とりわけ一九九四—九五シーズンでは二九歳の若さでサラマンカの監督に就任し、リーガのチームでは最年少の監督として名前が知られるようになった。スペインの強豪クラブを任される機会には恵まれなかったリージョだが、スペインでは最も信念があり特異なスタイルを持つ監督の一人である。

ファン・ハールのアプローチが、グアルディオラが監督になってからのアプローチよりも若干ソフトだったという理由で、二人の間に何らかの緊張関係があったのではないかとみる向きもあるようだが、それはおそらく見当違いであろう。グアルディオラがファン・ハール指揮下のアヤックスに尊敬のまなざしを向けているのは明らかだ。

「あの頃のアヤックスには、プレーそのものはもちろん、チームのためなら自分を犠牲にするのも厭わないところ、個人プレーでも輝いて見せる力、そして勝利をつかむ、そんなすべてのことを懸命にやろうとする、いや実際にそれができているという印象が常にあった。異なる資質を持ったすべての選手たちが、一人残らず、ピッチの上での自分の任務を自覚していた。戦術面では統制されていて、そうした力をタイミングよく、そしていかんなく発揮できる能力があった」

二人はまた、互いに尊敬し合っていたともいえるだろう。ファン・ハールは次のようなエピソードを披露している。

「私がスペインに来たとき、チームのキャプテンは一番年長の選手が務めるもの、という決まりのようなものがあった。ロブソン監督の頃なら、当時最も年長者だったアモールがキャプテンで、ナダルが副キャプテンという具合に。でも私は、最も年齢が高い選手がキャプテンを務めるのではなく、最も優れた能力を持つものがキャプテンになれる、と言って譲らなかった。選手の観察と分析に六週間費やし、そうして私がキャプテンに選んだのがグアルディオラだった。彼は何よりもその戦術感覚が素晴らしく、チームメイトへ多大な影響も及ぼしていた。彼は戦術について本当によく考えていて、それは非常に大事なことだ。彼は私が見てきた中で、最も戦術面で頭の切れる選手だった。ルイス・エンリケがあんなに偉大な監督・コーチになれるとは露ほども思っていなかったが、グアルディオラにはそれを感じた。クーマンとモウリーニョにも同じようなことを感じた」

ファン・ハールがバルサで采配を振るった最初のシーズンでは、グアルディオラは総菜屋へ猛ダッシュで駆け込んだ際に痛めた筋肉の問題がじわじわと表面化し、ほとんどの試合に欠場した。アヤックス時代に攻守ともに使えるプレーメーカーのライカールトが担っていた背番号四となりうる選手を失うことを危惧したファン・ハールは、ダーヴィッツを呼び寄せることを考えた。だが、グアルディオラが回復すると、彼はその期待に応えられることを立派に証明してみせた。ファン・ハールいわく、「それ以来、グアルディオラはゲームを見通す力をつけ、また、ゲームを支配できる性格を身につけた」のである。ファン・ハールの第二シーズンでは、度重なる負傷に悩まされたグアルディオラの代わりに、同じくラ・マシア出身でより小柄な若手プレーヤー、シャビを起用し始めた。

バルセロナのスカウトマン、アントニ・カルモナ氏は、シャビが六歳の時点ですでにクラブとの契約を交わさせようと思ったが、その身長の伸びとごく平均的な体格に不安があったため、とりあえず五年間は様子を見ることに決めた。ファン・ハールは彼をレギュラーとして起用したが、二人の関係はあまり良好とは言えなかった。それは、ファン・ハールがシャビに攻守両方の要となれるミッドフィルダーになるよう強く要求したことがとりわけ大きく影響していた。もっとも、シャビはそうした役目を自分のものにしてゆき、後にフランク・ライカールトが監督になって彼をより上のポジションに置いた際、最初のうちはそれに抵抗を感じるほどであった。しかし最終的には、おそらく誰よりも自分に期待されている役割をわかっていたグアルディオラがシャビを差し置いて中盤の要となり、シャビを中盤の右側に従え、セルヒオ・ブスケと三人体制を敷くことになる。

GKのヴィトール・バイアにとって、グアルディオラが監督としての可能性を持っていたのは「一目瞭然」だったという。

「彼はチーム内で意見を出し、監督と議論を交わしていた。戦術とゲームそのものに彼が強い関心を持っていたのは明らかだった。チームが毎試合の戦術の準備をするうえで彼が重要な役割を担うようになったのは手に取るようにわかりました。ファン・ハールの頃よりもロブソンが監督だったときのほうがその傾向は強かったように思います」

ルイス・エンリケに関しては、監督としての可能性はそこまで明白ではなかった。バイアは続けてこう証言する。

「ルイス・エンリケは戦術についての話し合いにはあまり乗ってきませんでした、ただ、彼のリーダーシップには目を見張るものがあった。それに、誰にでも協力を惜しまなかった」

そしてもちろん、モウリーニョもいた。普段ならその前任者をこき下ろす彼でさえ、マンチェスター・ユナイテッドの監督に就任した際、前任者であったファン・ハールが自らの監督としての成長にどれほど大きな意味を与えてくれたか、常に明言してきた。

「ファン・ハールは私にトレーニングを完全に任せてくれていましたし、彼のおかげで一人前の監督になれたのです」

そのモウリーニョを最も驚かせたのが、細部へのこだわりであろう。それは彼がしょっちゅう手にしているメモ帳と同じく、バルセロナ内部の他の人間からは笑いの種にされていたものだ。

「ファン・ハールの頃の練習は、メニューがすべてきっちりと決まっていた。何をするのか、その目的は何か、何時にどのメニューをこなすのか、完全に把握できるようになっていた。気まぐれに別のことをやる余地など一切ありませんでした。すべてがごく些細な部分に至るまできっちりと決められていました」

シド・ロウはその『Fear and Loathing in La Liga（リーガにおける恐怖と憎しみ）』の中で、ファン・ハールはクライフよりも几帳面で、おそらく監督としてはクライフより上だったかもしれないが、カリスマ性では劣っていたと語るある選手のコメントを引用している。

ヴィトール・バイアは、ロブソンの退陣以降のモウリーニョについて次のように述べている。

「彼はよりチームに溶け込んでいった。ファン・ハールは彼に何か特別なものがあると見抜いていて、その分析能力がいかに有効に利用できるか理解していた。ファン・ハールは専らモウリーニョに対戦相手の分析役を任せていて、彼はそれを見事にこなしていた」

ファン・ハールの下でのバルセロナのプレースタイルについては、場外からのクライフの批判は別として、少なくとも最初の頃は特にそれほどの批判の声は上がらなかった。それはおそらく、ファン・ハールがクライフよりもポゼッションを優先させたからか、それとも若干リスクを冒すプレーを抑えたことが理由か。彼はまた、多くのオランダ人プレーヤーを起用した（最初のシーズンでは三人、その次は五人）が、一九九七―九八年の自身初シーズンでリーガ優勝を果たしたとき、得点七八、アトレチコを除く他のチームよりも一五多かった一方で、失点はリーガ史上四番目に多い五六を記録した。翌シーズンはさらにパワーアップして、八七得点でレアル・マドリードに一一ポイントも勝点差をつけた。

ファン・ハールはこう説明する。

「あれはアヤックスと同じシステムで、四―三―三なのだが、対戦相手はみなディフェンスが五人だったので、やや苦労した。こちらは左右どちらかのフォワードが相手側五人目のディフェンスに対応しなければならなかったのだから。そこで、三―四―三に切り替えたことも、またディフェンスにもう一人選手を充てたことも幾度となくあった。相手が左右どちらかのウィンガーを使っていないときには、ロナルド・デ・ブールがディフェンスに回り、そうなるとサイド方面から突破する余裕があったので、そこには優秀な選手を配置した。内側では一人対二人となりやすいので、そのためにリトマネンを獲得したのです」

ゴールキーパーの使い方についても、ファン・ハールはアヤックス流を踏襲した。一九九八年にバルセロナからポルトへ移籍したヴィトール・バイアはこう証言している。

「トレーニングはフィールドプレーヤーと一緒でした。ファン・ハールはキーパーが積極的にゲームに参加することを望んでいました。ダイレクトなサッカーをする必要がある場合、自分たちはディフェンス、守備的MF、ひいてはウィンガーに至るまでプレーをつなげる、いわば攻撃の第一段階として考えられていたということです」

だが次第に、自分のサッカー哲学を奉じるべきというファン・ハールの要求と執念は選手たちとの間に軋轢を生み始めた。三度目のシーズンは、リーガでの成績が二位に終わり、コパ・デル・レイ杯とチャンピオンズリーグともに準決勝敗退。加えて、リバウド、ジョヴァンニ、ソニー・アンダーソンらブラジル人選手たちとのいざこざも絶えなかった。リバウドは背番号一〇でプレーしたがったが、ファン・ハールは彼にはリトマネンと遜色なくその役目を全うできるほどの規律に欠けていると判断した。

「リバウドは自分の好きなようにプレーしたがったが、当時のチームにとってそれは問題だった。リバウドが背番号一〇のポジションに入るとなると、ミッドフィルダーが一人減ることになる。それは不可能だ。だから、私は常に彼を左サイドに配置した。リバウドはそのポジションでの活躍によってバロンドールを獲得したのだが、ある日、リバウドは私のオフィスにやって来て（彼はそれまで一度もオフィスに来たことなどなかったのですが）、『ロッカールームで話がしたい』と言いました。私はてっきり、彼が他の選手たちに感謝の言葉を述べるのだろうと思っていました。何しろ、リバウドは咄嗟《とっさ》にプレスができず、そのために私は常にリバウドの後方でプレスするようチームを調整したのですから。リバウドにはとりあえず左サイドで好きなようにプレーさせて、左サイドでのプレスは他の選手に任せていた。ところが、ロッカールームに来るなりリバウドは『もう一一番ではプレーしない』と宣言し、やっぱり一〇番にさせてくれ、というので、『二軍チームならいいだろう。きっと私を納得させてくれるだろう』と答えました」

だが、リバウド抜きの最初の試合は黒星であった。

「彼はやっぱり重要な選手で、左サイドからのゴールはやはり強力だった。その試合に負けてすぐ後、チームはちょっとした混乱状態に陥り、グアルディオラが私の所へ来てこういいました『リバウドを一〇番でプレーさせてやってください。彼なしでは得点できない』と言うので、私も了解した。チームがどうもうまくいかないと感じているのなら、私も方向転換しなければならない。確かに私は監督・コーチであるが、実際にプレーしているのは彼らですから。そうして、リバウドを一〇番でプレーさせたのだが、ふたを開けてみれば混迷そのもので、何のタイトルも獲得できなかった」

偉大な哲学に従うことを拒む選手の問題は、バルセロナに常に付きまとった。

ヴィトール・バイアは次のように振り返る。

「ファン・ハールはとても規律に厳しく、目的に向かって集中し、本当に敏腕だった。でも、コミュニケーション能力に欠けていて、チームのメンバーたちとの関係も希薄だった。自分の感情を表そうものならとんでもないことで、選手たちに話しかけるときもとても冷たく、厳しい口調で、選手たちの間で反感を買うこともあった。それでも、サッカーの知識やトレーニング哲学に関しては、トップレベルでした。彼がいかにコミュニケーション能力に乏しかったのかは、ジョークを飛ばそうとしたときによく表れていましたね。話し方が硬くて、全然笑えないんですよ。ジョークなのにまるで子供を斧で殺しに行くような恐ろしい話に聞こえて仕方なかったですね」

バルセロナでの最後のシーズン、クラブの前副会長宅を訪れたファン・ハールは、その孫でバルサのユース期待のセンターバックと言われていた一二歳の少年を紹介された。ファン・ハールはその少年を上から下まで眺め、突然何の前触れもなしに彼の胸を押した。当然のごとく尻もちをついたその少年に向かい、ファン・ハールは「パワーが足りない。センターバックには向いていない」と言い放ったという。ちなみにその少年とは、ジェラール・ピケであった。

ファン・ハールとは対照的に、モウリーニョは選手たちにとってよき兄貴的な存在となっていった。ウィンガーのシマオ・サブローザはこう語る。

「ファン・ハールにはみんな何度イライラさせられたことか。練習中も試合中も、いつだって。とにかく要求がすごい。モウリーニョはもっとリラックスしていて。いつも冗談を言っていたよ。それに、よく気を配っていた」

シマオは同じポルトガル人であることからモウリーニョのことを理解しやすかったのかもしれない。ヴィトール・バイアはファン・ハールとの溝が文化的なものからくるのではないかと確信していた。

「モウリーニョはファン・ハールからほとんどすべてのことを糧にして成長していった。でも、ラテン系ということで彼のコミュニケーションスキルは抜群だった。選手一人ひとりについて熟知し、各々とどう対応すべきかを模索していた。そうすることで、それぞれの選手から最高の部分を引き出そうとしたのだ。それはファン・ハールには決してできないことだった。モウリーニョは、ファン・ハール独自の長所に自分が持っていたメンタルとコミュニケーションのスキルを加えたのだ」

それでも、様々な事情からモウリーニョには正式なポストが与えられていなかった。住まいもバルセロナ近郊シッチェスにあるファン・ハールの家の近所で、彼には恩を感じていたようだが、ファン・ハールの最後のシーズンでは、独自のやり方を進めたがる「情緒不安定なアシスタントコーチ」となった。ファン・ハールの決断を蒸し返し、「容赦なく、声を大にして批判もする」ようになった。モウリーニョはバルサにおける自分の役割をより重要にしていったが、それでもなお不当に低く扱われていたのもおそらく事実である。ヌニェス会長は依然として彼を「通訳」としか扱っていなかった。実際、ファン・ハールがクラブを去る際に自分の契約が更新されなかったことに、それほど失望はしていなかったようだ。

バルセロナのファン・ハール時代が成功に終わったかどうか判断するのは、やや難しい問題である。クライフからグアルディオラに至る流れの中で彼が占める地位は、シャビ、カルレス・プジョル、ビクトル・バルデス、アンドレア・イニエスタらの有能な選手たちを世に送り出したことでなおのこと、クラブの名声を決定づけたとして、バルセロナの歴史の中では好意的に見られているものの、当時の選手たちの間では、何が何でもポゼッション第一主義のスタイルにうんざりしていた者も少なくなかった。

監督時代末期になると、ファン・ハールは変革を強行できないことに苛立っているようにも見えた。自分のような厳しくダメ出しするようなスタイルにはオランダ人以外の人々は慣れていないと認めつつ、ロブソン、クライフ、そして彼らより以前の幾多の監督たちを害してきたクラブ内の政治的圧力も次第に強くなってきていた。クラブ会長の周囲では頻繁に争いが起きていて、一九九八年には、後に会長となるジョアン・ラポルタが中心となって作られたElefant Blau（青い象）という組織がヌニェス会長の不信任投票を求めたが失敗に終わった。もしそれが成功していたら、ファン・ハールは解任され、クライフが再び監督の座に就くことになっていた。ファン・ハールはこう語っている。

「クラブには忠実でした。だから去ることになったのです。本当に権謀術数が渦巻いているかって？　それは『クラブ以上の存在』ですからね」

ファン・ハールはまた、その高飛車な態度によりマスコミの受けもあまり芳しくなかったようで、バルサの不調が始まるや否や、マスコミからはさんざんに叩かれ始めた。チャンピオンズリーグでは一九九八年も一九九九年もグループステージで敗退し、一九九九―二〇〇〇シーズンでは、リーガの最終成績がデポルティボ・ラ・コルーニャに次いで二位、チャンピオンズリーグの準決勝ではバレンシアに敗れた。ファン・ハールは五月に行なわれた自身の最後の記者会見で「マスコミの友人の皆さん、喜んでください。これでお別れです」とせせら笑った。

そうした対外関係でのぎこちなさはあったものの、ほぼ期待された通りのプレースタイルでリーガでの優勝二回、準優勝一回という結果は、決して失敗とは見られない。ファン・ハールがそれでも解任されたというのは、彼のそうした態度や性格よりも、バルセロナというクラブの特殊性をより浮き彫りにしている。また、ファン・ハールはそのプライドと頑固さから、解雇金の受け取りを拒否したのであった。

第三章

特別な存在

　モウリーニョはバルセロナで監督のイロハを学んだ。次なるステップはそれを実践することだ。二〇〇〇年、ファン・ハールの退陣に伴いバルセロナを追い出されたモウリーニョは、いったん故郷のセトゥーバルに戻り、読書や考えごとをしながら、後に彼の「聖書」として有名になる、サッカーについて、監督業についての彼の信念を整理していた。バルサで過ごした最後のシーズン中、モウリーニョはポルトガルのクラブ、ブラガから監督のオファーを受けたが、もっと有名なクラブでのチャンスを求めて辞退した。しかし、それは彼にとって簡単な決断ではなかったはずだ。ベンフィカ、スポルティング、ポルトの三強によって独占されているポルトガルのサッカー界において、いわゆる弱小クラブに身を置くことがどれほど見下されるのかを彼はよく知っていたし、また、彼の伝記を書いた長年の知人であるルイス・ロウレンソにも語っていたように、モウリーニョは自分が「手持ちのカードを使って駆け引きして勝負するような、この世界の人間」ではないことも十分に承知していた。

故国においても、モウリーニョは明らかに異端児であった。少なくとも、本人はそう感じていた、あるいは自分自身そうありたいと思っていた。ポルトガルでは二〇〇四年、Apito Dourado（金のホイッスル）と呼ばれる審判買収問題が明るみになり、ボアビスタが二部に降格するという事件が起きた背景を考えると、先のモウリーニョの言葉は意味深である。この事件には多くのクラブが関与し、ポルトも後に勝点六ポイントをはく奪されるという憂き目にあったが、その後の上告により返上された。ポルトガルリーグのみならずボアビスタの会長も務めていたヴァレンティム・ロウレイロは執行猶予付き三年二か月の有罪判決を言い渡された。ポルトガルサッカー界の腐敗はずっと前から蔓延していたので、モウリーニョがポルトガルに戻っていた当時は、八百長と審判買収の疑惑に対する声が高まっていた国内では、そういう言い回しでお茶を濁すのが無難であったのだろう。異端児であれ何であれ、ベンフィカからのオファーを受けたモウリーニョは、二〇〇〇－〇一シーズン開始早々からそこで助監督の役を担うことになった。トップクラブを足がかりにしてポルトガルでのキャリア再開を狙うにはまたとないチャンスだった。そのうえ、監督のユップ・ハインケスはそのシーズンわずか四試合で早々とクラブを去ったことから、モウリーニョが彼の代役を務めることになった。

しかし、この頃のベンフィカは複雑な事情を抱えていた。クラブ内では会長選を間近に控え、弁護士であり当時の会長であったジョアオ・ヴァレ・エ・アゼヴェドの対抗馬として、実業家のマヌエル・ヴィラリーニョが立候補していた。その頃のモウリーニョは半年間の契約であったが、ヴァレ・エ・アゼヴェド会長からは、会長再選の暁には二年半の契約延長を約束されていた。しかしクラブ内部からは、モウリーニョには監督に必要な経験も、外部の専門家からの評価も欠けていると、彼に対して反発の声があちこちから上がっていた。モウリーニョはたちまち敵に包囲され、そうした状況がおそらく、モウリーニョの頭の中に、すでに彼の性格を反映したチーム管理手法をもたらすことになったのだろう。

ベンフィカでのモウリーニョの監督期間は非常に短かったが波乱万丈だった。彼はサブリ、コラド、セルヒ・カンダウロフ、チャノといったサポーターに人気のあった選手たちを全員外し、ユースチームでは五人の選手に対してサッカーを続けても無駄だと言い放った。また、ルイ・バイアオ、リカルド・エステベス、ロジェ、アンドレとの契約のサインを拒否し、テクニカルディレクターのアントニオ・シモエスのやり方を批判した。こうした彼の態度と斬新なトレーニング手法はチームを不安定にした。

だが、そうした揺さぶりをかけることが実際に必要だったのである。

モウリーニョ新監督の下でのベンフィカの初試合の相手はボアビスタ。ベンフィカには対戦相手の偵察役としてジョゼ＝アウグスト・ペレス＝バンディエラがおり、モウリーニョ自身の言葉によると、スタメン一一人中一〇人まで調査済みだったという。ところが、その残る一一人目、ボリビア人選手エルウィン・サンチェスが決勝点を挙げ、ボアビスタが一対〇で白星を飾った。モウリーニョはそうしたスタッフの詰めの甘さに激怒し、以後は学生時代の知人に自腹で報酬を渡して対戦相手の偵察をさせるようになった。

ボアビスタの得点は、ゴール至近距離からのクロスによるもので、選手たちにはとりわけ注意するようモウリーニョも事前に強く呼び掛けていた。それだけに、彼の怒りももっともだった。アドバイスをするモウリーニョ自身と、それに沿ったプレーを求められる選手たちとの感覚のズレからくるフラストレーションは、以後何年にもわたり彼を悩ませ続けた。

それでも、モウリーニョの一風変わった選手のマネジメント方法は徐々にその効果が現れ始めた。一例を挙げると、MFのマニシェが練習試合で反則を犯したことで、罰としてピッチの周囲を走るよう言い渡されたことがあった。八分後、マニシェが二周走り終えたところでモウリーニョは彼にシャワーを浴びに行くよう命じた。その翌日、モウリーニョはマニシェに二軍チームと一緒に練習させ、あたかももうクラブには用がないというような扱いをした。そうして四日が過ぎ、マニシェは正式に謝罪し、一〇〇〇ユーロを支払った。すっかり心を入れ替えたマニシェは、シーズン終了前にはキャプテンに任命され、モウリーニョとはポルト、そしてチェルシーでも共に戦い続けることになる。

選手たちを支配し、心理的に追い詰め、遂にはその忠臣にさせるという能力は、当時はまだ現在ほど発達していなかったであろうが、モウリーニョはすでにそれを実践していた。センターバックのパウロ・マデイラはこう証言している。

「モウリーニョは付き合うのになかなか難しいところがある。自分の信じたことは曲げないし、思いついたことをどんどん口にする。最初のうちはなんて嫌な奴だろうと思うけど、だんだん好きになってくるのです」

初戦こそつまずいたものの、モウリーニョは以後一一試合で黒星をわずか一つにとどめ、チームのプレーは向上していった。しかし、ヴァレ・エ・アゼヴェド会長は信任投票で落選し、ヴィラリーニョ新会長はトニに監督を任せたいという姿勢を明らかにした。クラブ内の反モウリーニョ派にとっては、チームの快進撃はもちろんであるが、モウリーニョが次第にその独自のやり方に自信をつけ始めていることが気がかりであった。例えば、スポルティングとのリスボンダービーを一週間後に控えたある日、モウリーニョはスポルティングの選手たちがテニスの試合を見に来ているのを見かけ、チャンスだと感じた。この後、モウリーニョは選手たちにこの出来事を話し、練習もせずにのうのうとテニスの試合など見に来ているところをみせつけるなどなんという傲慢さだと発破をかけた。それがナンセンスなのはモウリーニョ自身も十分承知していたが、「自分たちの血に毒を盛る」ためにこの一件を利用したのだ。試合は三対〇でベンフィカの勝利に終わった。この勝利はモウリーニョがベンフィカで挙げた最大の、そして最後の快挙であった。

そのスポルティング戦の前夜、ベンフィカの役員たちが、モウリーニョに何の相談もなくチームの宿泊先を普段利用しているホテルから変更した。それは、彼にしてみれば、明らかにチームの状態を不安的にさせるための策略であった。実際にその可能性は高く、どう見てもこの一件は、チームの思いのままに操ることが何よりも重要な監督に対する深い蔑みの表れであった。そしてモウリーニョはクラブ理事会が彼の更迭を狙っていることを確信した。

その夜、モウリーニョはセトゥーバルの自宅に帰る途中、暴風雨に遭った。橋を渡る際、激しく叩きつける風に、車ごと吹き飛ばされて死んでしまうのではないかと感じた瞬間、行動を起こさなければならないと覚悟した。自分の立場は確かに弱い、だがそのときほど自分の力が強いと感じたことはなかった。モウリーニョはヴィラリーニョ新会長に電話をかけ、ヴァレ・エ・アゼヴェド再選の折に約束されていた二年よりも短い一年間の監督契約を願い出た。会長の答えは、オファーをしたいのは山々だが、理事会全体は絶対に認めないだろうという、なんとも歯切れの悪いものであった。こうして、モウリーニョは潔く辞任を決めたのであった。

その七か月後の二〇〇一年七月、モウリーニョはウニオン・レイリアの監督に任命された。規模が小さく予算も非常に限られているクラブだが、前のシーズンでは前任のマヌエル・ジョゼ監督のもとでリーグ七位という成績を収め、大健闘を見せていた。闘志にあふれたカウンターアタックを得意とする彼らのスタイルをモウリーニョはさらに磨き上げ、チームは一月ごろにはリーグ三位に躍り出た。

モウリーニョが選手たちの士気を個人レベルで高める手際の良さは目を見張るものがあり、後にそれは彼の名声につながった。リーガ・エスパニョーラ二部のクラブ、セウタから移籍してきた攻撃的MFシラスは語る。

「モウリーニョが本当に優れた戦術家だったのは誰もが知っている。でも、個人的な意見としては、彼という人物を語るうえで何よりも重要なのは、彼が選手たちとの間に確かな人間関係を構築できたということだ。一対一で話し合い、どの選手にも気をかけてくれる。それに、彼は本当に心の広い人だ」

シラスがレイリアに加入したときにこんなエピソードがある。彼がセウタでのシーズンを終えて、レイリアはすでに次のシーズンに向けて三週間前から準備に入っており、シラス自身、レイリアに来たら休暇を取らずすぐにトレーニングに参加するつもりだった。しかし、モウリーニョは彼にまずは休暇を取るよう言い渡した。

「『君はチームにとってとても大切な選手だから、しっかりと休んで、リラックスした状態で試合に臨んでほしい』と言われました。感激しました。いかに彼が選手を大切に思っているか、よくわかりますよね。私が休暇から戻ってきたのはシーズン開幕の一週間前で、そのときレギュラーのウィンガー、エマニュエル・ドゥアーが負傷していたのです。自分には五、六日しかトレーニングする時間はなかったのですが、モウリーニョに『左ウィングでも同じようにプレーできると思うかい？』と質問されました。自分のポジションはそれまでずっと中盤のセンターでしたが、ウィンガーとしてプレーしたことも何度かありました。モウリーニョは僕にそれができるということを見抜いていて、実際にやってみたら本当にうまくいきました。何しろ、シーズン中は一度もスタメンから外れたことがなかったのですからね。モウリーニョは休養を取るための時間をくれて、チームに入ってそれほど時間がたっていなかったにもかかわらず僕を信頼し、自信を与えてくれたのです」

監督就任後、モウリーニョは直ちにヴィトール・フラーデ教授から教わったピリオダイゼーション理論を実行に移した。シラスは次のように話している。

「トレーニングはそれまで自分が見てきたものとは全く異なっていた。モウリーニョはそのやり方でポルトガルのサッカー界に衝撃を与えた。彼が監督を始めた頃、彼のような指導をする監督はほとんどいなかった。それが今や多くの監督がそのやり方を採用している。それは、ゲームのモデル、それもありとあらゆるモデルに重点を置いたもので、彼は一つの流れを作った。若い監督からは手本と見られているし、ポルトガルサッカー界でキャリアを積んだ優秀な監督たちが世界中で活躍している。そのすべてはモウリーニョから始まった。彼はまさに時代を先取りしていましたね」

三大巨頭対その他のクラブという図式が定着しているポルトガルリーグは、強豪へのプレッシャーも並大抵ではない。それは野心のある者へは常にチャンスが開けているということでもある。ポルトは二〇〇一年一一月末にはリーグ首位を走っていたが、続く六試合で挙げた白星はわずかに一つで、一気に五位へと転落し、オクタヴィオ・マシャド監督が辞任する事態にまで発展した。その後任としてポルトが目を付けたのが、順位で彼らよりも二ランク上のレイリアを率いていたモウリーニョである。二〇〇二年一月二三日に正式に監督として任命される前、モウリーニョはポルトのジョルジュ・ヌノ・ピント会長を前にして、パワーポイントを使って彼の「バイブル」をもとにしたクラブへのヴィジョンに関するプレゼンを行ない、会長を驚かせた。

モウリーニョは次のように語っている。

「こうしたプレゼン資料は非常に大事です。プロセス全体を提示し、方向づけるものですから。最初のチャートでは、プログラム全体の基本となる理念を紹介します。『クラブのコンセプトはどんな選手よりも重要である』という考えが最初のスライドで映し出され、これがプレゼン資料全体の基底となっています。クラブに関わる人々全員、とりわけ若い層が持つべき信念なのです」

モウリーニョは同じような資料を、チェルシーで監督となる前にはロマン・アブラモヴィッチに、また、フランク・ライカールトの後任を探していた当時のバルセロナの役員らにもプレゼンしたことがある。また、ファン・ハールに代わるマンチェスター・ユナイテッドの次期監督候補に挙がった際にも、クラブ経営陣に詳細な報告書を提出した。こうした事柄からは、モウリーニョのきめ細かさや準備を周到に行なう面が強調されがちだが、実際には心理的な効果を狙った部分も大きい。ロイ・ヘンダーソンが『ザ・ブリザード』紙に寄せた記事によると、こうしたプレゼンは成文化された憲法のような、文書にすることで何らかの支配力を与える効果があるようだ。モウリーニョは選手たちに対し、彼らに何が求められているのかを文書にして渡すことで、そうした支配力をさらに強固にしていった。

ドイツの社会学者マックス・ヴェーバーは、支配には三つの種類があると理論づけている。歴史的・慣習的にリーダーたるものが支配するという伝統的支配、そしてリーダーに法的な正当性が与えられている合法的支配、そして、人々から求められてリーダーとなる人物によるカリスマ的支配がそれである。モウリーニョのパワーポイントのプレゼン資料は、その理念をすでに体系化して文章や図式にしたものであるが、それは彼に伝統的および合理的支配を確立させるプラス材料となった。しかし、さらに強力なのは彼のカリスマ性である。ヴェーバーはカリスマを「超自然的な力と特殊な恩恵を授かった支配。人々は人徳や伝統的な地位があるからその人に従うのではなく、その人物を信じているから従うのである」と定義している。モウリーニョは選手たちの心を刺激しながら、その一方で、自分の支配力がごく自然で、さらには神から認められたものであるかのような環境を作り上げていった。

マシャド監督は大きな波に向かってもがき続けていた。モウリーニョを通訳としてそばに置いたロブソン監督時代の二連覇にはじまり、最終的にリーグ五連覇という偉業を成し遂げたこともあったポルトだが、この三シーズンは無冠に終わり、サポーターは選手たちをまるでピエロのようだと笑い、彼らをすっかり無能扱いしていた。普通の監督ならば、そんなサポーターの野次や替え歌などは無視するか、彼らに止めるよう言うところだが、モウリーニョは反対にそれらを歓迎し、選手たちにもその替え歌を覚えてロッカールームで歌ってみるように勧めた。そうすることで、選手たちの持っていた畏怖の念はいつの間にかモチベーションへと変わっていったのである。

そのシーズン、モウリーニョが辞任するまでの黒星はわずかに三つだったレイリアは、その後四連敗し、成績は七位に終わった。一方、モウリーニョ監督就任以来のポルトは、一五試合で勝点一〇ポイントと、精彩に欠ける成績であった。しかし、ポルトこそが、モウリーニョの理念が最初に試された場所であり、自分の実力にふさわしい場所だと彼は感じていた。少しずつ、モウリーニョはバルセロナを黄金時代に導いたサッカー術とは離れたところで、彼なりのスタイルを打ち出し始めた。ポルトは、モウリーニョが思い通りにチーム全体をコントロールすることができた、そして二部リーグへの降格を食い止めるよりもタイトルを狙うことだけに集中して戦うことができた最初のクラブであったのだ。

そうした要素が彼をより大胆にさせた。「ポルトでは攻撃的なサッカーを実践した。だがイタリアでは違う戦い方を繰り広げた。というのは、チーム内にポルトほど攻撃に秀でた選手がいなかったからだ」と語るのは、チャールトンでのレンタル移籍期間終了後モウリーニョに呼び戻され、ポルトのキャプテンを務めたセンターバックのジョルジュ・コスタである。

「監督について攻撃派か守備派かのどちらかだと決めつけるのは大きな間違いだと思います。実際に自分たちの置かれた状況に応じて監督の仕方も変えなければならないのですから。モウリーニョはその素晴らしい例です。彼は守備も攻撃も分けて考えることはなく、それよりも戦術に力を注いでいました」

少数の強豪チームがその他のチームを圧倒的に押しつぶすのが見もののポルトガルのサッカー界においても、モウリーニョは選手たちを自由にプレーさせることには制限を付けた。コスタは次のように証言している。

「自分も含めてどんなセンターバックに対しても、ボールを持ったまま敵陣へ上がっていくことを彼は許さなかった。自分はたまにやったことがあるけれど、本当に嫌がっていた。あれはチームのバランスを崩すと、後になって教えられました。ディフェンダーが上がってもいいとされたのは、ミッドフィルダーのうちの一人がサポートに入っているときだけでしたね」

モウリーニョは食事の管理、スケジュール調整、トレーニングのメニューと、すべてにおいて責任者となった。また、厳しい規律も課した。ベニー・マッカーシーは、試合の二日前に恋人の誕生日を祝うためビゴへ遊びに行ったことが原因で、しばらくの間は試合に出場させてもらえなかった。ポルトがベンフィカとのアウェー戦に臨んだとき、モウリーニョはわざわざ選手たちよりも先に観客の前に姿を現し、選手たちの代わりに客席の敵意を一身に受けた。ベンフィカについて、またクラブ側がサポーターのそうした態度を容認していることへの批判も行ない、こうした言動は後に彼のトレードマークのようになる。モウリーニョは父親のようなリーダーで、常に選手たちを守りつつ、彼らに対してベストを尽くすよう要求しているが、時にはチームとそれ以外の人間の感情を操りつつ、陰謀などを主張して精神的に追い詰めていくような、不気味な催眠術師のように見えることもあった。

ポルトが快進撃を続ける一方、たった一人だけ異議を唱える人物がいた。それはマシャド前監督だ。ポルトでの最初のシーズンでチームをリーグ優勝に導けると確信していた彼は、モウリーニョのやり方を激しく批判した。モウリーニョはルーベンス・ジュニオール、ネルソン、ミラン・パヴランといった、マシャドが切り捨てた選手らを再び起用しただけでなく、パヴランにおいてはＰＫ

も蹴らせるという扱いに、「まるで私のやってきたことが全部間違っていると言わんばかりだ」と憤慨した。その頃は単なる負け惜しみにしか聞こえなかったが、モウリーニョのチーム作りが単に試合に勝つだけでなく、失った分を取り返すという目的があったという見方はすぐに広まった。ポルトはこのシーズンを三位で終え、夏の移籍市場では四人の選手、パウロ・フェレイラ、デルレイ、ヌノ・ヴァレンテそしてティアゴを獲得した。パウロ・フェレイラはすぐさまモウリーニョの「驚くべき組織感覚」、「勝利への意欲と、それを選手に伝えるやり方」、そしてその斬新な采配ぶりに圧倒されたという。

「彼のトレーニング手法は他とは全く異なっていて、それまで自分が経験してきたものとは比べ物にならないほど進歩的だった。モウリーニョは本当に多くのことを要求してきた。それから、個性が強く、細かいところにもしっかりと目を光らせていた」

かつて選手だった人間が幅を利かせ、保守的な考えとしばしば自己満足の空気に支配されていた世界の中に、モウリーニョは多くの選手たちがかつて一度も経験したことのなかったプロ意識の高さをもたらした。デコは、「モウリーニョと同じくらい実力のある監督は他にもいただろう。でも、彼ほど熱心に仕事に励んだ監督はいない」とコメントしている。

また、彼ほどルール違反ぎりぎりの綱渡りを躊躇しない監督も珍しかった。二〇〇二年のシーズン開幕直前、ポルトはパリ・サンジェルマンと親善試合を行ない、試合は延長の末PK戦で決着をつけることになった。このとき、ハーフタイムで交代させられたはずのマニシェが決めたPKでポルトが勝利を収めた。プレシーズンのとりたてて重要な意味を持たない試合での出来事であり、ロウレンソもそのことを面白おかしく語っている。だが、どんなに重要度の低い試合でも、ポルトが不正を働いたのに変わりはなかった。

モウリーニョのポルト在任中は一事が万事このような調子であった。彼は確かに結果を出せたが、そのやり方は時に悪質であった。ポルトでの最初のフルシーズンとなった二〇〇二―〇三シーズン、国内リーグでは二敗を喫したのみで、ベンフィカに勝点一一ポイントと大きく水をあけて優勝し、ポルトガル・カップとUEFAカップも手に入れて三冠を達成した。当時四〇歳だったモウリーニョは、ヨーロッパで最も将来の期待される気鋭の監督の一人として一躍脚光を浴びた。しかし、彼の活躍ぶりは賛否両論を呼んだ。モウリーニョの実利主義は冷笑の域にまで達するほどで、その生い立ちの保守性とは裏腹に、権威を敬意の対象というよりも超えるべき壁と捉えているかのように見えた。UEFAカップ準決勝、ラツィオに四対一とリードを取った第一戦で、モウリーニョはラツィオのMFルカス・カストロマンがスローインする際、それが相手にカウンターアタックのチャンスを与えかねないとして文字どおり体を張って邪魔をしたことがあった。この件により、モウリーニョは第二戦ではベンチ入りを許されず、客席から近くに座っていた二人のアシスタントコーチ（そのうちの一人はアンドレ・ヴィラス＝ボアス）に叫びながら指示を出し、彼らがそれをメモしてベンチへと伝え、UEFAの監視も何とか切り抜けることができた。そのメモは、ロウレンソが著しモウリーニョ自身も積極的に参加したことが明らかなその伝記に掲載されている。メモの内容を見ると、モウリーニョが細部へ驚くべき注意を払っていたことはもちろん、ルール違反すれすれでプレーすることも厭わず、それに何の良心の呵責も持っていなかったことがわかる。

UEFAカップの決勝戦の舞台は猛暑のセビリア。ここでもモウリーニョは持ち前の几帳面さで、正午にトレーニングを開始して試合の準備に臨み、延長の末にセルティックを三対二で下した。セルティックのマーティン・オニール監督は、ポルトの「貧相なスポーツマン精神」、「ボールを奪われないようにかわすことと、時間稼ぎばかりした」点を大いに批判したが、それももっともなことであった。ポルトには確かにそうした狡猾さがあったものの、モウリーニョも、ボボ・バルデが延長戦で退場させられる前から、セルティックのラフなプレーにはいつレッドカードが出されてもおかしくなかったと得意のモウリーニョ節で反論した。

モウリーニョは国内リーグで四―三―三のフォーメーションを敷く傾向にあったが、より熾烈なゲームとなる欧州クラブの大会では中盤でダイヤモンドを組む四―四―二に変えることが多かった。ジョルジュ・コスタは、この変更が受け身の姿勢を意味していたのではなく、モウリーニョの第一の目標が相手のプレーを阻止することになったのではないと認識していた。

「彼は対戦相手によって戦略を変えることはなかった。いつも自分たちがどう動くべきなのかを頭に置いていた。彼の戦術に合わせて自分たちがプレーできるよう、そのための変更だったのだ。いつだって大事だったのは自分たちの戦略でした。四―三―三であれ四―四―二であれ、そうしたフォーメーションには攻撃的か守備的かという意味合いはなかった。試合に応じて、モウリーニョが求める通りのプレーをする。フォーメーション以上に、私たちはそれが持つダイナミズムを糧にプレーに臨んでいたのです。フォーメーションは変わっても、プレーのスタイルは決して変えなかったのですから」

フォーメーションはプレースタイルほどの意義はない。ダイヤモンドを形成する際に右サイドに就くことが多かったマニシェは次のように振り返る。

「モウリーニョからはどんどん上がってプレスをかけるように言われました。相手がボールを失ったときに素早く攻撃することが求められていて、中盤でも相手側でプレーできました。プレスは一人か二人の選手がかけるのではなく、チーム全体でかけるものでした。モウリーニョは各試合の前に一週間分のメニューを用意して、それに従ってトレーニングを行なっていました。センターバックのうち誰か一人がボールを持っていてもまごついているのがわかると、他のディフェンダーにプレスをかけて、センターバックにそのままボールを持って走らざるを得なくさせるのです。どんな選手と直面するのかにも少しは左右されましたが、モウリーニョはポゼッションも同じくらい重要視していました」

こう聞くと、プレスとポゼッションの二本柱というクライフの理論と似ているように思われるが、モウリーニョはすでにそのアプローチを変え始めていた。彼はピリオダイゼーション理論のパイオニア、ヴィトール・フラーデ教授に強く影響を受けていたのである。フラーデ教授は、「方法ではなく方法論が大事なのです。方法論がわかっていれば、方法は必要ありません」と言っている。

二〇〇四年当時五〇歳で、ポルト大学で教鞭をとっていたフラーデ教授は、モウリーニョやアンドレ・ヴィラス＝ボアス、ヴィトール・ペレイラといったポルトガル人監督のみならず、ブレンダン・ロジャーズやラグビーのイングランド代表エディー・ジョーンズにまでも閃きを与えた。教授にとってピリオダイゼーションとは、サッカーに限らずあらゆることに適応できる理論である。なので、教授がそれを説明するときには、一つのテーマから別のテーマに、それこそ細胞構造から量子力学へという具合に、話があちこちに飛ぶ。教授は『ニューヨーク・タイムズ』誌のインタビューの中で、「サッカーは直線的なプロセスではありません。また、最初にこれを、次にあれをやって、そうしてどこそこに達成するというような、足し算でできるものでもありません。監督は選手一人ひとり、チーム全体を様々な角度から捉える必要があります。サッカーは二つの次元ではなく数多くの次元にわたっているのです」と話している。一つひとつの行為がどこかに何らかの効果をもたらしているというのである。

また、フラーデ教授はスタミナやテクニックを向上させるためだけのトレーニングに異を唱えている。その一方で、ゲームを想定したトレーニングあるのみだと信じている。簡単に言えば、選手はただ何時間も走るより、ゲームのシナリオを組み立て、それに沿ってプレーをしながら走ることでよりスタミナを向上できる、と教授は思っているのである。彼はまた、選手たちが問題に直面してそれを打開しなければならないという状況を想定させたがった。何度もロングパスを練習してテクニックを身につけるより、ロングパスも問題の解決策の一つとなる状況を想定してみるほうがよっぽど有益だというのである。

モウリーニョは心理学も学び、その影響でポルトガル人神経科学者アントニオ・ダマシオの学説にも大いに興味をひかれた。ダマシオ氏は後に、モウリーニョの指導手法について四人のポルトガル人研究家が発表した論文で序文を書いている。氏は一九九四年に発表した著書『デカルトの誤り』の中で、デカルトの二元論を退け、神経解剖学的にも神経生物学的にも、感情のプロセスと理性のプロセスの間に仕切りはなく、よって感情は一般に信じられているよりもはるかに理性的であり、意思決定はより感情的な要因に影響されると主張した。彼はまた、自分なりの「ニューロン人間」の概念を述べている。それは、意識は外の世界を感知することによってのみならず、外の世界において身体が受ける感覚によっても形成されるというものである。

モウリーニョは語る。

「誰それは身体能力が高いから優れた選手であるという考えはとんでもない間違いだ。選手は適性があるかそうでないかのどちらかだ。では、適性があるとはどういう意味か？　それは身体能力があり、なおかつゲームのプランを裏の裏まで熟知し、そのプランの一端をきちんと担うことができる人間だ。最も高いレベルでプレーするには必要不可欠な心理的要素に関しては、適性のあるプレーヤーは自信にあふれ、チームメイトとの共同作業も彼らを信頼しているので問題なく、団結しているという姿勢がうかがえる。こうした要素がすべて揃ってこそ、私が言う適性のあるプレーヤーとなり、素晴らしいプレーに反映されるのだ」

実際にそれはどういうことを意味していたのか。イタリアのジャーナリスト、サンドロ・モデオはその著書『L'Alieno Mourinho（異星人モウリーニョ）』の中で示しているように、選手は「身体的特徴および技術（うまくボールを扱えるか）、戦術（スペース、チームメイト、対戦相手の選手たちとの関係における自らの役割を熟知）、心理（個人の感情の訴えとチーム全体の目標とのバランス）」によって構成される一つの「機能単位」になるということである。

モウリーニョの考えが、ここでフラーデのピリオダイゼーション理論のコンセプトと合流する。実際の試合で再現性のないトレーニングなどやっても無駄ということだ。フィットネスジムは、負傷の後に体を以前の状態に取り戻すだけのもの。モウリーニョはオートマティズムなど信じていない。ヴァレリー・ロバノフスキーと彼の偉大なパートナーであるアナトリー・ゼレンツォフは、あらかじめ試合で使えるかもしれないと想定した動きを繰り返させるという、チェスの名手のようなやり方でトレーニングを行なっていた。これはヨアヒム・レーヴからアントニオ・コンテに至るまで一連の監督たちに影響を及ぼした。一方のモウリーニョは、試合はもっと複雑なものであるがゆえ、そうした仮想ゲームトレーニングは適当でないと思っていた。彼はむしろ、選手たちの心理状態を整理させ、彼の主義を叩き込み、どんなシチュエーションでも適切な判断ができるように仕向けていった。「私は選手AがBにパスを渡し、それからBがCへ。そしてCからDへ、というような、機械的な指導をするタイプではありません。選手が最良の判断をして試合の流れをつかめるようにするというやり方を断然支持しますね」と彼は語っている。

この発言には、直感でのプレーに逆らうという彼の意向がふんだんに含まれている。モウリーニョのサッカーは構造の固定性を優先するあまり、徹底した機能第一主義と見られることが多いが、少なくとも概念のうえでは極度に柔軟で多機能、自発的なものである。実践面に関しても、この点だけならばクライフから始まる伝統にすっぽりと当てはまる。ポゼッションに焦点を当てて短いパスを延々とつなげるトレーニングである「ロンド（ボール回し）。複数が輪になり、その中にボールを奪う役を一人か二人おいてパス回しを行なう練習）」の核となるのは、テクニックを教えるだけではなく、メンタル面でのアプローチを形成することである。つまり、ボールを持っている選手ならば相手からのプレスでパニックに陥らず、むしろ突破口を見つけようと努力し、ボールを持たない選手ならば積極的に奪いに行こうとする心がけである。

モウリーニョのアプローチは、「ガイディド・ディスカバリー（導かれた発見）」である。選手たちは動きを丸覚えするのではない。それはモウリーニョにとって、手際よくプレーしているという錯覚を与えるだけで、より組織的、あるいは攻撃的な相手には通用しない。選手たちはモウリーニョの観点が持つ効率の良さに納得し、ひいては本能的にモウリーニョが思う解決策を探すようになる。「この理論を実践するのは簡単ではありません。とりわけ、実力のある選手は、上の人間から言われたことだからという単純な理由で、そうした指示をなかなか受け入れられないものですから。何らかの方針に沿ってトレーニングをアレンジし、選手たちがそれを感じ始めて……そして全員で結論に至るわけです」とモウリーニョは言う。選手たちはモウリーニョが彼らに求めている到達点を理解していると感じるようになる。これは一種のマインドコントロールであり、おそらくは彼のチームとの関係性を頻繁に特徴づけてきた一種の信仰心のようなものを説明していると言えるだろう。感情面と同時に技術面でも効果的である。モウリーニョは人間関係の心理について理解することで、信頼を蓄積させることに成功した。その例として、サミュエル・エトーはディフェンスのサポート役としてプレーすることを、シャビ・アロンソは二〇一一年に一八日の間に四度もバルセロナとのクラシコでスペイン代表のチームメイトを相手に戦うことを受け入れた。

しかし、問題もあった。ヴェーバーはカリスマ的支配の例は「安定して続くことができず、やがては伝統的または合法的な支配、あるいはその二つが融合したものへと変わってゆく」と主張する。それは、モウリーニョが成功を収めたのは常に短い期間のみであったということを最もよく説明しているだろう。時が経つにつれて彼のカリスマ性は弱くなり、選手たちは定着した支配に反発を覚えるようになるのだ。

根底にある理論の大部分に関しては、もう一人のピリオダイゼーション理論の伝道師であるファンマ・リージョの影響が強く残るバルセロナで実践された内容と特にかけ離れてはいなかったが、戦術面での違いは確かに存在した。特に、チャンピオンズリーグにおいては、モウリーニョは下がったところで守備のブロックを組み、そこで相手からのプレスを受け、隙を見て一気に攻撃を仕掛けた。レイリアでは必要に迫られて行なったプレーが、ポルトでは便利な選択肢の一つとなったのである。それと並行して、ボールポゼッションの真価への疑問が増大していったのは、さらに大きな意味をもっていたであろう。モウリーニョの「ボールが中盤でやり取りされればされるほど、相手チームはもっとボールを奪おうと躍起になる」というコメントは、後に悪名高い理論として知られるようになる。

それでも、たとえポルトがクライフ流のプレースタイルを実行していなかったとしても、そのスタイルはモウリーニョがバルセロナで経験したものと酷似していたと言ってもいいだろう。これまでの経験でモウリーニョを最高の監督と位置づけるGKのヴィトール・バイアの次のようなコメントが、それをより明確に表しているのではないか。

「私は守備において、また攻守切り替えの際には非常に重要な存在でした。モウリーニョはキーパーこそがいかに自分の足を有効に使えるか、どうやって攻撃を仕掛けるか熟知していなければならないという、オランダ風のスタイルを好んでいました。私たちのディフェンスラインはやや高めに設定されていて、それは私たちがいかに高いところでプレスをかけていたかということをよく表しています。自分にとっては、よりプレーに参加できやすい状況となったのは明らかでした。攻撃の第一歩を作り出し、ボールを敵陣へと送る役の一端を担えたのは嬉しかったですね」

ポルト時代のモウリーニョは、試合ごとにプレーに特に大きな変化をつけることも、後に色濃くなる受け身的な部分もなかったものの、試合の前には対戦相手に関する資料を手渡すことは忘れなかった。コスチーニャは次のように証言している。

「モウリーニョにとって最も重要であり、自分も支持している事柄として、スタイルを変えるのは対戦相手のほうであり、自分たちは自分たちのサッカーをする、という信念があります。もちろん、トレーニングを始める週の頭には対戦相手、とりわけこちら側に最も近づいてくる可能性のある選手についての詳しい情報をくれました。『それはどんなタイプの選手か？　得意技は？　どんな動きをするのか？』それまでの私たち選手のほとんどにとっては全く新しいことでしたが、非常に役に立つ情報で、どの試合に向けても準備は万全でしたね」

細部への注意は最重要事項であり、モウリーニョが得意としたのは試合中に起こりうるシナリオを想定することだった。ヴィトール・バイアはこう語る。

「時々、彼は未来を予言することができるんじゃないかと思ったこともありました。ベンフィカとの試合で今でも印象に残っていることがあります。自分たちが得点を挙げた後に何をするべきか、ということの準備に試合前の一週間を丸々費やしたのです。モウリーニョはベンフィカの監督ジョゼ・アントニオ・カマーチョが代用策を用いて戦術を変えてくると言いましたが、実際にその通りになりました。ベンフィカが戦術を変えても、私たちはそれに対応する準備をしてきたので、うまく乗り切ることができたのです。その試合ではまた、一〇人でプレーすることになる状況への準備も行なっていました。モウリーニョは審判がプレッシャーに押されてレッドカードを出すだろうと見ていたからです。これも実際に起きたことですが、一週間ずっとそうした状況になることを想定していたので、どう対応すべきかがわかっていました。そして何とか競り勝つことができたのです＊」

＊残念ながら、実際の試合は彼の証言と若干異なっていた。バイアはそれを二〇〇二年一〇月二〇日に行なわれたポルトガルリーグの試合と思っているようだ。この試合ではジョルジュ・コスタが前半に退場させられたにもかかわらず二対一でポルトが白星を挙げた。しかし、この日ベンフィカの監督を務めていたのはカ

マーチョではなくジェズアルド・フェレイラであった。バイアは二〇〇三年三月四日のベンフィカ戦と混同しているものと思われ、この日のベンフィカの監督は確かにカマーチョであった。

先を見越すという能力はチェルシーでも発揮された。パウロ・フェレイラは、二〇〇六年二月のFAカップ、ホームでのコルチェスター戦でチェルシー加入後初めて決めたゴールを振り返る。

「コーナーキックのとき、他のディフェンスの選手と同様、守備の態勢に入っていたので、普段なら絶対にペナルティエリア内にはいないのですが、この試合の前には、控室でモウリーニョから『パウロ、今日はコーナーキックのときにはペナルティエリアの中に入っていてほしい。センターから奥のほうのゴールポストへと向かうんだ。今日は何だか君が得点を挙げそうな気がする』と言われたので、それに従ったのです。チェルシーは、リカルド・カルバリョのオウンゴールで一点をリードされていて、最初のコーナーでした。モウリーニョからの指示通りに動くと、ボールがディフェンダーに返され、それを自分が奥のゴールポストから押し込んだのです。それから試合が終わるまでの残り時間も、当然そのことが頭にちらついて、どうしてわかっていたのだろう？　と思うと可笑しくて仕方がなかったですね」

ある決まった相手や大舞台での試合に向けてのモウリーニョの準備方法は心理作戦であった。「ライバル意識に加え、記者会見にもその役割がある」とマニシェは言う。メディアをうまく利用するのはモウリーニョの武器の一つであり、こうして彼は対戦相手に敵意を燃やさせ、審判にプレッシャーをかけた。

その対極にあるのが、彼がチームとの間に保っていた関係である。モウリーニョには驚くほど強い絆を築き上げる力がある。それはおそらく、しばしば見落とされがちなモウリーニョの一面であろう。人前では態度が悪く、ライバルとは言い争い、自分のチームの選手たちと折り合いが悪くなることもあるけれど、同時に彼は選手から熱烈な支持を受けることもできた。一度目のチェルシー監督退任時、モウリーニョは選手たちにお別れのハグをすると、感極まって涙を流した選手もいたという。「モウリーニョは、オフでは僕らと一緒になって冗談を言い合ったりしたけれど、いったん仕事モードに入ると情け容赦なかった。毎日の練習時間はせいぜい一時間ぐらいだったけれど、それは今まで経験したことないほど濃密な一時間でしたよ」とヴィトール・バイアは回想する。

そのトレーニングとは、練習試合をベースにして体調を整えることを優先するもので、ピリオダイゼーションのプログラムの一部である。しかしヴィトール・バイアは、モウリーニョがいかに異なる性格の選手たちの扱いに長け、相当な「人たらし」であったことも強調している。

「彼は選手個人のことを本当によく知っているものだから、どんな状況下でも私たち選手の感情をどうコントロールすべきか把握していた。自分の場合は、彼に背中を押されたらすぐにでも走り出せる、という感じでした。でも、中にはモチベーションを必要としている選手や、もっと褒めてほしいと思っている選手もいる。彼はそういう個人の違いもよくわかっていて、だから選手受けがよかったのです」

だが、それはほんの一部分にすぎない。ヴィトール・バイアとの関係がより深いものとなるきっかけとなった一件からは、モウリーニョの策士的な魅力と、考え抜かれた付き合いのセンスがはっきりとわかる。それは二〇〇二年九月、モウリーニョと練習場での激しい口論が原因で起こった。ヴィトール・バイアは一か月間、クラブのあらゆる活動から締め出されたのである。

「あれは彼のキャリアの中でターニングポイントになったと思います。彼はまだ若く、自分のカラーを出したいと思っていて、それを実行したのです。ボビー・ロブソン監督時代のポルト、そして彼がロブソン監督のアシスタントとして渡ったバルセロナでも三年間、モウリーニョと一緒に過ごして、私たちの間には良好な関係がありました。しかし、彼がポルトの監督に就任すると、自分がボスであるということをすべての選手に理解させようとしたのです。ピッチの外では友達、いったんピッチに上がると選手と監督という線引きがはっきりとしていました。大事なのは実力で、人間関係ではないのです。当時の私は調子が今一つで、それで格好の見せしめとなった。つまりモウリーニョが権威を誇示するために利用されたのです。もちろん、そのときはいい気分ではありませんでした。でも今、モウリーニョ、当時のアシスタントコーチ、そして何人かの選手たちとその話をすると、あれは全部モウリーニョが計算上でやっていたというのがよくわかります。周囲の人間はみな、自分に対してどんな態度をとるべきか、どんなふうに話しかけたらいいか、心得ていたのです。そういう事態への心構えがすでにできていたのですから。そうして、一か月の謹慎が解けると、モウリーニョは両手を広げて私を迎え入れ、私はすんなりとスタメンに戻ったのです」

これはファン・ハールとフラーデが触れていた心理作戦である。ポルトでのモウリーニョは、単に戦術面でフレキシブルなだけでなく、時には異常ともいえるほど心底から彼に従うチームを作り上げた。当時のポルトの選手たちは、モウリーニョから受けたショックに現在でも揺さぶられ、まるで師匠が遠くへ行ってしまったのが信じられない一番弟子のようである。そして、成功は新たな成功を呼ぶ。白星を挙げれば挙げるほど、選手たちのモウリーニョへの信頼は深まり、それがさらなる白星へとつながってゆく。二〇〇三—〇四シーズンでも、ポルトはリーグでの黒星をわずか二つにとどめ、ベンフィカに勝点八ポイントの差をつけて優勝を飾った。ポルトガル・カップの決勝戦では延長の末にベンフィカに敗れたものの、チャンピオンズリーグではレアル・マドリードに次ぐ二位でグループリーグを突破し、決勝トーナメント一回戦では、マンチェスター・ユナイテッドを相手にコスチーニャが最後の最後に決めた決勝ゴールにより合計スコア三対二で勝利を収めた。モウリーニョはタッチライン沿いに膝をついてスライディングして喜びを表し、一方のマンチェスターは、前半のアディショナルタイムでポール・スコールズが不当なオフサイド判定でゴールが無効とされたという事態がなければ、結果はどんなに違っていただろうかと砂をかむような思いであった。ポルトはそれからリヨン、デポルティボ・ラ・コルーニャを下し、ゲルゼンキルヘンでの決勝戦ではモナコを三対〇で撃沈した。

こうした栄光の瞬間にも、モウリーニョはバルセロナを持ち出し、チャンピオンズリーグ優勝回数で彼らと肩を並べたと一言加えずにはいられなかった。スペインのスポーツ紙『アス』は、「モウリーニョはポルトガルではいくつものタイトルを手にしているが、対戦相手に対する態度の悪さは度が過ぎており、手法も汚すぎる」とこき下ろした。

しかし、そうした声もモウリーニョにはどこ吹く風。すでにチェルシーへの道を歩み始めていたのだから。

＊　＊　＊

ゲルゼンキルヘンでのモウリーニョはやや感情を抑え、自分の偉業を大々的に誇示しようとする気配は皆無であった。それもそのはず、ポルトよりももっと財力のあるクラブが彼に熱烈なラブコールを送っていたのだ。チェルシーの監督に任命されたときの記者会見はイングランド・プレミアリーグの歴史の中で最も強烈な印象を残した記者会見と言えるだろう。シャープなダークグレーのスーツに身を包み、シャツの胸は少しはだけて、いかにも大陸側のヨーロッパ人らしい洗練された姿で、がっちりとジェルで固められた髪と、こめかみのあたりに多すぎず少なすぎず生えていた白髪が、賢さと権力を持つ人間の雰囲気を漂わせていた。整った顔立ちとカリスマ性を持ちあわせたモウリーニョは、他の人間が口にしたら意味不明の大法螺だと思われてもおかしくないようなことも堂々と口にし、それがまた魅力となった。そう、彼は自信にあふれていた。そんな自信をもたらす材料は山ほどあった。見せかけだけの謙虚さや、ハードルを低く設定した目標とは無縁だった。「ここにはトップレベルの選手がいる、そして、こういっては何だが、トップレベルの監督も仲間入りした。私は本当のことを言っているだけなので、どうか傲慢だと思わないでほしい。私はヨーロッパのクラブの頂点に立ちました。私はその辺にいる普通の監督ではない。自分は特別な存在だと思っています」という発言で、彼は自分の権威をことさらに強調しようとしたのだ。

ポルトの監督に就任した頃と同じように、モウリーニョは今度も選手一人ひとりに手紙を渡した。それは、彼のヴィジョンに支えられた姿勢に関する規定を確立させ、チームからの支持を得、そうした規定を選手自らが守れるようにするためであった。モウリーニョの手紙にはこう書かれていた。

「これから、毎回のトレーニング、毎回の試合、君たちの社会生活の毎分毎秒に至るまで、チャンピオンになるという目標に向かって集中していなければならない。トップの選手という言葉は使いたくない。私は君たち全員が必要であり、君たちはお互いを必要としているからだ。私たちは一つのチームだ……モチベーション＋野心＋チームスピリット＝成功」

モウリーニョの与えたインパクトの効果はすぐに現れた。ＦＷのエイドゥル・グジョンセンは『ザ・タイムズ』紙の取材で次のように語っている。

「彼がいかに厳格かということや、これから数年間はまるで軍隊のようになるだろう、とさんざんマスコミから脅されていたけれど、彼はやってくるなり、各選手に彼が求めていることを地図のように描いたものを広げて、チームが一体となってどう作業を進めてゆくべきかを説明した。そのとき、一部の選手たちは顔を見合わせて、『今度はリーグ優勝できるかもしれないぞ』と言い合った。たった一回のミーティングでそうだったのです。そして、最初のトレーニングではみんなすっかり確信を得ていました。一気に加速度がついたのです」

しかし、それが実際の成績につながるには多少の時間を要した。モウリーニョが就任してからの最初の数週間、チェルシーはまだ粗削りだった。まずはチャンピオンズリーグで戦ったときのポルトと同様に、中盤ダイヤモンドを配置した。接戦の末に一対〇で勝利を挙げた最初の試合、マンチェスター・ユナイテッド戦では、クロード・マケレレが四人のディフェンダーの前に立ち、フランク・ランパードはディディエ・ドログバとエイドゥル・グジョンセンの二トップの後ろに控え、サイドにはジェレミ、そしてアレクセイ・スメルチンが加わってダイヤモンドを形成した。ジョー・コールとチアゴ・メンデスが時にサイドからの攻撃要員として、またマテヤ・ケジュマンがグジョンセンの代わりにプレーすることもあった。プレミアリーグ最初の六試合はこの布陣で臨み、チェルシーはその間に失点をわずか一にとどめ、勝点一四ポイントを獲得したが、ゴールの数も六と非常に少なかった。ランパードは背番号一〇としてはややぎこちなく、後ろからの連携プレーに苦労し、技術的なスキル、あるいはポルトのデコが持っていたような、ゲームの先を読む力が欠けていた。モウリーニョは単に攻撃と守備に限らず、攻撃から守備へ、また守備から攻撃への移り変わりの面での練習の重要さを語り、後ろでボールをパスし合って選手たちにリセットする余裕を与える「ボールキープ継続」という概念を世間に広めた。それでもやはり、彼のサッカーはまだ粗削りで、率直に言えば少し鈍かった。

とはいっても、モウリーニョはすでに自分の手法を定着させ始めていた。中でも、規律の面では非常に厳しかった。その一例として、エルナン・クレスポがACミランにレンタル放出されたのは、彼が予定よりも遅れて夏季休暇から帰ってきたことが関係していたという。トレーニング自体は、きめ細かで密度の濃い、ポルトでのやり方を踏襲した。モウリーニョが監督に就任したとき、老朽化したハーリントンからコブハムへと練習場の移行作業がすでに進んでいたが、彼はその新しい練習場の形成にも貢献した。しかし、その中心にあったのはピリオダイゼーションである。テルアビブでの講習を行なった際にモウリーニョはこう発言している。

「偉大なピアニストはピアノの周りを走ったり、指先を使って腕立て伏せしたりはしない。ピアノを演奏することで偉大なピアニストになる」

アストン・ヴィラ、トッテナムとの試合が立て続けに〇対〇のドローで終わり、モウリーニョは次のミドルスブラとのアウェー戦ではフォーメーションを四―三―三に変更した。ダミアン・ダフはグジョンセンと共に左サイドに入って右サイドへつなぎ、その一方でランパードは、縦横無尽に走り回るMFとして本領を発揮し、ペナルティエリア外から一気に駆け込んでシュートを決めるのがとりわけ得意だった彼は、このシーズンに一三得点を挙げた。ミドルスブラ戦では一対〇と勝利し、次にホームで行なわれたリヴァプールとの試合も同じスコアで白星を飾った。続くマンチェスター・シティ戦では〇対一で敗れたものの、これはシーズン最初で、そして結局は最後の黒星となった。このときから、チェルシーは情け容赦なかった。スリーバックではわずかな顔ぶれの変更や、アリエン・ロッベンが時にウィングでプレーすることもあったが、中盤の奥にマケレレが位置し、彼の左側にはランパード、そして右にはチアゴ・メンデスかアレクセイ・スメルチンが控えるという四―三―三が基本のフォーメーションであった。モウリーニョはポルトの頃にくらべてやや慎重になった。特に、ディフェンダー（このシーズンではパウロ・フェレイラとウェイン・ブリッジ）がハーフウェイラインを越えて上がってゆくことは滅多になかった。チェルシーが高いところでプレスをかけなかった理由の一つには、センターバックのジョン・テリーにスピードが足りなかったということもあった。こうして、クライフモデルの体制からの脱皮が始まった。チェルシーは三八試合で失点を一五に抑えてプレミアリーグ最少失点記録を更新し、また得点数は七二にのぼり、勝点九五ポイントを獲得し、これまたプレミアリーグの記録を塗り替えた。

チェルシーはまた、リーグカップでも優勝を果たした。リヴァプールとの決勝戦でモウリーニョは、スティーヴン・ジェラードのオウンゴールによって同点に追いついた後にリヴァプールのファンに向かって静かにしろと叫んだことから退席させられた。モウリーニョ自身は、あの仕草はメディアに向けたものだったと主張しており、メディアがチェルシーの注ぎ込んだ莫大な資金をやり玉に挙げて「チェルシーを混乱させようとしている」と非難していた。もしそうであったとしたら、彼の狙いは全く裏目に出たことになる。真偽のほどはともかく、優勝の喜びのコメントとしては非常に奇妙なものであった。こうした出来事から、最初はモウリーニョとマスコミとの関係がいかに難しいものであったかがうかがえる。もっとも、その後この関係性は逆転してゆくのであるが。

そうした物議をかもす態度やコメントの原因は二つだけであった。一つ目は、これが最も大きなものだが、チャンピオンズリーグでのフラストレーションである。チェルシーは決勝トーナメント一回戦でバルセロナと、準々決勝ではバイエルン・ミュンヘンと顔を合わせ、緊張感にあふれた見応えのあるゲームを繰り広げた。スコアはいずれもホームでは四対二と勝利を挙げ、アウェーでの黒星もわずか一点の差であった。バルセロナでの黒星はチェルシーを奮い立たせ、ホームでの第二戦では一八分の間に三点ものリードを奪った。だが、この試合では後に大混乱を巻き起こす事件が起きた。それはチェルシーがリードしていたとき、すでに前半でイエローカードを受けていたディディエ・ドログバが後半開始一〇分後、GK ビクトル・バルデスへのタックルを理由に二枚目のイエローカードを受けて退場させられたことである。その行為はバルデスがアピールするほどひどいものでも、またチェルシーのファンが後になって主張するほど他愛ないというわけでもなかった。数的優位に立ったバルセロナは、いかにも余裕が生まれたといった感じで、立て続けに二得点を挙げた。

モウリーニョにとって、少なくとも彼が公言した内容によれば、この一件で誰に非があるのかは明らかだった。彼はスウェーデン人主審のアンデルス・フリスク氏を激しく非難し、彼がハーフタイム中にバルサの監督、フランク・ライカールトを控室に呼んだことや、タックルが起きたときにそれが反則であることの証拠も示さなかったことなどを暴露した（ライカールトがフリスクと接触したのは、チェルシーの選手たちがダミアン・ダフのゴールがオフサイドで無効になったことを抗議しに行ったことが原因であり、審判の控室には入っていなかったことが後に明らかになった）。このときのモウリーニョは、バルセロナを倒して自分の実力を見せつけるのに躍起になりすぎていたのではないか？　パトリック・バークレーは、モウリーニョがバルセロナの監督候補から外されるずっと前の二〇〇五年に発表した、モウリーニョに概ね好意的な伝記の中で、両者の間に「わだかまり」があったと暗に示している。

寛大な解釈をすれば、モウリーニョは自分自身何に当たり散らしていたのか見当がついていなかったとも言える。輝く金髪と大げさな身振りがトレードマーク、いつも伊達男扱いされていたフリスクは、大会の初めにはローマのサポーターが投げつけた物品が命中し、流血するという災難にも見舞われていた。チェルシーのファンの中にはすべての原因が彼にあると堂々と言い張るものもおり、フリスクは二週間半の間、罵倒され脅迫を受け、やがて引退を決意することになる。そのとき、彼はまだ四二歳だった。「もうサッカー場に行くことすらないでしょう。とにかく恐ろしかった。ひどい扱いでしたよ。うんざりです。自分の子供たちを郵便局へお使いに行かせることさえも躊躇します」とフリスクは語っている。これは、モウリーニョの執拗な策略が一人の人間に及ぼした結果である。彼は、公の場での発言が次の試合で勝つこと以外にも様々な影響を及ぼすことがあると感じたり、あるいはそういうことを気にかけたりする様子は全く見られなかった。その事件の数週間後、モウリーニョはポルトガルのテレビ局から取材を受け、この審判の判定について質問をされた。フリスクが引退したことには触れず、冗談めかした口調ではぐらかした。もし彼がフリスクのキャリアを終わらせたことに何らかの悔恨を感じていたのなら、うまくそれを隠していたと言えるだろう。

UEFAの審判委員会会長であるフォルカー・ロット氏は、モウリーニョを「サッカーの敵」と言い放った。モウリーニョはまた、バイエルンとの二試合でもベンチ入りを禁じられた。彼は洗濯物の籠の中に隠れてロッカールームで選手たちに試合前の演説を行ない、アシスタントのルイ・ファヴィアが帽子の下に隠したイヤホンを使って連絡を取り合いながら、この制裁を切り抜けた。UEFAの役員らはファヴィアの帽子が怪しいと、ハーフタイムに帽子をとるよう命じたが、不正の証拠は発見されずじまいだった。

UEFAの広報責任者であるウィリアム・ガイヤール氏は、モウリーニョが「第二戦の前に戦術ミーティングを行なって、また不正を働いた」と非難した。この第二戦は見どころ満載の試合でリカルド・カルバリョのヘディングをビクトル・バルデスが防いだ後、ジョン・テリーがダメ押しの四点目を決め、四対二でチェルシーが勝利を収めた。審判のピエルルイジ・コッリーナ氏は、モウリーニョのコメントに影響されないほどのしっかり者の審判だったのであろうが、モウリーニョが自分の思い通りに試合を進めたと一部から思われていたのも容易に理解できる。

事実、モウリーニョはポルト監督時代と同様、メディア操作がもたらす多大な影響についてなんの後ろめたさも感じていなかった。

「メディアに語ることはゲームの一部。私の頭の中では、試合前の記者会見からもうすでに試合が始まっていて、試合後の記者会見になってようやく試合が終わる。あるいは、試合が終わった時点ですでに次の試合が始まっているとでも言いましょうか」

メディア操作は、モウリーニョがチェルシーでの第一期監督時代にその優れた手腕をいかんなく発揮させた分野である。そんなメディア操作への強いこだわりがあったから、自分の用意した物語をマスコミが素直に受け止めることを拒むと、彼は猛り狂ったのであろう。その一例に、ジョエル・ネトが二〇〇四年に著した彼の伝記の発表直前に、モウリーニョは著者に電話をかけ、その四〇分間の会話の大部分で著者をこき下ろし、自分を悪者のように描いている部分が四か所あることから出版の差し止めを要求した。結局、判決で彼の訴えは却下された。

準決勝ではリヴァプールと対戦した。チェルシーはすでにプレミアリーグでの二試合とリーグカップで彼らを倒していたが、ホームのスタンフォード・ブリッジではリヴァプールが〇対〇のドローをもぎ取り、チェルシーは追い詰められた。アウェーでの第二戦で試合の流れを左右する決定的な出来事が起きたのは開始四分後のこと。リヴァプールはスティーヴン・ジェラードがフリックしたボールにミラン・バロシュが追いつき、ボールをGKペトル・チェフの後ろへと送ると同時に、チェフは彼を押し倒す。ジョン・テリーがうろたえているうちに、ルイス・ガルシアがボールを奪ってゴールへと押し込んだ。ウィリアム・ガラスがボールをゴールの外にかき出すも、審判はラインを越えたと判定。そうして八六分間、チェルシーは攻め続けたが得点には至らず、モウリーニョは「幻のゴール」に怒り心頭であったが、もしこのゴールが認められていなかったら、審判に残された選択肢はＰＫを与え、チェフを退場させるだけであったことは都合よく忘れてしまっていた。

そしてもう一つの問題は、栄冠を手にしたスタイルであった。一九九九年のチャンピオンズリーグ決勝でのマンチェスター・ユナイテッドの劇的な勝利、攻撃的に高度なテクニックがこれでもかと花開いた二〇〇〇年の欧州選手権、そして、誰もが予想しなかった二〇〇四年欧州選手権でのギリシャの優勝と続いて、サッカーはモウリーニョが先駆者となり苦渋の時代へと突入したように感じられた。先述したチャンピオンズリーグでのバルセロナ戦およびバイエルン戦、そしてプレミアリーグでは平均すると一試合で二得点も獲得したという事実を考えると、それは全く公正な見方であるとは言えないだろう。だが、「無敵軍団」と呼ばれたディフェンディングチャンピオンのアーセナルほど易々と栄冠を手にできなかったのは確かであった。

当時チェルシーの会長であったロマン・アブラモヴィッチは、あれほど莫大な額を投資したのだから、もっと楽しませてくれてもよさそうなものだと感じていたようだ。二〇〇五年の夏にはマイケル・エッシェンとショーン・ライト＝フィリップスが加入し、エルナン・クレスポがレンタル先のACミランから戻り、シーズン最初の二試合、ウィーガン戦とアーセナル戦では二トップ体制が再び敷かれ、両試合ともに一対〇で勝利を飾った。ところが、それからすぐに四―三―三へと戻り、勝つためには手段を選ばない以前のチェルシーが戻ってきたことを感じさせた。前のシーズンに比べると失点は七つ増え、勝点は四ポイント少なかったものの、マンチェスター・ユナイテッドに勝点八ポイントの差をつけてリーグ連覇を果たした。

しかしながら、それでもアブラモヴィッチは満足できなかったようだ。チェルシーはリーグカップでチャールトンを相手にPKの末に敗れ、FAカップでは準決勝でリヴァプールを相手に二対一で敗退した。また、チャンピオンズリーグでは決勝トーナメント一回戦でバルセロナと対戦したが、ホームでの第一戦の前半で、アシエル・デル・オルノがリオネル・メッシに対して行なったファウルによって退場させられたことが大きな打撃となった。これについてモウリーニョは皮肉たっぷりに、「あれは主演男優賞ものの演技ですね。私はバルセロナに住んでいたことがあるので、彼らがどれだけ芝居好きか、よく知っていますよ」とコメントしている。こうして、モウリーニョと彼を育てたクラブとの関係は悪化の一途をたどってゆく。

バルセロナとの第一戦と第二戦の間に、クライフはバルセロナの日刊紙『ラ・バングアルディア』にモウリーニョのアプローチにはリスクがある、との意見を寄せた。すべて結果が第一で、それに同意しない者は容赦なく切り捨てられる。クライフは、明らかにチェルシーと欧州王者のギリシャとを意識しながら比べ、こう述べている。

「サッカーのアプローチの仕方には二つある。一つは純粋に結果だけを求めるもの、もう一つは質の高いサッカーを優先するもの。私は常にその二つ目のアプローチを支持してきました。幸福はタイトルの数ではなく、それを勝ち取るために選んだプレーのやり方で決まる。一人の観客として、あるチームからは感動をもらい、またあるチームからは絶望しか感じられない。もしチェルシーがこの情けないサッカーのスタイルをタイトルに結びつけられないのなら、モウリーニョの首は四日と持たないだろう。そんなスタイルには我慢ならない」

それはアブラモヴィッチも同じ気持ちであったようだ。彼は二〇〇三年にマンチェスター・ユナイテッドがホームでレアル・マドリードを四対三で下した試合を見て、サッカーのクラブを買収しようと決意した。彼は単にタイトルや栄光が欲しかったのではなく、この試合のようなサッカーを求めていたのである（ただし、これほど感銘を与えたというこの試合の背景を、彼がよく把握していなかったことも考えられる。というのも、レアル・マドリードは第一戦で三対一とリードをとっていて、さほど危機的な状況ではなかった）。そうして、アブラモヴィッチはアンドレイ・シェフチェンコ、アシュリー・コール、ミヒャエル・バラック、サロモン・カルー、そして、マンチェスター・ユナイテッドとの長い交渉の末にマイケル・ジョン・オビと、スター選手を次々と獲得した。

モウリーニョは動じなかった。シェフチェンコを四―四―二で無理やり使ってみたり、四―三―三でサイドにおいてみたり試行錯誤を重ねたがいずれもうまくゆかなかった。ちょうど三〇歳を過ぎたばかりのシェフチェンコは、膝の負傷からまだ完全に回復した様子はなく、ワールドカップではその負傷を抱えての出場だった。モウリーニョは彼の体調に失望している様子を隠そうともせず、ファーストタッチに失敗するたびにベンチで苦笑いする場面も見られた。チェルシーは依然として守備が強固であった一方、攻撃は全くぎこちなかった。このシーズンでの黒星は三つだけだったが、終盤では五試合連続でドローを許し、マンチェスター・ユナイテッドにタイトルを譲った。彼らとのゴール数の差は一九であった。

シーズンを重ねるにつれ、モウリーニョとアブラモヴィッチの関係は次第に険悪となり、リーグカップ準決勝、ウィコムとの第一戦でそれは頂点に達した。選手の負傷が原因でエッシェンとパウロ・フェレイラをセンターバックに配したチェルシーは、二部リーグのウィコムを相手に一対一のドローに甘んじ、モウリーニョの怒りは爆発した。ウィコムのホームであるアダムス・パークの狭い控室の中で、一月の冷たい空気に湯沸かし器から出る蒸気のように、モウリーニョは攻撃の選手ばかり増やして守備に手が回らない選手獲得政策に不満をぶちまけた。この一件は、洗練された姿の監督といかにも田舎風の背景というミスマッチも相まってどこか非現実的な感すらあったが、その一方でイスラエル人選手タル・ベン・ハイムにも原因があった。モウリーニョが熱望して獲得したこの選手は、結局プレミアリーグに一三試合出場しただけでお払い箱にされたのであった。

チェルシーは、このシーズンに二つのカップ戦で優勝したが、不振のシーズンに何とか花を添えるチャンスだったチャンピオンズリーグでは、準決勝でまたしてもリヴァプールにその野望を打ち砕かれた。ホームでの第一戦ではドログバのクロスからジョー・コールがスライディングでシュートを決め、一対〇と快勝したものの、アウェーの第二戦ではダニエル・アッゲルにゴールを奪われて〇対一というスコアに終わり、リヴァプールのベニテス監督が終始落ち着いた様子で見守る中、最終的にPK戦で敗退を決めた。この頃、プレースタイルはサッカー界で世界的な問題となっていた。かつてアルゼンチン代表でストライカーだったホルヘ・バルダノはスペインのスポーツ紙『マルカ』に次のようなコラムを寄せている。

「熱狂のスタジアムの真ん中で面白くもなんともない試合を展開して、中にはそのスタイルが芸術の域にまで達していると評する者もいるが、それは違う。糞がぶら下がっているのを見せられるようなサッカーだった。

チェルシーとリヴァプールは明らかに、現在のサッカーが向かっているスタイルが最も誇張して表れている例だ。隙が無く、チームワーク主体、戦術重視、フィジカルでダイレクト。だが、ショートパスは？　フェイントは？　スピードの咄嗟の切り替えは？　ワンツーは？　股抜きは？　バックヒールは？　全くどこにも見当たらない。両チームがこの準決勝でともに見せた、極度のコントロールと生真面目さが、創造性や魅力的な技を見せる機会を排除してしまった。

第一戦でディディエ・ドログバがベストプレーヤーに選ばれたのは、ひとえに彼が最も速く走り、最も高くジャンプして、果敢に敵に向かっていったからだ。そんな極度に激しい動きは才能を消し去り、チームメイトを混乱させてしまうこともある。今のチェルシーとリヴァプールのスタイルが今後のサッカーの主流になるとすれば、この一〇〇年間私たちを楽しませてきた技巧と才能の一大絵巻に別れを告げなければならないだろう」

この一件の後、モウリーニョはさらに八か月の間クラブに残ったが、アブラモヴィッチがアヴラム・グラントをテクニカルディレクターに任命したとき、雰囲気は一気に毒気を帯びるようになった。二〇〇七年九月、チェルシーはアストン・ヴィラとのアウェー戦で〇対二と黒星を喫した後、ホームでのブラックバーン戦は〇対〇のドローに終わり、迎えたチャンピオンズリーグのグループステージ最初の試合、ローゼンボリ戦には異常なほどのプレッシャーを抱えて臨んだ。チェルシーはこの試合も一対一と振るわなかった。試合終了後、モウリーニョとアブラモヴィッチが廊下で顔を合わせた。アブラモヴィッチは失望の意を伝え、チェルシーはもっと「うまく乗り切れたはずだ」と言った。モウリーニョは感情を抑えつつ、もし自分のやり方が気に入らないのなら、いつだってクビにできますよ、と答えた。アブラモヴィッチはもしモウリーニョが出てゆきたいのならそうしましょう、とわずか一分にも満たない会話で、後にクラブ側からの声明で発表された「合意」にすでに達したのであった。

モウリーニョはチェルシーの歴史の中で最もタイトルを手に入れた監督である。三シーズンで五つのメジャータイトルを獲得し、チャンピオンズリーグでは二度も四強に残った。しかし、およそ丸一年にわたる騒動を経て、彼の辞任はもう避けられなかった。

第四章
変貌するオランダサッカー

二〇〇三―〇四シーズンの冬期オフ期間中、アヤックスはポルトガルでキャンプを行なった。ロナルド・クーマン監督と、ひと月前に彼のテクニカルディレクターに任命されたルイ・ファン・ハールとの間に初めて緊張の兆しが見られたのは、このときであった。練習試合の間、ファン・ハールは簡易椅子を抱えてピッチに上がるなり、それをタッチラインすれすれのところに置き、『フトバル・インターナショナル』紙の表現を借りると、「ローマ教皇のように」どんと構えて座っていたという。ホイッスルは持参せず、あれこれと指導をすることもなかったようだが、ファン・ハールがあらゆるところに目を光らせ、評価を下していたのは誰の目にも明らかだった。この様子の写真がオランダのマスコミに流れた後、クーマンの兄エルウィンは、「新しいテクニカルディレクターとうまくやって行ければいいのだが」と弟にメールを送ったという。

ファン・ハールから選手との面談に同席してもいいかと訊かれたクーマンは、「口出ししないという条件で承諾」した。ファン・ハールもそれに異存はなかった。「約束はちゃんと守ってくれていましたが、ズラタン・イブラヒモヴィッチの番になったとき、君はニアポストには絶対に向かって行かないな、と突然彼に言ったのです。地面に叩き落とされたような気になり、心底腹が立ちました」

その翌日のトレーニングでは、ニアポストに向かって走るイブラヒモヴィッチの姿が見えた。簡易椅子に座っていたファン・ハールは拍手を送った。しかしクーマンは、「非常にやりにくかったですね。選手たちもファン・ハールの態度にはかなり嫌気がさしていたようでした」とコメントしている。

オランダのサッカー界で頻繁に見られるように、いったん大きな成功を収めたチームは、強い個性と権力争いによって身を滅ぼしてきた。クーマンとファン・ハールはバルセロナで共に良い仕事をしたことがあっただけに、アヤックスで再びタッグを組むことで、バルセロナで継承したクライフの流儀を本家本元に戻してくれるだろうと思われていた。しかし実際には、この再会は二人の間に強いわだかまりを生み、それは十数年後にプレミアリーグでサウザンプトンとマンチェスター・ユナイテッドの監督として対戦したときにもまだ消えていなかった。

＊　＊　＊

クーマンはバルセロナでファン・ハールのアシスタントコーチを二年間務めた後、一九九九年一一月にはフィテッセからの監督オファーを受けた、ファン・ハール時代のバルセロナの選手の中では最初に独り立ちしていった人物であった。クーマンはフィテッセでの最初のシーズンでチームをリーグ四位に導き、次のシーズンでは六位に転落したものの、その最たる要因はクラブの財政難であった。クーマンを監督に任命したカレル・アールベールス会長は、資金提供を滞らせるとスポンサーから脅され、辞任に追いやられた。そして二〇〇一年一二月、コー・アドリアーンセがアヤックスの監督を解任されたとき、当時三八歳だったクーマンは間違いなくその代役にぴったりの人物であった。

クーマンは北ホラント州ザーンダム生まれ。父親はオランダ代表にも選ばれたDFマルティン・クーマンである。兄のエルウィンと共にストリートサッカーでプレーを学んでいった。兄弟ともにサッカーに熱を上げ、食事の時間になっても家に帰ってこない二人に辟易した母親のマリーケは、外にいる二人に向かってピーナツバターのサンドイッチを投げて渡すこともあったという。彼女は『Koeman & Koeman（クーマン＆クーマン）』という本の中で、「近所の人からとんでもない一家だと思われていたんじゃないかしら。でも、息子たちはとにかく寸暇を惜しんでサッカーをしていましたから」と語っている。

兄のエルウィンは物静かで内向的であった。だが弟ロナルドは、果断で意思が強く、自分の実力も十分わかっていて、初めに所属していたクラブ、ヘルプマンからライバルのGRCフローニンゲンに移る際、赤色のトレーニングセット一式と新品のカラーテレビを契約の条件にしたともいわれている。

「私はエルウィンよりもずっと感情的だった。もし試合に負けたら、エルウィンは肩をすくめて『次に頑張ればいいさ』と言うタイプ。私はとても機嫌が悪くなり、なりふり構わず当たり散らしましたね」

クーマンは一七歳だった一九八〇年、元デン・ハーグのセンターバック、テオ・フェルランゲンからフローニンゲンのトップチームでデビューするチャンスを与えられ、中古のポルシェで練習場に通い始めるようになった。彼の実力は、最初のうちは絶賛されたが、やがてフェルランゲンはそのプレーを「ペースが一本調子すぎる」と言って彼をメンバーから外した。クーマンがそれに抗議したために一試合出場を見送られたこともある。彼がアヤックスに加入するだいぶ前から、自信に満ちあふれ、何事にも黙ってはいられないその性格は健在だった。「自分はボールを持っていなければならない人間だった。自分がボールを持っている時間が多ければ、必ず首尾よくゲームを進められる。チームメイトもそのことがすぐにわかった。ボールの扱い方に長けていると、ボールは自然に自分のところへやってくる」とクーマンは語る。

二〇〇三年に『フトバル・インターナショナル』紙が書いているように、若い頃のクーマンは「反抗的で気が短く、強情で自信家」だった。同紙はまた、クーマンが監督当時アヤックスに在籍していた若き司令塔、ラファエル・ファン・デル・ファールトとクーマンとを比較しているが、そこにクライフの影（あるいは、それは才能あふれる若手オランダ人選手たちの多くに関して言えることかもしれないが）が反映されているのは見逃すことができない。クーマンは一九九〇年、自分の過去一〇年間を振り返ってこんなコメントを残している。

「私は自分が重要な選手であると思っていた。もちろん、一七歳ではすべて完璧にはできない。ちょっとサッカーがうまいというだけで、まだ経験は積んでいなかったのだから」

それでも、クーマンは彼のイメージそのままに渡り歩いてきた。

「（フローニンゲンのＤＦ）ヴァールデルボスや彼の仲間は至るところで私に蹴りを入れてきた

が、こっちだって同じくらい強く蹴り返した。向こうが最初に仕掛けてきて、やり返さないのなら意味がない。それに、自分がサッカーに強いのは自分でもよくわかっていた」

そうしてクーマンは一九八三年、アヤックスに加入した。アー・デ・モス監督が率いていた当時のアヤックスの雰囲気は、当初は冷たいと感じていたという。

「自分自身について、本当に自分のことだけについて考えることを学んだ。アヤックスは徹底した個人主義。誰も自分のためを思って考えてくれないし、自分のことを考えてくれない」

この発言には、とりわけクーマンの体調が芳しくなかったときなど、周囲の人々を批判したい気持ちがあったという意味が含まれているが、それは彼が励ましを求めていたということでは決してない。クーマンは一九八四年の秋に「問題は、今のアヤックスでは自分のプレーが十分に活かされていないことだ。長いパスを送る相手がいない。ロブ・デ・ヴィットはより内側に入っているし、ジェラルド・ファンネンブルフも中央に寄り、マルコ・ファン・バステンはセンターからなかなか攻撃できない。アヤックスでは本当に短いパスでのプレーが多い」と語っている。

アヤックスはタイトルを奪還してそのシーズンを終えたが、デ・モス監督は長引く体調不良を理由にシーズン終了直前に解任された。代わって監督に就任したクライフは、プレースタイルをスペースのコントロールを基盤としたものへと変えた。このときになってクーマンは中央のMFとしてよりもリベロとして起用され、ようやくレギュラーの座を手にした。この役割は以前にも試されて失敗に終わったことがあったが、クーマンはその責任を他の選手のせいにすることも忘れなかった。

「ディフェンスラインの前でヤン・モルビーと一緒にプレーしていが、あれは大変だった*。それが、今度はあちこちからパスが回ってくる。ディフェンスの統制が取れたからだろう。（フェイエノールトの）トロースト、ヴェインステカース、ニールセンの三人組を相手にリベロとしてプレーして以来、誰も批判の声を上げなくなった」
＊モルビーのテクニックには誰も異論はなかったが、彼にはスピードも咄嗟の動きも物足りなかった。

それでも、クーマンはクライフとの共同作業は困難だと感じていた。

「クライフは練習中も試合中も、常に背後で追い詰めるように目を光らせていた。あんなにガミガミ叫ばれるのには慣れていなくて、『わかったから、少し黙ってくれよ！』と思ったことは何度もあった。練習が終わって家に帰って、次の日に練習に向かうのが億劫だった。自分ばかりに当たり散らしているのかとも思っていたが、他の選手全員も同じように怒鳴られていた。実際、サッカー選手はみなそうした経験を積まなければならない。とりわけ、自分のように若い頃から難なくプレーできた選手は特に。そうしたことでより強くなれる。もちろん、打たれ弱かったら話は別だが」

クーマンがクライフ指揮下のアヤックスで過ごした時間は一年間だけで、その後ハンス・クラーイが率いるPSVに移籍した。クラーイは一九八六―八七シーズンが終わるまで在任し、PSVは後任のフース・ヒディンクのもと、タイトルレースでアヤックスを完全に凌駕した。ヒディンク就任後の二シーズン連続で国内タイトルを獲得し、一九八八年にはUEFAチャンピオンズカップも手にした。クーマンと、当時メヒレンに在籍していたその兄の二人はまた、一九八八年の欧州選手権を制したリヌス・ミケルス監督率いるオランダ代表チームの主要選手でもあった。

クーマンはクライフと常に良好な関係を築いていたとは言い難いが、一九八九年にバルセロナに加入してからは、リーガで四連覇、そして、ミオドラグ・ベロデディチに次いで史上二人目となる、異なる二つのクラブでチャンピオンズカップ優勝を経験した選手となった。バルセロナを去って故国オランダのフェイエノールトで二シーズンプレーしたのち、クーマンは選手を引退し、一九九七年にオランダ代表の監督だったヒディンクのアシスタントになった。その後、ファン・ハールからのオファーを受け、バルセロナでアシスタントコーチを務めることになる。

クライフと同様、クーマンもまたコーチとしては非常に厳格であったようだ。指示に従わない選手は容赦なくメンバーから外した。フローニンゲンでの試合でエジプト人ストライカーのミドを前半で交代させたのもそうした理由であった。

「良い試合をした後に、次のトレーニングはそれほど頑張らなくてもいいや、と思うような選手には要注意だ。必要があれば、自分は鬼にもなる」

プレースタイルに関しては、監督になりたての頃のクーマンは、自分がオランダ式サッカーの理想を信奉しているという面を見せ、次のように話している。

「ゲームの主導権を握り、自由な動きでポジションを変え、個々の面では勝利への最短ルートを探る、そんなチームを作りたい」

それでも、クーマンは決して頑なな原理主義者ではなかった。

「私は様々なチームで経験を積んできた。アヤックスのシステム、それに、（一九八六年から八九年の三シーズンにかけて）PSVでリーグ連覇したときの四―四―二のシステムも。ファンネンブルフとアルネセンのように、サイドからゴールを決めさせるパターンもあった。バルセロナは私がプレーしてきたクラブの中でも最も攻撃的で、時にはあまりにもリスクが多すぎるのではないかと思ったこともあった。フェイエノールトでは逆に、もっと攻撃的にプレーできないものか？　と感じていた。こうした選手時代を経て、サッカーには一面的な真実というか、王道のパターンはないということがわかりました。大事なのは勝つことであり、良い結果は幸福の最大のバロメーター。もし手直しをすることがあれば、それは純粋に改良のため。試合に勝つためならば、監督としては時に変革をもたらさなければならない」

とはいえ、クライフがクーマンへ及ぼした影響は明らかであり、クーマンは一九九〇年、オランダがイタリアとの試合で敗れたことに関し、ミケルス監督が守備面に重点を置きすぎると批判したかどで一試合出場を見送られたこともあった。

「あのような戦術ではどこにもたどり着けない。マルコ・ファン・バステンと他のストライカーたちが下がってプレーしていたら何の期待もできない。だから彼らはいつもゴールに背を向けている状態で、いざ攻めようとしたらもうすでに相手のディフェンスに囲まれる。今自分たちがバルセロナでやっているように、二人の強力なウィンガーを使うのが最も効果的だ」

しかし、二〇〇三年当時のクーマンは、そうした考えにあまり確信を抱いてはいなかったようだ。攻守のバランスに悩み、クライフの哲学に則ったアヤックスの伝統的スタイルがあまりにも攻撃に重点を置きすぎているのではないかと疑うようになる。

「オランダでは、トップレベルのプレーヤーはたいていが攻撃の選手だ。攻撃のテクニックに優れた選手がほとんどなので、守備に強い選手はなかなか見つからない。だから今は守備の強化に力を注いでいる。私たちの関心は結果を出すことが優先であり、魅力的なサッカーをするという必要性だけにとどまらない。一〇年前は攻撃がすべてだった。かつては、良いディフェンスとは攻撃に転ずることもできる効果的なディフェンスのことだったが、今はそれが変わりつつある。今では相手チームの実力を見下すことは許されない。『自分たちは欧州チャンピオンなのだからどんな相手でも大丈夫だ』なんてことはもう言えない。時には相手の実力が上だと認め、それで体当たりでぶつかっていくと良い結果が出せる場合もある」

純粋なアヤックス風かそれともより現実的なスタイルか、クーマンがクライフ寄りであったかファン・ハール寄りであったのか、いずれにしても新しい監督は衝撃をもたらした。アヤックスは、クーマンの監督就任当時こそぎこちなかったが、ミド、ズラタン・イブラヒモヴィッチ、ラファエル・ファン・デル・ファールト、トマーシュ・ガラーセク、クリスティアン・キヴ、ジョニー・ヘイティンハ、ハテム・トラベルシ、マックスウェルら、素晴らしい才能を持った選手たちに恵まれ、このシーズンにリーグとカップ戦の二冠を成し遂げたのであった。

＊　＊　＊

バルセロナを離れたファン・ハールは、ライカールトの後釜としてオランダ代表監督に就任した。ファン・ハールが練り上げて実行した「マスタープラン」は、後年になってオランダのユースサッカー復活の源となったと言う人もいるが、彼の監督下でのオランダ代表は全く振るわなかった。オランダは一九九八年のワールドカップ、二〇〇〇年の欧州選手権ではともに準決勝まで進み健闘したが、ファン・ハールのもとで臨んだ二〇〇二年のワールドカップでは予選で敗退してしまった。

一方のバルセロナもまた、ファン・ハールの退陣後は精彩を失った。いつものように内部からの人選を好むバルセロナは、ファン・ハールの後任に、レアル・マジョルカとレアル・ベティスで好成績を収めた後、一九九七年からバルセロナのテクニカルディレクターを務めていたロレンソ・セラ・フェレールを起用した。しかし、彼はチームを再び活性化することができず、シーズンが終了する直前に解雇された。結局、リーガでのバルセロナの成績は四位とまたしても振るわなかった。

この年の夏、バルセロナのヌニェス会長は、ファン・ハールの退陣にもつながった強い批判の声に打ち勝つことができず、二二年にわたって占めてきたその座を明け渡した。会長選は七月に行なわれ、かつて彼の助役だったジョアン・ガスパールが後任に決まった。だがそのほぼ直後に起きた大激震に、クラブは以後何年間もその後遺症に苛まれ続けることになる。全く予測不可能だったこの出来事が、成績、プレースタイル、チームの構成など、バルセロナに多大な損害をもたらしたのである。

ポルトガル人ウィンガーのルイス・フィーゴは、バルセロナで五シーズンを過ごし、その間にリーガのタイトルを二度、ウィナーズ・カップを一度制した。ファンからの人気が非常に高かったフィーゴはバルセロナを離れるつもりはなかったが、ガスパールが会長に決まるまでは契約更新に関する話し合いが頓挫していた。その間に、マドリードのゼネコン王フロレンティーノ・ペレスがフィーゴと接触し、もし次期会長選で現職のロレンソ・サンスを破って会長となれたら年棒一〇〇〇万ユーロでレアルに来るつもりはないかとオファーをした。サンスは三年間でレアルに二度もチャンピオンズリーグ優勝をもたらしただけに、そんなことは起るはずがないと誰もが高をくくっていた。フィーゴもまた、あり得ないことだと思いつつ承諾した。ところが、いざふたを開けてみるとペレスが当選し、レアルは三六二〇万ポンドでフィーゴを獲得した。セラ・フェレールはこうして、就任早々スター選手を失い、その影響の大きさは一二月にフィーゴがバロンドールを受賞したことからも明らかである。これに始まったペレス会長の「ギャラクシー」政策は決して割に合っていたとは言い難かったが、それに恐れをなしたガスパール会長は、フィーゴの売却のような困った事態が二度と起こらぬよう、バルサのスター選手たちにこの上ない好条件の契約を提示してサインにこぎつけた。こうした気前の良さに顕著に表れる浪費をものともしない姿勢が、クラブの財政と自意識を蝕んでいった。

その夏、バルセロナが選手獲得にはたいた金額は、マルク・オフェルマルスに三九六〇万ユーロ、ジェラール・ロペスに二一六〇万ユーロ、アルフォンソ・ペレスに一五〇〇万ユーロ、エマニュエル・プティに九〇〇万ユーロであった。だが、そのシーズンのバルサはリーガ成績四位、優勝したレアル・マドリードに勝点一七ポイントも水をあけられた。さらに悪いことに、チャンピオンズリーグではグループステージで敗退、UEFAカップでは準決勝でリヴァプールに敗れた。そして、バルセロナが四月末にオサスナ戦で退場者を三人も出し、一対三で惨敗したとき、セラ・フェレールの運命は決定した。

次いで監督となったのはカルロス・レシャック。彼もまたクライフのアシスタントを務め、クラブ全体の活動でコーチ役を務めるのは三度目であった。シーズン終了まで残っていた七試合で彼に課せられた任務は明確で、バルサを最終的に五位以上に押し上げ、チャンピオンズリーグへの切符を手にすることであった。難航はしたものの、最終日のバレンシア戦で、八八分目にオーバーヘッドシュートを決めハットトリックを達成したリバウドのおかげで三対二と白星を挙げたバルサは、辛くもチャンピオンズリーグ出場を決め、レシャックの続投も決まった。

　バルセロナの水にどっぷりとつかっていて、一九七四年のリーガ優勝時にもクライフと共に戦った人物が監督に指名されても、チーム全体に広がっていた衰退の気運を隠すことはできなかった。グアルディオラはその年の夏にバルサを去った。彼の最後の試合となったのはコパ・デル・レイ杯準決勝、ホームでのセルタ・ビゴとの試合で、バルサは第一戦で喫した黒星から状況を覆すことができなかった。グアルディオラはふくらはぎの負傷で一九九八年のワールドカップ欠場を余儀なくされ、さらにそのために手術を受けることになった。また、一九九九―二〇〇〇シーズンでは、最後の三か月間は足首の手術と度重なる負傷のために試合に出場できなかった。バルセロナの不振ぶりと、フィジカルが強く求められるようになったサッカーにフラストレーションがたまっていたグアルディオラは、一七年間のクラブ生活を経て、三〇歳にして新天地へと旅立つ決意をした。オランダ風のサッカーを放棄することで以前のような問題が再び繰り返される恐れがある、グアルディオラはそう感じていた。彼は著書の中でこう述べている。

「バルセロナにはクライフの前にも素晴らしいプレーヤーがいて、タイトル獲得に貢献した。でも、バルセロナはコンスタントな、あるいはバルサらしいプレースタイルを確立することはなかった。ドイツ人監督のもとではドイツ風の、アルゼンチン人監督のもとではアルゼンチン風の、イングランド人監督のもとではイングランド風と、プレースタイルは変わっていった」

　その結果、連続性が途切れ、好成績は突発的にしかやってこなくなる。グアルディオラはレシャックが監督に就任しても同じような問題点があると感じていた。クラブの思想には一貫性がなく、大事なのは理事会側が望んだ選手の獲得であり、誰を監督に指名するかは二の次であった。

グアルディオラのそうした悲観的な見方はやがて現実のものとなった。バルセロナはまたしても巨額の資金をつぎ込んでハビエル・サビオラ、ファビオ・ロッケンバック、ジョヴァンニ、パトリック・アンデルソン、フィリップ・クリスタンヴァル、フランチェスコ・ココ、ロベルト・ボナーノらを獲得したが、そのうち誰一人として期待通りの活躍をした選手はいなかった。バルセロナはリーガで一一月の初めまでは二位につけていたが、レアル・マドリード戦での敗北からスランプに陥り、その後は二度と盛り返すことはなかった。チャンピオンズリーグ準決勝で二戦ともレアル・マドリードに屈するずっと前から、レシャックがそのシーズン限りで退くことは明らかだった。問題は、誰を後任に充てるかであった。デポルティボがコパ・デル・レイ杯でレアルを下した後、バルセロナはデポルティボのハビエル・イルレタ監督に白羽の矢を立てるかのように見えたが、デポルティボはリーガでの成績が振るわなかった。その次にはエクトル・クーペルも候補に挙がったが、彼の率いていたインテルはセリエAでの優勝を棒に振った。そこで新たにバルセロナが目を付けたのがセルタ・ビゴのビクトル・フェルナンデス監督であったが、ビゴも次第にふらつき始め、チャンピオンズリーグ出場のチャンスを逃してしまう。こうしたいきさつを経て、リーガのタイトル奪還に向けてチームを引っ張ってくれると思われる最後の人物の名前が挙がった。ルイ・ファン・ハールである。ファン・ハールがカムバックするというニュースは、あるラジオ局に出演していたものまねタレントが契約間近と暴露したことで明らかになった。

それはまさに思いもよらない展開だった。退陣前のファン・ハールはマスコミと険悪な関係にあり、選手たちからの評判も悪かったからだ。すでに抗争続きでバラバラになっていた状態のクラブにこうした人物がやってくるということは、またしても不和を引き起こさないはずがなかった。

リバウドは早々にクラブを去り、他の選手たちも、彼に続いてクラブを去ることができればいいと思っていた。ここでもまた、確固たるチーム再建プランが欠けていた。ベンフィカから来たGKのロベルト・エンケは、それまで経験したことのなかったやり方で、持ち場を離れてプレーに参加するよう要求された。また、一一月にボカ・ジュニオールスから一一〇〇万ユーロで獲得したファン・ロマン・リケルメに対して、ファン・ハールはそれを「政略契約」と見て、おおっぴらに見下した。

では、ファン・ハールはなぜ戻ってきたのか？

「ガスパールが会長になったからです。彼のことは気に入っています。会長は私に誰でも欲しい選手を二人獲得できると約束したのですが、結局はリケルメと契約した。リケルメは全くチームに馴染ませにくいタイプの選手です」

こうして、何もかもが急速に悪化の一途をたどったのは、おそらくファン・ハール自身をのぞいて、誰もが予想していたことだった。バルセロナはチャンピオンズリーグのグループリーグを全戦全勝で突破するという記録を出したものの、ファン・ハールのこの二度目の監督時代で唯一ポジティブな出来事は、アンドレス・イニエスタの台頭と言えるだろう。イニエスタはファン・ハールをして「私がなりたかったような選手。もちろん無理であったが」とまで言わしめた。

イニエスタ自身も、与えられたチャンスを活かしきったが、ファン・ハールの手法には疑問を感じていた。

「とにかく要求が多くて、他のどんな監督よりも厳しかった。でも、彼は一八歳の選手も二八歳の選手も分け隔てなく扱った。これはユースの発展にとってはとてもいいことだったかもしれない。

けれど、他のことに関してはてんで酷いものだった」
○対○のドローに終わった一一月末のクラシコで、バルセロナのサポーターはフィーゴに向かって豚の頭を投げつけた。一二月初めのレアル・ソシエダ戦での敗北後、バルセロナは一〇位に転落し、降格ゾーンのチームとの勝点差が六ポイントと、三一年来最悪のスタートを切っていたのである。続く二試合、ラヨ・バジェーカノ戦とセビージャ戦でも黒星を喫し、降格ゾーンのチームとの勝点差がさらに二ポイントに縮まった。バルセロナのファンは白いハンカチを振って、ガスパール会長の辞任を強く要求した。

それでも、会長とファン・ハールはさらに粘り続け（ファン・ハールに関しては、カガネルという、毎年クリスマスの時期にカタルーニャ地方で作られる、不人気な有名人が排泄する姿をしている人形のモデルにすらなった）、一月末のバレンシア戦とセルタ・ビゴ戦での敗北で、ファン・ハールの第二期監督時代は終わりを告げた。会長もその二週間後に辞任を表明した。その二年半の間にバルセロナは一億五〇〇〇万ポンドを投じて一六人もの新しい選手を手に入れたが、タイトルとは全く無縁だった。カタルーニャ・カップのタイトルさえも。

＊＊＊

二〇〇三年一一月、レオ・ベーンハッカーが私的な理由でアヤックスのテクニカルディレクターを辞任した。その後任には、一〇か月前にバルセロナを去ったルイ・ファン・ハールがおさまった。この件に関しては、クライフも意見を聞かれたが、実際はそのずっと前からファン・ハールの起用は決まっていたのではないかとクライフは勘繰る。クライフは大方の予想通り、ファン・ハールは適切な人選ではなく、時期も悪いと手厳しかった。「クーマンは本当によくやっている。彼の作り上げたチーム環境を変える理由など一つもないのに。良いものは上のほうからの力で破壊されるものだ」と、一九八七年にアヤックスの理事会から彼が受けた扱いに似た状況をそこに見出していた。

しかし、それは上からではなく内部から破壊された。ファン・ハールは就任時、自分はコーチとしてはもう潮時であり、こうして古巣アヤックスに戻って来られたのは、一つの周期が終わるようなものであると語っていた。彼はまた、就任後初の記者会見でクラブへの愛を綴った詩を披露したが、アヤックス自体はそんな愛情に全身で応えるようなそぶりは決して見せることはなかった。

アヤックスは二〇〇二―〇三シーズンこそ無冠に終わったが、二〇〇三―〇四シーズンでは国内リーグを制覇した。ミドを失ったが、スティーヴン・ピーナール、ヴェズレー・スナイデル、マールテン・ステケレンブルフらの有能な選手たちがアヤックスのユースから頭角を現し（厳密には、ピーナールはケープタウンにあるアヤックスの姉妹クラブ出身）、そのユース組織は以後一〇年近くにわたって全ヨーロッパ中から羨望の的となった。成績では申し分なかったが、チーム内では緊張が走っていた。クーマンがトレーニングを行なう際、ファン・ハールが例のように、タッチラインすれすれのところで不満げな様子で座っているだけでも、その緊張ぶりがわかるというものだ。ファン・ハールが良かれと思って若い監督へアドバイスを与えたつもりでも、クーマンとしてはやはり気に入らない。二三年前にクライフとベーンハッカーの間で起こった状況の再現である。

毎月曜日、ファン・ハールはアヤックスユースのコーチを務めていたマルコ・ファン・バステンとジョニー・ファント・スヒップにまず会いに行き、それからクーマンの所へ向かっていた。それがある日、おかしなことが起きた。クーマンは次のように回想している。

「マルコとジョニーに階段ですれ違ったら、二人はどこか困った様子だったので何事かと訊いてみると、ファン・ハールが『トップコーチ』なる小冊子を作っていて、チームの構築やいろいろなことに関して、彼の見解が述べられていた。自分も一緒になってそれを読んで、書かれている多くのことについては三人とも同意していたけれど、私としてはファン・ハールが自分の場所に居座っているという気持ちがさらに強くなった」

その夏、アヤックスはイングランドでプレシーズンのキャンプを行なった。当時の出来事をクーマンはこう語っている。「ファン・ハールが自分の所へ来て、私の監督としての総合評価をしたいと言い出したので、こっちは『あなたは多分知らないでしょうけれど、契約では私の進退はクラブ理事長の手に委ねられているので』とやり返した。それからというもの、私たち二人は敵対してばかり。ファン・ハールも自分も手加減しなかった」

二〇〇四年八月、オランダとスウェーデンの親善試合で起きた事件が引き金となって、チーム内の緊張は頂点に達する。オランダは先の欧州選手権でスウェーデンを大会敗退に追いやったので、スウェーデンがリベンジをかけるのは想定内だった。開始三分後、イブラヒモヴィッチのアシストでマティアス・ヨンソンがスウェーデンに先制点をもたらす。だがそのとき、ボールを拾おうとイブラヒモヴィッチの延ばした足がファン・デル・ファールトの足首を直撃。結局ファン・デル・ファールトは担架で運び出され、故意に負傷をさせたとしてイブラヒモヴィッチを強く非難した。イブラヒモヴィッチはそれを否定し（実際にそうした意図がどれほどあったのかは彼以外に知る由もないが、一見したところ彼のプレーに特に悪意は感じられない)、ファン・デル・ファールトに電話をかけて謝罪した。

だが、ファン・デル・ファールトはイブラヒモヴィッチの言い分に聞く耳を持たず、クーマンを交えた話し合いを要求した。イブラヒモヴィッチは激怒し、「俺がお前をわざと怪我させるわけないだろう。考えてもみろよ。またそんな馬鹿なことを言ったら、今度はお前の足の骨を折ってやるよ。そうしたらわざと怪我させたって言えるからな」と言い放った。この話し合いはもちろん何の解決にもならなかった。ファン・デル・ファールトは発言の撤回を拒み、イブラヒモヴィッチも彼がそうしない限りは一緒にプレーしないと主張し、ロッカールームの雰囲気は険悪この上なかった。デリケートな交渉事には不向きどころか、場合によっては火に油を注ぎかねないファン・ハールは、イブラヒモヴィッチに対して態度を軟化するよう命じたが、それに対して彼がクーマンに出した答えは、ユベントスへの移籍を希望するというものであった。

移籍市場が終わる八月三一日、不満を抱いた選手にいつまでも執着しても意味がない、と心を決めたファン・ハールは、イブラヒモヴィッチが一六〇〇万ユーロでクラブを去ることに合意した。しかし、彼の移籍交渉が時期的にあまりにも遅れて始まったため、アヤックスが控えのフォワードとして獲得を予定していたコートジボワール人選手、アルナ・コネとの契約交渉はお流れになった。こうしてアヤックスはヴェズレー・ソンクとヤニス・アナスタシウと、たった二人のフォワードを抱えて二〇〇四―〇五シーズンに臨む羽目になったのである。怒りにあふれたクーマンは、自分が蚊帳の外に置かれ、足元をすくわれたような気分であり、クラブの理事会に抗議を起こした。選手のほとんどはクーマンに親近感を持ち、彼が過去に偉大なプレーヤーだったことから尊敬のまなざしで見ていたのであろう。ファン・ハールは正反対に、彼の教科書的な手法がひんしゅくを買っていた。

国内リーグでのアヤックスはまずまずの成績であったが、チャンピオンズリーグでは、初戦となったホームでのユベントス戦で敗北を喫し、アウェーでのバイエルン戦は〇対四とさんざんな結果に終わった。クーマンはミュンヘンでのインタビューでこう答えている。

「ここ数週間、仕事がつまらなかった。クラブ内部からチームへの期待度が高すぎて、これは健全ではない。私個人が現実的と見ている目標とクラブの期待しているものの間には非常に大きな隔たりがある。この件についてはまた近いうちに話をしたい」

アヤックスの理事会側はこうして緊急会議を開いた。アリ・ファン・エイデン経営部長は「『鈴の音色を合わせる』ためのこの会議では、何事も穏便に話し合うつもりです」と楽観的にコメントしていた。しかし、ファン・ハールがチャンピオンズリーグでのベスト四入りが今シーズンの目標と公言したことに怒りを覚えたクーマンは、自身の今後についてほのめかす発言を始めるようになった。クーマンは頑固だったが、それはファン・ハールも同様であり、その件に関して『フトバル・インターナショナル』の記者、ヨハン・デルクセンは同紙で次のように書いている。

「テクニカルディレクターとしてのファン・ハールの存在は、チームを不安定な状態に陥れる格好の材料である。クラブの経営陣はこのことに以前から気づいていてもよかったはずだ。ファン・ハールはサッカーについて魅惑的なヴィジョンの持ち主であるが、自分の考えが正しいと思い込むあまり、それを自分の手で組織全体に当てはめようとする。ファン・ハールは性格があまりにも威圧的で、現代的な手法でクラブを引っ張ってゆくことができない。とりわけ、テクニカルスタッフの多くがクライフ流の信奉者であるから尚更である。ルート・クロル、トニー・ブラウンス・スロット、アーノルド・ミューレン、ブライアン・ロイ、ソニー・シローイ、ヘリー・ミューレン、そしてみんなの人気者ダニー・ブリントといった面々がクライフの持つサッカーのヴィジョンに共鳴している」

この一連の指導者のリストにファン・バステンも加えよう。彼とファン・ハールはまさしく水と油であった。

クーマンとファン・ハールの関係悪化を決定づけたのが、ファン・ハールがアヤックスのスポンサー会合で行なったスピーチである。彼はそこで自らのポリシーを述べた際、アヤックスのサッカー哲学はもう存在しないと発言し、クーマンへの批判的な見方を明らかにした。これに対してクーマンは、「絶対に許せない発言だ」と反応している。

こうして、クーマンは自分かファン・ハールのどちらを選ぶか、理事会に最終的な決断を迫った。アリ・ファン・エイデン経営部長とヨン・ヤーケ会長が時間をかけて慎重に話し合った結果、ファン・ハールが出てゆくべきとの決定を下した。そうして一〇月一九日、ファン・ハールは辞任した。

「妥協は自分の性格には合わないし、意見の食い違いがさらに生じるのは目に見えている。だからポストを明け渡そうと決めました。これがアヤックスのためになればいいと心から思います。アヤックスでこれからずっと歳を取っていきたいと思っていたのですが、それは叶いませんでした」

とはいえ、これでアヤックスの成績が上向きになったわけではなく、ファンは次第にクーマンにそっぽを向くようになり始めた。おそらくファン・ハールそのもの、あるいは彼だけが問題の種ではなかったのだ。アヤックスがリーグで六位と停滞していたのに、クラブが自分たちのネクタイにナンバーワンを刺しゅうすると決めたのはまるで笑えないジョークのようであった。また、クーマンがバルセロナに所有していた家を売却してポルトガル南部のリゾート地アルガルヴェに新しく家を買うと決めたことも、様々な憶測を呼んだ。それは、オランダの新聞『デ・フォルクスクラント』のコラムで書かれていたように、クーマンがバルセロナの監督になるという野望を捨て、隣人でありテレビ番組制作会社エンデモルの創設者であるヨン・デ・モル氏とゴルフをするためなのか？ それとも、ファン・ハールの退陣後、アヤックスでの野望が全体的にしぼんでしまったためなのか？ 何はともあれ、クーマンにはやがて新たな隣人ができることになる。ファン・ハールがクーマンの別荘のある同じ通りに、クーマンのよりも少しばかり大きい別荘を建てたからだ。

二〇〇五年二月、アヤックスがオセールに敗れてUEFAカップから退くと、今度はクーマンが辞任を表明した。前シーズンでリーグ優勝を果たしたときはあれほど期待を集めていたものがすっかりボロボロになり、有能な若手中心のチームの夢はピッチの外でのエゴと権力争いにより引き裂かれた。おそらく、アヤックスのスタイルとは、プレス、ポゼッションフットボール、ウィンガーの活用ということだけではなかったのであろう。ヨン・ヤーケ会長は『ヘット・パロール』紙のインタビューに応じたが、その内容はつかみどころがなく、ファン・ハールは適切な人物であったが理事会側はクーマンがもっと自己主張する勇気を与えるために彼を引きとどめたとか、「遺産相続について家族で話し合いをするとき、よく険悪な雰囲気になって、誰が何を相続するかでもめるところを見たことがあるでしょう」と話していた。『フトバル・インターナショナル』紙では、バス・ヘイトがファン・ハールを「癇癪《かんしゃく》もちで出しゃばりすぎ」、クーマンを「甘やかされた子供」、そしてアヤックスの役員らを「中身よりも外見を重視した」と批判した。

しかし、サッカー哲学論という点で、当時各人の考え方に共通点があったというのは、今振り返ってみるとなかなかに滑稽である。それはヤーケ会長の次のコメントからもわかる。

「ファン・ハールはファン・バステンのヴィジョンを非常に好んでいた。アヤックスらしさにあふれるサッカーを実行できる人物がいるとすれば、それはファン・バステンである、とファン・ハールは思っていた。二人の仲が悪かったという話は別にして、ファン・ハールの理念と、ファン・バステンそしてクライフの理念は非常に似ている。彼らが友好な関係を築けなかったことは本当に残念だ」

ガスパールの後任を決めるバルセロナの会長選挙では、四〇歳のジョアン・ラポルタが選出された。ヨハン・クライフと多くの若い現地の実業家たちに支えられた新会長は、溌溂としてパワーにあふれ、クライフ流のスタイルでのチームの再出発を約束した。それはドリームチームの一員だったウィンガーのチキ・ベギリスタインがスポーツ部ディレクターに指名されたことを見ても明らかだった。しかし、ラポルタの船出は順調とは言い難かった。彼はデヴィッド・ベッカムの獲得を公約していたが、そのために熱心に動いたような様子はなく、ベッカムはレアル・マドリードの銀河系軍団へ仲間入りした。

問題は監督選びであった。ファン・ハールの代理として暫定的に監督の役を受け持った、物腰柔らかなセルビア人、ラドミール・アンティッチは、就任当時一五位だったバルサを最終的に六位にまで引き上げ、チャンピオンズリーグでは二次グループリーグを突破して準々決勝でユベントスに惜敗するまでチームを導き、チーム再建に大きく貢献した。アンティッチはまた、ビクトル・バルデスとイニエスタにどんどん出場の機会を与えたほか、シャビをさらに高いところへ配置し、ファン・ハールのもとでは苦痛だったディフェンスの役割の責任感から彼を解放した。しかし、アンティッチはラポルタが求めていた人物ではなかった。テクニカルスタッフ構成の全体的な改革の一環として、夏に彼の契約が切れると更新はされずじまいであった。

ラポルタはまず、フース・ヒディンクに、それからロナルド・クーマンに目を付け、最終的にフランク・ライカールトへと落ち着いた。当時四〇歳だったライカールトは、それまでの監督歴でめぼしい成果は収めていなかった。オランダ代表を率いて出場した二〇〇〇年の欧州選手権では、準決勝で九人のイタリアにPK戦で敗れ、その後に指揮を執ったスパルタ・ロッテルダムでは、クラブ史上初の二部降格というさんざんな結果に終わった。そんなライカールトと彼のアシスタント、ヘンク・テン・カテが、オランダ領アンティル代表の監督オファーを受け入れる意思を固めていた矢先に、バルセロナからオファーが舞い込んできたのであった。

ライカールトとクライフは一九八七年九月に決裂した。ライカールトは激怒して練習場を飛び出し、もうクライフのもとでは絶対にプレーしないと叫び、クライフに向かって様々な罵詈雑言を吐いたという。その後、彼はスポルティングと契約を交わした（もっとも、加入の時期が遅くて選手登録ができなかったため、レアル・サラゴサへレンタルされ、そのシーズン末にACミランへ正式に移籍したため、スポルティングでプレーしたことは一度もなかった）。しかし、それからおよそ二年が経過し、一九九〇年のワールドカップに向けてレオ・ベーンハッカーに代わりクライフの代表監督就任を求める選手たちの中にライカールトの姿があった。「クライフは自分にとって非常に謎の多い人物だ。サッカーの天才である一方で、人を許して水に流すことなど滅多にせず、いつまでも恨みを持ち続けさえするような、器の小さい人間という二つの面がある点は特にそうですね」とライカールトはコメントしている。

しかし、クライフはライカールトこそ適任であると確信していた。いわば、アヤックスの信念とクライフの信念を再建するチャンスであった。ライカールトのアシスタントコーチとなったエウセビオ・サクリスタンはこう語る。

「クライフはそうした信念の生命線が回復されることを願っていた。チキはクライフの哲学をよく知っているし、大いなる信奉者だ。彼はチームのためにとても貢献してくれた。彼は私たちと一緒にその復活を強く望んでいた。クライフとチキがいて、それに、バルセロナでプレーしたことはないけれど、ライカールトというかつてのクライフの愛弟子が監督となったのは当然の流れだ」

プレースタイルがすべてであった。クライフにとって、「それはバルセロナを名門クラブ、そしてサッカー界で他に例を見ない哲学を体現するクラブならしめた一種の主義」であった。クライフが頑固で気性の激しいオランダ人選手たちと絶えず向き合っていたアヤックスよりも、もっと規模の大きいバルセロナを作り上げていくことにより手腕を発揮できたのは、どこか皮肉なところがある。

ライカールトはオランダ人にしてはそれほど頑固でも、また気性が荒いというわけでもなく、彼もまたやがて栄光を手に入れることになる。しかし、バルセロナでの立ち上がりは順調とは言えず、最初の七試合で挙げた白星はわずかに二つ。それにマラガには一対五で惨敗した。また、レアル・マドリードとの対戦では全く歯が立たず、ホームで行なわれたリーガでのクラシコにおいては二〇年ぶりに黒星を喫した。冬のオフ期間が明けて最初の試合でラシン・サンタンデルに〇対三で敗北すると、バルサは一二位に転落した。そのあまりの不調ぶりに、当時クラブの理事の一員で後にバルセロナの会長となるサンドロ・ロセイは、ブラジルをワールドカップ優勝に導いたルイス・フェリペ・スコラーリに監督を交代させようかと一時は画策したが、スコラーリの指導法はクライフ的な理想とはかけ離れていた。

それが、一月にユベントスからエドガー・ダーヴィッツがレンタル移籍で加入したことで状況は一転した。ダーヴィッツは一九九五年にルイ・ファン・ハール監督時代のアヤックスでチャンピオンズリーグを制覇したときのメンバーの一人であり、彼は新たな闘争意欲をチームにもたらした。シャビの言葉によると、勝利のために必要な意欲を明確にしたダーヴィッツの姿勢は絶大な効果をもたらした。シャビは、バルセロナが「サッカーの魂をかけて戦っている」と感じたという。

ダーヴィッツの加入によってチームの編成にも変化が生じた。フォーメーションは四―二―三―一からよりクライフ流の四―三―三へと移行した。エウセビオいわく、「このシステムですべてがしっくりと来るようになり始めた。プレースタイルの理念や哲学を繰り広げるのがより容易になった。二人編成のピボーテを廃止して、パスラインと縦のラインをより多くして、ロナウジーニョが中に入ってくると、ほぼダイヤモンドができあがる。そこでウィング、特に左サイドバックと一緒に上がって、ロナウジーニョがゴールへと向かう。このシステムの変化で可能性は無限大のように見えましたね」

バルセロナはそれからリーガで九連勝し、中でもレアル・マドリードとの試合ではアウェーで七年ぶりとなる勝利を収めた。もし最後の三節で二度も黒星を喫していなかったならば、バルセロナは劇的な逆転優勝を飾っていたことだろう。何はともあれ、二位という成績は十分であった。ライカールトによりクライフの影響は再び色濃くなった。「クライフとの話し合いの中で、彼はチームに関して深い考察をたくさんもたらしてくれる」とライカールトは語っている。彼の考え方は明らかにクライフ流であった。バルサは攻撃的サッカーを行ない、高い位置でプレスし、ポゼッションフットボールに集中し、サイドを駆使したワイドなプレーを展開していった。

しかし、四―三―三への変更はクライフのアイデアだったのか？　その問いについてはエウセビオも言葉を濁す。「話していいのかどうかはわからないけれど……それが答えと言いましょうか。私たちの中にはクライフに育てられた選手がいて、ライカールトもその一人だった、そういうことではないでしょうか」と、長い沈黙を交えながら語っている。

ライカールトはクライフのようにストレートな物言いはせず、クラブ内での勢力関係に関わろうとはしなかったが、ベンチでの落ち着いた様子や物事を常に簡素に進めるという点では共通していた。二〇〇五年のチャンピオンズリーグ、チェルシー戦に向けた準備がその良い例である。日曜日は選手たちを休ませ、月曜は簡単な体力トレーニングだけにとどめ、火曜日になってようやく試合に向け本格的な準備に入ったが、そこでも、ライカールトが書き留めていたキーワードは、彼の指導がいかに簡潔であったかを物語っている。

「ポジショナルプレー。(デメトリオ・)アルベルティーニの代わりになる選手を見つけること。ゲームの流れを変えるための交代要員。ペナルティエリアすれすれからのシュート」

チェルシーには合計スコア四対五で敗れはしたものの、シーズンで唯一残念な結果に終わったのはこれだけであった。バルセロナはシーズン開幕から一〇試合負け知らずで首位に躍り出、そのまま首位を走り続け、最終的に二位に勝点四ポイントの差をつけて優勝を決めた。バレンシアでの試合で優勝を決めたバルセロナのメンバーが帰りの飛行機を待つ空港のラウンジで、ジョアン・ラポルタ会長はライカールトの腕をとり、高々と上げると、彼がチャンピオンだと声を上げた。しかし、感情を表に出すことのないライカールトは、やんわりと腕を引き下げると、困惑したような様子さえ見せた。バルセロナの優勝を祝ってバスでパレードしたときも、選手たちがデッキに登って声援にこたえる中、ライカールトはバスの中でタバコを吸っていた。ラポルタによれば、「この成功のカギとなったのは、ライカールトが皆に浸透させてくれた冷静さ」だそうである。

翌二〇〇五―〇六年シーズンはさらに快調であった。クラシコでは三対〇の快勝に大活躍だったロナウジーニョがベルナベウの観客からも総立ちの称賛を受けた。バルセロナは当時チーム内部に問題を抱えていたレアルに一二ポイントもの勝点差をつけてリーガ二連覇を果たしたほか、二度目の欧州クラブタイトルも獲得した。決勝トーナメント一回戦でモウリーニョ率いるチェルシーを下した後、ベンフィカ、ミランを倒し、パリで行なわれた決勝戦でアーセナルを二対一で退けて見事に優勝を飾った。ペップ・グアルディオラはスペインの新聞『エル・パイス』に、ライカールトの下のバルセロナはドリームチーム時代以来最高のチームであり、「一つの時代を築いた」との一文を寄せた。

クライフの流れを汲む監督の到来と、クライフの主義に沿ったプレースタイルの再生が、クライフ時代と引けを取らない栄光をもたらしたのである。

第五章
王者の帰還

　ここに一枚の写真がある。一九八九年のチャンピオンズカップ準決勝でヨーテボリを相手にバルセロナが劇的な勝利を手にした、その試合終了後に撮られたものである。ＰＫ戦で決勝点を挙げたＭＦのビクトル・ムニョスが、ピッチに集まった大勢の人々の間をかき分けながら前に進んでいる。どこかそう遠くない場所に目をしっかりと向け、口を少し開いたその表情は、喜びを表しているのか、それとももうピッチから出たがっているのか、判断がつかない。襟元が大きく開き、その胸板にはちきれんばかりの彼のユニフォームの袖を引っ張ってユニフォームをねだる一五歳の少年が彼の左に写っている。この少年こそペップ・グアルディオラである。

　現在のバルセロナとこれほど深い関係で結ばれた人間は、グアルディオラをおいて他にいないだろう。リヌス・ミケルスがバルセロナの監督に就任する半年前に産声を上げたグアルディオラは、ファンとして、そして選手として、クラブとともに成長していった。彼はクライフ流サッカー哲学の体現者だった。スピードやパワフルさはなかったものの、素晴らしいテクニックを持ち、何より聡明だった。クライフの下でチャンピオンズカップ制覇も経験したグアルディオラは、後に失意のうちにバルセロナを去ることとなったが、今度は指導者としてクライフ流の価値観を再び定着させるべくクラブへと戻ってきた。そのときグアルディオラは、「クライフは立派な大聖堂を築いた。今の私たちの役割はそれを修復することだ」とコメントした。

シャビいわく、*「私たちのモデルはクライフが定着させた。いわばアヤックスのモデルだ。それは、ロンドに始まりロンドに終わると言っても過言ではない。毎日毎日その繰り返し。これは最高のトレーニングです。責任感と同時に、いかにボールを奪われないようにできるかを習得できる。ボールを奪われたら中に入って、ポンポンはじかれるボールを追いかける。中に入ったときの屈辱感はたまらない。輪を作っている他のメンバーから冷やかされるのですからね」

＊『ザ・ガーディアン』紙でのシド・ロウによるインタビューから。

こうしたごく単純なトレーニングが驚異的な結果につながる。グアルディオラは、バルセロナの監督を辞任する二〇一二年までの四年間、リーガでの優勝を三回、チャンピオンズリーグ優勝を二度もたらし、サッカーのプレーに関する可能性を新たに作り上げた。クライフの理念をもとに、それを見直し、磨きをかけ、史上最も偉大なチームがまた一つ生まれた。エウセビオは、「グアルディオラはもう救世主、と呼んでいいのでは？」とコメントしている。

二〇〇一年にバルセロナを退団したグアルディオラは、ブレシアへ移籍し、ロベルト・バッジオと共にプレーした。当時のブレシアの監督、カルロ・マッツォーネは、アントニオ・コンテにも少なからず影響を及ぼしたプレス＆ポゼッションのスタイルを用いた、情熱的で型にはまらない人物だった。ブレシアの後ではASローマへと移り、そこでは四試合しか出場しなかった。イタリアでの二年間のプレーでは特に目を見張るものはなく、薬物検査でナンドロロンに陽性反応が出たために受けた四か月間の出場停止処分が大きく影を落とすことになる。一貫して無罪を主張していたグアルディオラは、出場停止処分を受け入れつつも上訴し、後に晴れて無罪を言い渡された。

二〇〇三年にカタールのアル・アハリへと移籍したが、サッカーのプレースタイルの将来については悲観的な見方をしていたようだ。『ザ・タイムズ』紙でガブリエーレ・マルコッティに受けたインタビューは衝撃的だった。

「自分のような選手はもう絶滅しかけていると思います。何しろ、ゲームはより戦術とフィジカルが中心になっているのですから。頭を使う暇などありません。ほとんどのクラブでは、選手は決まった役割を与えられて。そのクリエイティブな力はチームで決められた設定内でしか発揮できません」

その後、モウリーニョ率いるポルトがチャンピオンズリーグを制覇し、欧州選手権でギリシャが優勝し、機能性重視のブラジルがコパ・アメリカの決勝戦でアルゼンチンを下したことを考えると、グアルディオラの目に狂いがなかったのははっきりとわかる。四―二―三―一でドリブラーの復権に沸いた二〇〇〇年の欧州選手権の熱狂が去ると、またしても慎重さと体力がものをいうプレーへと戻り始めていた。

二〇〇六年、引退の意志をほぼ固めつつあったグアルディオラは、メキシコに飛んでファアンマ・リージョの指揮するドラドス・デ・シナロアで半年間プレーし、同時にアトリスコで指導者養成所に通った。後に指導者となったグアルディオラに最も影響を及ぼした人物は、そのリージョに他ならない。二人は夜遅くまでサッカーについての議論を交わした。リージョは効率第一主義のサッカーに真っ向から対立した、結果よりも過程にずっとこだわる、夢想家的な一面のある人物である。リージョは次のように語っている。*

「目標は旅のようなもの。例えば、マラソンで先頭を走っていて、他の選手たちを大きく引き離しているとしましょう。それがゴールまであと少しというところで倒れてしまったら、どうなるでしょう？　この勝負は失敗だったと思いますか？　そうかもしれないけれど、立派な走りを見せましたよね。人を豊かにしてくれるのは結果ではなく、ゲームをどう生きたか。結果なんてただのデータです。出生率が高くなったからと言って、それで豊かになりますか？　違いますよね。しかし、そこに至るまでのプロセスは？　それこそが豊かにしてくれる何かです。物事をやり遂げたという達成感は、そうした過程から来るのです。ゲームはいろんな解釈ができるが、結果はそうはいかない。結果はそこにあるのみ。月曜日にスポーツ新聞を買ったらそこには試合の結果だけが並んでいますか？　サッカーの試合を見に行くとき、試合終了間際に行って結果だけ確かめて帰りますか？　九〇分間の試合、つまり過程を見ますよね。結果だけでは過程を判断することはできない。人間は良い仕事ぶりではなく、良い結果をありがたがる傾向にあります。そして非難は、悪い仕事ぶりではなく悪い結果に対して向けられるのです」

＊『ザ・ブリザード』第一号のシド・ロウの記事より。

二〇〇六年一一月、グアルディオラは選手生活にピリオドを打った。監督になりたいという意欲はもちろん、目指す監督像についても彼は明確な考えを持っていた。引き続きアルゼンチンで指導者育成の教育を受け、一九七八年のワールドカップでアルゼンチンに優勝をもたらしたセサル・ルイス・メノッティや、自発的サッカーと呼ぶのが最も適したプレースタイルを信じている、リカルド・ラ・ボルペとマルセロ・ビエルサの二人らと交流した。この三人が同じサッカー観を共有していると言うのは正しくないが、三人ともエネルギッシュでテンポのあるスタイル、そしてどんどん敵陣に上がってプレーすることを好む点では一致している。メノッティはおそらく最も伝統的なサッカー信奉者で、ボールポゼッションを重視している。ラ・ボルペは背番号一〇の座を取り上げられてから何かと問題の多い人物。ビエルサは、メノッティの理想主義（時にはそれが行き過ぎと思われることもあったが）と、彼の対極にあると見られるカルロス・ビラルド*の徹底したトレーニングと体力づくりの中間に位置している。ビエルサとの話し合いはとりわけ実り豊かなものであった。二人はロザリオにあるビエルサ宅でアサード〔訳注・南米風のバーベキュー〕を囲んで一一時間も話し込み、盛り上がるあまり、グアルディオラのアシスタントが椅子を相手にマーキングを実演させられる場面もあったという。

＊詳しくは拙著『Angels with Dirty Faces（『醜い顔をした天使』）』参照。

グアルディオラが出会ったこの三人は、大きなタイトルを獲得したことよりもむしろ、そのサッカー理論で名を馳せた人物であることは特筆すべきであろう。メノッティはワールドカップ優勝以外には、ウラカンでメトロポリターノ・トーナメント優勝、バルセロナでコパ・デル・レイ杯とリーグカップを獲得しただけである。ラ・ボルペはメキシコ代表を率いてＣＯＮＣＡＣＡＦゴールドカップ優勝と、メキシコのクラブアトランテで国内タイトルを獲得、そしてビエルサに関しては、ニューウェルズ・オールドボーイズとベレス・サルスフィエルドの異なる二つのクラブでアルゼンチンの国内タイトルを獲得しただけであった。* 同じように、リージョもまた大きなタイトルとは無縁である。

*しかし、二〇〇四年のオリンピックではアルゼンチンに金メダルをもたらした。

グアルディオラがラテンアメリカで自分の可能性を探る旅に出ていた間、バルセロナは緩やかに下降の道をたどりつつあった。二〇〇六年、UEFAスーパーカップの対セビージャ戦の前夜にモンテカルロで開かれたUEFAクラブ・フットボール・アワードでは、カルレス・プジョルが最優秀DF賞、デコが最優秀MF賞、ロナウジーニョが最優秀FW賞を受賞した。授賞式が終わった後に戻ったホテルでは、ライカールトはオランダの人気ポップグループと夕食を共にし、メンバーには門限を押しつけず自由に行動させた。しかし、中にはここぞとばかりに羽目を外す選手もいた。翌日の朝には、ロナウジーニョがスポンサーへの写真撮影に行くことも許された。すべてにおいてどこか弛み、プロ意識が低下しているような雰囲気の中、バルセロナはその日の試合で〇対三と惨敗した。たかがスーパーカップとはいえ、そこには深いところにある不調の最初の兆候が見え始めていた。ロナウジーニョは次の日のトレーニングに姿を見せず、三対二で白星を飾ったシーズン第一節セルタ・ビゴ戦ではスタメンから外されていた。

ライカールトのアシスタントであり強力な右腕であったヘンク・テン・カテはその夏にすでにアヤックスへ移っており、その代わりにやってきたヨハン・ネースケンスは、選手に対してテン・カテよりもはるかに甘かった。中でもとりわけ深刻だったのはロナウジーニョで、体重が増え、バルセロナ郊外のカステルデフェルスにあるナイトクラブに通い、調子も下がり気味だった。エトーは膝の負傷によりクラブを離れて静養を許されていた。ライカールトは選手を甘やかし、自分自身ものんびりと構えているようだった。その年の一二月に横浜で開かれたクラブ・ワールドカップの決勝戦の前など、対戦相手のブラジルのクラブ、インテルナシオナルの試合ビデオすらチェックせず、結果は〇対一で敗北。マルケス、デコ、ロナウジーニョには故郷の南米で家族と共にクリスマスの休暇を過ごすことも許された。そして、その三人とも予定を遅れてバルセロナに戻ってきたが、誰一人として咎めを受けなかった。

エトーは復帰したとき、そのだらしない雰囲気に不安を感じ、ラポルタに報告した。これをきっかけに、ライカールトとエトーの間に論争が勃発し、エトーはまた、明らかにロナウジーニョに関すると思われる辛辣なコメントをマスコミの前で披露していた。そしていつも通り、クラブ内の勢力関係が状況をさらに悪化させた。ロナウジーニョはサンドロ・ロセルと懇意であったが、ロセルはラポルタがワンマンになりすぎたとしてクラブの役員を辞任したばかりであった。

成績の面では、二〇〇六―〇七シーズンのバルセロナは今一つの出来だった。ヨーロッパ・スーパーカップとクラブ・ワールドカップでの敗北と同様、コパ・デル・レイ杯では準決勝でヘタフェを相手に、第一戦では五対二と快勝した(この試合では、マラドーナが一九八六年のイングランドとの試合で決めた二点目のゴールをメッシが再現して見せた)にもかかわらず敗退。チャンピオンズリーグではモウリーニョ率いるチェルシーを相手にホームで引き分け、アウェーで黒星ながらグループリーグを突破したが、その後リヴァプールに敗れてベスト一六止まりに終わった。リーガでは、最終節を目前に控えた第三七節のアディショナルタイムに入るまでは優勝はほぼ確実と思われていた。というのは、バルセロナは二対一でエスパニョールをリードしていて、レアル・マドリードはサラゴサを相手に同じスコアでリードを奪われていたのだが、その状況がわずか一八秒の間に一転。レアルではファン・ニステルローイが、エスパニョールはラウル・タムドがそれぞれ同点ゴールを挙げ、バルセロナは勝点三のリードを奪うチャンスを失い、レアルがまたしても勝点で並ぶ。最終節では両チームともに白星を挙げ、直接対決時での試合結果によりレアルが優勝を決めた。バルセロナの危機は目前に迫り、それは明らかに肥大しつつあった。あと一歩のところでリーガ優勝を逃し、コパ・デル・レイ杯での敗退はあまりにお粗末だったのだから無理もない。実力ではそれほど大差ないとすれば、規律の面での緩みとだらしのなさが違いを決定づけたという可能性は大いにありうる。

その夏、グアルディオラが六年ぶりにバルセロナへ戻ってきた。クラブ側は当初、グアルディオラにはテクニカルディレクターの役を与え、ルイス・エンリケにバルセロナBの監督を任せるつもりだった。しかし、グアルディオラは監督にこだわり、彼が四部に降格したばかりのバルセロナBを指揮することで最終的に落ち着いた。だがまず何より、とりわけクライフとの間で折り合いをつけておく必要があった。

二人の関係はファン・ハールのバルセロナ監督就任直後にいったん崩れ始めた。バルセロナユース生え抜きの選手の多くにそっぽを向いたファン・ハールに、クライフはグアルディオラがキャプテンとして意見すべきだと感じていた。グアルディオラはまた、二〇〇三年には、クラブの会長選に関しては口出ししないというドリームチームの各選手との間にあった暗黙の了解を破り、もしルイス・バサがラポルタを抑えて会長に選ばれたらサッカー部門ディレクターになると公言した。バサは当選を逃したが、グアルディオラが彼を支持したことで、ラポルタはグアルディオラへの不信感を募らせることになった。

そんな昔の遺恨は修復され、グアルディオラはバルセロナBのチーム改革へと乗り出した。彼はバルセロナCを解散させてBへ上がりたい選手の競争心をあおり、二一歳以下という年齢制限も廃止し、シニアの選手を三人加入できるようにした。彼は徹底したプロ意識を求め、バルセロナBをトップチームと同様に扱い、非常に厳しい規律を課した。当時のキャプテンの一人、マルク・バリエンテは、ウェイトトレーニングを五分早く切り上げたばかりにスタメンから外された。しかし、グアルディオラ自身も白熱するあまりに問題を起こすことがあった。このシーズン中、審判の判定に抗議してベンチから退席を言い渡されたことが三度もあったが、スペイン語ではなくイタリア語で罵倒することでこの問題を解決した。また、リージョは彼の試合を毎回観戦にやって来て、試合後に一緒に反省会を行なっていた。

グアルディオラの監督としてのアプローチは、選手時代の延長線上にあった。エウセビオは次のように証言している。

「グアルディオラは現役時代、クライフの理念に忠実で、四番のゲームメーカー役（クアトロ）を立派にこなしていた。クライフから受けたすべてのことが彼にとって大きなプラスになった。彼には分析力、情報をキャッチする能力、組織立ててそれを実行に移す能力がある。クラブがクライフの理念に沿ったサッカーを再び試みようと意を固めたとき、グアルディオラはそうした長所のおかげで中心的な人物になった。もとはと言えば昔のつながりがきっかけだけど、『これからはこのやり方で、いやさらに磨きをかけ、そのことだけを考えて、実行あるのみ』とたくましくなっていったよ」
しかし、シーズンの滑り出しは不調だった。指導を無視する二人の反抗的な選手に悩まされたグアルディオラは、そのことでクライフに相談をしに行くと、すぐにその二人をクビにしろ、との答えが返ってきた。個人がチームよりも重要な問題になってはいけないのだ。こうして問題を解決したバルサBは、シーズン終了時には三部昇格を決めた。また、ちょうどその頃、後にトップチームで大活躍する二人の選手、セルヒオ・ブスケとペドロが台頭したことも重要な出来事であった。

グアルディオラの下で大きく飛躍したバルセロナBとは対照的に、トップチームは前よりもさらに低迷していた。運に恵まれなかったという面もあるが、当然それが一番の原因ではない。ロナウジーニョは前にもまして規律を守らなくなった。ラファエル・マルケスは恋人と会うため頻繁にマドリードへ向かった。チアゴ・モッタは夕方に出かけたきり丸一日行方をくらまし、翌朝こっそり帰ってきた。デコは病気の息子に付き添って病院で一夜を過ごしたため、その翌日の練習では居眠りすることも時々あった。また、トップチームだけでも合計一〇人もの選手が付き合っていた女性と別れたという。

一一月末、バルセロナはリヨンを相手に二対二のドローをもぎ取り、チャンピオンズリーグ決勝トーナメントへと駒を進めた。この試合でライカールトは監督生活で初めてベンチから退席を言い渡されたが、それは彼へのプレッシャーが次第に大きくなり始めた証だと誰もが感じた。クラブ側はライカールトの時代が終わりを告げようとしているという現実を受け入れ、その月の初め頃、グアルディオラは代理監督となる可能性を初めて口にした。クライフは次のようにコメントを残している。

「ライカールトはこの五年間、自分自身に誠実であった、だが残念なことに、選手たちは彼に対し誠実になれなかった」

選手たちはライカールトへの信頼と、彼ら自身のハングリー精神を失った。選手たちを支えた理論がどれだけ素晴らしくても、その代償は大きかった。当時副会長職にあり財務部門の責任者だったフェラン・ソリアーノ氏は、その著書『ゴールは偶然の産物ではない』の中でこう述べている。

「トップレベルでは、意欲が五パーセント低下するだけで困難が生じる。そして、ライカールトはチームに再びやる気を持たせる術を知らなかった」

クラブはそこで、新しい監督に求める人物像を定め、候補者は次の九つの基準によってふるいにかけられた。

一、　スポーツの経営モデルとテクニカルディレクターの意見を尊重する
二、　プレースタイル
三、　トップチームにふさわしい価値観を促進し、若い才能の発展にとりわけ関心を注ぐ
四、　トレーニングとパフォーマンス
五、　サッカー以外の面での率先した管理
六、　クラブに対する責任感と献身的態度。クラブがこれまで築き上げたイメージを大事にし、メディアへの過剰な露出を避けることも含む
七、　選手として、また監督として最高のレベル
八、　クラブの速やかな運営をサポートできる

九、リーガ・エスパニョーラ、クラブ、そして欧州レベル大会への深い造詣

こうして、監督候補者の長いリストが作成されたが、マヌエル・ペレグリーニ、アーセン・ヴェンゲル、ミカエル・ラウドルップの名前はすぐに消去された。クライフ指揮下の最初の二シーズンでは目立つことのなかった選手で、当時エスパニョールの監督を務めていたエルネスト・バルベルデの名前も挙がったが、クラブ役員会へのサポートという点で物足りないと判断され、除外された。残るは二人、グアルディオラとモウリーニョであった。もう一人の副会長、マルク・イングラ、そしてテクニカルディレクターのチキ・ベギリスタインはモウリーニョと彼の代理人ジョルジュ・メンデスとリスボンにある銀行で会う手はずを整えた。モウリーニョは、バルサおなじみの四―三―三のスタイルを、かつてチェルシーで築いたものに似た、よりフィジカルを重視したものへとどう発展させていくつもりであるのかを述べたメモリースティックを渡した。チャンピオンズリーグでバルセロナと彼の率いたチェルシーが対決した試合の恨みをよそに、自分は試合に勝つために必要な心理戦の一端を担うだけであるとモウリーニョは解説していた。

モウリーニョは確かに魅力的な人物であったが、やはりその点がバルセロナにとっては引っかかった。イングラはその会合で「居心地の悪さ」を感じたことを明らかにし、一方でクライフとベギリスタインは信念的によりグアルディオラに同調していた。先のチェックリストと照らし合わせると、両者とも九番目の点で躓いた。だが、モウリーニョは二、三、六、八番目でも躓いていた。ソリアーノは後にこう語っている。

「モウリーニョは素晴らしい監督だと思うが、我々はグアルディオラのほうがさらに上だと思っ

た。クラブへの造詣という点はとても大事なことだ。もちろんモウリーニョにもそれはあるが、グアルディオラは彼よりもより多くのことを知っているし、クラブとの友好な関係も築いていた。モウリーニョは成功を収めたが、勝つために緊張状態を保ち、それが問題になっている」

リスボンでの会合のニュースがすっぱ抜かれると、迷っていた一部の人々の心も固まった。結局のところ、モウリーニョが正しいと考えていることは、必ずしもバルセロナにとってはプラスにならないのだ、と。

二〇〇八年一月から、ラポルタ会長はバルセロナBの試合を観戦し、グアルディオラを観察し始めた。翌月、彼はグアルディオラをマジェスティック・ホテルのレストランに招待し、もしバルセロナがチャンピオンズリーグの決勝戦まで進めなければ、彼を監督に指名するつもりだと告げた。ライカールトも快く、グアルディオラにシーズン終了まで彼のテクニカルスタッフに加わることを提案した。グアルディオラはこの申し出を断ったが、セイドゥ・ケイタ、ダニ・アウヴェス、アレクサンドル・フレブ、ジェラール・ピケ、そしてマルティン・カセレスといった選手の獲得交渉は、グアルディオラが後任になるということを見越してのものであった。

バルセロナがホームでのヘタフェ戦をドローで終えると、客席のサポーターたちはからかって白いハンカチを振った。彼らはラポルタの辞任を求め、選手たちを「怠け者」と呼び、「カネじゃなくて気合いを出せ」と歌いだした。ロナウジーニョとデコの欠場が、クラブ側が主張しているような負傷によるものではなく、何か他の理由があるのではないかという疑念が広がり、先の夏に鳴り物入りで移籍したティエリー・アンリも、もう旬を過ぎたと思われていた。

チャンピオンズリーグでは、バルセロナは準決勝でマンチェスター・ユナイテッドを相手に合計スコア〇対一で敗退を決め、二〇〇八年五月六日、ラポルタはグアルディオラの三人目の子供が生まれたばかりの病院に彼を訪ね、改めて監督就任を打診した。この監督指名について、ファン・ハールは当然の成り行きとばかりに次のようなコメントを残している。

「クライフが始めたことを、私が続けて、ライカールトが続けて……グアルディオラはクライフのもとでプレーした選手だが、それは私にとっても同様だ。バルセロナの役員としては、そのスタイルを持つコーチを採用するのは至極理にかなったことだ。私が監督に選ばれたのも、そのスタイルと自分の経歴だけが理由でしたから」

翌日、バルセロナはレアル・マドリードに一対四と屈辱的な大敗を喫し、モウリーニョは自分をアピールする絶好の機会とばかりにラポルタに電話をかけたが、逆に次期監督が決定していることを知らされた。このときバルセロナは大きな間違いを犯した、と会長に言ったモウリーニョは、その後決してバルセロナを許すことはなかった。あらゆる疑念が彼の頭によみがえる。ロブソン、そしてファン・ハールと共に作業していた頃、バルセロナは本当に自分を認めてくれただろうか？いつだって異端児と見られ、選手として輝かしいキャリアに恵まれなかったことで、ずっとただの「通訳」扱いされていたのではなかったか？　ここでモウリーニョをミルトンの描いたサタンになぞらえるのは言い過ぎであろうか？　天に盾つくことを決意し、その支配と教義に戦いを挑むためには持てる限りのあらゆる手を尽くすサタン。たとえそれが、ミルトンの描く別の登場人物のように、自分の頭上に神殿を引き落としてしまう結果に終わったとしても？

マルク・イングラはそんなモウリーニョについて、「バルセロナから拒絶されたことで、少しばかり毒々しくなったと思います」と語っている。

二〇〇八年、バルセロナはリーガでレアル・マドリードに一八ポイントも勝点差をつけられてこのシーズンを終え、クラブのハンドボール部門とバスケットボール部門も芳しくない成績を上げたことから、ラポルタへの不信任投票が行なわれることになった。結果は賛成が六〇パーセントと多数を占めたが、不信任が成立するには三分の二の票が必要なことから、ラポルタの首は何とかつながった。こうした中、グアルディオラの監督就任は、信用の修復に必死の会長がクラブのアイコンともいえる人物を据えたという点で、クライフを監督に任命したときと状況は似ていた。

クライフのような監督になるというグアルディオラの意志は明らかだった。二〇〇一年に発表された自伝で、グアルディオラはこう語っている。

「私たちは、クライフがここへもたらしてくれた神髄の弟子のようなものだ。クライフはサイドからウィンガーを活用するプレーを望み、私は彼の理論を何においても優先した。ボールの素早いやり取り、スペースを見つけるためにフィールドいっぱいに広がることを定着させたのはクライフだった。それに、数で優勢になるようにセンターを埋めることも……だから、バルサがどういう風にプレーするのか誰にでも知られるようになった。そして将来どういうプレーをすべきかも、知られることになるだろう」

こうしてグアルディオラがその将来となった。

＊　＊　＊

クライフのスタイルを復活させる前に、まずは規律を正すことが必要であった。ロナウジーニョはミラン、デコはチェルシーに放出され、エトーは今後真剣に取り組むことを誓い、自力でもう一年間の残留を勝ち取った。ライカールト時代の最後の二年間で蔓延した退廃ぶりを撲滅するため、グアルディオラはまず選手たちに全員で食事をさせ、練習時のメディアもシャットアウトし、ビエルサの持つポリシーの一つに従って、特定のメディアでの単独インタビューをすべて断った。監督就任後最初の数週間のグアルディオラの厳しさを表すエピソードに、ティエリー・アンリにスペイン語でなくフランス語で話しかけたエリック・アビダルを叱咤したというものもあった。

グアルディオラはまた、バルセロナBからブスケとペドロを昇格させた。この二人に続き、グアルディオラがチームを指揮した四年間でBチームから二〇人の選手が格上げされることになる。スコットランドのセント・アンドリュースで行なわれたシーズン前ミーティングにて、グアルディオラは選手たちに向けて簡単な演説を行ない、クライフ流サッカーの復権に関するヴィジョンを説明した。

バルセロナはチャンピオンズリーグ予選でヴィスワ・クラクフを相手に四対一と白星を挙げてシーズンをスタートさせた。一方、リーガの初戦の相手ヌマンシアは、今回で四度目の挑戦となる一部リーグに再昇格を果たしたばかりで、クラブの予算はバルセロナの二六分の一。バルサが放ったシュートは、ヌマンシアの三本に対して二〇本、ゴール枠に当たったシュートも二本あったが、なんと〇対一で黒星という結果に終わった。

バルサにとって、自分たちのリズムを取り戻し、疑いや不安を晴らすには、立て続けにもう一試合戦えればよかったのだが、国際試合の関係でリーガはしばし中断。その間にバルサはカタルーニャ・カップでバルセロナ北部に本拠地を置く六部のチーム、サン・タンドルとのアウェー戦に臨んだ。グアルディオラは国際試合で代表に選ばれなかった三人の選手、ダニ・アウヴェス、エトー、シウビーニョを起用しないと決め、試合は一対三で敗北。足を運んできた何十人かのサン・タンドルのサポーターも、グアルディオラとラポルタを嘲《あざけ》り笑った。

かくして、ホームで迎えるリーガの最初の試合、ラシン・サンタンデル戦に向けてプレッシャーは否が応でも高まっていった。アルゼンチン代表としてペルーと戦って帰ってきたばかりのメッシはベンチを温め、バルサが再度苦戦を強いられたこの試合、結果は一対一のドローに終わり、またしても白星を挙げることができなかった。このときグアルディオラは激しい疑念に襲われた。次の第三節、スポルティング・ヒホンを下すことができなかったら、彼はバルセロナ史上初めて、チームを最下位にまで落とし込んだ監督になってしまう。アンドレス・イニエスタはグアルディオラの事務室にやって来て、選手たちはみんな彼を支持している、だから彼の決めた道を突き進むべきだ、と伝えた。クライフは『エル・ペリオディコ』紙にて「ここ数年来で最高のバルサだ」とコメントを寄せた。グアルディオラは前のシーズン時のように、「影の実力者」クライフに会いに行った。クライフは彼に、粘り強く信念を貫け、哲学は何物にも勝るはずだ、と励ました。バルサはヒホンに六対一で圧勝。中盤の後方に控えつつ中央のディフェンス陣にも加わるブスケ、右サイドに向かって絶えず動いていたエトー、サイドから切り込んでゆけるようにスペースを作るメッシという具合に、この試合ではグアルディオラ時代のバルサの顔役となる選手が多くプレーしていた。

バルサはそれから全大会合わせて一二連勝と快進撃を続け、ホームでのチャンピオンズリーググループステージ、シャフタール・ドネツクとの対戦で二対三と黒星を喫するまで負け知らずであった。ちなみに、バルサはこの試合の前にすでに決勝トーナメント進出が確定していた。この試合が行なわれたのは、バルサがちょうどセビージャ、バレンシア、レアル・マドリード、ビジャレアルといった強豪クラブとの連戦の最中であったが、バルサはその四試合での合計スコアは一一対一、その中には、二対〇と快勝したレアル・マドリードとのホームでの対戦も含まれる。それはベルント・シュスターに代わってファンデ・ラモスがレアルの監督就任後初のリーガでの試合であったが、シュスターは四戦三敗という成績を残した後、レアルがバルセロナのホームで白星を挙げることは不可能との発言を残して解任された。

グアルディオラの功績は明らかであり、そこにはプレースタイルの移行がはっきりと認められる。彼はこう語っている。

「サッカーの世界では、秘訣は一つしかない。ボールを持つか持たないか。バルセロナはボールを持つ方を選んだ。もしボールを奪われたら、取り返すだけだ」

彼のメソッドの基本は、高い技術に裏打ちされた技能的サッカーであり、力で押し切ったり、速く走ったりすることよりも、相手を振り回し、タックルやインターセプトできる機会があると思わせて相手のポジションを乱すというものであった。二〇一一年のチャンピオンズリーグ決勝戦の後、ウェイン・ルーニーは、シャビが相手の選手が近くに来るまでパスを渡さず、ことごとく彼からチャンスを奪ったことをくどくど語っていたのも、そんなメソッドを如実に物語っている。

細部への注意も怠らなかった。エイドゥル・グジョンセンは、グアルディオラが監督になったときに感じた印象が、モウリーニョの指揮したチェルシーで受けた印象と似ていると語っている。

「大切なのは哲学だが、もっと些細なこと、例えば、いかにスペースを作れるか、いかに数的優位になれるかということも大事だった。ピッチの上で常に優勢を保つか、ボールを持っている選手が自由にプレーできるように他の選手がどう動くか、ディフェンダーができるだけ高いところでプレーできるようにするにはどうするべきか、必要なときには他のポジションから助っ人を呼んでボールを持っている選手を囲い込むといったことだ」

しかし、このアプローチは何が何でも攻めてゆくという性格のものではない。グアルディオラの思想の中心にはプレスがあった。二〇〇九年に彼が行なった監督についての講演で、その題は「ボールポゼッションの奪取」であった。彼のバルサでの最初のトレーニングでは、ボールを取り返すことが根底にあった。彼はまた、ヌマンシア戦での黒星は選手たちが徹底して攻めに回ったのが失敗の原因とみている。彼はメッシに対し、「君はボールを持たせたら世界最高の選手だ。だが、ボールを持っていないときでも最高の選手でいなければならない」とアドバイスした。前方でボールポゼッション奪取に向けての口火を切るような状況を作ることは何よりも重要だった。ダニ・アウヴェスは次のようにコメントしている。*

「ここのディフェンダーは同時にフォワードでもある。カギとなるのはプレスだ。ボールを奪うときに相手ゴールの近くにいればいるほど、ゴールを決めやすくなる。カバーする距離は縮まるし、倒すべき相手側の選手も少なくなるし、たいていの場合は相手側のポジショニングは崩れている」

＊『ザ・ガーディアン』紙でのシド・ロウのインタビューより。

グアルディオラの考えによれば、選手がボールを奪い返した瞬間ほど脆い状態にある。タックルやインターセプトにエネルギーを使ったあまりにバランスを失い、周囲の状況や他の選手がどこにいるのかということが見えにくくなっている。そこからリセットし、次にどう動くべきかの判断をするには一、二秒の時間を要するというのだ。つまり、たいていはボールを奪われたばかりの選手が仕掛けてくるプレスは、迅速であるほど有効である。もし素早くボールを奪い返すことができなかったら、プレッシングをあきらめ、下がって守備の態勢に入る必要がある。相手側にボールを持たせて、こちら側に入り込もうとするときにはすでに守備の態勢を整えている。その調整がカギとなるのだ。

グアルディオラは次のように語っている。

「攻撃に入っているときは、常に自分のポジション、いるべき場所に位置するべきだという考えを持っている。ダイナミックに動くことも、素早く移動することも大事だが、ポジションは常に誰かによって占められていなければならない。そうなると、ボールを奪われた際に相手がカウンターを仕掛けにくくなる。ポジションを維持したまま攻撃すると、もしボールを奪われても、ボールを持って攻めてくる相手側の選手をより容易に追い詰められる」

それはおそらくポゼッションプレーの神髄ではなかろうか。グアルディオラの言葉には、クライフよりもファン・ハールに近いものが感じられる。もっとも、彼自身ファン・ハールからは多大な影響を受けたことを認めている。

影響を認めたとはいっても、グアルディオラが推し進めていた事柄の急進性は否定できない。彼はかつてあったものを取り上げ、それを発展させて新たな可能性を広げたのである。それには環境の変化も一役買った。グアルディオラがカタールにいた頃、イタリアのジャーナリスト、ガブリエーレ・マルコッティとの対話で、自分のようなタイプの選手はもう時代遅れだ、と言って見せたその心の闇は全くの筋違いではなかった。しかし、彼がバルセロナの監督になった頃になると、試合のスタイルも変わってきていた。審判は後ろからのタックルをより厳しく処罰するようになり、ゴールの機会を作り出す選手たちを威嚇するのが困難になった。その一方で、オフサイドのルールが著しく改変された。その傾向は、一九九〇年のワールドカップ終了後に兆しを見せ始め、やがてはおそらく当初の予想をはるかに超えた大きな衝撃をもたらすに至った。最初は、ゴールラインから二番目の選手と同じ高さの位置にいる選手はオフサイドとみなされなかったが、プレーの妨げになるとされるものの性質に新たな解釈が加えられ、その後ろにいるものは誰もがオフサイドになるという確信のもとにフラットなディフェンスラインを維持し、安心して敵側に向かっていくことができなくなった。つまり、ディフェンスはより下がってプレーするようになったということである。ヨーロッパの主要リーグにおける一試合でのオフサイドの数は、一九九七―九八シーズン以降の一〇年で半減した。その一方で、プレーの実質的な空間、つまり両チームのディフェンスライン間の距離は四〇ヤードから七〇ヤード近くへと拡大した。これは、選手がプレーできるスペースが増えたということだ。皮肉なことに、バルサにとってはそのプレス作戦が実行困難になったとはいえ、よりパス回しを容易に行なえるようになったのである。

バルセロナは、グアルディオラ監督下の最初のシーズンで、もう過去のものになってしまったのかと思われた勝利の勘を伸ばし始めた。ベティス戦では〇対二とリードされた後に逆転勝ちし、エスパニョール戦でも終了間際にメッシのフリーキックで一対〇と白星を挙げ、中でも意表を突いたのが、シャフタール・ドネツクとのアウェー戦で、〇対一とリードされて迎えた試合終了前の七分間で一気に二対一と逆転してもぎ取った勝利だ。

この快進撃には、チームの精神に深く根づいた選手たちの自信があった。多くの選手がユースで共に戦ってきた仲間なので自然な結果ではあるが、グアルディオラからの働き掛けもあった。バーゼルで行なわれたチャンピオンズリーグの試合の前日、グアルディオラはチーム全員をパンプローナで執り行なわれたGK指導界の父、ファン・カルロス・ウンズエの葬儀に参列させた。グアルディオラが選手たちに伝えたかったメッセージ、それは団結。シャビは当時をこう振り返る。

「秩序と規律が戻ってきた。みんなが一つになって、連帯感が再び生まれた。ペップが秩序を立て直してくれたよ」

第三四節でレアル・マドリードと対戦する前のバルセロナは、二位に勝点四ポイントのリードをとって首位についていた。また、チャンピオンズリーグでは準々決勝でバイエルンと対戦し、ホームでの第一戦で四対〇と圧勝して波に乗り、準決勝進出を果たしていた。バルサは先にホームで行なわれたクラシコでは二対〇と快勝したが、その後レアルは調子を取り戻し、一八試合で勝点を五二ポイントも獲得。バルサはその直前の節でバレンシアを相手にドローを許し、続いて行なわれたチャンピオンズリーグ準決勝のチェルシーとのホームでの試合もドローに終わっていた。バルセロナは、このレアルとのアウェー戦で黒星を喫しなければ、タイトル制覇が一段と現実味を帯びてくると感じていた。ドローに持ち込むという考えはグアルディオラらしくなかったし、前のシーズンでは一対四と惨敗しておまけにシャビが出場停止にされたこともあり、これは雪辱を晴らすまたとないチャンスであった。

グアルディオラはメッシをフォルスナインとして起用することを決めた。理由は、もしメッシがより下がって中盤でシャビ、イニエスタと共にプレーすれば、彼らはフェルナンド・ガゴ、ラッサナ・ディアラというレアルのダブルボランチに振り回されてしまいかねないと見たからだ。レアルがゴンサロ・イグアインの先制点でリードをとると、ティエリー・アンリが同点ゴールを決める。

その直後にシャビのフリーキックからプジョルがヘディングで勝ち越し弾を決める。だが、この試合で決勝点を挙げたのはメッシであった。ファビオ・カンナヴァーロとクリストフ・メツェルダーが、攻め込むバルセロナのフォワードの罠に引っかかる。メッシを追うとアンリとエトーにスペースを許して攻め込まれる。メッシを放っておけば彼がゲームの主導権を握ってしまう。四度にわたるGKとの直接対決で得点を入れることはできなかったものの、それでも六対二とバルサの圧勝に終わった。六点目を入れたピケは、バルサがすでに五対二とリードし、グアルディオラの思い通りのプレー精神を炸裂させていた中、カウンターアタック時にはフォワード的な役割をするよう指導されていた。この試合を受けて、『ムンド・デポルティボ』紙は「バルセロナがこれまで見せてきた中で最高の試合」、有料テレビ局カナル・プリュスの解説者マイケル・ロビンソンもバルサを「私の知る限り最高のチーム」と絶賛した。

その四日後、バルセロナはチャンピオンズリーグ準決勝、チェルシーとの第二戦でロンドンへ向かった。〇対〇のドローに終わった第一戦は、バルセロナにとって実に五一試合ぶりの無得点試合であり、試合後はチーム内に初めて不安が影を落とした。チェルシーのフース・ヒディンク監督は、徹底した守りの作戦をとった。その徹底ぶりは、チェルシーのGKペトル・チェフが、バルセロナのどの選手よりもパスをした回数が多かったことからもうかがえる。ミヒャエル・バラックはこの前の試合でもすでにイエローカードを受けていただけに、彼がイニエスタへのファウルで退場にならなかったのはとてつもなく幸運であった。このファウルへ抗議するのももっともな話だが、バルセロナの選手にとっては後味の悪いものであった。イニエスタはこうコメントしている。

「欧州クラブ大会の審判はリーガの審判よりも甘いのは知っていたけれど、それと好き勝手なプレーを許すことには大きな違いがある。このときに起きたのはまさにそれだった」

確かにもっともなように思えるが、相手チームがラフなプレーを仕掛けてきたときに愚痴をこぼすのはおなじみのことであり、シャビも次のようなコメントを残していた。

「審判は本当にダメだったね。フェアプレーだなんだと言われるけれど、ピッチの上でそれを守らせなければ意味がないじゃないか。チェルシーにはフェアプレー精神のかけらもない。僕たちがプレーしたものこそ本当のサッカーだ。向こうはそれとは程遠い全く別のものだった」

このスタンフォード・ブリッジでの対戦では、イニエスタが終了間際にゴールを挙げて同点に追いつき、アウェーゴールによりバルサが勝ち抜きを決めた。しかし、この試合には結果以上に大きな意味があった。チェルシーのファンにとっては、ノルウェー人審判のトム・ヘニング・エブレベからペナルティのチャンスを四度にもわたって拒絶された噴飯ものの試合として名高い。反バルセロナ派のごく一部からは、バルセロナに有利となるように試合が運ばされたという陰謀説まで飛び出した。当然あり得ない話である。ディディエ・ドログバのフリックオンしたボールを追いかけたアビダルがニコラ・アネルカと衝突してレッドカードを受けたのもそうした陰謀の一部だとは、お人よしも甚だしい。アビダルはアネルカのかかとを捉えたかもしれないが、それが全く確かだとは言えず、それがゴールのチャンスを奪うために故意になされたプレーであるとは、かなり飛躍した考えである。もし審判が真にバルサに有利なように仕向けようとしたのなら、アビダルを退場処分になどしなかったであろう。たとえそうした見方が単なる言い逃れだと百歩譲っても、終了間際のアディショナルタイムまで引っ張り続け、イニエスタに二五ヤードも先からゴールの上隅に同点ゴールを決めさせるという陰謀など成立し得るであろうか？

では、ペナルティの機会が四度あったという主張についてはどうだろう。ダニ・アウヴェスがマルダのユニフォームを引っ張ったのはペナルティエリア外での出来事だったし、審判は規則通りフリーキックの機会を与えた。二人の競り合いがエリア内に入ってからも続いていた可能性もあったが、実際はそうならず、あるいはそうなる前に審判がホイッスルを吹いていた。アビダルは確かにペナルティエリア内でドログバのユニフォームを引っ張ったが、一瞬の出来事で、アビダルに視界を遮られた審判からはその様子をうかがうことはできなかった。これは確かにペナルティに値したが、そうならなかった理由も納得である。ピケのハンドは確かにあった。だが、ボールが跳ね返されたときにアネルカのすぐ近くにいたピケの体がこれまた審判の視界を遮っていた。エトーのハンドについては確かではなく、彼は確かに腕を上げて不自然なポーズをとっていたが、ボールはまず彼の上腕腹に当たって上に逸れていった。というわけで、審判にとってはボールがエトーの体のどの部分に当たったのか見極めるのは困難で、またボールが逸れていったことから思いもよらずにハンドとなったと判断したのも無理はない。こうして、四度のペナルティのチャンスは、明らかにハンドだったピケのケースを除いて一つも、あるいはすべて有効とはなりえなかった。そのピケのケースでさえも、審判が認めなかった理由は理解できる。主審エブレベにとっては非常にやりにくい試合であったが、その審判ぶりは特に悪いところはなく、買収されていたなどとは程遠いものであった。

スペインのスポーツ紙『アス』の中で、アルフレッド・レラーニョはアビラの聖テレサの言葉を引用し、「神は曲がりくねった文字で正しいことを書く」と記し、『エル・パイス』紙のラモン・ベザもこの試合に同じく宗教的な意味合いを見出し、「時に、サッカーは徳のある者には寛大で、邪悪な者に対しては残酷になり得る。また、時には救済もある」と書いている。スペインのマスコミではこうした宗教になぞらえたコメントが多い。『アス』紙の最後のページには、バルセロナのユニフォームをねだる子供に、母親が「どれがいい？ ゴールキーパー、ホーム用、それとも審判？」と尋ねている風刺イラストが掲載されていた。

この準決勝でバルセロナはその威力を十分に発揮できず、ローマでのマンチェスター・ユナイテッドとの決勝戦も、経験豊富でしっかり整った四バックを誇るマンチェスターのペースで進むだろうと多くの人々が予想していた。バルセロナはアビダルとダニ・アウヴェスが出場停止処分を受け、マルケスも負傷していたため、シウビーニョを左サイドバックに、右にはプジョル、そして中央にピケとトゥレを配置した。

キックオフの前に、グアルディオラはこの日にために用意したビデオを選手たちに見せた。それは、映画『グラディエーター』のテーマ曲にのせて選手たちのプレーする姿を集めたクリップであった。こう書くと何やら子供だましの映像のように思えるが、実際にそれを見た人々は口々に感動したと言っており、もしかすると過度に感動を煽ったのかもしれない。試合開始後の一〇分間はマンチェスターが試合を完全に支配し、クリスティアーノ・ロナウドのフリーキックで先制のチャンスをつかんだが、GKビクトル・バルデスが正面からしっかりとセーブ。マンチェスターがバルセロナをフィジカル面で圧倒するという試合前の予想が的中し始めたと思われたそのとき、バルサはかねてからの計画を実行に移した。それは、エトーとメッシがポジションを入れ替え、メッシはフォルスナインとなり、エトーは右サイドへと移動した。そしてその直後、イニエスタがカウンターをかけて一気に上がり、エトーにボールを渡すと、エトーはセンターにちらりと目を向け、ネマニャ・ヴィディッチをかわすとつま先で押し込んだボールはGKファン・デル・サールの脇を通過しゴールネットを揺らす。

それから先の試合は、グアルディオラの策が相手をこれでもかと圧倒する一大スペクタクルとなった。一方のマンチェスターは、アレックス・ファーガソン監督の怒りもむなしく、ボールを追うのに精一杯でプレスをかけるのもままならず、ポールを保持しても、バルサの強力なプレス攻めにあい、ボールを奪われた場合に起きることを考えると何もできなかった。試合の流れを変えようとファーガソン監督は六五分を過ぎてパク・チソンをベンチに下げてディミタール・ベルバトフを投入するも、バルセロナは依然として中盤を支配し続け、これといった効果は上げられなかった。そして、パトリス・エヴラの裏をかいてシャビがメッシにクロスを渡すと、メッシは珍しくヘディングでゴールを決め、バルサの勝利を確実なものにした。『アス』紙のレラーニョは、「この日のバルセロナは、完璧なサッカーというものが実現可能だということを証明した。彼らの魅力的なサッカーには向かうところ敵なし」と絶賛した。

こうして、バルセロナはライカールト指揮の下パリで獲得して以来、三年ぶりのチャンピオンズリーグのタイトルを手にした。しかしこれは何よりも、一つのサッカー理念の勝利と言えるだろう。グアルディオラの手法、そしてクライフの手法は、そのときでも十分に通用するスタイルであっただけでなく、欧州クラブ王者へと登り詰めることをも可能にしたのだから。

第六章
大噴火

試合終了のホイッスルが鳴ったとき、ジョゼ・モウリーニョはベンチから飛び出し、タッチラインを飛び越え、右手を振りかざし、人差し指を立て、歓喜の声を上げながらピッチを縦横無尽に駆け回った。緩やかな弧を描いて走り、力いっぱい叫ぶ彼の姿に誰もが目を奪われた。その姿は、試合のプランを滞りなく実行したことを喜ぶ監督というよりはむしろ、決勝点を挙げたストライカーのようであった。誰とも握手を交わさず、選手のところへ駆け寄るでもなく、インテルのサポーターが集まる客席の前へと向かった。ビクトル・バルデスはこの時、彼のみが知る理由でモウリーニョの動きを阻止しようとした。二人の間にほんの短い小競り合いがあった後、モウリーニョは彼を振り切って両手を高々と上げてVサインを決めると、選手たちの祝福を受け、ファンからは熱狂的な声援を受けた。この勝利がモウリーニョ個人にとっての勝利であったのは誰の目にも明らかだった。

モウリーニョ率いるインテルは、二〇一〇年のチャンピオンズリーグ決勝進出をかけたバルセロナとの対戦で、第二戦を〇対一で落としたが、合計スコア三対二で勝利を収めた。これは、単に準決勝突破を決めた勝利というだけではなかった。ディフェンディングチャンピオンを相手に一時間以上も一〇人でプレーすることを余儀なくされ、大方の予想を裏切った勝利というだけでもなかった。何よりも、モウリーニョのプレースタイルが宿敵バルセロナを、そしてグアルディオラとそのスタイルを、彼らのホームで凌駕したという象徴的な勝利だった。サリー・ムンタリはじめ、他のインテルの選手たちが祝福のためにモウリーニョのもとへ駆け寄ったときには、バルセロナは騒ぎを鎮めようとするだけだった。モウリーニョはこのとき、バルセロナのプレースタイルの限界を知らしめただけでなく、「クラブ以上の存在」というバルセロナの持つ神聖なイメージを木っ端微塵にしたのである。モウリーニョが言うように、これは彼が「これまでの人生で味わわせた中で最高の敗北」だった。彼はバルサの後光にしっかりと狙いを定め、見事にそれを打ち砕いたのである。

＊＊＊

インテルで築いたモウリーニョの時代は、成績では申し分なかったが、なかなか波乱に満ちたものであった。セリエAで三連覇（うち最初のタイトルは、ユベントスがカルチョ・スキャンダルで優勝をはく奪されたことによる繰り上げ優勝）を果たしたロベルト・マンチーニ監督の後任として二〇〇八年に監督に任命されたとき、モウリーニョはチェルシー監督就任時よりもはるかに謙虚な姿勢でマスコミの前に姿を現した。自分は特別な人間ではなく、ごく普通の監督であると強調しつつ、「私は変わりません。以前の自分のままです」と語っていた。

それが何を意味しているのかはやがて明らかになった。インテルは三勝一分けとまずまずのスタートを切ったが、ACミランとの試合で黒星を喫した。するとモウリーニョは、マスコミに苦言を呈し、おなじみの毒舌を繰り広げた。中でも、彼の前にチェルシーを指揮し、当時ユベントスの監督を務めていたクラウディオ・ラニエリに関しては、英語が下手だとからかいながら、自分はインテル入りする前に大急ぎで一日五時間のイタリア語のレッスンを受けたことを明らかにした。

何はともあれ、モウリーニョの下での最初のシーズンはおおむね快調だった。ポルトでもチェルシーでもそうだったように、モウリーニョは選手たちの間で非常に人気が高かった。練習ではボールを使ったトレーニングをメインにし、ジムやスタミナ増強のためのランニングを好まない彼のやり方は選手たちから歓迎された。モウリーニョは最初のトレーニング時に「秘訣は考えること。考えることで強さが増す。私が伝える試合パターンについて、思考をめぐらせてほしい。ボールを使ってプレーしているときも考え続けること。考えることのできない選手にサッカーは無理だ」と言ったが、これは当然、モウリーニョが望む通りに思考するという条件付きでの話である。

考えるということに焦点を置くのは、モウリーニョの手法が複雑だという意味ではない。むしろ、彼はできるだけ簡潔な指示を与え続けた。ハビエル・サネッティはその自伝の中でモウリーニョについて次のように書いている。

「監督として、彼は簡潔に、そして真正面から試合を読む。彼はおびただしい数の調査結果とデータをパソコンに入れて、ほんの数行の分析結果をはじき出すんだ」

ローマとの試合で四対〇と快勝した後、一一月にはホームでユベントスを一対〇で下し、インテルは首位の座を確実なものとした。モウリーニョはこの試合後、「いつものユベントスらしさは見られなかったが、それはひとえに私たちのプレーが素晴らしかったからだ」と自信にあふれたコメントを残した。彼はまた、驚いたことにこの試合でアドリアーノを再起用し、四―三―一―二のフォーメーションでイブラヒモヴィッチとフォワードでコンビを組ませた。その理由は、「(ユベントスのDF、ジョルジオ・)キエリーニと(同、ニコラ・)レグロッターリエに向かって突進していくような野性的な選手が必要だった」から、と述べた。クライフの手法とは全く相いれないこのやり方こそが、モウリーニョの真骨頂である。それぞれの試合に応じて戦術を変え、それはことごとく成功した。アドリアーノの走りが二人のディフェンダーを振り回し、イブラヒモヴィッチと、この試合で唯一の得点を挙げたサリー・ムンタリに攻め込ませるきっかけを作った。インテルではこの頃すでにチーム精神が深く根づいていたのは明らかで、団結力と勝利への渇望が、チームに本来の実力以上の力を発揮させていた。後にモウリーニョ時代のインテルで中心選手となるアルゼンチン人MFエステバン・カンビアッソは、妻の出産で徹夜明けだったにもかかわらず、この日は素晴らしいプレーを見せた。

審判への批判も相変わらずであった。しかし五月中旬、唯一インテルと肩を並べられる位置につけていたミランが一対二でウディネーゼに敗れると、インテルの優勝はほぼ確定した。その夜、モウリーニョは選手たちに優勝祝いを許可したが、インテルは翌日のシエナ戦でも三対〇と快勝して強さを見せた。この試合でイブラヒモヴィッチは前半のみの出場が予定されていたが、モウリーニョは後半もプレーを続行させ、彼は一得点を挙げた。イブラヒモヴィッチは残る二試合でさらに三得点を挙げ、このシーズンのセリエAで次点に一点差をつけて得点王に輝いた。これはモウリーニョが選手自身よりも選手のことをよく理解していたと思われる好例である。

「彼を見ていると、まるで自分を見ているようだ。自分と同じ勝利へのメンタルを持っている」

インテルは三試合残してすでにタイトル獲得を決めたものの、どこか素直に喜べない部分もあった。チャンピオンズリーグでは決勝トーナメント一回戦でマンチェスター・ユナイテッドに合計スコア○対二で敗れてあっさりと大会を後にし、またこの大会でベスト八に残ったイタリアのクラブは皆無であったため、当然セリエAのレベルそのものについて疑問の声が上がった。ドイツのブンデスリーガがUEFAランキング係数で肉迫したことで、イタリア・セリエAが四番目のチャンピオンズリーグ出場枠を失う線が濃厚になり、イブラヒモヴィッチとカカが揃ってスペインへと新天地を求めるなど、その夏のイタリアサッカー界はやや意気消沈気味であった。『ガゼッタ・デロ・スポルト』紙は、セリエAの質の低下を懸念するあまり、二〇〇九―一〇シーズンがセリエAにとって「すべてが破壊され無に帰する年」になると報じたほどであった。


しかし、一方では新たなスターも到来した。それはレアル・マドリードからインテルへ移籍してきたヴェズレー・スナイデルである。彼は金曜日にミラノに到着し、その二日後に行なわれたACミランとのミラノダービーで四対○の勝利に大きく貢献した。続く第五節のナポリ戦で三対一と白星を挙げたインテルは首位に躍り出、後にサンプドリアとユベントスに黒星を喫するものの、最後までトップを走り続けた。サネッティに言わせれば、モウリーニョが監督としての実力をまざまざと見せつけたのは、チャンピオンズリーグでのディナモ・キエフ戦だったという。インテルはグループリーグでの初戦をドローで終え、欧州クラブ大会ではこれで八試合も勝利を逃したまま、ウクライナへ向かった。前半にアンドリー・シェフチェンコから先制を奪われ、またしても大会での早期敗退の危機を抱えたまま突入した後半、モウリーニョはカンビアッソとクリスティアン・キヴをベンチに下げ、チアゴ・モッタとマリオ・バロテッリを投入した。モウリーニョはバロテッリとエトーに対し、ワイドにプレーして中盤でディエゴ・ミリートとヴェズレー・スナイデルのためにスペースを作るよう命じた。それでも苦戦を強いられたインテルだったが、終了一一分前、モウリーニョはDFワルテル・サムエルを交代させてMFムンタリを動員し、スナイデルがよりミリートの近くでプレーしやすいように計らう。そして終了四分前、ミリートが同点ゴールを決め、さらに終了二分前にスナイデルが決勝点を挙げた。モウリーニョは基本のゲームプランにこだわりつつ徐々にプレッシャーを高め、それが報われたのであった。その後、インテルはバルセロナ戦の黒星とルビン・カザン戦での白星を経て、グループリーグを突破した。

だが、この結果が示すほどインテルの実情は穏やかではなかった。モウリーニョは審判とマスコミに対して頻繁に牙をむき、それが一月に行なわれたシーズン二度目のミラノダービーの際に爆発した。開始一〇分後にディエゴ・ミリートが先制点を挙げるも、一七分にスナイデルが退場処分となったのだ。その理由は、スナイデルがミランのMFマッシモ・アンブロジーニに邪魔をされたときは何のお咎めもなかったのに、ルシオのスライディングにはイエローカードを出した審判にスナイデルが皮肉を込めて拍手を送ったからというものである。それでもモウリーニョは守りに入らせるよりも四―三―二のフォーメーションで攻め続ける方を選び、後半に入ってゴラン・パンデフが追加点を挙げた。アディショナルタイムに入り、ルシオがペナルティエリア内でのハンドで二枚目のイエローカードを受けて退場。しかしロナウジーニョのPKは得点に結びつかず、インテルは二対〇で勝利を手にした。試合後モウリーニョは次のようにコメントした。

「審判がスナイデルにあのレッドカードを出したのは単なる偶然ではなかった、今となっては誰もがそう理解したことでしょう。私は前からわかっていました。インテルにさっさとタイトルを取らせたくなかったのです。今日の試合では何としてでも勝たせまいと必死でしたね」

モウリーニョの猜疑心はとどまるところを知らず、二対二のドローで終わった前週のバーリとの試合でバーリのレオナルド・ボヌッチはなぜ退場処分にならなかったのか？　なぜミランは依然として易々とペナルティの機会を得ているのか？　ミランのコッパ・イタリア準々決勝の試合が延期されたのは、このダービーへの準備に丸々一週間費やせるようにするためか？　もしあのときロナウジーニョがPKを決めていたら、審判はアディショナルタイムを八分ぐらい与えていただろう、と吠えた。

「奇妙な後味の残る試合でしたね。でも、これがイタリアの、セリエAのやり方なのでしょう。私は遅かれ早かれここを去ってゆく身なので、これはあなたたちがどうにかする問題ですが。とにかく、私はインテルのタイトル連覇を信じています。これ以上はもう何も話すことはないでしょう。本当に気持ちのよくない試合でした」と、カルチョ・スキャンダルとユベントスの審判買収の件に直接触れてはいないものの、明らかにそれを意識したと思われる発言もモウリーニョの口から飛び出した。しかし、こうした発言もモウリーニョの手法の一部である。ミリートはモウリーニョがどのように選手たちにモチベーションを与えるのか、次のように語っている。

「彼には、攻撃すべき敵が常に目の前にいることが必要なんだ。そうして自分のチームを守り、チームが全力を出せるようにする」

それは、モウリーニョが時には自分から敵を作り上げているということなのか？

「もちろん。あれは彼の作戦さ。自分が矢面に立てば、チームは安心していられるからね」

インテルはその後、カリアリを下し、パルマとナポリにドローを許した。その間、ユベントスが、ペナルティエリア外のファウルがPKとなり、それが決勝点につながりジェノアに勝利するという試合があった。それに関してモウリーニョは皮肉たっぷりに「信じられない話だが、二五ヤードもペナルティエリアを持っているチームが一つだけありますね」とコメントした。このときのユベントスは七位で、インテルには一八ポイントも水をあけられていた。

〇対〇に終わったサンプドリア戦でワルテル・サムエルとイバン・コルドバが退場処分を受けると、モウリーニョは両手を上げ、テレビカメラに向かって手錠をかけられているかのようなしぐさをした。彼はまた、イタリアサッカー協会の表現によると「攻撃的な態度」を審判に向け、審判団からは試合をボイコットするとの脅しもあり、イタリアに来て四度目となるベンチ入り禁止処分を、続く三試合に対して受けた。ムンタリとカンビアッソもそれぞれ審判への侮辱的な態度により二試合の出場停止処分を受け、インテルは暗いトンネルの中に入ろうとしていた。当然モウリーニョはその責任を取ることを拒否し、唯一の対策はもうマスコミの前で話をしないことだと決めた。イタリアの『ラ・レプッブリカ』紙は、「多くの人々が、モウリーニョがイタリアのサッカーに成熟と新たな文化をもたらしてくれると期待していたが、実際はボルジア［訳注・一五、一六世紀にイタリアで隆盛を極めた貴族の家系。陰謀や策略によって権力を握った］の時代に戻っただけだった」と書いている。

インテルはその後の三試合がすべて引き分けに終わり、首位独走態勢にかげりが見え始めた。モウリーニョが単に下り坂にさしかかっていたのか、それともプレッシャーが彼を押しつぶし始めていたのか？ ドローのサンプドリア戦の後に控えていたのは、チャンピオンズリーグ決勝トーナメント一回戦、チェルシーとの対決であった。

インテルはホームでの第一戦を二対一の白星で終え、幸先のいいスタートを切ったが、セリエAでは依然として波に乗れず、アウェーのウディネーゼ戦は白星、ホームでのジェノア戦は引き分け、そしてアウェーのカターニャ戦は黒星と不安定であった。そんな中、三月中旬に控えたスタンフォード・ブリッジで行なわれるチェルシーとの第二戦は、インテルにとってこのシーズンの成功のカギを握る分かれ道となる試合のように思われた。モウリーニョにとっては絶対に負けられない試合だった。

それでも、彼はこの試合で守りに入ることなく、攻めのサッカーを繰り広げた。

モウリーニョを守備に強い監督と捉えるのは適切ではない。その一方、モウリーニョが自分自身について語るとき頻繁に使う言葉、実利主義者という捉え方もまた微妙である。だが、モウリーニョはそのキャリアの中でこのときほど実利主義者的な面を見せたことはなかった。彼は勝つために必要とされることを実行した。鮮やかなプレー、魅せるサッカーといったものを気にかけず、チームに対して見応えのある試合を要求するという、クライフ的な理想にあるそうした部分を排除するからといって、モウリーニョの感覚では必ずしも守りに入ればいいということではなかった。必要とあれば、どんどん攻め込んでいく。この日のモウリーニョはまさにそうであった。実利主義は守りに入るという意味ではない。このチェルシーとの対戦で、モウリーニョはパンデフ、ミリート、エトーと三人のFWを揃え、その後ろにスナイデルを配した。インテルが好調だった序盤が過ぎ、試合は接戦模様となったが、ボールを支配していたのはやはりインテル側であった。こうしてインテルは一対〇で辛くも白星を挙げた。『ガゼッタ・デロ・スポルト』紙のルイージ・ガルランドがこの試合を次のように評している。

「サッカーでは、士気というものは心でなく脚から生まれる。ボールをキープすることで自分の強さを感じるのだ……攻撃の必要に迫られたチェルシーよりも、インテルは長くボールをキープしていた。革命的だ」

これに反し、セリエAでは三月末、ラニエリ監督率いるローマに一対二で敗れ、両チームの勝点差は、一一月に対戦したときの一四ポイントからわずか一ポイントにまで縮まっていた。モウリーニョは引き続きマスコミに対して沈黙を守っていたが、それはまた、インテルのゴールがオフサイドで無効になったことが、イタリア全国を挙げての彼に対する陰謀であることを明確に説明できなかったからでもあった。

同じ週、インテルはチャンピオンズリーグ準々決勝でCSKAモスクワと顔を合わせることになっていた。UEFAの規則に強制され、モウリーニョは記者会見に臨んだ。「イタリア、またはセリエAについて言及しないのならば、ベンチに残れるのです」と、セリエA全体とそのイメージに傷をつけるような彼の言動にイタリアサッカー協会が逐一反応するのはおかしいと言わんばかりの発言に加え、「インテルにいるのは非常に楽しいが、イタリアのサッカー界にいるのは楽しくない。自分の好みではないし、むこうも自分のことを嫌っているはず」とコメントした。

インテルはCSKAモスクワとの両試合で一対〇と白星を挙げ、準決勝でバルセロナと対決することが決まった。モスクワとの第二戦の後の週末に行なわれたフィオレンティーナ戦はまたしても二対二のドローで終わり、ローマはアタランタに快勝してついにトップへ躍り出た。しかし、ローマは次のサンプドリア戦で黒星を喫した。もっとも、この試合ではサンプドリア側にハンドがあったにもかかわらず、ローマにペナルティのチャンスが与えられなかったというひと悶着があった。この件はモウリーニョの発言と直接関係はないが、その影響も少なからずあったのかもしれない。ともかく、こうしてインテルはすぐに首位の座を取り戻し、最後の五節の試合ですべて白星を挙げてタイトル獲得に向けて突進していった。

いろいろな陰謀説が飛び出したが、インテルはローマの宿敵ラツィオとの対戦でほぼ不戦勝に近い形で白星を挙げたことにより、タイトルの行方は五月の初めに決定的となった。ラツィオとの試合が行なわれる数時間前、アタランタとボローニャの試合で、フェデリコ・ペルーゾのオウンゴールでボローニャが同点に追いついて試合が終了したことで、ラツィオが降格する可能性はなくなった。安心したラツィオのサポーターたちにとって、このインテル戦はローマの優勝を阻止するという大きな意味を持っていた。熱狂的なラツィオのサポーターは「勝ったらただでは済まさない」と大合唱し、「ローマをタイトルレースから引きずり落とせ」と書かれた横断幕も広げた。インテルはこの試合を二対〇のスコアで終えたが、ラツィオのGKフェルナンド・ムスレラの健闘がなかったら、スコアはもっと開いていただろう。『ガゼッタ』紙によると、懸命にプレーするムスレラの姿はまるで「戦争が終わったことを知らずにジャングルに潜伏し続けた日本人兵のよう」だった、と報じている。

大成功に終わったその最初のシーズンに対するグアルディオラの答えは、またしても革命的だった。エイドゥル・グジョンセン、アレクサンドル・フレブ、サミュエル・エトーが二〇〇九年の夏にバルセロナを去ったことから、次のシーズンは単に前シーズンの流れに沿っていればいいというわけにはいかなかった。その前の夏には放出される一歩手前だったエトーは、チャンピオンズリーグ決勝戦で得点するなど、シーズン全体にわたって好プレーを見せていた。しかし、グアルディオラの目には、彼はチームを混乱させる存在だと映っていたようだ。エトーは時々、あまりに競争心をむき出しにしたり、練習中に一生懸命トレーニングを行なっていないとチームメイトを怒鳴りつけたりしていた。これはグアルディオラにとって大きな問題だった。

選手も人間であり、むしゃくしゃするときだってあるとわかっていても、争いごとを嫌う彼はそうした場面で仲裁に入ることはなかった。コパ・デル・レイ杯準決勝、エスパニョール戦の前のトレーニングで、エトーがストレッチを真剣に行なっていなかったことで起きた口論が移籍への決定打となった。エトーに加えて四六〇〇万ユーロの移籍金という条件で、バルセロナはズラタン・イブラヒモヴィッチを獲得した。バルサはまた、シャフタール・ドネツクのウクライナ人DFドミトロ・チグリンスキー、ブラジル人のマクスウェルとケイリゾンらとも契約を交わした。しかし、よそ者(少なくとも新たに加わったこの四人)にとってバルセロナの生態系に馴染むのが容易ではないのはすぐに明らかになった。グアルディオラはこう語っている。

「私たちのプレーは複雑だ。だから、新しい選手が入ってくる前に、プレースタイルの習得には少し時間がかかるし、練習もハードに行なわなければならないとくぎを刺しておきます。カンテーラ出身の選手ならどう動くべきかすでに理解しているのですが」

イブラヒモヴィッチは、バルセロナ移籍を決めた最大の理由として、バルサが「世界で一番美しい」サッカーを体現しているから、と話していたが、「グレーのスーツに身を固めたしかめ面の」

グアルディオラから、バルセロナでは選手は地に足をつけて、トレーニング場にもフェラーリやポルシェよりもマイクロバスで通うのが普通、と口を酸っぱくして言われたことから早速苛立ちを覚えていた。イブラヒモヴィッチは自伝の中で、そんな決まりは滑稽だと言わんばかりに、自分が派手な車に乗っているのはただ好きだからで、別に格好つけようと思っているからではない、と書いている。この自伝というのが非常に変わった代物で、あちこちで賛辞を受け、ユーモアや率直さにあふれているが、その自己主張の強さには驚くしかない（もっとも、これを普通の自叙伝と取るか、あるいは一人称で書かれた想像力にあふれた伝記と取るかは難しいところである）。

自分は非難を受けるようなことは何一つやっておらず、もし自分のことを理解できない人がいても、それはその人たちの問題で自分は関係ない、とイブラヒモヴィッチは言わんばかりだが、彼には他人の視点を検証したり、内部のことが部外者にとってどう映るのか考えたりしようとは思っていない。同時に、そんな強がりの姿勢の中にも、絶えず不安がちらついているのもうかがえる。

移民の多いスウェーデン、マルメの労働者地区ローゼンガールドで育った彼は、「『ボッセ』や『ラーソン』といった名前で、上品な話をする」金髪の典型的なスウェーデンの中産階級を胡散臭く思っており、その自信満々な態度とは裏腹に、そんな人々からあざ笑われているのではないかという劣等感に苛まれているようにも見える（育った環境が全く異なるとはいえ、同じく反逆児だったモウリーニョとあれほど意気投合したのも驚くべきことではないだろう）。言うなれば、サンペドロールの労働者階級の家庭に生まれ育ちながら、今やバルセロナのエリート体制に完全に染まってしまったグアルディオラが、彼の高級車嗜好を低俗だと捉えている、そんな自分の一部分をクラブでの生活から切り離すよう警告している、とイブラヒモヴィッチは思っていたのだろう。

そうはいっても、イブラヒモヴィッチに全く良いところがなかったというわけではなかった。ロナウジーニョ、デコ、エトーらを手放すことでグアルディオラが「ビッグネームの選手をすべて追い出すこと」に成功したという見解はある意味正しい部分もある。車の一件に関するグアルディオラの忠告は、イブラヒモヴィッチがすでに抱いていたバルセロナの印象を裏づけるものだった。

「(バルセロナは)学校のようだ……世界最高クラスの選手たちが、頭を下げてそこにいる……まるで生徒のようだ」

そうした批判もまた、的確だったといえるだろう。当時のバルサには、どこか制度化された部分や、部外者を受け入れにくい風潮があった。バルサのプレーには、あたかも個人の集まりではなく、選手全員が一つの大きな単体となっているような、恐ろしいほどに自動化された性質があった。そのおかげでパスも動きも素早く行なえるようになったのだが、同時にそれが理由で中には冷遇されたと感じた選手もいたのである。

システムもイブラヒモヴィッチには適していなかった。彼は、ファン・ハールを「尊大ぶった阿呆者」、グアルディオラを「哲学馬鹿」と切り捨て、サッカーの哲学を説く人々を笑った。そして、彼に個人プレーを任せた監督たちの期待にこそ大いに応えた。彼が最初に真価を発揮したユベントスでは、ファビオ・カペッロ監督に「お前の体からアヤックスのクセを追い出してやる……オランダ式のサッカーが何だ。ワンツー、ワンツー、ウォールパス*、美しくテクニックのあるプレー……そんなものは必要ない。必要なのはゴールだ」と喝を入れられたという。

*ワンツーと同じこと。

こうした彼の姿勢から、一つの疑問が浮かび上がる。アヤックスの呪縛から解放された後に本領を発揮したイブラヒモヴィッチを、フィジカルな攻撃要員として強力なプラスになったとはいえ、バルサはなぜ自分たちのスタイルに適合すると考えたのだろうか？　また、イブラヒモヴィッチが本当にバルサで求めていたものは何だったのか？　彼の口からバルセロナ式サッカーの美しさや、その一部を担いたいという思いが出てくるのは不思議でならない。その上、バルサのシステムに組み込まれるための犠牲を払うことを拒んだとなればなおさらである。彼と同様にエゴが強く気性も激しいが、クライフ指揮下のバルセロナで真価を発揮したフリスト・ストイチコフはこう語る。

「イブラは素晴らしい選手だったよ。でも、彼はチームでナンバーワンになりたかったんだ。メッシがすでにいたことを忘れていたね。これが大問題だったというわけだ。ビジャはチームのために戦った。エトーもそうだ。イブラは彼らと違って、他の選手を動員するんだ。それに、彼自身もよく動く。自分は行く、だからお前たちも来い、という感じかな。だからディフェンダーには相当なプレッシャーがかかるのさ」

その年のクリスマス、イブラヒモヴィッチはスウェーデンでの休暇中にスノーモービルを運転したことにより罰金を科せられた。それは彼にとって単なる遊びであったが、バルサのお偉方はこうしてちびちびと彼の求める自由を制限していった。だが、これはどう考えても何となくの反抗心から行なったもので、ある一定のレベルにある選手ならば必ずと言っていいほど、負傷をきたす可能性のある危険な行為を禁止する条項がその契約に含まれているものである。

そうしたことでチーム内には張りつめた空気があったものの、バルサは快進撃を続けていた。コパ・デル・レイ杯では決勝トーナメント二回戦でアウェーゴール規定によりセビージャに敗れてべスト一六止まりであったが、リーガでは第二二節、二月一四日のアトレチコ戦まで無敗を続けた。

バルサはまた、クラブ・ワールドカップの栄冠も手にした。アルゼンチンのエストゥディアンテスとの決勝戦で、終盤になってペドロが同点ゴールを決め、アディショナルタイムにメッシが決勝点を挙げた。この試合の前にグアルディオラは、ボールポゼッションの可能性を再構築して生まれた彼らのサッカースタイルでバルセロナが参加する大会をことごとく制覇する、そんな黄金時代はもう繰り返されることはないだろう、と悲観的なコメントを発した。

「これまでに自分たちが達成したものをさらに改良することなど不可能に近い、だから未来は明るくはない」

ベンチでもグアルディオラは寂しげで、沈み込んでいるようにも見えた。そんなある日、イブラヒモヴィッチが彼を両手で抱きしめ、耳元で何かをささやいた。グレアム・ハンターの著書『FCバルセロナの語られざる内幕』によると、そのときのグアルディオラの反応には非常に奇妙で不穏なものがあったという。イブラヒモヴィッチが何と言ったのかはわからないままだが、彼のおかしな言動がグアルディオラの反感を買ったと想像するのは妥当であろう。

この年のチャンピオンズリーグでは、グアルディオラとモウリーニョ、クライフチルドレンの救世主と堕天使が監督として初めて対決した。バルセロナはグループステージの最初の試合をミラノで戦い、終始優勢だったものの結局は〇対〇のドローに終わり、ホームでの第二戦では、イブラヒモヴィッチもメッシもベンチを温めていたにもかかわらず二対〇と快勝した。バルセロナのサポーターはモウリーニョに向かって「芝居小屋へでも行ってろ」と、彼がチェルシー監督時代にメッシが「演技」をしていると審判に抗議した件を持ち出して笑いものにした。『ザ・ガーディアン』紙はこの試合を「堂々たるバルセロナが非力なインテルをノックアウト」と報じた。そして、両チームともグループステージを突破した。

イブラヒモヴィッチは、バルサの空気に合わせようと、そして模範的なふるまいをしようと努力した、と語っている。二月までは何とかうまくいっていた。彼は一五得点を挙げていたが、次第にやる気を失いつつあった。そんな折、右サイドでプレーしていたメッシがセンターに移動し、イブラヒモヴィッチの後ろでプレーすることになった。イブラヒモヴィッチによると、それはメッシが決めたことで、「グアルディオラは俺を犠牲にした」とコメントしている。メッシを贔屓《ひいき》するようなこのグアルディオラの裁量にイライラを感じていたフォワードはイブラヒモヴィッチ一人ではなかった。メッシはシステムの枠を超えて個人で輝く選手であり、フォワードにとってだけでなく、バルセロナ全体、アルゼンチン代表全体にとっても、その類まれな才能をチームの力にどう組み込んでいくかが大きな課題であった。「新しいシステムは窮屈に感じる」とイブラヒモヴィッチがグアルディオラに苦情を言うと、何とか対策をとるとの答えが返ってきたものの、「全く冷たくあしらわれた」そうである。

チャンピオンズリーグ決勝トーナメント一回戦でシュトゥットガルトを下したバルセロナは、準々決勝でアーセナルと対戦した。アウェーでの第一戦、バルサはイブラヒモヴィッチの二得点で二対〇とリードしていた。終了一三分前にイブラヒモヴィッチをベンチに下げると、アーセナルはたちまち二点を挙げて追いついた。その後、イブラヒモヴィッチはふくらはぎを傷めて二週間ほど静養していたが、その間にグアルディオラは彼に一言も声をかけなかった。ホームでの第二戦は、アーセナルがニクラス・ベントナーの先制点でリードを奪うが、メッシが驚異の四得点を挙げて準決勝への切符を手にした。後にイブラヒモヴィッチは著書の中でこの試合について取り上げていたが、バルサが彼なしでもうまくやっていけたのは明らかだった。

イブラヒモヴィッチはエスパニョール戦で再びベンチ入りし、最後の八分間だけプレーした。その短い時間でも彼はすっかり体調を取り戻したことを証明して見せ、チャンピオンズリーグ準決勝、インテルとのアウェー戦でスタメンに選ばれた。ところが、この対戦はイブラヒモヴィッチの想像以上の壮絶さだった。両者が戦ったその二試合は、一つの時代を決定づけたのだ。

＊　＊　＊

当時のバルセロナは、チャンピオンズリーグのアウェー戦では勝てないというジンクスに付きまとわれていたが、そんなことよりも、バルサの連覇を食い止めることができるチームなどあるのだろうか？　と誰もが思っていた。しかし、その答えはアイスランドの火山噴火とジョゼ・モウリーニョとの連携プレーにあった。エイヤフィヤトラヨークトルの噴火により、ヨーロッパ全土が火山灰の雲に覆われ、二日間も航空路が絶たれてしまったのである。こうして、バルセロナのメンバーはバスでミラノまで移動したが、それに要した時間は一六時間と、イブラヒモヴィッチいわく「最低の旅」であった。

問題はそれだけではなかった。イブラヒモヴィッチによると、「グアルディオラはモウリーニョにコンプレックスを抱いていた」そうである。そうであったかもしれないが、モウリーニョがバルセロナに、ひいてはグアルディオラにコンプレックスを抱いていたのも確かであろう。これが、モウリーニョが敵対関係を自分から作り上げたというミリートの印象とつながる。

「そうだと思うよ。彼はとても頭がいい。自分の欲しいものが何かよくわかっている」

しかし、イブラヒモヴィッチはそうしたことを全く気に留めていなかった。彼にとってモウリーニョはカリスマ的な人物であり、より有能な監督であった。

「彼は自分の軍隊の大将だが、周囲への気配りも忘れない。インテルにいた頃は、調子はどうだ、としょっちゅうメールをくれたよ。グアルディオラとは正反対だね。モウリーニョが部屋の灯りをつけるとしたら、グアルディオラはカーテンを閉めてしまうような感じだな」

こうして、二人はサッカーに対する考え方で真っ向から対立するようになった。

サネッティは自伝の中でこの試合について触れ、バルサをセイレーンに見立て、彼らの誘惑にどこまで耐えられるかが焦点だと語っている。

「ユリシーズのように、彼らの歌はただ聞くだけで、ボールポゼッションを許して彼らに得点させるようなことはあってはならなかった。中盤でチャンスを与えず、それから攻める。中盤のラインがディフェンスを守る盾になるのだ」

バルセロナはマクスウェルのカットバックからペドロが先制するが、前半終了間際にスナイデルが同点ゴールを決めて試合を振り出しに戻す。モウリーニョは自分の戦術に自信満々で、ハーフタイムの間、もしその戦術通りに動けば四対一で勝利を挙げることも可能だ、と選手たちに語った。そして、彼の予言はほぼ的中した。インテルは後半開始三分後、ディエゴ・ミリートのレイオフパスを受けたマイコンが勝ち越しのゴールを挙げる。ミリートがヘディングで決めた三点目は誰が見てもオフサイドであったたし、ダニ・アウヴェスもスナイデルから邪魔されたときにはＰＫのチャンスを得てもおかしくなかった。このように、バルセロナにとっては不運続きであったが、同時にインテルはバルサのディフェンスのもろさに付け込み、自分たちのペースで動き回って容赦なく攻撃を仕掛けた。

その三日後、バルセロナはビジャレアルとのアウェー戦に臨んだ。イブラヒモヴィッチはベンチで待機し、八三分にようやくピッチに立った。彼はインテル戦での敗北の全責任を負わせられたかのような様子で、フラストレーションは頂点に達していた。彼はロッカールームでグアルディオラに向かって声を張り上げ、道具を運ぶための金属の箱を思い切り蹴り倒した。グアルディオラは何も言わずそれを元に戻すと、「まるでただの管理人のように」部屋から出て行った。翌日、イブラヒモヴィッチはトレーニング場に来る際に使う車についての忠告を無視して、自分のフェラーリでやって来て、出口のすぐそばに駐車した。

「グアルディオラは頭でっかちの臆病者で、俺と目を合わせることすらしない……生まれつき威厳がなく、カリスマ性も持ちあわせていない男だ」、とまで言い切るようになったイブラヒモヴィッチはシーズンが終わるとさっさとバルセロナを離れ、膨大な損失をもってACミランへと売却され、バルサは彼の代わりとしてダビド・ビジャと契約を交わした。

第二戦の前、モウリーニョはまたしても物議をかもす発言をした。

「バルセロナの選手たちが自分から倒れるのはもう見飽きた」

これ以上はないというほどの心理作戦である。この発言は単にベルギー人審判フランク・デ・ブレーケル氏に向けられたものではなく、バルセロナを刺激し、彼らが繰り広げる美しいサッカーの裏に潜む不正と狡猾さを暗に示唆し、彼らを偽善者のように見せかけるためのものであった。バルサにとってなお悪いことに、モウリーニョの発言には大いに正しい部分があったのである。

グアルディオラはこの試合でも選手たちに向けたイメージビデオクリップを用意していた。今回は四分強の、様々なスポーツのスター選手たちが困難を乗り越えて見事に返り咲いた姿を集めたものであった。だが、チーム内がすでに荒れていることを察した彼は、結局このビデオを見せないことに決めた。

モウリーニョは当初、第一戦と同じメンバー構成でこの試合に臨むつもりだったが、キックオフ直前にパンデフが原因不明の不調を訴え、中盤の左サイドにはルーマニア人のディフェンダー、クリスティアン・キヴが代わりに入った。インテルは他に選択肢がないと言わんばかりに守りに入り、バルセロナのプレス攻撃に首尾よく耐えた。そして二七分、チアゴ・モッタが退場処分となった。この一件は時が経つにつれ、全く馬鹿馬鹿しい判定だとして半ば伝説化されていったが、実際はそうではなかった。

モッタはブスケからボールを奪われまいと、腕を上げ、指を曲げてブスケを軽く押した。するとブスケは顔を押さえながら地面に倒れ、ピッチの上を転がっているときも両手をずらして審判のほうを一瞥し、接触が審判の目に留まったことを確認した。彼のシミュレーションは全く恥ずべきものであり、彼の芝居のせいでモッタは退場の憂き目を見た。もっとも、彼は顔を押されたのであり、その転倒がわざとであったと思わせる理由はなかった。だが、これは本当にレッドカードに値したであろうか？　答えはまちがいなくノーである。ルール違反かと言えば、そうかもしれない。モッタの上げた腕は単に自分を守るためではなく、ブスケを押しやろうとする意図的なものであった。それが胸のあたりに当たっていれば反則とならなかったかもしれないが、腕は顔に向かっていた。顔に手をかけた場合はたいていイエローカードが出される。いきなりレッドカードを出したのはほぼ確実に審判のミスであったが、もしここで二枚目のイエローカードを突きつけていたら(モッタはすでにダニ・アウヴェスへのファウルでイエローカードを受けていた)、どんなに公平な人間でも異を唱えていたとは思えない。同様に、何のカードも出されていなければ、そんなことはすぐに忘れ去られてしまっていただろう。モッタは運が悪く、ブスケの行為は恥ずべきものだが、モウリーニョが世間に知らしめたかったのはこうしたスキャンダルではなかった。

タッチラインの外では、モウリーニョが「どうだ、自分の言ったことはこんなに明らかじゃないか」と笑みを浮かべたが、インテルはむしろこの一件で一段と燃え上がった。フォーメーションを四—四—一に変更し、ひたすらに守り続けた。エトーまでもついにはディフェンス要員に駆り出され、ミリートは中盤でプレーした。カンビアッソはこう語っている。

「この試合では終始、僕たちはチームの力を信じていた。それはどんな状況でも同じだったけれど、逆境に立たされたときは特にそうだ。チームにはいろんな国籍の選手がいて、他のクラブから厄介払いされてきた選手も多かったけれど、みんなとても団結していたよ。自分たちは無敵だという気持ちがあったね。もちろん、実際にはそうじゃなかったけれど」

インテルのボール支配率はわずか一九パーセントであったが、チームはその態勢を維持し続け、バルセロナはチャンスを作るのにもがき苦しんだ。イブラヒモヴィッチがボージャンと交代した後、ピケがパワープレー要員としてFWに上がった。そのピケが終了六分前についに先制点を挙げ、バルサにとってはあと一点を挙げればアウェーゴールにより決勝進出が決まる。アディショナルタイムに入り、ボージャンがゴールの天井にボールを押し込むと、それが実現したかのように思われたが、デ・ブレーケル主審はその前にヤヤ・トゥレによるハンドがあったとし、得点は認められなかった。ボールは確かにトゥレの腕にヒットしたが、それはサムエルが至近距離から蹴られたもので、トゥレは腕を自分の前に置いていた。

主審のこの判定は容易に理解できるが、同時に、それが故意でなかったとの判定が下されていたとしても、公平な人間ならば納得していたはずである。UEFAのモウリーニョへの陰謀は実現する機会に恵まれていたが、不思議なことに、まるでそんなものなど存在しないかのように、すっかり見過ごされた。得点は無効になり、インテルは粘り、モウリーニョは喜びにあふれピッチを縦横無尽に走りまわった。

彼は当然、インテルの抵抗ぶり、そして放たれたシュートが四本しかなかったことに大満足であった。

「これは闘志のスタイルであって、技術ではない。ピッチの上で全力を出し切らねばならないとき、出すのはスキルではなく闘志だ。このチームはヒーローたちの集まりだ。私たちは闘志を燃やした。自分も同じ闘志があっただけに、自らプレーに参加できなくて残念だ」

試合後、モウリーニョが感極まった様子で語ったこのコメントで、彼はその奇妙な真意を興奮のあまりつい出してしまった。

モウリーニョはいつまでも、選手として成功できなかったことにいくらかの劣等感を抱いている様子があった。ロッカールームでの選手同士の友情にあこがれの気持ちもあっただろう。そんな彼が大手を振ってピッチを駆け回り、まるで選手になったつもりで喜びを表したのは、その夜が初めてではなかった。

ポルト監督時代にも、オールド・トラフォードで決勝点を挙げた瞬間にタッチライン沿いに駆け出したり、チェルシー時代にはバルセロナを倒したときにジョン・テリーの背中に飛び乗ったりした。彼のタッチライン沿いのダッシュは、パリ・サンジェルマンとの試合でデンバ・バが終了間際に得点を挙げた際にも見られたが、あまりのはしゃぎぶりを恥じたのか、後から珍しく選手たちに落ち着いて再び集中するように呼び掛けた。また、たびたび批判の対象となった膝をついてのスライディングも数多く、それは彼が試合の立役者でありたいという欲望の表れでもあり、ホルヘ・バルダノは二〇〇七年のチャンピオンズリーグ準決勝の試合について『マルカ』紙に寄せた記事の中でもそのことについて大きく取り上げている。

モウリーニョはそうした選手の一人となることは当然不可能であり、いつまでも「なりそこない」の選手であったという事実に変わりはないが、少なくとも選手たちをコントロールし、自在に操る人物となったのは間違いない。

「チャンピオンズリーグでの優勝はすでに経験してきたが、今日の試合はそれよりもずっと爽快だった。私たちは大いに犠牲を払った。ホームではとにかく勝利をめざし、ここでは自分たちのできる限りのことをした。バルセロナは自分たちよりもずっとボールをキープしていたけれど、私は自分の選手たちに『ボールは相手にくれてやれ』などとは言わなかった。バルセロナがボールを奪い、取り返されないように必死だったのだ。あれほどのレベルのチームを相手に一時間以上も一〇人で戦い抜けたのは歴史的な事件だ。本当に信じられないことだ」

モウリーニョは試合終了後の記者会見の後、スタジアムの礼拝堂に赴き、感謝の祈りをささげた。

＊　＊　＊

決勝戦の相手のバイエルンは、モウリーニョがバルセロナにいた頃の監督であり、アヤックス辞任後AZアルクマールを復活させて世間を驚かせたルイ・ファン・ハールが指揮していた。試合前、ファン・ハールはかつての愛弟子がバルサを撃退した様子にやや興味を示しながらこう語った。

「私はモウリーニョがカンプ・ノウで行なったようなことはしない。挑発的な態度も取らない。ただ、彼の分析は素晴らしかった。以前から（バルセロナでファン・ハールのもとで働いていた頃）、彼がサッカーを理解しているのは目に見えていた。ただ、あの頃はとても謙虚で、その成長ぶりには目を見張る。彼は徐々に大物になっていった。勝つためにトレーニングをする。その点では私も同じだが、私は素晴らしいサッカーをさせることも忘れない。それはもっと難しいことだ」

バイエルンはボール支配率六八パーセントで、シュートの数もインテルのほぼ倍であり、ファン・ハールのそうした意向は見事に反映された。しかし、枠内シュート数ではインテルのほうが多く、三五分にスナイデルのパスからディエゴ・ミリートが先制点を挙げると、もうインテルが敗北することなど考えられない様子だった。試合終了二〇分前にミリートがカウンターから、バイエルンのDFダニエル・ファン・ブイテンを振り回して壁を突破すると、ダメ押しの二点目を決めた。

試合終了後ファン・ハールはこうコメントしている。

「私たちはより困難なプレースタイルを選んだ、ということを忘れてはならない。インテルのようなチームを相手に攻撃的なプレーをかけるなら、完璧な体調で臨まなければならない。守りは攻撃よりも簡単だから」

すっかりおなじみの言い訳である。負け戦の後に、プレーの美しさや「攻撃的」といった主観的な長所に救いを求めて相手側の勝利の要因を指摘するのは安易である。だが、これはモウリーニョに向けられたと思われる批判でもあった。ファン・ハールの下で働いていた頃のモウリーニョには、「正しい」サッカーをさせるよう導いたはずであった。ファン・ハールはモウリーニョを背信者扱いしているのと同じである。しかし、モウリーニョはそんな声に耳を傾けるはずもなく、二つの異なるクラブで欧州クラブ王者に輝いた史上三人目の監督として名を連ねることになった。

バルセロナはコパ・デル・レイ杯とチャンピオンズリーグで敗退したものの、やはりヨーロッパで最強のクラブに変わりはなかった。だが前シーズンほどの輝きはなく、クラブ内ではサッカーの面に限らず、チームに対して様々な圧力が感じられていた。グアルディオラはシーズン最後の記者会見で、「時々、自分たちは本当にダメだなぁと思います」と明かし、「タイトルを取ってお祝いするのが申し訳ないような気になるときもあります」と、マドリードのマスコミを刺激するようなコメントまで飛び出した。

そんな中、レアル・マドリード内での雰囲気に変化が起きていた。かつては紳士的なクラブと謳い、最初の銀河系時代でも、いかに適正な立ち居振る舞いが求められるかという手引書が選手全員に渡されたほどであったレアルだが、その危機的状況は頂点に達していた。過去六年間にチャンピオンズリーグ決勝トーナメントで勝ち抜いたことは一度もなく、グアルディオラ率いるバルセロナの輝かしい成績との対比でその衰退ぶりはさらに強調され、ボールを持ったらとことん離さないようなテクニックに秀でた選手を次々に送り出すラ・マシアには脅威を感じていた。また、ただ試合に勝てないだけでなく、巨額の資金をつぎ込んで有名選手を獲得しても、バルセロナの名人芸パスワークの前には歯が立たないということで、滑稽極まりない印象さえ与えていた。バルセロナのプレースタイルがすっかり定着したことで、スペインがワールドカップで優勝したとき、ラポルタ会長は笑いものになることも恐れず、それがバルセロナの栄冠であると宣言し、「レアルはヨーロッパの最優秀選手を買っていますが、私たちはそうした選手を輩出しているのです」と付け加えた。

バルセロナの一人勝ち状態に何としてでも歯止めをかけなければならない、それがレアルのただ一つの思いだった。かつてフロレンティーノ・ペレス会長はモウリーニョのプレースタイルに難癖をつけていたが、もう背に腹は代えられない。カンプ・ノウでインテルの見せた成功劇を見て、グアルディオラを倒せるのはモウリーニョしかいないとレアルは確信した。こうして、モウリーニョは二〇一〇年五月末、レアルと四年契約を結んだ。ちなみに、レアルがその過去九シーズンで新しい監督を迎えるのは、彼で実に一一人目だった。

インテルはモウリーニョにとって決して居心地の良い場所ではなかったようだ。インテルで六〇年代に二度欧州クラブ大会で優勝し、カテナチオ戦術の推進者であったエレニオ・エレーラの再来かとも言われたモウリーニョだが、彼はイングランドかスペインに戻ることを目論んでいた。そこには金も、そして真の権力もあり、サッカーのエリート集団とは無縁でチャンピオンズリーグを制覇したというのも彼にとって大きな強みとなった。

そして彼はスペインを選んだ。おそらくバルセロナとグアルディオラがいたからであろう。「全力を出して戦うためにわざわざ敵を作る必要はないが、敵はある方が良い」、そうモウリーニョは語っていた。

第七章
双子のように

レアル・マドリードにとって、ジョゼ・モウリーニョは最後の手段だった。銀河系のプレーヤーを率いる銀河系の監督だった。レアルのホセ・アンヘル・サンチェス事務局長は、大物選手を多く抱える代理人ジョルジュ・メンデスの盟友であり、クライアントであるペペと二〇〇七年に契約を結んだときからモウリーニョと接触を始めていた。モウリーニョを「若いカペッロ」と評していた当時のレアルの会長、ラモン・カルデロン氏は、モウリーニョは慎重すぎるきらいがあり、いつかチームの権力者にのし上がろうとするだろうと思いながら彼を敬遠していた。だが二〇一〇年、彼の目標はただ一つ、打倒グアルディオラであった。モウリーニョの前任者マヌエル・ペレグリーニは理事会側からの厚い支持を得られず、潮時かと思われた矢先、インテルがバルセロナを下した。自分の目標を達成できるのはモウリーニョしかいない、会長がそう判断したのはこのときであった。モウリーニョにとってカンプ・ノウでの準決勝は彼の伝説を確固たるものとした出来事であり、彼はマドリードにある自身のオフィスに、その試合終了直後に腕を上げて両手を大きく開きピッチを駆け抜ける彼の姿の等身大パネルを置いていたほどであった。

ただ、モウリーニョの抱える最も大きな問題点はそのプレースタイルだった。カテナチオを得意としたエレニオ・エレーラ指揮下のインテルを筆頭とした例外はあれど、強豪クラブはその地位に似合ったプレースタイル、ただ勝つためではなく、スタイリッシュで豪快なプレーをすべきという見解が昔からあった。一九四〇年代後半に、ロシアのクリリヤ・ソヴェトフがディフェンスラインの後ろにさらにもう一人選手を置いて守りを固めたとき、サッカージャーナリストのレフ・フィラトフは彼らに向けられた批判に対し、「弱者の権利」と主張する好意的な記事を寄せた。だが、強豪クラブにそんな選択肢はない。わくわくさせるようなフォワードの選手をないがしろにし、限られた範囲でプレーさせるなど、人材の無駄遣いに他ならない。普通のサポーターを惹きつけるサッカーとは何か？　選手たちの多くはどのようなプレーをしたいのか？　サッカーで相手の出方をうかがうばかりの采配ぶりが評価されるのは、それが良い結果を生んだときだけなのである。

モウリーニョはそれまで、常に挑戦者側の立場にいた。ポルトではリスボンの強力な二大クラブに立ち向かい、チェルシーは、資金は豊富だったがそれまでに獲得したタイトルが一つだけで、名門クラブではなかった。インテルは長い間ACミランとユベントスの陰に隠れ、イタリアサッカーはスペインとイングランドのサッカーに大きく差をつけられ、見応えのレベルもかろうじて同じ程度に保っていた。しかし、レアルはそういうものとは無縁のチームだった。

モウリーニョは二〇〇四年一月にポルトガルの日刊紙『ジョルナル・デ・ノティシアス』のインタビューに応じ、彼の理想のクラブは「タイトルはゼロ、お金は少しある」クラブと語っていた。彼はガッツがあり、誰かに見返したいと燃えている選手たち、カンビアッソがインテルのチームを指して言った「厄介払いされた」選手たちを求めていた。デコ、マニシェ、ディディエ・ドログバ、フランク・ランパード、サミュエル・エトー、そしてヴェズレー・スナイデルら、才能豊かでも実力を発揮できなかった選手たちからモウリーニョがどれほど好意を持たれていたのかを見れば、彼がそうした選手たちをいかにうまく扱ってきたのかがわかる。しかし、レアルは世界で最も裕福なクラブである。スーパースターたちがひしめき合っている。たとえバルセロナがそのスター選手たちを全員揃えて向かってきたとしても、モウリーニョがこれまでチームを引っ張ってゆく原動力となった、追い詰められる側の精神状態、また不利な立場にいる者の気持ちをチーム内に呼び起こすのは困難、いや不可能に近かった。その夏、レアルは代理人メンデスのクライアントであるリカルド・カルバリョ、アンヘル・ディ・マリアと契約し、ドイツ代表のメスト・エジルとサミ・ケディラも獲得して、その総額は八九〇〇万ユーロにのぼった。

ディエゴ・トーレスの著したモウリーニョの伝記は、明らかに批判的な視点から書かれ、またモウリーニョを快く思っていなかったチーム内部の人々の協力を得て完成したものであるだけに、内容の扱いにはある程度の慎重さが必要であるが、モウリーニョの監督就任後あれほど早く警告ランプが確認されたのはやはり尋常ではなかった。シーズンが始まってひと月もたたない頃、ワールドカップ予選でポルトガルの代表監督に就任する話があったが、クラブに横やりを入れられた、とモウリーニョは暴露した。二つのチームを監督できる自信が相当あっての発言であろう。とにかく、それは前代未聞と言ってもよかった。サッカーの長い歴史の中で、クラブとナショナルチームで同時に監督を務めるのは、ほんの短い間CSKAモスクワとロシア代表を同時に指揮したレオニド・スルツキーなど、非常に稀だが例がないわけではない。しかし、それは何らかの特殊な事情があったときにのみ起こることで、レアルほどの有名クラブとの掛け持ちなどは絶対に考えられなかった。モウリーニョはいったいどんなつもりだったのだろうか？　それとも単にレアルでの窮屈さに嫌気がさして、今の状態でも自分は他の所から求められているのだとアピールしたかっただけなのだろうか？

内部の人間に対しても外部の人間に対しても、心理操作はモウリーニョの戦略の中でも重要な位置を占める。モウリーニョは、九月にスイスのニヨンで開かれた監督に関する講演会でグアルディオラを厳しく批判し、バルセロナへのコメント攻撃をヒートアップさせた。

「バルセロナは、自分たちが完璧な世界から来た、感じがよくて、親切で、フレンドリーな人々の集まりだと皆に思い込ませる罠を仕掛けてくる。そうして、自分たちは選手を金で釣ったりせず、選手は皆ユースから上がってくる者ばかりだと信じさせようと必死だ。世の中にはそれを鵜呑みにする人がいるのですよ、実際に」

肝心の試合の方はと言えば、モウリーニョはクリスティアーノ・ロナウド、エジル、ディ・マリアをゴンサロ・イグアインの後ろに配置する四―二―三―一を採用し、シーズンの出だしはまずまずであった。しかし、九月半ばにはマジョルカ戦、レバンテ戦が立て続けに無得点のドローで終わったことで、対戦相手の固いディフェンス陣営を崩すのにレアルが四苦八苦しているのが明るみになり、それは後々までの課題となった。その兆候が最初に見られたのは、シーズン前のアリカンテでの親善試合であった。モウリーニョは選手たちにポゼッションするようアドバイスしたが、前半を終えた時点で〇対一とリードされていた。モウリーニョは選手たちの「乱れぶり」に激怒し、レアルは後半に入って持ち直し、二対二の同点で試合は終了した。しかし、問題は消え去らなかった。かねてから思われていたように、モウリーニョは守備陣の組織とカウンターには強いが、普通の攻撃や、自陣に深く固まっている敵のディフェンスを崩すチーム体制作りにはやや劣っていた。これはおそらく、オートマティズムを排除するモウリーニョのやり方が持つ問題点であろう。何はともあれ、当時のレアルはコンパクトなディフェンスの壁を突き破っていけるような、選手同士の阿吽の呼吸が欠けていた。

リーガで最も報酬が低く、予算はレアル・マドリードの二七分の一というレバンテとの試合では、モウリーニョの不満がことさらに爆発した。レアルは枠内に打ったシュートがわずか二本しかなく、モウリーニョはあまりのイライラに、ついにタッチラインまでやって来て、かつてチェルシーでは彼の下でプレーしたことのあるレバンテの左サイドバック、アシエル・デル・オルノに向かい、彼の私生活に関する野次を飛ばした。そして試合終了後には、おそらく何も非難を受けるようなことなどしていなかった若手ウィンガー、ペドロ・レオンに難癖をつけ挑発もした。モウリーニョの勝利への執着から出る悪態を初めて目の当たりにしたレアルの選手たちの中には、それを非常に不愉快と感じた者もいたという。レアルはただ金を持っているクラブではなく、伝統的にその紳士的な振る舞いに誇りを持っているクラブなのだから。

それでも、レアルは以後白星を挙げ続け、この上なく好調なスタートを切った。そして、一ポイント差で首位に立った一一月末、バルセロナのホーム、カンプ・ノウでいよいよ対決の日がやってきた。モウリーニョにとっては待ちに待ったこの試合、グアルディオラを撃墜し、彼の手法がバルセロナの哲学に肩を並べるものだと世間に知らしめる絶好の機会、になるはずだった。

カタルーニャ地方議会総選挙を理由に、日曜日ではなく月曜日に行なわれた試合は、この日唯一の試合ということもあり、全世界から注目を浴びた。これは普通のクラシコとは違い、攻撃型と反撃型、テーゼとアンチテーゼ、そして世界最強のチームと半年前に彼らを打ちのめした監督がぶつかり合うという意味で、まさしく見逃せない大一番だった。モウリーニョのプランは、インテルで彼が成し遂げたことを再現し、自陣でしっかりとディフェンスの壁を作り、バルサを苛立たせることだった。前のシーズンのバルセロナにはセンターフォワードにイブラヒモヴィッチがいたが、今回はペドロ、メッシ、ダビド・ビジャの三トップでより動きのある攻撃に転じた。開始一八分でバルサはすでに二対〇とリードを奪った。するとモウリーニョは相手側に上がってプレスをかける作戦に変更し、後半からはエジルの代わりにラッサナ・ディアラを投入し、後にトリボーテと呼ばれ有名になる、ディアラ、ケディラ、シャビ・アロンソという三人のピボーテ、または守備型のMFを揃える体制が初めて登場した。だが、その甲斐もむなしくレアルは〇対五で惨敗。この試合をテレビで観戦していたウェイン・ルーニーは、興奮のあまり何度も立ち上がって拍手を送ったという。「私たちのプレーは実に、実に悪かった。そして、バルサはファンタスティックだった」と、モウリーニョは完全な敗北宣言をした。

レアルはそれからシーズン終了まで黒星をわずか三にとどめ健闘したが、最終成績ではバルサに四ポイントの差をつけられて二位に甘んじた。バルセロナのゆるぎないパス・アンド・ムーブと、終わりのないボールポゼッションを前に、モウリーニョにできたのはファウルを叫ぶことだけだった。ピッチの上での戦いでは勝てなかったが、雰囲気を壊してバルサに揺さぶりをかけ、レアル内での影響力を強めていった。たとえそれがリスクの高い戦略であったとしても。クリスマスの一週間前、レアルはホームでセビージャと対戦し、ポルトとチェルシーですでにモウリーニョと手を組んだことのある忠臣リカルド・カルバリョのアシストからディ・マリアが決めたゴールにより、一対〇と白星を挙げた。しかし試合終了後、舞台裏では両チームのスタッフの間で激しい言い争いが起こり、それが後の争議の口火を切った。モウリーニョは試合後の記者会見で書類を振りかざし、ここに主審のカルロス・クロス・ゴメスが犯した一三の「重大なミス」がリストアップされている、と吠えた。モウリーニョお得意の一方的な意見の押しつけであるが、レアルのスポーツディレクター、ホルヘ・バルダノはこの抗議に冷ややかな反応を示すのみで、モウリーニョを支持しない姿勢を明らかにした。

二〇一一年に入ると両者の関係は修復不可能なまでに悪化し、バルダノは練習場やクラブの移動飛行機から締め出された。これは単なるクラブ内の権力争いで、監督が移籍の件で主導権を握るうえで必ずと言っていいほど直面する類の抗争であったのかもしれないが、この仕打ちには他に大きな意味を持っていたように思われる。アルゼンチン代表としてワールドカップを制し、かつてはレアル・マドリードのストライカーであり、一九八五―八六シーズンではリーガの最優秀外国人選手賞も受賞した、選手として輝かしいキャリアを持つバルダノは、都会的で知性にあふれ、いかにもレアルが好みそうな高貴な立ち居振る舞い、紳士然といったイメージを体現していた。それに彼はまた、モウリーニョ率いるチェルシーがチャンピオンズリーグの準決勝でリヴァプールに敗れた試合を見て「棒にぶら下がった糞を見せつけられているようだ」と言い放った張本人でもあった。

バルダノが寄せたこの記事で何よりもモウリーニョを傷つけたのは、モウリーニョが一〇年前にバルセロナでの上下関係で単なる「通訳」として切り捨てられていたことを根に持っていると指摘した部分だろう。

「モウリーニョもベニテスも選手としては成功しなかった。だから彼らは監督になることでその虚栄心を満たすのに必死になった。選手としての才能が無かった者は選手の才能を信じないし、彼らが即興的なプレーの能力で試合に勝てると思っていない。とにかく、ベニテスとモウリーニョは、もし自分のような監督のもとでプレーしていたら自分たちも選手として成功していただろうと思い込んでいる典型的なタイプの監督だ」

クラブの顔ともいえる存在だったバルダノを追放したのはこうした背景があり、それはいかにも異端児の逆襲といった様相を呈していた。

ピッチの外で起きていた騒動をよそに、レアルは好成績を残していたが、やはり依然としてバルサの陰に隠れていた。二月の終わり、デポルティボとの試合のためにラ・コルーニャへ向かったレアルは五ポイントの遅れをとっていた。モウリーニョは選手たちに慎重を呼び掛け、残り一五分になってようやく攻撃に転じさせた。それでも力及ばず、結局〇対〇のドローで終わり、アウェーでのドローはこれで四度目となった。モウリーニョは選手たちに対し、試合予定がバルサに有利であるとの批判を口にするよう命じたが、カジージャスはそれを無視して、レアルはもっと攻撃的なサッカーをすべきだとコメントした。

三月にレアルの前監督、マヌエル・ペレグリーニがマラガを率いてマドリードにやってきたときのモウリーニョの挑発ぶりはあまりにも度が過ぎていた。ペレグリーニ指揮下のレアルも勝点をどんどん稼いでバルサに必死に食い下がり、タイトル獲得が目前に迫っていた頃もあったことを受け、当時と今の状況で共通点があると思うかと尋ねられたモウリーニョは、全くないと答え、ペレグリーニがレアルを辞めたときに、彼はマラガなどではなくイングランドかイタリアの強豪クラブへと行きたがっていた、と加えた。モウリーニョがペレグリーニを見下していたのは明らかであったが、そのコメントの裏にある、マラガなどとるに足らないというモウリーニョの意識が波紋を呼んだ。レアルのディレクター、フェルナンド・フェルナンデス・タピアス氏は、クラブの紳士的なイメージを著しく汚すようなこうしたコメントに激怒し、モウリーニョの更迭を要求した。加えて、彼に対する世間の風当たりも強く、レアルの選手の中にはモウリーニョがレアルを去りたがっているのではないかと勘繰る者もいた。

ところが、そこで急展開が起きた。フロレンティーノ・ペレス会長自身の口から、モウリーニョの意向を尊重し、せっかくモウリーニョと手を組んでいこうと決めたのだから、腹をくくって彼と続けてゆくしかない、ととれるような発言が飛び出したのである。クラブの最年長メンバーへのメダル授与式のスピーチで、ペレス会長はモウリーニョのやり方を公然と認めた。

「我々がフェアではない、理にかなっていない、偏りすぎていると思っているすべてのものからレアル・マドリードを守る、それも真のレアル人の心意気だ」

これは、紳士的な姿勢を続けるのも時には限度があるということを認めただけではなく、モウリーニョの反理事会、反審判、反バルセロナの言動を暗に認めていたのである。三月一五日、モウリーニョはペレス会長と夕食を共にし、今後のクラブ内の権力抗争をはっきりさせる話し合いを行なった。その四日後、モウリーニョは選手たちに、彼とバルダノのどちらを選ぶかの決断を迫った。

問題は他にもあった。ポルトとチェルシーにおいて彼の監督術を特徴づけ、大きく称賛もされたあの細部へのこだわりが、レアルでは偏執的とまで言えるほどに進行していたことである。監督就任後初めて迎える冬、モウリーニョは食堂で出される肉に含まれる「神経節のパーセンテージが高い」と文句をつけ、仕入れ先を変えるか料理長をクビにするよう要求した。また、一部の選手とは非常に親しげに接し、他の選手とは距離を置くことで、モウリーニョはチーム内の緊張した雰囲気を助長させていた。その一方で、モウリーニョは大いに不安を抱えていたようにも見受けられ、それは彼の事務室の中にも表れていた。そこには先に述べたバルセロナ戦での準決勝突破を祝う彼の姿の等身大パネルのほか、二〇〇九―一〇シーズンで受けたＦＩＦＡの最優秀監督賞のトロフィーと、チャンピオンズリーグの優勝杯を高々と持ち上げる彼の写真が飾ってあった。モウリーニョは自分がこの高いレベルに相応しい監督であることを常に自身に言い聞かせる必要があった、と思う人もいた。だが、モウリーニョは自分自身をコントロールできず、まるで誰かが彼に対して謀略を企てているのではないかという風（トーレスの本によれば、それは真実だった）に、猜疑心の塊のようになっていた。

二〇一一年三月、レアルの選手らが関係者の一致団結をよびかけ、レアル寄りのメディアはここぞとばかりに飛びついた。攻撃のターゲットとなったのはテレビ局、審判、そしてバルセロナの三つ。選手たちがインタビューに応じたり、単独で記者会見に応じたりすることは、質問の内容があらかじめ用意されていた場合を除いて禁止された。選手たちの中には、このやや品の悪いプロパガンダに難色を示す者もいたが、モウリーニョはその気持ちを抑えるよう命じた。トーレスによると、モウリーニョはあまりにも神経過敏になりすぎていて、レアルがホームで試合のある前日に宿泊するシェラトン・ミラシエラホテルで、虫がいると言って二度も部屋を掃除させたという。スペインでのモウリーニョは、他の国と違ってメディアをうまくコントロールすることができなかった。逆に、行き過ぎて選手やクラブ役員たちの通話記録を調べ、誰がマスコミに情報を流しているのか探ろうとしているなどという噂まで広がった。

一方のバルセロナは、さらに強さを増していった。序盤ではエルクレスに黒星を喫するなどやや苦戦したものの、以後は圧倒的な強さで勝ち続けた。また、レアル・ベティスとの対戦となったコパ・デル・レイ杯の準々決勝では、第一戦を五対〇の圧勝で飾り、第二戦で三対一という結果に終わるまで無敗を記録し、リーガでは当時二八戦二三勝という成績だった。

バルセロナは無敵と思われていたが、彼らはただ白星を挙げ続けただけでなく、そのプレースタイルの充実ぶりにも目を見張るものがあった。『ザ・ガーディアン』紙のシド・ロウのインタビューでシャビはこう答えている。

「今や、フィジカル面での強さよりも才能や技術が評価されている。そういう風潮は歓迎するね。そうじゃなかったら、サッカーは面白くなくなっていたかもしれない。試合は勝つために戦うものだけれど、僕たちが満足感を得られるのは二つの要素が重なったとき。他のチームは勝ったらそれで満足すると思うけど、僕たちは違う。チームらしさが欠けているとダメなんだ。試合の結果というのは不思議なものでね、本当に素晴らしいプレーをしても勝てないときがある。去年の僕たちはインテルよりもずっといいプレーをした。結果よりも大事なもの、後に残るものがあるんだよ」

シャビは常にバルサのプレースタイルの伝道師であり、勝つのは試合の一つの部分に過ぎず、プレースタイルがより大きな意味を持つと信じている。しかし、彼のそうした言葉は確かに心からの誠実なものであり、称賛に値すると言ってもいいが、対戦相手はバルサに対して自己満足や自己過信といった印象を受けていたのも理解できる。

おそらくはそれが理由で、バルサのスタイルをより際立たせるような審判の判定がさらに腹立たしいものとなったのであろう。道徳的に優位な立場にあり、審判たちからチャンスを与えられ、レラーニョの言葉を借りれば、神が曲がりくねった文字で正しいことを書き始めると、人目にはそれが単に運が良いだけではなく偽善的だとも映りかねない。審判の判定に関する反バルセロナ派のマスコミの言い分は、多くが偏向して筋の通らないものであるが、そうした判定の中で一つ、どうしても説明し難いものがあった。

それは二〇一一年三月のチャンピオンズリーグ、決勝トーナメント一回戦での出来事だった。バルセロナはアーセナルとの第一戦で一対二と敗れ、ホームでの第二戦では、まずメッシが先制してリードを奪うが、アーセナルは五三分にブスケのオウンゴールで同点に追いつき、合計スコア三対二で準々決勝進出に王手をかける。その三分後、前半にダニ・アウヴェスへのファウルでイエローカードを受けていたアーセナルのフォワード、ロビン・ファン・ペルシがスルーパスを追っていくとオフサイドの判定を受けたが、思い切り蹴ったボールはビクトル・バルデスのわきを通ってゴールネットを揺らした。それはあたかもホイッスルに全く気づかず、咄嗟に起こした動きのようであった。異議を唱えるそぶりも、時間稼ぎするつもりもなかったのは明らかであった。本当にホイッスルが聞こえなかった可能性は大いにあり得る。しかし、スイス人審判のマッシモ・ブサッカは二枚目のイエローカードを出し、ファン・ペルシは退場となった。この判定は技術的には正しいが、この種の違反はシーズン中に何度となく起きて、その都度罰せられたわけではなかった。アーセナルは当然のごとく怒り狂い、そして当然のごとく二点を奪われて試合に負け、合計スコア四対三で大会敗退を決めた。この退場処分は意見が分かれるところだが、果たしてそれが試合の結果を左右する要因であったかどうかは疑わしい。バルセロナは両試合ともにアーセナルを激しく攻撃していたし、どちらにしてもおそらくバルセロナは勝ち進んでいたであろう。続く準々決勝ではシャフタール・ドネツクを相手に合計スコア六対一でバルサは順当に準決勝進出を決めた。レアル内にどんな問題がくすぶっていても、そして、いかに何もかもバルサに都合よく運んでいるように見えても、モウリーニョはグアルディオラへショックを与え始めていた。本来ならばグアルディオラの熱意とバルセロナの威力によって、いずれにしてもモウリーニョは叩きのめされていたであろう。しかし、グアルディオラは四度目となるシーズンも続けるべきかどうか、真剣に考えていた。彼は四〇歳の誕生日である一月一八日の夜、妻と共にカタルーニャのインディーズバンド、マネルのコンサートに出かけた。コンサートが終わりに近づいたその瞬間、バンドのメンバーと六〇〇人の聴衆が一斉に「ハッピーバースデー」の歌を合唱し、次のシーズンも契約更新してほしいとの願いを伝えた。翌日、グアルディオラはラポルタ会長に会いに行き、もう一年間監督を続ける意向を伝えた。それでも、実際に契約のサインをしたのはようやく夏になり、サンドロ・ロセルが会長に選出された後のことであった。

* * *

グアルディオラとモウリーニョ、バルセロナとアンチ・バルセロナ、クライフの時代の後に生まれた二つの対極的なサッカーの信念同士の争いも熾烈であったが、それは試合日程の奇妙なめぐりあわせでより過酷なものとなった。両チームは四月一六日にリーガの試合で対戦する予定であったが、四月二〇日にはコパ・デル・レイ杯の決勝戦でも顔を合わせることになった。四日のうちのこの二度のダービーだけではなく、チャンピオンズリーグの準決勝での二試合を加えると、実に一八日間で四度も対戦する計算になる。これほどの短期間で何度も戦を交えるとなると、両チームの関係は否が応でもややこしくなる。両クラブの、そして両監督のこれまでの歩みを考えると、それはもう破壊的と言ってもよかった。

最初の顔合わせ、マドリードで行なわれたリーガの試合は一対一のドローで幕を閉じた。ラウル・アルビオルがダビド・ビジャを転倒させて退場処分となった後、それで得たPKでメッシが先制点を挙げるが、後にダニ・アウヴェスのマルセロへのファウルで今度はクリスティアーノ・ロナウドがPKを決めて同点に追いついた。

「一度でいいから一一人揃ってバルセロナと対戦したいものだ。心の底からそう思う。だが、リーガとチャンピオンズリーグではそれが不可能だと十分承知している。バルサはクラブ周囲のどんな状況でもコントロールできるチームですからね」

モウリーニョはレッドカードの判定に異議を唱えるだけでなく、そんなコメントも発した。

この試合について、マドリードのマスコミはモラル的にはレアルの勝利だと囃し立てた（もっとも、それはいかに期待度が薄かったかということも示している）が、バルサはあと六試合を残して勝点八ポイントの差をつけ、タイトルへ向けて独走態勢に入っていたことはゆるぎない事実であった。さらに、超大物サッカー人からの批判も降ってきた。欧州クラブ大会で五度の優勝を経験し、レアルにとってはクラブの良心ともいえるアルフレッド・ディ・ステファノのコメントである。

「バルセロナのサッカーは本当に輝いている。全世界の目からみてもバルセロナの優位は明らかだし、彼らの動きを見ていると本当に嬉しくなる。一方のレアルは個性のないチームだ。ただ行ったり来たりを繰り返し、疲れた様子で……バルセロナはライオンだが、レアルは鼠だ」

そうかもしれないが、鼠は鼠でも闘争心あふれる鼠であった。例えば、ペペからのあまりに執拗なマーキングをうけたメッシが苛立ちのあまり、客席に向かってボールを蹴りつけたという場面があった。マドリードのマスコミは、なぜ主審のセザール・ムニス・フェルナンデスがその行為を罰しなかったのかと問いかけ、ちょっとした波紋を呼んだ。試合そのものには影響はなかったが、試合後にペペが中心となって軽いいさかいが起きたとも報じられた。

ただ、レアルの控室内でもきな臭い事件はいくつも発生していた。キックオフのおよそ四時間前、スタメンの公式発表までまだ三時間もあるというのに、『マルカ』紙のウェブサイトにてレアルのスタメンのラインナップがすっぱ抜かれたのである。モウリーニョは激怒し、クラブ内で彼を陥れようとするスパイがいるとの確信を得た。試合が終わっても彼の怒りは収まらず、カジージャスは自分が疑われていると思ったのか、それとも怒りを込めたモウリーニョの説教に飽き飽きしたのか、さっさとシャワーを浴びに行った。モウリーニョはジュースの缶を手に取ると壁に向かってそれを投げつけた。すると缶の中身が噴き出し、選手たちはしぶきを浴びるまいと蜘蛛の子を散らすように退散し、試合後のミーティングはお開きとなった。

それでも、この怒りの爆発はチーム内の空気を一掃するのに役に立ったのかもしれない。バレンシアのメスタージャ競技場で開かれたコパ・デル・レイ杯の決勝戦では、レアルは一対〇で勝利を挙げて面目を保った。このシーズンに行われた五回のクラシコの中で最も重要度の低い試合だったとはいえ、やはり意義はあった。モウリーニョはこの試合で再び「トリボーテ」を導入し、今回はペペがシャビ・アロンソとケディラよりもやや後ろでプレーする形であった。しかし何よりも大きな出来事は、セルヒオ・ラモスを左サイドバックからセンターバックに移動させたことである。ラモスはそれからというもの、このポジションで本領を発揮することになる。

カジージャスは素晴らしいセーブを三度も見せた。バルサはメッシ得意のドリブルからペドロがシュートを放ちゴールネットを揺らすが、ギリギリのところでオフサイドと判定され無効に。延長戦にもつれ込んで一三分が経過したところでクリスティアーノ・ロナウドがついにゴールを決め、これが決勝点となった。レアルは、以前のクラシコのときよりもさらに攻撃的で前向きであり、バルサはメスト・エジルのフォルスナインとしての活躍ぶりに手を焼いた。モウリーニョは試合前、選手たちに対し、各国代表チームで共に戦う選手たちには手加減しないよう忠告した。敵対の度合いはそれほどまでにヒートアップしていたのであった。ブスケはシャビ・アロンゾに対してファウルを犯し、アルバロ・アルベロアはダビド・ビジャを踏みつけてもビジャが芝居をしていると非難した。

こうして珍しく有利な立場に立ったモウリーニョは、彼への批判に対してコメントしている。まずは、彼を「サッカーの指導者」というよりも、「タイトルの取り方の指導者」と言ったクライフに対しては、「結構気に入っています。私たちはタイトルを取るために多大な努力を払っているのですから、それは誉め言葉だと思っています」と応じた。

そして、マスコミを次のように攻撃した。

「マスコミの言うことを信じるなら、私はフォワードを六人揃えたフォーメーションを選ぶべきだそうだ。でも、私は考えを改めなかったし、それで良かったと思っている。良いサッカーとはポゼッションフットボールと思い込んでいる人がたくさんいるようだが、それは浅はかな考えだ。良いプレーをするにはたくさんの方法があると思う。ディフェンスのしっかりとした組織や連帯性、また、プレスに耐えてカウンターを仕掛ける準備をしながらスペースへの道を閉ざす能力といった具合に」

これはモウリーニョが常に口にしていることであり、実際に多くの真実が含まれている。彼の言うような謙虚な美徳の価値を否定する人間などどこにいるだろうか？　ただ、そこには状況を判断する能力が欠けていた。

その一方、控えめな性格のグアルディオラは、試合終了後の記者会見では、試合がいかに接戦であったかというほかは特に目立ったコメントは残していない。「目の鋭い副審にほんの二センチだけオフサイドだったことを見破られ、ペドロのゴールは認められなかった」との発言も単なる事実確認に過ぎない。ペドロは惜しかったが、もう一息足りなかった。逆にモウリーニョにとってそれは幸運なことだった。

チャンピオンズリーグの試合が近づくにつれ、緊張の度合いはさらに上昇した。マドリードのマスコミは、バルセロナが審判、サッカー界の権威、それにラジオ局からも贔屓されているといういつもの主張に加え、その上、確かな証拠をもち出しもせず、バルセロナのドーピング疑惑まで書き立てた。そうした中傷記事の目的はただ一つ、バルサの気を散らせて不安定な状態に陥れるためである。ある日、グアルディオラは気晴らしに妻と二人で芝居を見に出かけた。周囲に気づかれないようにと、照明が消えてから場内に入り、席に着いたとたんに再び照明がついて、客席から大きな拍手が沸き起こった。グアルディオラは幾分か追い詰められていたと感じていたであろうが、彼がバルセロナの町中から大いに支持されていたのは疑いなかった。

準々決勝第一戦の前に、バルセロナはオサスナを相手に苦戦の末二対〇の白星を挙げ、一方のレアルは六点の大量得点を挙げてバレンシアを下した。残るは五試合、勝点差は依然として八ポイントのままである。とにかく、この試合はチャンピオンズリーグの前の準備体操という様子であった。そして、ベルナベウで迎える準々決勝第一戦の前日、モウリーニョがまたしても物議をかもした。彼は、この第一戦でポルトガル人のペドロ・プロエンサが主審を務めないようバルセロナが圧力をかけた、と発言したのである。たしかに、グアルディオラは以前、プロエンサが主審に指名されればレアルは「この上なく嬉しい」だろう、と話していた。ポルトガル人同士のよしみでという理由からに違いない。この他愛ない一言は、たとえ非はモウリーニョの側にあるとはいえ、このとげとげしいムードが広がる中、グアルディオラも全く純真無垢であったわけではなかったことを世に知らしめるものであった。この発言ではまた、試合で主審を務めるなどと話したこともない審判の名前までご丁寧に出したことから、グアルディオラがモウリーニョの罠にまんまとはまってしまったことを示していたのではなかろうか。

モウリーニョは、主審に指名されたドイツ人審判、ヴォルフガング・シュタルク氏にも当然噛みついた。シュタークは前年のワールドカップでアルゼンチンがナイジェリアに勝った際、メッシのユニフォームをねだり、レアルがチャンピオンズリーグ決勝トーナメント一回戦でリヨンに勝った試合でも、リヨンにハンドがあったのにレアルにペナルティを認めなかったことを取り上げ、「もし彼がグアルディオラに有利なミス判定をしないとなれば、グアルディオラは不満だろう」とコメントした。

モウリーニョがその最大の武器を振りかざしたのは、このときである。

「これまで、監督には二つのグループがあった。審判の判定になんの文句も言わない少数派のグループと、審判が重大なミスを犯したときだけ彼らを批判する、私を含めた多数派のグループである。だが、今や三つ目のグループができた。といってもそこにはグアルディオラ一人しかいないのだが、正しい判定をした審判を批判するというものだ」

このモウリーニョのコメントの根拠は、二〇〇九年にスタンフォード・ブリッジでの「スキャンダラスな判定」にある。

「あれ以来、グアルディオラは審判が正しい判定をしても全く満足しない」

この作戦は卑屈さとマキャベリズムの中間ともいえるが、その運び方は秀逸だった。マドリード以外のマスコミでも、審判によるバルセロナ贔屓は幾度となく囁かれており、そうした背景から、モウリーニョからの非難は、対戦相手のラフなプレーについてたびたび審判に抗議しているバルサの選手たちのやり方をいかにも優等生的で、それが当然の権利であるかのような、そしてまるで駄々をこねる子供のようだと感じていた人々から歓迎された。

さて、そんな発言にグアルディオラがどう反応するか、世間の注目は集まった。記者会見で彼の前に記者団の前に立ったマスチェラーノは、慎重で当たり障りのないコメントをするにとどまった。続いてグアルディオラが登場し、最初に向けられた質問は、当然のごとくモウリーニョの発言についてであった。待っていましたとばかりにグアルディオラは二分二三秒をかけて返答した。

「サッカー以外の部分では、彼はいつだって勝者ですね。一年中、シーズン中ずっとそうですし、あの調子で今後もずっと続けていくことでしょう。もし場外チャンピオンズリーグというものがあって、その優勝トロフィーを彼に手渡せたらどんなに光栄でしょうね。とにかく、私たちはプレーを頑張ります。『ちっぽけな』勝利で我慢しますけれど、それが全世界から称賛につながっているのではないですか。私たちはいつも自分たちにできる最良のやり方、素晴らしいプレーで戦うことを心がけています。モウリーニョもそのことはわかっていると思います。バルセロナは彼が監督として成長する手助けをしたのですから、そうしたことも当然学んだはずです」

グアルディオラはまた、一〇年ほど前にバルセロナでモウリーニョとの間で四年間続いた「仕事上の関係」に少し触れ、抗議項目リストを作成するのに特別なスタッフが彼にはついているのではないかと冗談交じりに語った。それからグアルディオラは次のような攻撃の矢を放った。

「特にこの（ベルナベウ競技場の）プレスルームにはフロレンティーノ・ペレスのおっぱいを吸って生きている記者がいますね。ペレスは本当に、とんでもなく強力なボスだな！」

それは、コメントの内容よりもグアルディオラが使った口調から、歴史的な瞬間となった。モウリーニョはシーズンを通じて審判、試合日程、カンプ・ノウでバルサと対戦する際に何とか黒星だけは避けようと努める以外には何もできない相手チームについて、またバルサにとって有利に働くように仕組まれたとされる荒唐無稽な陰謀説など、実に様々な批判を行なってきた。バルサの選手たちは何度もそれに反論しようとしたが、グアルディオラは彼らをなだめてきた。そんな中で、グアルディオラのこの激しいコメントにチームは溜飲を下げた。その夜、選手たちとのミーティングに臨んだグアルディオラは大きな拍手で迎えられ、ビクトル・バルデスがスペインの有名サッカー選手のモノマネをする映像を全員で見て、チームは大いに和んだのであった。

この準決勝の第一試合で、モウリーニョは芝の長さをバルセロナの好みより一センチ長い三センチまで伸ばさせ、事前の決定に反し、キックオフの一時間前には水を撒かせないという措置への合意もこぎつけた。モウリーニョが揃えたディアラ、シャビ・アロンソ、ペペの「トリボーテ」は、この試合ではシャビを抑えようと左サイドでプレーを展開した。クライフ的なサッカーに正面からノーを突きつけるかのようなこのフォーメーションは、これ以上ないというほど固定的だった。モウリーニョは右にエジル、左にディ・マリア、そして中央にクリスティアーノ・ロナウドという三トップ体制を敷き、レアルの三人のセンターフォワードとカカはベンチで待機することになった。

しかしながら、レアルは全く試合の主導権を握れなかった。その理由の一つは、シャビがコパ・デル・レイ杯の決勝戦よりも上がってプレーしており、イニエスタの代わりに入ったセイドゥ・ケイタが三人のMFの中では左でやや下がってプレーすることでバルサの動きのバランスが取れていたというのがあった。

前半が終了して選手たちがピッチを離れると、バルサの控えのGKピントが激しい剣幕でアルベロアに近寄った。それはおそらく、前半終了のホイッスルが鳴る直前に、彼がペドロを妨害したからであろう。そうして小競り合いが起き、ピントはこの日のレアル側の試合責任者であった「チェンド」ことミゲル・ポルランを突き飛ばし、レッドカードを受けた。

後半、レアルはまるで力を発揮できていなかったエジルを下げてアデバヨールを投入し、クリスティアーノ・ロナウドはサイドへと移動した。これによってレアルは少しばかり試合の流れを有利に傾けたが、それでもバルサは強かった。後半八分、セルヒオ・ラモスがメッシへのファウルによりイエローカードを受け、これで彼は次の試合に出場できなくなってしまった。モウリーニョは激怒したが、彼の怒りはよりラモスへと向けられていた。レアルは激しいプレーを繰り広げ、バルセロナも負けずに応戦。シュタークは判定を下すたびに、押し合い突き合いする選手たちに囲まれて抗議を受けた。

そして、誰もが予想していた通り、試合開始から一時間が経過した頃、ペペがダニ・アウヴェスへの危険な反則プレーにより退場処分となった。ベンチではモウリーニョがいかにも茫然としたように口をあんぐりと開けたが、彼が心から驚いているなどとは誰も思っていなかっただろう。レアルはこの試合の後、ビデオ映像を公開して両選手の間にボディーコンタクトがなかったと主張したが、危険な反則プレーと認められるのには必ずしも危険なボディーコンタクトが必要なわけではないことを考えると、この抗議は驚くほどに狡猾で筋違いであった。とはいえ、彼が接触を受けなかったとか、ペペにあまりツキが無かったという意味ではない。近年のサッカーではグレーゾーンを嫌う傾向があるが、これはまさにその一例であった。こうした危険なプレーでイエローカードを受ける選手は多い。ボールは両者の間で跳ね、ペペはそれを奪おうとして振り向いたのだがダニ・アウヴェスが一足先に足をボールにかけていた。ペペは地面から離れていたわけでも、平衡感覚を失っていたとか、力いっぱい蹴ったわけでもなかった。ただ、彼の足は高く上がり、スパイクを突き出すような形であった。ビデオ映像ではそれほどはっきりとはわからないが、彼の靴がアウヴェスの膝下に触れたようにも見える。レッドカードを受けても仕方のないと言えるプレーであり、シュタークの誤審だと確定するのは無理がある。しかし同様に、イエローカードが出されていたとしても、誰もさほど憤慨しなかったであろう。ともかく、これで試合の流れが大きく変わった。

レアルがロナウドとアデバヨールへロングパスを送るので精一杯になった一方で、バルサはどんどん追い込みをかける。残り一三分、ペドロと並んだイブラヒム・アフェレイにシャビがスペースを作ると、アフェレイのクロスからメッシが先制点を挙げる。そしてその一〇分後、またもメッシがダメ押しの二点目を挙げる。これは中盤でのブスケとのワンツーに始まり、メッシが猛スピードでラッサナ・ディアラとシャビ・アロンソを抜き、ついにはラウル・アルビオルも振り切って、カジージャスの裏をかく軽やかなシュートであった。『エル・パイス』紙のホセ・サマロは、「レアルはぺぺがいるとプレーを拒み、ぺぺがいなくなるとプレーができなくなる」と書き残している。

この件についてはピケも言及しており、彼はあのレッドカードがバルサに有利な状態を作り上げたのではなく、バルサの優勢をさらに拡大したものであり、バルサが優勢だったという事実そのものがレッドカードにつながった一因ではないかと見ている。

「一〇人になったとたんにプレーするのをやめたというようなことはなかったよ。大体、その前からレアルはしっかりプレーできていなかった。レッドカード? それはいつも言われることだけど、あんまり熱くなりすぎてプレーをすると、あとで必ずしっぺ返しを食らう」

試合が終了して選手たちが控室へ向かう中、レアルのアシスタントコーチであるルイ・ファリアがバルサの選手たちに向かって、審判のロッカールームで着替えたらどうだ、と罵声を浴びせると、またしても廊下で乱闘が勃発した。この夜、カジージャスとシャビ、ピケとラモス、そしてアルベロアに関してはバルサの選手たち全員という具合に、選手同士の人間関係に大きな亀裂が入った。

モウリーニョは試合後の記者会見で、かつてないほど激しく抗議する姿勢を明らかにした。彼によると何年間にもわたってバルセロナを贔屓してきた審判たちを、古くはアンデルス・フリスクにまで遡ってリストアップし、ことあるごとに「por qué(なぜ)?」で始まる抗議文をやや早口のポルトガル訛りで読み上げる彼は、とてつもなく滑稽であった。

「私たちはまたしても彼らに殺された。またしても、私たちにはチャンスがないということが明らかになった。私たちにはゲームプランがあるのに、審判たちはそれを遂行させてくれない」

てっきりバルセロナを罵倒する言葉が矢のように飛び出してくると思われていたとはいえ、それはさほど驚くような発言でもなかった。しかし、モウリーニョは怒っていた。

「このサッカーの世界には、時々自分が穢されているような気にさせられる」

そうはいっても、レアルのボール占有率はたったの二六パーセントだった。シャビは次のように語っている。

「レアルは試してみたかったのさ。自陣に固まって、監督の指示通りに汚いやり方でプレーしてね。僕たちのほうがずっと上手だったし、ピッチの上でも優位に立っていた。今夜は真のサッカーが勝利したんだ」

波乱万丈の一夜であったが、穢されたと感じていたのはモウリーニョ一人だけではなかったようである。全く酷い試合であった。両チームとも、つまらない小競り合いにあたかも大惨劇の被害者のごとく、タックルや反則プレーで応戦し、何かにつけてシュタルク主審に詰め寄った。注目すべきところはいろいろとあったが、メッシが突破口を開くまでは決していい意味での注目点はなかった。バルセロナはモウリーニョが言い出しっぺだと言い張ることもできないことはないであろうが、全くの被害者かというと決してそうではない。

モウリーニョのコメントは、一監督のものとしては多少子供っぽく偏りすぎている部分があるとはいえ、普通の感覚ではとても許容される限度を超えていた。

「真の勝利の味とは、こうして得た勝利では味わえないものなのだろう。普通に戦って勝つことと、試合終了間際にハンドを使って勝つことの間に何の違いも感じない、そんなとんでもない人間になる必要があるのではないか」

モウリーニョはそう問いかけるが、果たしてバルサは一度だってそんな勝ち方をしただろうか？

「私はチャンピオンズリーグを二度制覇した。バルセロナではない、二つの異なるチームで」

モウリーニョのこのコメントの裏にある意味は明らかだった。バルセロナには他のチームにないアドバンテージがあるが、モウリーニョの功績と比べてグアルディオラの功績はやや劣る、というものである。

「いずれの優勝も、精一杯の練習、たゆまぬ努力、たくさんの困難、そしてプライドの賜物だ。以前にも言ったことがあるが、ジョゼップ・グアルディオラは素晴らしい監督だ。だが、彼が勝ち取ったチャンピオンズリーグのタイトルは恥ずべきものだと思う。あれはスタンフォード・ブリッジでのスキャンダルのおかげで獲得できたのだから」

しかしモウリーニョも、二〇〇四年にポルトで優勝したときには、オールド・トラフォードでポール・スコールズのゴールが誤って認められず、また二〇一〇年のインテルでも、バルセロナのボージャンが決めたゴールが認められないという事件があったこともここで指摘すべきであろう。全く逆の判定になってもおかしくないような審判の裁量によって白星を挙げるチームなど枚挙にいとまがない。モウリーニョがポルトでUEFAカップを制したときも、準決勝第一戦ではラツィオのスローインを邪魔したかどで第二戦でのベンチ入りを禁止されたし、セルティックのマーティン・オニールは、決勝戦でのポルトの振る舞いにモウリーニョを絶対に許していない。その夜にベルナベウで起こったことについて、何が正しくて何が間違っているのかということはともかく、モウリーニョはクリーンな勝利とそれを正しいやり方で行なうことを説教する立場にある人間ではなかったということである。

モウリーニョはさらに続ける。

「もしグアルディオラが今年もチャンピオンズリーグのタイトルを取ることになれば、それはベルナベウのスキャンダルのおかげだろう。だから、私はいつの日か、彼が自力でチャンピオンズリーグのタイトルを取ることを切に願う。彼にはその力があるのだから」

バルセロナはこうしたモウリーニョのコメントをUEFAへ通告し、レアルはグアルディオラ、ダニ・アウヴェス、ペドロ、ブスケ、ピケ、マスチェラーノ、バルデス、そしてケイタが、審判の目をごまかして誤った判定をさせるというだけの目的で、わざと激しいプレーをかけるという、「あらかじめ用意しておいた作戦」を使っており、そのせいでペペは退場に追いやられたと応酬した。その結果、モウリーニョは五試合ベンチ入り禁止処分を受け、上告後に処分は三試合に軽減された。ペペは一試合出場停止、そしてホセ・ピントは三試合出場停止に処された。

これとは別に、ブスケがマルセロに人種差別的扱いをしたとの非難も飛び出した。UEFAが調査に乗り出したきっかけがレアル・マドリードか、それともUEFA側の申し立てによるのか定かではないが、レアルが提出した映像では、ブスケが口を覆ってマルセロに何か話しかけているだけであったので、ブスケへの疑いは晴れた。

モウリーニョは抗議を続け、レアルの大部分の選手も彼の用意したシナリオに従っていたが、チームの最大のスター選手が彼のやり方に疑問を抱きつつあった。ロナウドは「チャンピオンズリーグの決勝トーナメントで、バルセロナが必ずと言っていいほど最後には一〇人になったチームを相手に戦うことになるのか、不思議だよね」と前置きしつつも、我慢できなくなったのか、「今のレアルのディフェンススタイルはあまり好きじゃないな。でも、それは監督の選択だから、自分もそれに合わせるしかない。あの試合は〇対〇のドローでも悪い結果とは言えなかっただろう。そうなれば、カンプ・ノウでの第二戦ではカウンターアタックを用いたプレーもできただろうし」と続けた。

今となってはロナウドもチームのために少しぐらいは自分を犠牲にするべきではないかと感じていた者もいた。もっとも、モウリーニョがカウンターアタックを好む理由の一つに、ロナウドがスペースを得てフルスピードで駆け上がっていける状況を作れるという説もあった。ともかく、このコメントは衝撃を与えた。ロナウドさえこうした不満を抱えていたのだから、他の選手たちの心境はどんなものだっただろう?

これに対するモウリーニョの答えは、次のリーガの試合、レアル・サラゴサ戦でロナウドをスタメンから外すということだった。ロナウドが得点王争いでメッシに二得点の遅れをとっていて、彼がいかにその栄誉に相応しいかということを考えると、この処置は非常に重いものであった。それは決して彼を休ませるためではなかったはずだ。二人の大物ポルトガル人同士の衝突は常に心配の種であった。パオロ・コンドはその著書『The Duellists（決闘者）』の中で、代理人ジョルジュ・メンデスはこの二人のクライアントを同じチームの中に抱えることで生じうる危険性を感じ取っていて、グアルディオラの快進撃がとどまるところを知らなくなり、それがレアルにおけるモウリーニョの存在意義を不確かなものにするまでは二人を徹底的に引き離すように努めていた、と書いている。

バルセロナもリーガのレアル・ソシエダ戦では多くの選手を休憩させ、結局一対二で黒星を喫した。ロナウドを出場させずに二対三で敗れたレアルはタイトル争いでバルサにプレッシャーをかける機会を逸したという声もあったが、たとえレアルがこの試合に勝っていたとしても、バルサは五試合を残して勝点差は依然として五ポイントも開いていた。両チームがチャンピオンズリーグ準決勝の二試合の間で集中できなかったのは十分に理解できる。


第二戦が始まる前、バルセロナは土砂降りに見舞われた。モウリーニョはカンプ・ノウから西に一キロ離れたレイ・ファン・カルロスホテルの部屋で試合のテレビ中継を観戦していた。レアルはより野心に燃え、よりアグレッシブでもあったが、ディアラ、セルヒオ・ラモス、そしてマルセロの三人はすでにイエローカードを受けており、次節出場停止となる可能性も十分にあった。ペドロがバルセロナに先制点をもたらすと、マルセロが同点ゴールを挙げる。ゴンサロ・イグアインが放ったシュートはゴールネットを揺らしたが、ロナウドからマスチェラーノへのファウルという理由で得点は無効に。試合はこのまま同点で終わり、第一戦でのメッシの二点目が勝敗の決め手となったわけであるが、それが一部の人々にはどこか気の抜けた試合だったという印象を抱かせた。

この準決勝は両試合とも、ほとんどモウリーニョが御膳立てしたと言っていい一触即発の雰囲気の中で展開した。本来ならばこの対決の忘れられない記憶として残るはずであったあの第一戦でのメッシのゴール、重苦しいプレッシャーに圧倒されながらも発揮した天才的なプレーは、そのあまりに険悪なムードのせいですっかりと忘れ去られてしまった。レアルはこの準決勝をぶち壊しただけだった。バルサの選手がどんなにスライディングしようと審判に泣き言を言おうと、片やパスとドリブルを駆使するチーム、片や相手に蹴りを入れてけんかを吹っ掛けるチームというライバル関係の図式がすっかり定着してしまった。それはまさに善と悪、サッカーとアンチ・サッカーとの対立であった。モウリーニョが監督時代に経験した一七のクラシコで、レアルのファウルの数は三四六にものぼり、対するバルセロナは二二〇であった。

このチャンピオンズリーグの準決勝は、クラシコの歴史の中でもおそらく最も注目を浴び、最も観戦された一番だろう。バルセロナは勝ち抜いたが、この勝利はグアルディオラにバルセロナ監督時代において決して癒すことのできない傷跡を残した。グアルディオラはこう語る。

「スコアはともかく、これは自分が愛着を持って思い出せる類の試合ではないですね。自分にとっては理解不可能なあまりにも多くのトラブルに見舞われましたから。そういう意味では、最後に笑ったのはモウリーニョだと言えるかもしれませんね」

バルセロナはリーガのタイトルをほぼ手中に収めた。グアルディオラにとっては監督就任以来の三連覇である。しかし、ベルナベウでのドロー以来、最大の焦点はチャンピオンズリーグであった。ロンドン、ウェンブリーでのマンチェスター・ユナイテッドとの決勝戦が行なわれる前の週、アイスランドでまたしても火山噴火が発生した。今回はグリムスヴォトン火山である。火山灰の影響でまたしてもバスで移動させられるのは勘弁とばかりに、バルセロナは予定を二日早めて火曜日にロンドンへ向かった。こうして、バルサのメンバーは快適な旅を満喫しただけでなく、地元カタルーニャで盛り上がる熱狂ぶりから離れてリラックスできたという効果もあった。

前回両チームが対戦した二〇〇九年と比べ、人々の見る目は変化し、今度はマンチェスター・ユナイテッドのほうが明らかに挑戦者側であった。マンチェスターはダレン・フレッチャー不在であったが、ファーガソン監督はより守備的なプランを立て、ライアン・ギグスとマイケル・キャリックが中盤のセンターで手を組むことになった。ファーガソンは高いところでプレスをかけながら、ボールがハーフラインを割ったとたんに一気にディフェンダーを下げるという考えだった。フィジカル面ではマンチェスターがバルサを圧倒していたが、ファーガソンはより狭く、サイドを明け渡し、リオ・ファーディナンドとネマニャ・ヴィディッチがペナルティエリアにクロスされてきたどんなボールでも奪えるような賭けに出た。攻撃面では、とにかく素早くボールを奪取し、バルサの高いラインの後ろにいるハビエル・エルナンデスのスピード力をフルに活用するのが狙いだった。

だが、そうした目論見はどれも効果を上げなかった。単にバルサは彼らより一枚も二枚も上手だったのである。二七分、シャビはパスのタイミングを遅らせて相手ディフェンスを引きつけ、パスを受けたペドロが先制。その七分後にはウェイン・ルーニーが同点のゴールを決めるが、試合はバルサのペースで進んだ。そして後半に入り、メッシとダビド・ビジャの得点で優勝はもう手にしたも同然。アビダルのコメントでは、試合終盤にはマンチェスターの選手たちが「もう勘弁してくれよ、降参だ」とぼやいていたそうだ。

後半の間中、ファーガソン監督はベンチで絶えず体を前後に揺らし、まるで病気で倒れてしまいたいと言わんばかりの様子だった。試合後のインタビューで監督はこう語った。

「今までどんな相手でもあんなに打ちのめされることはなかった。私の監督人生の中で、最強の対戦相手でしたね。彼らのパスワークには手も足も出ない」

何の言い訳もできない、完全な敗北宣言であった。

こうしてバルセロナは三度目のチャンピオンズリーグの栄冠に輝いたが、そのタイトルよりも、バルサは最強のチームの一つとして、いやまさしく世界最強のチームとしての地位を確立した。かつてACミランを率いて一九八九年、九〇年とチャンピオンズカップ連覇を果たしたアリーゴ・サッキはグアルディオラを手放しで絶賛した。

「サッカーは調和のとれたチームのためにあるスポーツだ。ちっともチームと言えないような、単なる選手の集まりがなんと多いことか。そうした集団は共にプレーするのに苦労する。組織的なチーム、理解力のあるチーム、団結したチームとの違いはそこだ。個人プレーに長けた選手を抱えるチームは多いが、それは調和を乱す。バルセロナにそうした選手はいない。私のチームにもいなかった。（七〇年代前半の）アヤックスにもいなかった。チームで一丸となって、チームのために、ピッチの端から端まで、試合開始から終了の瞬間まで戦う選手たちに恵まれていた」

バルセロナはただ単に強力だったのではない。このシーズンの彼らはまるで他とは違うスポーツをプレーしているようだった。それは輝かしく、革命的な姿だった。

モウリーニョにとってはおそらく、コパ・デル・レイ杯の優勝が唯一の救いであり、それは後に来る彼の黄金時代を示す兆候だったともいえるだろうが、スペインで彼が迎えたこの最初のシーズンで誰が主役だったのかは明らかだった。モウリーニョの手法に対する疑問の声はすでにレアル内でも定着しつつあった。強豪相手の試合で頻繁に使われるようになった「トリボーテ」に関しては、様々な選手たちからの反対意見が上がった。少なくとも、ディエゴ・トーレスの書いたモウリーニョの伝記によるとそうだったようだ。トーレスは、モウリーニョの原動力が勝つことだけでなく（それが最大の要素だったとはいえ）、自分のやり方で勝つこと、そしてその戦術のパイオニアとして自身を確立させることでもあった、とほのめかしている。アグレッシブで激しいタックルを仕掛け、さらには高いところでプレスをかけることもでき、理論上は敵が上げてきたボールを奪い返してディフェンスの四人の前で立ちはだかることもできるという自慢の「トリボーテ」をモウリーニョは繰り返し口にしていた。ただ、トーレスの話で気になるのは、モウリーニョが自らをそのシステムの創造者だと思っていたという点である。

というのも、その言葉はすでに一九九八年ワールドカップで、イタリア代表チームのディノ・バッジョ、ルイジ・ディ・ビアージョ、ジャンルカ・ペソットの三人のMFを指して、サンチアゴ・セグロラ氏がスペインの『エル・パイス』紙ですでに使っていた。もっと気にかかるのは、モウリーニョがトリボーテを採用していた頃は、それが大した効果をもたらさず、選手たちのポジションも乱れたという事実である。そこには、トーレスがあたかも自分が作り上げた説を広めようという意志が働いているようにも見える。とにかく、その真偽のほどは定かではなく、トーレスの本も全く信頼がおけないとまでは言えないが、モウリーニョがレアルで監督だったころ、大舞台での試合、とりわけアウェーでの試合においては芳しくない結果しか上げられなかったのは事実である。

トーレスによると、モウリーニョは強豪チームに勝つための七か条ともいうべきものを作っていたらしい。

一、エラーの数がより少ないチームが試合に勝つ

二、サッカーは相手チームに多くのエラーを誘発させる選手にとって有利である
三、アウェーでは、敵よりも優位に立とうと試みるより、相手がミスをするよう仕掛ける方がいい
四、ボールを持っている選手は誰でもミスを犯しがちである
五、ボールポゼッションをあきらめる選手は、それだけミスをする可能性が低くなる
六、ボールを持った者は誰でも恐れを感じる
七、よって、ボールを持たない者は持っている者よりも強い

九〇年代後半、モウリーニョはバルセロナで監督としての基礎を養い、クライフの後継者となってもおかしくなかったはずであるが、この七か条はクライフの理想とするサッカーへの強烈なアンチテーゼであり、ポゼッションサッカーとグアルディオラの積極的なアプローチを真っ向から否定するものである。インテルがチャンピオンズリーグの準決勝で戦った試合はまさしくこれに従ったものであるが、レアル・マドリードではこうしたスタイルはクラブにふさわしくないという見方も根強かった。

二〇一一年の夏、すでにバルダノを追放していたレアルはラファエル・ヴァラーヌ、ホセ・カジェホンと契約を交わしたが、ハミト・アルトゥントップ、ヌリ・シャヒン、ファビオ・コエントランも獲得したのは驚きであった。コエントランはジョルジュ・メンデスのクライアントである一方で、アルトゥントップとシャヒンはデュッセルドルフを本拠地とするエージェント、ＩＳＭのレザ・ファゼリが代理人を務めている。ＩＳＭはメンデスと緊密なビジネスパートナー関係を持ち、

メスト・エジルもそこのクライアントである。モウリーニョはポルトガル人ストライカーで、これもメンデスのクライアントであるウーゴ・アルメイダの獲得にも乗り気だった。監督が信頼する代理人を通じ、そのネットワークを駆使して選手の獲得を行なうのは自然なことであり、何も悪いことはない。ただ、トーレスによると、レアルでメンデスの事務所に属さない選手の間では、彼の及ぼす影響が懸念されていたという。それが意図的なものであったのかどうかはともかく、モウリーニョともつながっている一人の代理人が手掛ける選手たちによってチームを構成することで、モウリーニョがレアル内での勢力を強めていったのは確かである。

新しいシーズンはスペイン・スーパーカップでまたしてもクラシコの二試合からスタートした。ベルナベウでの第一試合は二対二のドローに終わり、第二試合はメッシが終了二分前に決めたゴールが決勝点となって三対二でバルセロナに軍配が上がった。プレーの質や試合としての面白さという点で、この試合はおそらくモウリーニョとグアルディオラの対決の中では最高の試合であっただろう。しかし、メッシの決勝ゴールの後に起きた珍事も忘れられない。それはアディショナルタイムに入ってからのことであった。後半からコエントランがケディラに代わり中盤のセンターに移動したことで出場の機会を得たマルセロが、ベンチの目の前でファブレガスにスライディングして転倒させたのである。両選手のちょっとした押し合いはたちまち両チームの選手、スタッフ、審判を巻き込んでの大騒ぎとなった。マルセロとエジルは退場処分を受けたが、より大きな反響を呼んだのはモウリーニョの行為であった。

モウリーニョはボディーガードを従え、バルセロナの助監督ティト・ビラノバの後ろまでやってくると、その指で彼の目の軽く突いた。ビラノバはすぐに振り返ってモウリーニョをぴしゃりと叩くと、そこでボディーガードが二人の間に入った。レアルは、明らかに恥ずべき行為の責任を取るどころか、大会運営委員会にビデオ映像を送って挑発的行為があったと主張した。判決を下したのは、ベルナベウの役員ボックス席でおなじみのアルフレッド・フロレス氏で、ビラノバには一試合、モウリーニョには二試合のベンチ入り禁止処分が言い渡され、さながら喧嘩両成敗といったところであった。

カジージャスにとって、この事件は大きな転換点となった。彼はファブレガスの芝居じみた行為を激しく非難し、親友だったシャビとは大喧嘩となったが、とても弁護できないことを弁護し、少し馬鹿を見ていると感じていたようだった。そうして、彼はまずプライベートで、そして後には公の場でも、シャビとプジョルに謝罪した。これを受けて、モウリーニョは声明を発表し、「偽マドリディスタ」を攻撃し、彼に盾をつく選手を「偽善者」と扱い、それはまさしく権威を振りかざす人物の常套手段であった。レアルは次のガラタサライとの親善試合ではカジージャスを出場させず、レアルのファンクラブであるラ・クラシカは'Mou, tu dedo nos señala el camino'「モウリーニョ、その指が道を示す」と書かれた一〇〇フィートの横断幕を掲げた。これほど大きな横断幕を掲げることについて、クラブ側からの了解が無かったとはとても信じがたい。たとえそれが暗黙のものであったとしても。

レアルはサラゴサ戦、ヘタフェ戦で連勝し、リーガでの滑り出しは好調だった。次に控えていた相手は、かつてモウリーニョが全くとるに足らない相手と切り捨てていたレバンテである。レアルは先にコパ・デル・レイ杯の試合で彼らに八対〇と圧勝し、先シーズンのリーガでの黒星の雪辱を大いに晴らし、試合中も大はしゃぎであった。そうした経緯もあり、モウリーニョはこの試合の前、相手は猛烈に攻めてくるかもしれないので、しっかりと守備を準備しておくよう選手たちに伝えた。ただ、モウリーニョ的な考えでは、それは審判が相手側の激しいプレーに気づいていたことを確認し、自己防衛するという意味であった。前半終了五分前、ディ・マリアがセルヒオ・バジェステロスと激しく衝突して彼の下敷きになり、バジェステロスが飛び込んできたとして抗議した。すでにイエローカードを一枚受けていたケディラは、そのバジェステロスに激しくタックルをかけて転倒させたことで二枚目のイエローカードを受けて退場。こうしてレバンテは一対〇でまたしても金星を挙げた。事前の警告にもかかわらずこのような結果に終わり、モウリーニョがケディラにその責任があると非難したことは、他の選手たちを大いに驚かせた。チーム内に不満の声が増え始める中、ラモスもモウリーニョに説明を求めたことがあったが、そのことで彼は三日後のラシン・サンタンデル戦ではスタメンから外され、試合は〇対〇の引き分けに終わった。

その頃は、もう何もかもがバラバラになっていてもおかしくなかった。最初のシーズンは残念な結果に終わり、カジージャスがまずは反旗を翻し、それにラモスも加わるかと思われていた。シーズン開幕後の四試合でレアルが得た勝点はたったの七ポイント。それでも、彼らと腹を割って話し合いを行なったおかげで、チーム内の空気は少し軽くなった。ラモスは右のサイドバックからセンターへ移動してそこにすっかり落ち着き、レアルはより高い場所でかけるプレスが功を奏し、その後は異例の快進撃を続けて一〇連勝し、挙げた得点は合計三九点に上った。

レアルが二位に勝点三ポイントのリードをとって首位を走っていた一二月、いよいよバルセロナと対戦の日がやってきた。その頃のバルセロナは勝利の一歩手前で引き分けに終わる試合を続けていた。バルサ衰弱の兆候はその前月、マルセロ・ビエルサ率いるアスレティック・ビルバオのプレスに追い詰められエラーを連発し、一対二でリードされ、八九分になってようやくメッシの同点ゴールで辛くもドローに持ち込んだその試合からすでに見えていた。そしてベルナベウでのこの試合は、開始わずか二三秒、バルデスのミスがベンゼマに先制のチャンスをもたらしてスタートした。プレスをかけるレアルに対し、おぼつかない動きのバルサ。アスレティック戦での教訓がよみがえる。このままではバルサはまたしても相手のペースに飲まれてしまう。彼らのポゼッションサッカーは一見向かうところ敵なしといった感じだったが、実際はそうでもなかったようだ。それでも、メッシが後方からいかにも彼らしい走りで相手陣営を突破し、アレクシス・サンチェスによる同点ゴールへの下地をつくる。これで勢いを持ち直したバルサは、後半の最初の二〇分でシャビとファブレガスが追加点を挙げ、勝敗を決定づける。結局、バルサはボールを難なくキープすることに成功したが、この試合の見どころはやはり試合の状況を一転させたメッシのファインプレーであった。いかに素晴らしいサッカー理論があっても、どんなサッカー哲学を信じていても、いかにコンビネーションやプレーのパターンが巧妙であっても、天才的な選手が一人いるということが、試合を自分たちのペースに乗せる手助けになる。それは、時間がたつにつれて確かになってゆく一つの真実であろう。

レアルには未消化試合が一つあったものの、この試合により順位ではバルサと共に首位に並び、どちらが優位に立っているかは明らかだった。それでもグアルディオラは、「レアルは絶対にまた持ち直してくる。一二月の時点ではどのチームが優勝するかなどわかりませんからね」、と慎重を呼び掛けた。

翌月、両チームはコパ・デル・レイ杯の準々決勝で再び顔を合わせた。ベルナベウでの第一試合はバルサが二対一で勝利を収め、スタジアムはブーイングの嵐となった。バルセロナのマスコミはペペがメッシの手を踏みつけたと非難したが、マドリードのマスコミは、ホームでの試合でありながらレアルのボール占有率がたったの二八パーセントしかなく、ゴール枠内に入ったシュートがわずか一本だったことに我慢がならないといった様子であった。『マルカ』紙は表紙に「終わりのない物語」と題し、モウリーニョが「いまだに正しいカギを見つけておらず、言い訳の余地はない」との見解を述べた。『アス』紙は「レアルはゴミを見せ、バルサはサッカーを見せた」とこき下ろした。こんな試合にはもううんざりといった『エル・パイス』紙も当然のごとく、「レアルは無駄に自らの価値を下げている」と嘆いた。勝利は確かに実力を証明するものであり、良い結果を出すために尽くしたほぼあらゆる手段の賜物であるが、モウリーニョは良い結果を出すことすらできない。『アス』編集部のアルフレッド・レラーニョは、「もしこのまま勝利を放棄し続けるのなら、いっそのこと自分の礼節を放棄するのも悪くないのでは?」と問いかけている。

『マルカ』紙は、コーナーでのマーキングに関してモウリーニョとセルヒオ・ラモスとの間で起こった論争を一言も漏らさず報じている。ただ、ここで注目したいのは、モウリーニョは試合前に自分の言った通りに選手たちが動かなかったと愚痴をこぼし、対するラモスはバルセロナのスクリーンプレーのせいで言われた通りに動けず、状況に応じて動くしかなかったという二人の会話の内容ではなく、それが微に入り細に入り報じられたという事実である。密告者がいた、とわかったモウリーニョはそのパラノイアぶりに一段と拍車がかかった。

その週末、レアルはアスレティックと対戦した。モウリーニョは先のバルセロナ戦に出場しなかった選手を六人起用し、とりわけ攻撃的で、受け身のようでも激しく相手にくってかかる、チームが望んでいると思われるラインナップを選んだ。レアルは四対一で勝利したが、これは生死にかかわるほど重要な勝利であり、おかげでレアルは安定を取り戻し、今後に向けてのプレーの可能性を垣間見せた。

バルセロナのホームで行なわれたコパ・デル・レイ杯の準々決勝第二試合で、レアルはまたしてもアグレッシブな戦いを繰り広げた。バルサは二点のリードを奪ったが、これは少しばかり運に恵まれていたということもあっただろう。レアルも巻き返しを図って二点を返して同点に持ち込むが、試合はどこか気の抜けた、面目を保つための争いという風にさえも見えないものであった。それは、バルサがもう脅威を感じる対象ではなくなり、ゲリラ的な作戦ではなく正攻法でも十分に渡り合えるチームとなったことに人々が気づいた瞬間だった。

何はともあれ、そのクラシコでの敗北がレアルを不調にさせることはなく、逆に、以後一一連勝を記録し、その間にエスパニョールとビジャレアルにドローを許し、オサスナとの試合では黒星も喫したバルサとの勝点差は一〇ポイントにまで開いていた。レアルの連勝はホームでのマラガ戦でのドローでストップしたが、試合後モウリーニョはすぐさま審判への批判作戦に打って出た。逆に、先のセビージャとの試合で自分たちのペナルティエリア内でハンドが二度もあってもお咎めなし、彼らの決めたゴールもオフサイドで無効になってもおかしくなかったなど、審判の判定がレアルにとって有利なものであった場合には、モウリーニョは当然一言もコメントを発しなかった。

三日後、レアルはビジャレアルとのアウェー戦に臨んだ。結果はビジャレアルが終盤にマルコス・セナのフリーキックにより同点に追いつき、ドローに終わったのだが、その内容は驚くほど混沌としたものであった。先にリードを奪ったレアルは、そのとたんにエジル、ロナウド、ベンゼマだけを敵陣に残し、他の七人のフィールドプレーヤーは守備に徹させ、つまらないロングパスで中盤でのプレーを避けた。また、ラッサナ・ディアラは、すでにイエローカードを受けているにもかかわらず激しくアタックをかけ続けているという理由で、試合開始後二九分に交代させられた。もっとも、ディアラはモウリーニョとの険悪な関係が明るみになって久しかったが、それでもMFとしての実力を買われてモウリーニョに起用され続けていた。

モウリーニョは、この試合で同点に追いつかれた後の抗議によりベンチからの退席を命じられ、エジルとラモスも終了間際に立て続けにレッドカードを受ける。試合後、ピッチを後にしたロナウドは、「彼らは自分たちの邪魔ばかりする」と吐き捨て、またしても審判が言い訳に使われた。陰謀説を信じ込ませるよう焚きつけ、審判を傷つけ、真実に対する当たり前の考え方すらも歪めてしまう態度がいかに腐りきったものであるか、モウリーニョは考えもせず、あるいはそれがどんな結果をもたらすかなど気にも留めていなかった。彼はこの上なく計算高くシニカルなやり方で共感を呼ぶために吠えつづけ、スペインのサッカー界全体に多大なダメージを与えていた。

もっとも、そんな茶番など必ずしも必要ではなかった。レアルはおおむね素晴らしいプレーを繰り広げ、一方のバルサはこれまでのシーズンに比べると彼らとしてはやや不調だったのだから。そのバルサは、四月半ばにホームでの新たなクラシコを挟んでチャンピオンズリーグ準決勝でチェルシーと対戦することになり、彼らにとってシーズンで最も大きな山場を迎えようとしていた。

スタンフォード・ブリッジでの第一戦では、バルサはほとんどずっとチェルシーの側でプレーした。アレクシス・サンチェスとアドリアーノが放ったシュートはゴールポストに当たり、アシュリー・コールがライン外へとクリアした。バルサは前半でリードをとれるよう全力を尽くしたが、チェルシーの粘りとメッシへの執拗なマークでフラストレーションがたまる一方。メッシは相手陣内に深く攻め上がり、スペースを見出そうとするが、前半終了直前にボールを失うと、フランク・ランパードがラミレスにパスを渡し、ラミレスはシャビを振り切り左サイドから猛進すると、カルレス・プジョルとハビエル・マスチェラーノが二人がかりで右サイドから上がってきたディディエ・ドログバを追いかける。そしてラミレスからのクロスを受けたドログバは、二人がさらに走りこんでいるのを見ると、一瞬間をおいて左足でボールをゴールへ押し込む。チェルシーは試合で唯一放ったこのシュートで見事に一対〇と白星を挙げた。一方のバルサが放ったシュート数は二四に上り、これもまたフラストレーションの種であった。このアウェーでの出来栄えには肩を落としたが、ホームでは挽回できると信じていた。それに、大方の予想ではバルサが決勝に進出するだろうと見られていた。

しかしその前に、リーガでのクラシコがホームで控えていた。グアルディオラはチームのなすべきことをはっきりと理解していた。ドロー、あるいは負けたら、タイトルは失われたも同然だと彼は言った。前半、コーナーキックからのボールをバルデスが取りこぼし、ケディラがレアルに先制点をもたらす。バルサのプレーはキレがなく、何度もボールを外へ出してまるで燃料不足といった様子であった。しかし、後半に入ってサンチェスがクリスチャン・テージョの裏をかいて同点ゴールを挙げる。バルサ側のシュートはその直前に二回も続けてセーブされていて、まさに三度目の正直であった。ところが、それからわずか二分半後にはエジルの鮮やかなパスからロナウドがゴールを決め、レアルは再びリードを奪う。こうしてモウリーニョはカンプ・ノウでの初白星を挙げてタイトル獲得をほぼ確定させた。

この結果はおそらく、チャンピオンズリーグ準決勝の第二戦に向けてバルサに大きなプレッシャーを与えたことだろう。わずか一週間でシーズンの成績が総崩れになる危険性が見え隠れしていたのだから無理もない。二年前にバルサが準決勝で敗退したときは、第二戦でのインテルの粘りだけでなく、第一戦でのコンディションが最悪だったということも大きかった。だが今回は真の力が試される時だ。チェルシーは選手個人でもチーム全体としても首尾よく守り、メンタルとフィジカルの両方で屈強さを見せつけ、また運にも味方された。試合内容では特筆すべき点はなく、この日のチェルシーが驚くほど幸運に恵まれていたのは確かである。しかし、比較的年齢層の高いチームのメンバーが、これがチャンピオンズリーグのタイトルを獲得する最後のチャンスとばかりに懸命に戦い抜いたのもまた事実である。三五分が経過したところでブスケがクエンカのカットバックから先制点を挙げるも、その前にバルセロナはピケ、チェルシーはギャリー・ケーヒルをそれぞれ負傷で失っていた。その二分後、ジョン・テリーが膝でサンチェスの腰を突いたとして退場処分になり、チェルシーはまたもセンターバックを失うことに。前半終了一分前にはイニエスタがメッシのアシストで追加点を入れ、二対〇とリードを取り、この時点では合計スコア二対一となり、勝負があったかのように思われた。バルセロナもそう過信していたのであろう、前半のアディショナルタイムに入ってからバルサの守備は首をかしげたくなるほどに緩みだし、ランパードがラミレスの向かう方へスルーパスを送り、ラミレスはチップキックでゴールを奪う。

こうして、チェルシーはアウェーゴール規定によりバルセロナよりも優位に立つことになったが、後半開始四分でドログバがペナルティエリア内でファブレガスの足を引っかけてバルサにＰＫ

のチャンスをもたらしたことで、その状況は一転するかのように思われた。しかし、メッシの放ったシュートはゴール枠に激突。試合は依然としてバルサのペースで進んでいたが、どうしても決勝点となる三点目が必要だ。試合が終わりに近づくにつれ、チェルシーは一段と守りに入った。センターバックにブラニスラフ・イヴァノヴィッチとジョゼ・ボシングワを従えたチェルシーは、バルセロナが思っていたほど、いやそれよりももっと予測不可能なプレーを見せた。バルセロナがこの試合で渡したパスは八〇六、対するチェルシーは一二二、放ったシュート数もバルサが二三でそのうち二本がゴールに結びついた。いずれにせよチェルシーは負けるだろうと思われていたが、フェルナンド・トーレスが誰もいないバルサのフィールドを突進し、バルデスをかわしてゴールを決め、アディショナルタイムに入って合計スコア三対二という結果に終わった。試合後グアルディオラはこうコメントした。

「チームを見ていて、なぜ決勝に進出できなかったか、どこに落ち度があったのか理解しようとしたけれど、答えは見出せない。最初から、私は選手たちにとにかく攻めて、攻めて、攻めまくれと言っていた。必要な pausa* を見出せないときがある。これは今後の教訓となるだろう。もっと良い攻め方を見出さなければならない」

*とりわけアルゼンチンで称賛される、ゴールのアシストをする前に置く一瞬の間のこと。別の言い方をすれば、グアルディオラはバルサが度を超えて錯乱したプレーをするようになったと言いたかったのであろう。

シーズン終盤を迎えてバルセロナにはどこかやる気が失せてしまったようなムードが漂っていたが、それ以上に気になることがあった。常に変革し続けることが必要だと信じているグアルディオラはいつだって、固定観念を崩し、状況に合わせ、マンネリや独りよがりの考えが孕む危険性を感知していた。彼はメッシをフォルスナインとして起用し、攻撃プランに別の選択肢を与えるためにズラタン・イブラヒモヴィッチを迎えた。それでも、バルセロナで最後となったこのシーズンでのグアルディオラは、自分でもよくわかっているその運命から逃れることができないだけではなく、それを回避しようと自分がとってきた措置がことごとく裏目に出てしまった、あたかもギリシャ悲劇の登場人物のようであった。

グアルディオラを当惑させたのは自陣で下がってバルサを迎え撃つチームであり、彼はバルサが同じ構成、いつものパターンで戦うことになるのを恐れていた。そこで、いったんはダニ・アウヴェスらをはじめとしてより多くの選手たちを高いところでプレーさせてディフェンスの壁を揺るがそうと工夫した。だがそれは逆にバルサの力を弱める結果になった。奥から上がってくる選手をマークするよりも高いところから来る選手をマークする方が簡単なのであるから。

それがチェルシー戦の最後の数分間でバルサが見せた凡庸さの原因ではないが、バルサの選手たちがなぜディフェンスラインを突破できなかったのかを説明している。全員がもうペナルティエリアに近づきすぎていて、ボールを追いかけて走り出したときに全速力で移動するのに十分なほど切り替えができなかったのである。

明らかに終焉を意識していたようなグアルディオラの様子を見て、彼が宿命的な理想論にがんじがらめになっているのではないかと思った人もいただろう。彼のアプローチは、エルンスト・ベッカーがそのフロイト理論の再解釈の中で取り上げている利他主義の概念とつながっているようにも見える。グアルディオラは自我の解体を妨げることはできないが、少なくともその解体の状況をコントロールすることは可能であり、よってそこに何らかの意味を持たせることができるのだ。グアルディオラは自分の信ずる主義によって崩壊に導かれたのかもしれないが、彼は自分を抑えるどころかさらにそのまま突き進んだ。それはもしかすると失敗だったのかもしれないし、失敗していてもおかしくなかったが、グアルディオラはいかにもバルセロナらしいやり方で失敗したのであった。

チェルシーによって大会敗退に追い込まれたその二日後、グアルディオラはロセイ会長と会って辞任の意向を伝えた。彼の代役としては、とりあえずティト・ビラノバが監督を務めることになった。一方のモウリーニョは立派に役目を果たしたと言える。リーガでは黒星をわずかに二つ記録しただけで、バルサに勝点差九ポイントと大きく水をあけ、史上最高の勝点一〇〇ポイント、得点数一二一を記録した。レアルはチャンピオンズリーグでは準決勝でバイエルン・ミュンヘンを相手にPK戦の末敗れたが、それでもモウリーニョが成功を収めたことに変わりはなかった。彼の手法に対してどんなに気持ちを乱されようと、こうして成果を挙げられたのは事実である。グアルディオラが最後に得たタイトルは、ビエルサ率いるアスレティックを下してつかんだコパ・デル・レイ杯であった。監督として彼のアイドルの一人であったビエルサとの対戦は感動的であったが、レアルにまたしても一大帝国を築き上げる道が開けていたのは目に見えていた。

しかし、一大帝国を築くというのはモウリーニョの性分ではなかった。彼がマンチェスター・ユナイテッドの監督に就任する前まで、彼は就任第二シーズン目で必ずリーグタイトルを制しており、三シーズン目は滅多に完投できなかったが、その場合には必ず失敗に終わっていた。バルセロナは新米のティト・ビラノバが指揮を務め、チームが持っていた無敵のオーラは消え去り、レアルとしては何とかモウリーニョがその性格の建設的な部分を前面に出してくれはしないか、すでに一つの目標を達成したのだから彼の手法ももっと万人に受け入れられやすいものとなり、ひいてはクラブの持つ紳士的なイメージと折り合いをつけてくれないかと淡い期待を抱いていた。

そうした現実を一番よくわかっていたのはモウリーニョ自身であっただろう。彼は決してレアルと水が合わなかった。そのサッカークラブとしての地位と、ディズニーのように「コンテンツの提供者」として自ら名乗るそのヴィジョンを融合させるのにこうも四苦八苦している人間はレアルでは誰もおらず、その夏には彼がまたイングランドへ戻る話も持ち上がっていたが、結局レアルと二〇一六年までの監督契約を更新した。

バルセロナにとって、ビラノバはこれまでの延長線上にあることの象徴であった。新しい監督とグアルディオラについて尋ねられたメッシは、「性格はだいぶ違うけど、練習のやり方は同じ」と答えている。レアルはと言えば、シーズン開幕からひと月もたたないうちに今回のモウリーニョ艦隊は大波乱になると誰もが確信した。スペイン・スーパーカップではアウェーゴール規定によりバルセロナを抑えて優勝したものの、リーガの第一節、ホームでのバレンシア戦はドロー、続くヘタフェとの試合では黒星を喫した。第四節のセビージャとのアウェー戦でまたも敗れると、バルセロナとの勝点差は八ポイントにまで広がった。もっとも、当時のバルセロナは取り立てて素晴らしい出来栄えではなかったのだが。セビージャとの試合では、ピョートル・トロホウスキーがイヴァン・ラキティッチからのコーナーを得点に結びつけてからというもの、チャンスを作るのに苦労し、結果は〇対一であった。先の二シーズン同様に、カウンターアタックを仕掛けるまでに時間がかかりすぎる、大勢のディフェンス陣に立ち向かっていくのに時間が少なすぎる、と今回もまた選手たちは不満を漏らした。モウリーニョは黒星が自分の責任ではないと強調し、「すでにできあがったものにこれ以上手を加えたり、改良を加えたりすることなどできない。各選手はそれぞれのポジションと役割を心得ている」と反論した。

チームでもベテランの選手たちは、こうして責任を回避するような監督の発言に反発し、モウリーニョと直接向き合ったが、似たようなことは以後も引き続き起こった。レアルはそれでも多くの試合で勝利を挙げたが、プレーにはどこかぎこちなさがあった。ともに〇対一で敗れたレアル・ベティスとグラナダとの試合では、ひらめきと活力が著しく欠けていた。一二月に入り、モウリーニョはラジオ・マルカのジャーナリストとひと悶着を起こし、「三匹の黒い羊」に傷つけられたとコメントした。レアルの内部では緊張は消えず、モウリーニョのパラノイアぶりも完全に消え去ってはいなかったようであった。一週間後のマラガとのアウェー戦ではカジージャスがスタメンから外され、レアルは二対三でまたも黒星を喫した。年が明け、カジージャスはホームでのレアル・ソシエダ戦でもスタメン入りを見送られたが、いつもは彼の控えだったアントニオ・アダンが退場処分を受けてようやく出番を与えられた。この試合では四対三と勝利を挙げたものの、サポーターたちの間でモウリーニョに対する不満が高まっているのは火を見るより明らかだった。

カジージャスはそれからほどなくして手を骨折し、彼の代わりにセビージャからディエゴ・ロペスを迎えたことでこの騒ぎはいったん収まった。だが、レアルには他にも火種がいくつもくすぶっていて、すべてを消すのは不可能だった。結末は実際には早くから影をちらつかせていたのである。「このクラブに三年も居座る監督はそう多くはいない」モウリーニョはシーズンが終わるずっと以前にそうコメントしていた。それは事実であるが、モウリーニョが一つのチームを四年以上指揮したことがないのもまた事実である。

レアルは好調なときですらも間違った道を歩んでいた。リーガでのバルセロナとの対戦は、カンプ・ノウでは引き分けに持ち込み、ホームでは勝利を挙げ、コパ・デル・レイ杯ではバルサを敗退に追いやったが、結局はいずれのタイトルも獲得できなかった。チャンピオンズリーグではグループリーグでボルシア・ドルトムントに次いで二位通過し、決勝トーナメント一回戦の相手はマンチェスター・ユナイテッドに決まった。ホームでの第一戦は引き分けを許し、リードを奪われてオールド・トラフォードで迎える第二戦、マンチェスターのナニがアルベロアへ向かって足を高くあげたとして退場処分になると、モウリーニョはアルベロアを交代させてルカ・モドリッチを投入した。それから一〇分間にレアルは二点を挙げ、そのまま勝利と相成った。これはモウリーニョにとって、その戦術面での卓越した力を見せつけた記念すべき試合であったが、ある日、レアルのトレーニング場があるバルデベバスで、あなたにはすべてが備わっていると言われたとき、彼は冗談交じりに「チームスピリット以外はすべてありますよ」と答えた。モウリーニョの肩を持つ者なら、それは単に彼だけの問題ではないだろうと言うかもしれない。だが例えば一二月、マイケル・エッシェンの三〇歳の誕生日パーティーにやってきた選手が極端に少なかったことを見ると、クラブを取り巻く雰囲気がいかにとげとげしいものであったのかがわかる。

チャンピオンズリーグでは、準決勝でユルゲン・クロップ率いるボルシア・ドルトムントに敗れて大会を後にした。ドルトムントは素早く動きにも切れがあり、モウリーニョの十八番だったカウンターアタックでもさらに上回った。モウリーニョにしてみれば、これはポゼッションするのが危険だという彼の説を証明するものであっただろう。ただ、そこにはゲームが面白くなるヒントも隠されていた。カウンターアタックには様々なスタイルがある。クロップのそれは、強烈なプレスをかけ、相手陣内の奥でボールを奪い返すもので、モウリーニョのカウンターよりもダイナミックでスリリング、かつ斬新なのである。

バルセロナはこのシーズンのリーガを制し、勝点は一〇〇ポイントで前シーズンにレアルが打ち立てた記録に並んだ。また、二〇一二年一一月にはカンテーラのポリシーを立証する記念すべき出来事もあった。バルセロナが四対〇で勝利したレバンテとの試合では、終了時にプレーしていたメンバー一一人全員がカンテーラ出身者で占められていたのである。この件についてシャビは次のようにコメントしている。

「ファン・ハールはいつも、クラブは自身の下部組織出身の選手だけでメンバーを構成するべきだ、と言っていた。そして今、その目標が達成できた。その基礎を作ったのはファン・ハールなんだ」

とはいっても、二〇一二―一三シーズンは、ビラノバの健康状態がチームに暗い影を落とした。彼は一二月に二度目のがん宣告を受け、それから手術や放射線治療で六週間監督職を離れ、代わりにアシスタントコーチのジョルディ・ロウラが指揮を執った。

そうした中、チームの集中力が低下したのは致し方のないことであった。バルセロナがコパ・デル・レイ杯でレアルに敗れたとき、『エル・ペリオディコ』紙は「かつて見たことのないほどひらめきに欠け、つい最近まで彼らが見せてきた姿からは程遠い」と評した。その一週間後に今度はリーガの試合でレアルに敗れると、『エル・パイス』紙はバルサを「魂も、サッカーへの情熱も、そしてメッシも（このときは負傷により）抜けていた」チームだったと評した。

そのメッシは、チャンピオンズリーグ決勝トーナメント一回戦でのACミランとの対戦で、第一戦で〇対二と奪われたリードを第二戦で見事に覆すことに貢献し、バルサに再び息を吹き込み、パリ・サンジェルマンを相手に突破した準々決勝では彼のアウェーゴールが勝敗の決め手となった。『エル・パイス』のラモン・ベサはこう書いている。

「もう『メッシ依存症候群』なんて話はやめよう。彼はそこにいるだけで十分だ。メッシの姿をかたどったパネルを置くだけで試合に勝てる日が来るかもしれない」

クリスマスの頃には当然、まだリーガのタイトルの行方はわからなかったが、チャンピオンズリーグ準決勝、バイエルン・ミュンヘンとの対戦のずっと前からバルサのスランプぶりを示す兆候はたくさんあった。ミュンヘンでの第一戦では〇対四と大敗し、一九年前のクライフ時代にACミランから受けた屈辱を思い出させ、第二戦では〇対三と完敗し、無残そのものであった。しかし、酌量できる要因もいくつかあった。まずは第二戦でのメッシの欠場。それに、プジョル、マスチェラーノ、ブスケ、ジョルディ・アルバが負傷していた。アビダルは肝移植手術を終えたばかりで、シャビもダニ・アウヴェスも憔悴しきっていた。アレックス・ソングとセスク・ファブレガスのコンビはうまくかみ合っていなかった。バルセロナのスタイルはもう終わりだ、ドイツから来たさらにダイレクトなカウンターアタック術がボールポゼッションをベースにした哲学を超えた、という声も上がった。ただ、本当の所は、バルセロナはただ疲れ切っていただけで、それは一つの周期の終わりであった。

そしてもちろん、監督の問題もあった。デリカシーに欠けた言い方であることは十分承知の上で言えば、ビラノバの病気によって上からの指示が弱くなったことは認めざるを得なかった。彼は三月に復帰したもののその夏に辞任した。ビラノバは翌年四月にがんを再発し、一週間後に息を引き取った。享年四五歳であった。

＊　＊　＊

二〇一三年五月七日、モウリーニョはリーガでのマラガ戦に備え、シェラトン・マドリード・ミラシエラに独りでやってきた。不忠を働いたとモウリーニョが責めた選手たちと共に行動するのを拒否したからである。ホテルの入り口では、レアルの最も忠実なファンと自称するサポーター集団「ウルトラス・スール」の一団がモウリーニョを支持するというプラカードを掲げて出迎えた。レアルでの波乱に満ちたモウリーニョの時代が終わろうとしているのはもう明らかだった。それだけでなく、モウリーニョにとって状況は次第に悪い方へと向かって行った。

ことが明らかになったのは、マンチェスター・ユナイテッドがアレックス・ファーガソンの後任にディヴィッド・モイーズを指名した夜のことだった。ディエゴ・トーレスが著したモウリーニョの伝記によると、モウリーニョはその知らせに非常にショックを受けたようだ。なにしろ、モウリーニョはシーズンの後半、ほとんどずっとプレミアリーグ復帰を目論んで暗躍していたのだから。かつて『サン』紙の記者だったロブ・ビーズレーは、その著書の中で彼とモウリーニョとの関係について語り、モウリーニョはロンドンに滞在していたときにいつ、どこでカメラマンから隠し撮りされるのかを心得ていて、それが彼のイングランド復帰の噂を広めるのに一役買うことを期待していた。レアルがオールド・トラフォードで勝利を収めた後、モウリーニョは驚くことにいつになく寛大な様子で、「最高のチームが大会を去った」とコメントした。このときすでに水面下で一種の駆け引きが進行していたのは間違いない。そのうえ、モウリーニョはファーガソンとの間には特別な人間関係があると信じていた。だが、ファーガソンは次期監督の決定についてさえ、彼に電話の一本もよこさなかったのである。

その夜、モウリーニョは落ち着きがなく、不安に駆られ、何かの間違いではないかと頻繁にニュースをチェックした。そして翌日、彼はジョルジュ・メンデスに電話をかけ、マンチェスターの決定を覆して自分を受け入れさせることが可能かと尋ねた。しかし、その翌日からモウリーニョは一転し、自分は前からチェルシーへ戻りたいと思っていたし、妻もロンドンに住みたがっていると主張した。それは事実だったかもしれないが、オールド・トラフォードでの勝利の後、欧州クラブ大会での最後の舞台を飾ったアレックス・ファーガソン、並びにマンチェスター・ユナイテッドという名門クラブを称賛してこの上なくまっとうな態度を見せていただけに、彼はこの事件を新たな裏切りだと思っていたのかもしれない。また、サッカーとは間接的にしか関係のない理由から切り捨てられたというのも決まりが悪かった。当時マンチェスターの幹部取締役だったボビー・チャールトンは、二〇一二年に『ザ・ガーディアン』紙の取材に応じ、「マンチェスターの監督たる者は、モウリーニョがティト・ビラノバに対して行なったことをするような人物であってはならない。モウリーニョは素晴らしい監督だが、私に言えるのはそれだけだ」と答えている。加えて、彼のレアルでの振る舞いが新たな疑念を発生させた。「厄介なのは、ことがうまく進んでいないと、モウリーニョはクラブの意見に耳を傾けず、自分のやり方を押し通そうとする」、メンデスの事務所のとある重役はそうトーレスに語っていた。

こうして、モウリーニョに残された選択肢には限りがあった。パリ・サンジェルマンを除いては、彼を受け入れるのにふさわしい地位を持つクラブはチェルシーただ一つであった。それだけではなく、彼はかつて自分が尊敬され、「特別な存在」だと自ら宣言しても好意的に受け止められ、ファンもその妥協のないアプローチを気にかける様子がなかった（アブラモヴィッチ会長がそれを熱狂的に支持していたかどうかは別問題であるが）、そんなクラブへ戻れるのは魅力的であった。

かくして交渉が進む中、シーズンはまだ完全には終わっていなかった。リーガのタイトルは遠のき、ホームでアトレチコと対決したコパ・デル・レイ杯の決勝戦は彼に一種の花道、また、威厳を持ってとまではいかなくとも、タイトルを引っ提げて別れを告げる機会をもたらしてくれるかとも思われたが、結局はそんなことには無縁のまま試合は終わった。モウリーニョは四―三―三でエジルを右サイドで使ったため、ペペはカジージャスと共にベンチを温めた。レアルは一四分、モドリッチのコーナーからロナウドがヘディングで先制点を挙げるも、このシーズン初めてのことではないが、レアルはとりあえずリードを奪おうとプレッシャーを誘発。ディエゴ・コスタが同点ゴールを決めて試合を振り出しに戻すと、延長戦に入ってミランダが勝ち越しのゴールを挙げた。それからロナウドが二枚目のイエローカードを受けて退場し、モウリーニョもベンチからの退席を命じられて客席へと送られた。こうしてモウリーニョは、不正を声高に叫び、自分が犠牲者だと思わせるように計らうという、いつも通りの態度でレアルでのキャリアに幕を下ろすこととなった。試合後の記者会見でモウリーニョは「私のキャリアで最悪のシーズンだった」と毒づいた。

その三日後、ペレス会長はモウリーニョがレアルを去ると発表。そしてそれから二週間後、彼がチェルシーの新監督に就任することが発表された。

第八章
反改革運動の起こり

二〇一〇年ワールドカップ決勝戦、試合開始から三〇分が経とうとしていたそのとき、シャビは左前にいたシャビ・アロンソがセンターサークルを出たところで彼にヘディングでパスを送った。シャビ・アロンソは受けたボールをコントロールして前へ進もうとしたその矢先、オランダのナイジェル・デ・ヨングの上げた足が胸に命中し、地面に崩れ落ちた。悪意に満ちたというよりも、タイミングの悪く不器用な、見るも恐ろしい一撃であった。だが、この背景には奥深いシニシズム、そして、ボールを奪えなくてもアロンソの動きを阻止して彼に何らかのダメージを与えようという意図があった。クライフの理念とは正反対のこうした精神は、この大会でのオランダ代表の特徴の一つだった。オランダは決勝戦で九枚のイエローカードを受けたが、そのうちの三枚がジョニー・ヘイティンガの退場につながった延長一九分以降に受けたものであった。

オランダはこれまでもワールドカップの決勝戦で敗れたことがあった。見応えのあるサッカーを繰り広げる素晴らしいチームを抱えるオランダだが、世界王者の栄冠を手にして凱旋したことはない。それはいかにもオランダらしく、一九八八年に西ドイツで行なわれた欧州選手権での優勝は、例外中の例外といえる。フェアな精神では常に上を行き、恥ずかしくない負け方をする、それが彼らの文化だった。ジャーナリストのサイモン・クーパーが指摘しているように、＊そうした姿勢はサッカーだけに見られるものではない。一九六〇年代以降、オランダの政治は「模範になる国オランダ」というスローガンに反映され、その社会の寛容さで有名になった。元アムステルダム大学教授で政治学者のポール・シェファー氏は、小さな国は強国になるよりも感じのいい国になる方が簡単である、と指摘している。それだけに、このワールドカップ南アフリカ大会で起きたことはとりわけ見ているのが辛かった。本当に恥ずかしい負けっぷりを見せ、決勝まで進出したことへの称賛の声もほとんど聞こえなかった。むしろ、嫌悪感さえ覚えさせた。それはあたかも、デ・ヨングの足がシャビ・アロンソの胸だけでなく、誇り高いオランダの伝統すべてに蹴りを与えたようなものであった。

＊『ザ・ブリザード』誌〇号、「オランダのスタイルとオランダ人」より。

ヨハン・クライフは怒り狂っていた。

「オランダから連絡があって、『インテルのようなプレーをやっても大丈夫だろうか？　モウリーニョがチャンピオンズリーグでバルサを敗退に追いやったように、スペインを打ち負かすことができるだろうか？』と訊かれた。問題外だ、と私は答えた。あのようなスタイルは大嫌いだし、自分の国のチームにそんな真似はしてほしくないし、自分たちのスタイルを決してあきらめてほしくなかった。かつてのような優れた選手が不在でも、自分たちのスタイルは守ると思っていたが、私の見当違いだったようだ。彼らはボールを取りに行こうとしないのだ」

彼は『エル・ペリオディコ』紙の取材でこう語った。しかし、オランダが四―三―三以外でプレーすることなど起こり得ないと感じていた人々の間で大きな波紋を呼んだ、ファン・マルヴェイク監督の四―二―三―一と、インテルで見せたモウリーニョの手法の間に共通点があるのは明らかだった。共に六人の選手を自陣の深い位置でプレーさせて、残るクリエイティブな四人を前面に出し、ヴェズレー・スナイデルがその中間に置かれていた。ワールドカップの開幕数週間前、共にバイエルンに所属するロッベンと、ファン・マルヴェイクの娘婿であり、チーム内で大きな影響力を持っていたファン・ボメルがチャンピオンズリーグ決勝戦でそのインテルに屈していたのは単なる偶然ではないだろう。その試合は、理想に沿ったプレーの限界を彼らに痛感させたのではなかっただろうか？


クライフはさらに続けてこう語った。

「全く残念で悲しいことに、彼らのプレーは汚かった……反対した自分が間違っていると思われ、オランダがただタイトル欲しさにあんな愚劣なサッカーを選択したことにひどく傷ついた。あれは本当に見苦しくて下品で、力任せで頑固で、目を見張るようなところが全くない、とてもサッカーとは言えないものだった。オランダは確かにそうやってスペインを苦しめた。それで彼らが満足だったのなら構わないが、結局は負けた。オランダはアンチフットボールを展開したのだ」

クライフ主義をより忠実に受け継いだのは、オランダよりもむしろスペインのほうだった。クライフは決勝戦の前にもこう語っていた。

「私はオランダ人だがスペインのプレースタイルをずっと支持していくだろう。スペインのように攻撃的なサッカーを行なえば、勝つチャンスはより大きくなる。また、ボールを奪おうと必死に向かってくるチームを相手にカウンターで迎え撃とうとすると、苦しくなるのは必至だ」

その二か月後、マルティン・ヨル監督指揮下で二度目のシーズンを迎えるアヤックスは、チャンピオンズリーグでモウリーニョ率いるレアル・マドリードと対戦して惨敗した。クライフにとって、これは耐え難い屈辱であり、『デ・テレグラーフ』紙に寄せた一文の中で、その反改革運動の狼煙を上げた。アヤックスを彼の得意な遠回しなやり方で操ろうとする、ビロード革命ともいうべきそれは、ファン・マルヴェイク監督に対してのみ向けられたものではない。彼はアヤックスに選手としても監督としても所属したことはなかったし、代表チーム選出経験も一度しかない。また、アヤックスでは一度もプレーしたことのなかったヨル監督にのみ向けられたものでもなかった。それは、オランダサッカー全体への提言だった。反改革運動というからには、当然その前に改革運動が起こっていた。クライフの流れを継ぐサッカー哲学はバルセロナにかつてないほどの栄光をもたらしたが、一方オランダでは、伝統的なアヤックス流のスタイルに疑問の声が激しく上がっていた。現実的な考えが新たな流れとなり、中でもおそらく最も驚くべきは、その運動を率先した人物というのが、かつて自らをアヤックス流の申し子と自認していた人々であったことだ。もっとも、彼らはその中でもとりわけ理想に縛られるタイプではないと見られていたのも事実であるが。

クーパーによると、そうした改革運動の発端は二〇〇二年ワールドカップの予選でファン・ハール率いるオランダがアイルランドを相手に大苦戦を強いられた末に〇対一で敗れ、結果として本大会出場を逃した事件であったという。この「ダブリンの悲劇」の後、オランダ代表のお家芸だった短いパスをつなぐアプローチではもう対戦相手を倒すことができないと認識され始め、フース・ヒディンクの後押しもあって、オランダはより攻守切り替えの速やかさを基本としたアプローチへと方向転換していった。二〇〇八年の欧州選手権では、マルコ・ファン・バステンが指揮を執ったオランダ代表はずば抜けた才能のある選手たちに恵まれ、そのプレーは伝統的なオランダサッカーの進化版と大々的に認められた。イタリアを三対〇、フランスを四対一で下し、準々決勝で敗退したものの、相手は同じスタイルでもさらに進化したプレーを繰り広げたロシアで、そのロシアを率いていたのは他でもないフース・ヒディンクであった。これもまた名誉ある敗北だったと言えるだろう。

それからオランダは、何かが変化していった。ファン・マルヴェイク監督のもと、勝てるチームになってはいたが、プレーの美しさはとんと気にかけていなかった。ワールドカップの予選では八戦全勝と快進撃だったものの、かつてのような姿勢は一変していたのである。大会前のナイキの宣伝はその何たるかを示していた。オランダ代表の選手たちがトレーニングに励み、厳しい顔つきをして汗を流している。そこには、一九七四年のワールドカップ決勝戦の前に西ドイツのメディアがすっぱ抜いた（またはでっち上げた？）、あのプールサイドでの乱痴気騒ぎに興じるオランダの選手たちを思わせるものは微塵もなかった。「歓喜の涙は汗によって作られる」、「エゴを捨てろ、まずは自分のエゴから」といった文字が流れる。このコマーシャルで明らかになったのは、オランダがもう名誉ある敗北では満足できないチームになったということだ。CMはさらに続いて、「勝利なくしてサッカーは完結しない」、「美しい敗北でも、敗北に変わりはない」と謳う。

決勝戦までその精神を貫いたオランダは、帰国すると六〇万人の人々から温かい歓迎を受け、自国のインテリ層の苛立ちを無視する者もあったが、反対派の声は徐々に上がり始めていた。オランダのサッカー雑誌『ハード・グラス』は、アロンソにキックをお見舞いするデ・ヨングの写真を表紙に載せ、「これぞオランダのサッカー」と皮肉った。以後、オランダ代表チームは徐々に支持されなくなっていった。

実利的なサッカーへの転換の責任者として広く知れ渡っていたヒディンクでさえ、ファン・マルヴェイクには厳しかった。彼はクーパーにこう語っている。

「何の感銘も受けなかった。試合は見ましたが、どうも熱が入って見ていないことに気がついたのです。自宅や私の周囲ではみんながっかりしていました。世界のサッカー人からもこんな声が聞こえましたよ。『何ということだ、オランダにはちっとも良いところがなかった』とね。『小さな強豪オランダ』というイメージは失われませんでしたが、もうこんなことは二度とゴメンですね」

それでもやはり、ファン・マルヴェイク率いるオランダは極端な例であった。彼以外の監督たちはここまでアプローチを激変させることはなかったかもしれないが、クライフに始まる伝統の軌道から外れていたのもまた事実であった。

ファン・ハールがアヤックスでテクニカルマネージャーの役目を終えた後、世間では彼はもう限界ではないかという疑念が高まっていた。おそらくアリーゴ・サッキのように、プレースタイルについてのラディカルな考えにインスパイアされ、彼もまた若くして栄光をつかんだ監督の一人であるが、最終的にはその理論が他の場所では必ずしも通用しないと気がついたのではないかと。ファン・ハールは二〇〇五年一月にサッカー界へ復帰したが、それは名だたる強豪クラブではなく、AZアルクマールの監督としてであった。人口一〇万人、チーズ市場とわずかの観光地で知られるアルクマールに本拠地を置くこのクラブは、一度だけ一九八一年に国内リーグ優勝を果たし、またUEFAカップで決勝戦まで進んだ。

華やかなスポットライトとは無縁のこのクラブは、ファン・ハールにぴったりだった。彼は時間をかけて自分の思い通りのチームを作り始めていった。その実利的な考えから、アヤックス式のプレス・アンド・ボール・ポゼッションは人材に限界のある自分たちのようなチームには不向きと見切りをつけたファン・ハールは、より深く守りを固め、チーム全体のフォルムは崩さず、隙を見つけて一気に攻め立てる戦略により焦点を当てるようになった。

「スペースをあけ、そしてプレスをかける。これは自分のチームの質はもちろん、対戦相手の質にも左右される。最初の頃、常に攻撃をかけさせ、ディフェンスもハーフラインまで上がってプレスをかけさせたが、そうなると後方に大きなスペースが空いてしまう。そして後になって、私の考え方に変化が生まれた。相手チームの長所を利用してやればいいではないかと」

ファン・ハールはこう振り返る。それは、クライフのプレー理念が小さなクラブでも通用するのか、あるいは、彼の哲学が高いレベルの選手に恵まれたクラブでのみ適用できる、一種の贅沢であるのかという問いへの答えであった。ともあれ、少なくともそうした問いに一部は答えていたと言えるだろう。臨機応変に対応するのはもっともなことであるが、哲学が他の何かに変わるまで、いったいいくつの対応パターンをこなす必要があるだろうか?

新たなスタイルの導入は新たな指導方法の導入を意味するわけではなく、ファン・ハールは昔と変わらず細部にこだわった。彼は試合の映像を二〇〇〇もの場面に分割して、正しいプレーと間違ったプレーを、映像を交えて説明する個別のメールを選手一人ひとりに送った。ファン・ハールがAZの監督に就任した当初にレンジャーズから移籍してきたジョージア人ショタ・アルベラーゼは次のように語っていた。

「ファン・ハールは考え方がいつも独特で、考えられる限りのあらゆるフォーメーションを想定することができた。それに、素晴らしいストライカーを二人抱えて、ゴールもたくさん決めたし、MFも素早く彼らのバックアップに回っていた」

ファン・ハール就任から二シーズン目のAZは、驚いたことにタイトル争いの真っただ中にあった。アルベラーゼは「ファン・ハールはいつだって選手を高めるすべを知っている。自分とは水が合わないだろうと多くの人に言われたけれど、彼の言うことなすことすべては、選手の力を向上させるためなんだ。彼は気軽に話ができる人だし、実際にどんなことでも話し合えたよ」と語っていた。アルベラーゼはシーズン終了後レバンテへ移籍したが、その翌年にはAZへアシスタントコーチとして戻ってきた。話を二〇〇六—〇七シーズンに戻そう。AZはPSV、アヤックスとタイトルをめぐって三つ巴の戦いを繰り広げ、それは最終節までもつれ込んだ。得失点差で他の二チームにわずかにリードをとっていたAZの対戦相手は、最下位グループのエクセルシオール。しかし、この試合ではAZのGKが退場処分となって二対三で敗北。PSVとアヤックスがどちらも白星を挙げたことから、AZは三位へと転落してシーズンを終えた。

そのシーズンの得点王だったAZのダニー・クーフェルマンスは、彼よりもさらにレベルの高い選手を探しているとファン・ハールから言われたことに腹を立てて移籍を決めたが、それよりもさらに頭を悩ます事件がこの夏に発生した。ファン・ハールは学校のイベントで棒高跳びを披露したところ、脚を二重骨折してしまったのである。彼自身の言葉によると、スポーツ用のシューズではなく底の滑りやすい革靴を履いていたのが原因らしいが、当時彼が五六歳だったこともここに記録しておくべきだろう。

骨折により脚に六針縫う大怪我をしたファン・ハールは、数週間にわたり車いすでの生活を余儀なくされた。それにもめげず、ファン・ハールはゴルフ用のカートを使ってトレーニングを指導した。一一月の初めに受けた手術の翌日、彼はNECとの試合を観戦しにスタジアムへ向かい、そのときはスタンドの特別席から彼のアシスタント、エドヴァルト・メトホットとトランシーバーで連絡を取り合った。試合は四対〇でAZの勝利に終わったが、これは彼らにとって残念な結果に終わったそのシーズンでの数少ない快挙であった。AZは国内リーグ一一位でシーズンを終え、ファン・ハールは辞任する意向を明らかにしたが、選手たちから続投するよう説得された。そして八月、その五七歳の誕生日に、一四年間交際していたトルースさんと結婚式を挙げた。

二〇〇八―〇九シーズンが開幕し、AZはいきなり二連敗と滑り出しは最悪だったが、先シーズンは負傷でずっと欠場していたステイン・スハールスの復帰が状況を一転させた。スハールスはディフェンスの四人を相手にスクリーンプレーを行なえるなど戦術的に優れた感覚の持ち主であるだけでなく、ロングパスの名手として、ボールを奪ったとたんにムニール・エル・ハムダウィとムサ・デンベレのフォワードコンビに素早くパスを送ることができた。

「エル・ハムダウィはリバウドのようなタイプで、自己中心的な、別のサッカー文化を持つ国から来た選手だ。彼はもっと自由にプレーさせてほしいと思っていただろうが、私は彼が二五得点ぐらいは挙げるのではないかと思っていた」

そう語るファン・ハールはまた、典型的なファン・ハール好みの選手とは言い難いマールテン・

マルテンスを四―四―二で左サイドに起用した。

「彼は背番号一〇番の役でプレーしたかったようだが、私は彼を左サイドに配置した。そして他の選手たちには、君たちにできる精一杯のことを彼のためにやってやれ、と納得させた。彼は九〇分間ずっと走り続けることだってできただろう」

その後AZは、一九戦一七勝二引き分けと絶好調。ファン・ハールが二〇〇八年のアルクマールのチーズ市で開幕宣言を行なったとき、ある占い師がAZのリーグ優勝が四月一九日に決定するだろう、と予言した。時は経って四月一八日、AZはこの日のフィテッセ戦で優勝を決めるチャンスがあったが、予想に反して黒星を喫し、この日はお預けとなった。そして翌日一九日、タイトルレースでAZの後につけていたアヤックスが二対六で大敗し、タイトルへの道が閉ざされてしまったのである。「自分のサッカー人生で、ちょっとした最高傑作ですよ」。ファン・ハールはそう語った。

規模が小さく自分の思い通りに、誰に気兼ねもせずチームを自由にできるAZに残留していてもおかしくなかったファン・ハールであるが、彼には（バーナード・L・）マードフの投資詐欺により六〇〇〇万ユーロもの損失があった。夏にバイエルン・ミュンヘンから舞い込んできたオファーは確かに断れるはずなどないほど素晴らしいものであったが、それは彼の当時の財政状況にとっても大いに魅力的だったのであろう。

バイエルンはその頃、過渡期にあった。二〇〇八年にユップ・ハインケス指揮のもとブンデスリーガを制したが、その後、チームの若返りと現代化を図ると宣言したユルゲン・クリンスマンが監督に指名された。『ミュンヘナー・メルクーア』紙は「革命予告。クリンスマンの下で、バイエルンのすべてが変わる」と大きく見出しを掲げた。クリンスマンはドイツ代表ではチームの変貌をしっかりと見届けたが、バイエルンでは必ずしも成功したとは言えなかった。クリンスマンがドイツ代表監督時に、当時バイエルンで絶大な人気を誇っていたオリバー・カーンを自国で開催されたワールドカップでレギュラーから外したことや、彼がバイエルンでの現役時代、バイエルンの株を買ったのは本当か、また、自分のキャリアにまだ経験していなかったブンデスリーガ優勝という箔をつけたいのかと質問され、すっかりやる気のないプレーを見せたことは誰もが記憶していた。シーズンが始まる前に四つの仏像がトレーニング場の屋根の上に置かれたというのは、クリンスマンというよりもデザイナーの仕業であったが、その当時流行の風潮を端的に表していた。クリンスマンは、トレーニング場の中にも金メッキの仏像があると明らかにしながら、「仏像は私たちにある種のエネルギーの流れをもたらす」と言っていた。しかし、カトリック教会が不満を述べたことで、その仏像はシーズン開幕三週間後に撤去された。

フィリップ・ラームは、バイエルンがハンブルグを相手にドローで終えたシーズン第一節のときからすでに、「組織力とディフェンスの安定性が足りない」と評価していた。四月に入り、バイエルンはチャンピオンズリーグ準々決勝、グアルディオラ率いるバルセロナとのアウェー戦で〇対四と完敗。その様子をフランツ・ベッケンバウアーはこうコメントしている。

「試合をどう進めるべきか、名人からいやというほど教えられた」

ブンデスリーガでは、ヴォルフスブルクに一対五で大敗して三位に転落。続くシャルケ戦でも〇対一で敗れた。チャンピオンズリーグでの敗退がよほど響いたのか、クリンスマンはシーズン最後の五試合を待たずして解雇された。バイエルンのウリ・ヘーネス会長は、「彼のコンセプトには我々もすっかり納得していた。ただしそれは理論上のみでのことだった」と振り返る。バイエルンが求めていたのは新しいサッカー、科学的な手法、そして早いテンポでのパスを中心としたプレーへの移行であった。だが実際にバイエルンにもたらされたのは、細かく挙げればやけに陽気な雰囲気、モチベーションを高めるためのありきたりなスローガン、ヨガの授業、見当はずれの三—五—二のフォーメーション、これまた見当はずれのランドン・ドノヴァンの獲得、全体的にだらけたムードであった。クリンスマンのこうした毎日の手法を見るにつれ、世間は代表チームで彼のアシスタントだったヨアヒム・レーヴの役割がより意義深かったと感じるようになっていった。

クリンスマンの代わりには再びユップ・ハインケスが選ばれ、彼は何とか次のチャンピオンズリーグ出場権を獲得した。ヴォルフスブルクがリーグを制したことで、バイエルンはファン・ハールをより腕の確かなベテラン監督として注目するようになった。彼ならチーム内での緩んだ空気を許さないだろうし、そのスタイルはさほど最新式とは言い難いが、プレスに力を入れたプレースタイルのパイオニアとしてはやはり一目置かれる存在であり、何より、そうしたスタイルが進化した形のサッカーによってチャンピオンズリーグ準々決勝で敗退に追い込まれたバイエルンとしては、クライフの流れを受け継ぐプレースタイルへの転向はチームの進化を意味していた。

しかしながら、ファン・ハールの出だしはさほど芳しくなかった。バイエルンでの最初の数週間、疑問の声が高まる中、ファン・ハールはいつもの彼らしく常に自信満々であった。「私は神のようなものだ。病気もしないし、私の言うことは常に正しい」とまで公言した。その後、チームが軌道に乗ると彼はそうした態度を控え、自分が神様なわけがない、もしそうだったら全戦全勝している、と冷めたコメントを出した。

それは、典型的な彼のパターンだった。選手たちがファン・ハールの手法を吸収し、まるで学校の先生のような彼の存在感に慣れるにはやや時間が必要なのだ。バイエルンはシーズン最初の三試合でいずれも勝てず、一〇月末ごろになるとファン・ハールにプレッシャーが重くのしかかってきた。もし次のアイントラハト・フランクフルトとの試合で負けたらすぐさま更迭されるという噂も流れだした。一対一の同点のまま迎えた八六分、あきらめムードと大ブーイングに客席がわく中、ファン・ハールはセンターフォワードのルカ・トーニを下げてセンターバックのマルティン・デミチェリスと交代させた。デミチェリスがディフェンスのラインに入ったことで、ダニエル・ファン・ブイテンが前方に上がる。長身のセンターバックをセンターフォワードのほうへ押し上げることにより、何とかその高い身長と強力さで自由に動けるスペースを作るのは、サッカーで昔から見られる戦術であり、忍耐と信念でチャンスをものにしようともがいてきた監督が藁をもつかむ思いで取る最後の手段であった。誰が見ても、伝統的トータルフットボールの策略というものではなかった。だが、その作戦は功を奏した。トマス・ミュラーのセンタリングを受けたファン・ブイテンが見事に決勝点を挙げたのである。

チーム内のムードは変わりつつあったが、翌月のシャルケ戦でのドローでバイエルンは依然として八位と停滞し、バイエルンはこの一五年で最悪の立ち上がりを見せた。前半をもって交代させられたトーニはスタジアムを飛び出していった。彼とファン・ハールとの関係はシーズン開幕前、前かがみになって食事をとるトーニの姿を見たファン・ハールが彼の耳を引っ張ったとき以来、修復されてはいなかった。しかし、フィリップ・ラームは、とあるインタビューで非常に楽観的な見方をしており、むしろ理事会側に姿勢が一貫していないこと、移籍に関するきちんとした政策の欠如を指摘した。クリンスマンとは違い、「今後には希望がある。なぜなら今は指導の骨格がはっきり見えるから」、とも彼は語っていた。

一二月の初め、バイエルンは一五試合中引き分け六、黒星二で三位にまで持ち直した。チャンピオンズリーグのグループステージでは、ボルドー相手に二戦とも敗れたことから、決勝トーナメントに進出するにはユベントスとのアウェー戦で何としても勝つ必要があった。そして、そのトリノでの試合ですべてが変わった。バイエルンは四対一で快勝し、以後全大会合わせて一三試合連勝という快挙を成し遂げた。こうして、ブンデスリーガでは優勝し、チャンピオンズリーグではマンチェスター・ユナイテッド、リヨンを倒して決勝まで勝ち進み、最後はモウリーニョ率いるインテルに屈した。かつてバイエルンのディフェンダーだったポール・ブライトナーは、ファン・ハールのバイエルンがいかに「ボールコントロール」に長けているかを興奮気味に語り、「この五年、いや一〇年でバイエルンが見せた中で最も素晴らしいプレー」と絶賛した。

フォーメーションは、かつてのような三―四―三や四―三―三ではなく、四―二―三―一という、ファン・ハールがオランダ代表監督時代に採用していたものと似ている。だが見方によっては、この二つのタイプはお互いに片方が持つ特徴を内包していた。四―三―三では、六番の選手は八番よりも必ず守備寄りで、彼らの前には司令塔の一〇番が配置される。このときファン・ハールが行なったのは、セントラル・ミッドフィルダーをやや下げるのだが、それは中盤の後方に守備的な選手を二人置くというのではなかった。マルク・ファン・ボメルは中盤の奥でプレーする守備的MFだが、かつて右サイドの選手だったバスティアン・シュヴァインシュタイガーとコンビを組んでより幅広い活躍を見せた。センターにMFを一人追加することでディフェンダーが解放され、とりわけラームが伸び伸びと動けるようになり、サイドから来る相手のフォワードの前に立ちはだかるようになった。若手のトマス・ミュラーは、得点はもとより、プレスをかけるのには持って来いの、驚くほどエネルギッシュなセンターフォワード、イヴィツァ・オリッチの背後で創造性豊かなプレーを繰り広げた。

ファン・ハールの二シーズン目はやや迫力不足といった様相だった。第六節でトーマス・トゥヘル率いるマインツに喫した黒星は、ハードなプレス攻撃にバイエルンが苦戦するという印象を残し、ユルゲン・クロップ監督の指揮するボルシア・ドルトムント戦では〇対二でまたしても敗れたことから、その印象はさらに強くなった。こうして、バイエルンは第七節を終えた時点で勝点八ポイント、得点数五と振るわず、一二位と低迷していた。この頃にファン・ハールの著書『Biographie & Vision』*のドイツ語訳が出版されたのは、あまり理想的なタイミングではなかった。しかし、クラブの成績がどうであろうと、ファン・ハールの振る舞いは何かと物議をかもしていた。彼はミュンヘンのホテルで行なわれた出版記念イベントにルンメニゲとヘーネスを招待していたが、そのときに客席にいた二人に向かって自分の本を振りかざし「これは絶対に読むべき。二人にも勉強になることが書いてありますから」と叫んだ。おそらく冗談のつもりだったのかもしれないが、ファン・ハールにジョークのセンスがないのはそのときに始まったことではない。それが原因でファン・ハールはバイエルンのクラブ理事会内部では完全に孤立無援となってしまった。

＊オランダ語版は『Biografie van Louis van Gaal』と『De visie van Louis van Gaal』の二冊からなる。

それからいったんは持ち直したものの、二月末にボルシア・ドルトムント相手に一対三でまたも敗れると、『南ドイツ新聞』のスポーツ記者クラウス・ヘールツェンバインが言うように、バイエルンは「黄色と黒〔訳注・ドルトムントのシンボルカラー〕の海の中に漂う木切れ」のようであった。

ファン・ハールはまた、アプローチが定着したときによく使われる言い訳であるが、選手の個人的なエラーを激しく非難した。しかし、ヘールツェンバインはそれでは納得できなかった。

「クロップが掲げるような全体論的なシステムは、エラーも考慮に入れられ、安全対策も含んでいる。ファン・ハールの純粋に攻撃的なサッカーは勇敢で魅力的であるが、リスクが高く、相手チームの実力への十分な配慮がないだけに、時には単純で甘いやり方のように見える」

この黒星を皮切りに、バイエルンはわずか五試合中で四敗をも記録し、ドイツ・カップとチャンピオンズリーグは敗退、ブンデスリーガでのタイトルの希望もほぼ消えてしまった。ブライトナーは苛立ちを隠せず、マルティ・ペラルナウの著書『ペップ・グアルディオラ　キミにすべてを語ろう』では次のようにコメントを残している。

「バイエルンは自分たちの伝統的スタイルを捨ててボールポゼッション主体のプレーを取り入れた。でも、選手のポジションという点ではいまだにフレキシブルさがなく、みんな自分のポジションに固まっていなければならない。ボール支配率八〇パーセントだったのに全く自分たちのペースに乗れなかった試合も何度かあった。三〇分経って相も変わらぬパス回しばかり見せられて、アリアンツ・アレナの観客はみんな退屈であくびしていたのではないかな。試合運びはよくできていたけれど、なんとも先が見えるというか……根本にある考えはいい。ただ、スピードと、リズムの緩急が欠けていた」

ワールドカップでの疲労とアリエン・ロッベンの負傷による長期不在で、緊張はほんのわずかだが和らいだ。『フランクフルター・アルゲマイネ』紙は次のように書いている。

「ファン・ハールは代替え策を用意しない、頭の固い人間だ。バイエルンの弱さについての言い分はもう通用しない。彼は批判の的になっても当然だ。なぜディフェンス陣の強化を拒むのか？　なぜいつまでもポジションチェンジにこだわるのか？　ディフェンスでボールの静止した状態をもっと有効に利用することになぜ関心を示さないのか？」

三月の初め、ファン・ハールは「自分をクビにするのは簡単ではないですよ。次を誰にするか、というのがこれまた厄介な問題ですからね」と語った。しかし、四月の初めにニュールンベルク戦でドローを許し、チャンピオンズリーグ出場権まで失いかけると、彼はお役御免となった。彼の後釜はアシスタントだったアンドリース・ヨンカーが務め、シーズン残り六試合のうち五試合で白星を挙げ、何とか最終成績三位に落ち着いた。そして、次の監督を誰にするかという問題は、ファン・ハールの前任者だったユップ・ハインケスが就任することとなり、意外なほどあっさりと解決したのであった。

＊　＊　＊

二〇一〇年九月五日、アヤックスはチャンピオンズリーグの試合でジョゼ・モウリーニョ率いるレアル・マドリードに〇対二で敗れた。アムステルダムではその結果に驚いた者などほとんどいなかった。一五年前にルイ・ファン・ハールがもたらした栄光は、もう遠い過去のことになってしまった。ロナルド・クーマン監督時代に短い間返り咲いたこともあったが、やはりクラブの財政事情は正直だ。アヤックスは今や弱小チームになり下がり、情け容赦のない現代のサッカービジネス状況において、彼らの出る幕はなかった。たとえアヤックスの下部組織デ・トークムストから新たな黄金世代が登場したとしても、あるいは、敏腕スポーツディレクターが才能あふれるチームを作り上げても、そんな光り輝く選手はみな、他のヨーロッパの強豪クラブに目をつけられ、やがて売却されてしまう。アヤックスは六年前のクーマン監督時以来、国内リーグのタイトルから遠ざかっていた。チャンピオンズリーグでの不調もすっかり板につき、決勝トーナメントに進出したのは二〇〇三年以来たったの一度だけであった。

ヨハン・クライフは怒りに震えていた。彼は『デ・テレグラーフ』紙にこんな一文を寄せた。
「あれはもうアヤックスではない。はっきり言わせてもらおう。今のアヤックスはリヌス・ミケルスが監督となった一九六五年以前のアヤックスよりも劣る」

もっとも、そんな言葉に驚く者などほとんどいなかった。何かにつけて愚痴ばかりこぼす、そんな意味のオランダ語「Gezanik」はアムステルダムっ子たちによく見受けられる態度だが、クライフはその代表格と言っていいだろう。次第に辛辣になり、アヤックスでは今や邪魔者扱い同然で、進化するサッカーに怒りを覚えていたクライフの心境がよくわかる。サッカーライターのエルコ・ボーンは『ザ・ブリザード』第一四号で、そんなクライフへメッセージを送った。
「残念、アムステルダムはもう昔のアムステルダムではなくなった。一九七〇年代は過ぎ去り、ヤッピーが台頭してきた。デ・メール競技場はなくなり、アヤックスはアムステルダム・アレナでプレーしている。そこはまるでコンクリートでできた宇宙船のようで、『アレーナ』の綴りは最初のAと同様に末尾のAも大文字にするという芸の細かさ。乗り遅れましたね、クライフさん、今はもう二〇一〇年ですよ」

しかし、クライフはただ不満を言いたいだけではなかった。彼は革命を起こそうと企てていたのである。自分の信念を、それが生まれた場所でよみがえらせようと決意したのだ。『デ・テレグラーフ』紙のコラムにて、アヤックスの役員の辞職を求めた最後の一文は、戦闘開始の合図だった。

かつてアヤックスとインテルでプレーしたMFヴィム・ヨンクは、MBAを取得した元アマチュアサッカー選手のルーベン・ヨンキントと同じく、すでにアヤックスの下部組織でコーチを務めていた。二人ともクライフの理念に心から傾倒し、下部組織での仕事は、当初はある程度の自由が認められていたが、次第に束縛が強くなり不満を感じ始めていた。ヨンキントはこう語っていた。

「八歳以上の子供から二軍チームまで幅広く手掛けていたので、日々の成長の具合が手に取るようにわかりました。私たちは二人ともコンセプチュアルな考えをしますね。それに、私にはシステムとそれを支える基盤の作り方を学問として学んできた経緯があります。ですので、私たち自身でプランを立てることもできるのです。それをトップの人物に提案したこともありますが、『そういうことはここでは無理だ』とか、クラブの方針としては冒険的すぎるだのと言われましたね」

一九八八年、クライフはフォレンダムにいたヨンクがアヤックスと契約するように彼を説得していたが、ヨンクがアヤックスに移籍する前にクライフはバルセロナへと移ってしまった。そうした経緯があったので、クライフはまずヨンクの意向を探った。ヨンキントはユースの育成をどう向上させるか、そしてアヤックスが再びクライフのスタイルを取り戻すにはどうすればいいか、という二つの点について提案を行なった。それについてヨンキントは次のように述べている。

「私たちはこうして秘密裏にミーティングを開きました。ベルカンプ、ファン・バステン、ライカールト、ピート・カイザーら、かつての名選手たちが一堂に会していて、そんな中に私のような若造が一人、資料を手に入っていったのです。プレゼンが終わると、クライフはこう言いました『眼鏡を忘れてきたので資料は読めないが、話を聞く限りではなかなか良さそうだ。バルセロナに来て、もっとその話をしよう。私の周りの専門家たちにも検討させるから』。私たちは彼の意見に従いました。いくつかの事項に手を加え、新たなスタッフも迎えました。ライカールトもたくさんいいアイデアをくれて、こうしてクライフ・プランができあがったのです」

ユースの監督術向上の糸口を見つけるというのは、そのプランの一部に過ぎなかった。クライフが求めていたのはチームを根本から作り直すことであった。彼はかつてアヤックスでプレーした選手たちを中心に据えることを望み、他所から来るスター選手よりも地元で育った選手に信頼を寄せ、彼の言葉を借りると、アヤックスを再び以前のアヤックスたらしめることを願っていた。

アヤックスの事務局長リック・ファン・デン・ボーグ氏とウリ・コロネル会長は、そうしたクライフの動きにさほど関心を示さなかった。彼が現代サッカーの何を知っているというのだろう？ビジネスの現実と戦略プランの何を知っているというのだろう？　とんでもないばかげた話だ。ファン・デン・ボーグとコロネルはそんな厳しい見方で、クライフが罵倒してやまない価値観に自分たちはむしろ賛同しているのだという態度を明らかにした。

クライフと最も親しいアドバイザーである元アヤックスのDFケーイェ・モレナールは、開業弁護士でもあった。彼はクライフに、改革を進めるならばアヤックスのメンバー評議会を利用する方が良いと助言し、クライフは二〇一〇年の評議員選挙に向け、彼と志を共にするかつての選手たちを擁立し、二四議席のうち八議席の獲得を目指した。ヨンクとデニス・ベルカンプを両脇に従え、クライフは自分のサッカーヴィジョンについてのスピーチを行なった際、自らが監督になる意向は全くないということも明らかにした。彼は新しい組織の中で特定のポストに就くことを望まず、バルセロナ時代と同じように、ご意見番役、陰の実力者となることを望んだ。

二〇一〇年一二月初旬、アヤックスはNECを相手に一対一のドローを許してリーグで四位に後退すると、マルティン・ヨルは監督を辞任し、暫定的にフランク・デ・ブールがその代理を務めることになった。監督となるのは初めてのことであったが、理念の面でその資格は申し分なかった。アヤックスとバルセロナでプレーし、アヤックスのユースも指導し、オランダ代表ではファン・マルヴェイク監督のもとでアシスタントコーチを務めた経験もあったのだから。だが、クライフは監督交代だけでは足りないと思っていた。チームの構造、そしてクラブの精神も変わらなければならないと信じていたのだ。

後に知られるように、このビロード革命は完成までに長い時間を要した。障害が立ちはだかったり足を引っ張られたりするにも事欠かなかった。二〇一一年に入って数か月の間というもの、アヤックスがアムステルダム・アレナで試合をするときは毎回、開始一四分になるとサポーター集団VAK40とF SIDEの面々が「クライフを支持する者、全員起立！」と声を上げ、群衆はこぞって立ち上がった。

クライフの人気には到底かなわないと感じたクラブ役員は、二〇一一年二月、クライフに理事会のポストを与えた。不満を漏らしつつもそれを受け入れたクライフは、クラブ改革についての提案を披露し、スタッフを刷新すること、そしてフランク・デ・ブールにもっと責任のある役割を与えることが必要だと明らかにした。クライフは『フトバル・インターナショナル』紙の記者シモン・ズヴァルトクラウスにこのように語った。

「私たちのプランを紹介したとき、こんなことがあった。それまでのクラブ内での上下関係を示す図があり、そこではまず頂点に監査重役会、その下に理事会、続いてマーケティングと財務担当と来て、そのずっと下にトップチームとユースチームがあるというものだった。私はマーケティングの担当者に『もしトップチームが負けていたら、何を売り物にする？』と訊いたところ、答えは『何も売り物にできない』だった。次に財務担当者に向かって『もしトップチームが負けていたら利益と損失のどちらが大きいか』と尋ねたところ、『損失が大きい』との答えが返ってきた。それから今度は理事会に対し、もしトップチームが負けていたら彼らは何を成し遂げたと言えるかと訊いたところ、何も成し遂げたと言えない、という答えだった。こうやって、サッカーのクラブは生かすも殺すもトップチームの出来次第だということを明らかにしようと試みました。そして最後に、私なら生かす方法を知っている、と言ってやったのです」

三月末、コロネルと他の役員らは辞任し、次の役員が決まるまで役職に残ることになった。そして六月六日、クライフは新しい顧問に任命された。いきなりそんなところから始めるのはどうもおかしな気分だ、とさんざん文句を言いながらも。

それから数か月というものはあからさまな個人攻撃やネガティブキャンペーンが相次いだが、一一月にファン・ハールが事務総長に任命されたことで大きな波紋が生じた。クライフを怒らせるために計算づくで取られたこの措置は、クライフが娘の誕生日でバルセロナに滞在しているのを狙って決定された。「やっとうまく行きかけたと思った矢先、こんなことが起きてしまった」とクライフはため息をついた。

ファン・ハールが他人の作ったプランに従うわけがないことを誰よりも心得ていたクライフは、アヤックス株式会社（クラブを経営している民間企業）とクラブの四人の理事、ステーフェン・テン・ハーフェ、マリヤン・オルフェルス、パウル・レメール、エドガー・ダーヴィッツを相手どり訴訟を起こした。一二月にハールレムの裁判所はファン・ハールの任命を認めたものの、監査役会での株主の信頼を測るまでそれを一時棚上げにした。アヤックス株式会社はその判決に異議を唱えて上告した一方で、ファン・ハールの心の中では、自分にはその役目は務まらないとの確信が大きくなりつつあった。結局、二〇一二年二月、裁判所は『届け出手続きに重大な欠陥がある』という理由でファン・ハールの任命を無効にする判決を言い渡した。

ファン・ハールはこうして姿を消したが、『デ・テレグラーフ』紙のインタビューではクライフについて次のような言葉を残した。

「世間では、アヤックスは今やクライフの方針に従っていると言われているが、全くナンセンスだ。方針にクライフもファン・ハールもあるものか。あるのは二五年間続いてきたアヤックスの方針だけだ。私もクライフと同様にその方針に貢献してきた。ただ、私の方がより長く監督を務めたことだけが違いだ」

彼はまた、選手個人の成長に関して例の「クライフ・プラン」が、彼が二〇〇四年にテクニカルディレクターとしてアヤックスに復帰したときに実行したプログラムと同じであるとも強調した。

クライフを含む五人の理事全員は辞任したが、それでむしろクライフの地位はさらに強力になった。彼はバルセロナに居ながらにして裏で糸を引き、忠実なクライフ派の人々は敵対派をアヤックスから追い出した。こうして新たな役員が任命された。クライフはその中に名を連ねてはいなかったが、それはたいしたことではなかった。自分の腹心たちがそこにいるのだから。クライフの精神はクラブを征服したのである。

ヨンキントは下部組織の技能向上部門の責任者に昇格となり、二〇一二年からクライフ・プランを執行した。彼はクライフのサッカー哲学には五つの柱があると述べている。

- 見る側もプレーする側も楽しめる、「魅力的なサッカー」
- 若手をしっかりと育てる。チームの核を作り出すユースのシステムは重要である
- 「賢い移籍政策のシステム」。これには大きく分けて二つの要素から成る。まず、新たに獲得する選手が「伸びている若手を差し置く」ことはあってはならず、「テクニック面、戦術面はもちろん、行動面や精神面でもチームを強化できる」人物であるべき
- パフォーマンスの高さを目指す姿勢……誰とでも直接コミュニケーションを取ることができ、役割分担のはっきりとした、上下関係に縛られない組織づくり。そして、とても自由な雰囲気、とはいっても、責任感のある自由

この四つの柱は「クオリティと結果につながる」とヨンキントは信じているが、第五の柱、下部組織で育った選手への「個人的アプローチ」との連携が不可欠である。アムステルダムから若い選手を育てるだけでは不十分という認識もあった。アヤックスは外の世界に目を向け、その哲学を支流となるクラブに拡散するよう努めなければならなかった。

あたかも必要だったのはクライフの後押しだけであったとでも言うかのように、アヤックスは二〇一一年、最終節で下部組織出身のシーム・デ・ヨングのゴールにより首位のトヴェンテを下してリーグタイトルを獲得し、七年間の不毛時代にピリオドを打った。デ・ブールはクラブ内での騒動の最中も中立の姿勢を貫いたが、執拗にコメントを求められた際、クライフには確かに頭が上がらないと述べつつも、かつてアヤックスとバルセロナでの選手時代に監督だったファン・ハールのおかげでもあるとコメントした。

エドウィン・ファン・デル・サールがマーケティング部長となり、マルク・オフェルマルスがスポーツディレクターに就任し、U-一九チームのアシスタントコーチだったデニス・ベルカンプはデ・ブールのアシスタントに昇格した。トレーニングコーチ陣は元選手たちで固められ、コーチ間で意見の相違が出た場合には投票で決着をつけたが、こうした場合では、ベルカンプがアシスタントよりも大部分の影響力を持っていた。移籍に関しての出費も厳しくチェックされた。それ以後もアヤックスの快進撃は続き、デ・ブールは初めてのタイトル獲得の後に三シーズン続けて優勝を飾り、アヤックス史上初の四連覇を達成した。しかし、何かが足りなかった。クライフはその自伝の中でこう語っている。

「確かにリーグでは大成功を収めたが、プレーの質にはまだ波があり、まだ目指すゴールに程遠いのは明らかだった。残念ながら、前向きな批判は好結果の陰でないがしろにされる傾向にある」

プレースタイルは完全に正しい道をたどっておらず、時に機能面に走りすぎ、とりわけ相手にダメージを与えるわけでもないのに無為にボールポゼッションに焦点を当てすぎていて、ファン・ハールの影響が非常に色濃かった。当初の思惑が外れて別のプランに変える際にも、中央のディフェンダーを前へ上がらせてロングパスを送る以外にはこれといった手がなかった。「いわゆる守備的なボールポゼッションは、彼（クライフ）が最も嫌うものだった」とヨンキントは語っていた。

不満の種はそれだけではなかった。ヨンキントはアヤックスが移籍で上げた収益を海外の投資活動、とりわけアヤックスが筆頭株主である南アフリカのアヤックス・ケープタウンにつぎ込むことを望んだ。

「子供たちは食うや食わずで練習しているというのに、CEOはランボルギーニを乗り回している。とんでもない状況だった。向こうには優れた才能を持った選手がいるのに、全く投資できていない。『面倒なことが多くて云々』と言い訳ばかり聞かせられる」

そうした現状への失望感が改革の後に出てくるのはおそらく自然なことなのだろう。改革キャンペーンで描かれた青写真は決して現実には追いつかない。人が集まれば、それがオランダ人サッカー選手ならなおのこと、意見が分かれるまでにそう時間はかからない。妥協と理想がうまくかみ合うことなど滅多にないのである。クライフはまた、ファン・デル・サールとオフェルマルスに関しても懐疑的だった。

「二人は戦術面をさほど重要視しない国、イングランドで成長した。イングランド人は戦術に関して全く情熱を傾けてこなかったから、私の戦術面での意見を彼らが真剣に取り上げることは期待できない」

とはいえ、クライフは自分の助言が良い結果をもたらさないはずがないという妙な自信にあふれていたのもまた事実であった。『フトバル・インターナショナル』紙の記者がクライフとアムステルダムの町を散歩したときのエピソードにこのようなものがある。二人の道路工事作業員の近くを通りかかったとき、クライフは彼らに舗装の石を敷く前に小石を十分に取り除いていないと指摘した。作業員らは納得して何も言わなかった。それから、タバコを指に挟んだまま自転車に乗っている女性に対し、「自転車に乗っているときはタバコを吸わない方がいい。体に毒だ」と言った。その女性は何も答えずに去っていった。

クライフがこうしたお節介を焼くのは彼の性分であり、つい無視してしまいがちである。ただ、改革の推進に疑問を抱いていたのは彼一人ではなかった。ヨンキントもまた、「移籍面での政策の失敗」を批判した。例えば、センターバックのトビー・アルデルヴェイレルトがアトレチコへ移籍したとき、アヤックスはフローニンゲンから三〇〇万ユーロでフィルジル・ファン・ダイクとの契約を拒否し、三八〇万ユーロでユトレヒトからマイク・ファン・デル・ホールンを獲得した。しかし、ファン・デル・ホールンはチームに馴染めず、ユースチームから昇格したジョエル・フェルトマンがアルデルヴェイレルトの後を継ぐ形となった。同様に、アヤックスがヤヤ・サノゴをアーセナルからレンタルで迎えた際にも、特にアヤックスが目を付けたからではなく、単にアーセン・ヴェンゲル監督からの推薦が理由だったことが明らかになった。サノゴはシーズン初めの三試合に出場しただけだった。

ヨンキントは次のように語っている。

「前々から注意を呼び掛けていました。『新たな選手がユースから上がってくるから、彼を買ってはいけない』と。こうして多くの金が無駄になりました。またしても柱が守られなかったのです。何度もミーティングを重ね、クライフはそのたびに非常に建設的なやり方で何とか考えを改めるように、私も一緒に頑張ったのですが。もちろん、私たちだって間違いを犯したことはありました。

急ぎすぎて、周囲に十分な情報を与えられなかったのですから。今振り返ると、もっと別のやり方があったなと思います。しかし、全体的な流れでは私たちは決めた戦略に従っていました。もう一つ、尊重されなかった柱があります。それは『魅力的なサッカー』。世間、とりわけファンの人々は、アヤックスのプレーに心底がっかりしていました」

一方でヨンクは、監査役会での会議において、議題が移籍政策やプレースタイルに関する事柄よりも、ヨンキントが漏らしたように「一二歳以下のチームの監督がどのくらい休暇をとるか、あるいは、一三番フィールドで理学療法士がボールを使ってトレーニングするのを誰か見ていないか」といった事柄に集中していることを苦々しく思っていた。ヨンクは会議に欠席するようになり、監査役会はヨンクの契約に会議の出席が義務づけられていることを理由に、彼を解雇する意向を固めた。こうしていよいよ亀裂は大きくなり、二〇一五年にはヨンクとヨンキントが共に辞職し、クライフもクラブの運営に口出ししないよう命じられた。こうして他の二四人のスタッフもクラブを去った。ヨンキントは次のように語っている。

「クライフと私たちが尽力したおかげで今の地位を手に入れたオフェルマルス、ベルカンプ、ファン・デル・サールは、理事会側について我々クライフ派と対立した。ヨンクの懸命な努力の甲斐あって仲間に入れたサイド・ウアーリのような人物でさえ、ヨンクを背後から討ってアヤックス・ユースアカデミーのトップの座を奪ったのだ」

改革の舵取りは順調だったが、やはりそれだけでは不十分であった。こうした事態に直面したのは決してアヤックスに限ったことではない。二〇〇五年にアヤックスを離れてベンフィカの監督に就任したロナルド・クーマンは、期待されたほどの結果を出せず、わずか一年でフース・ヒディンクの後任としてPSVの監督を任されオランダへ戻ってきた。『フォルクスクラント』紙によると、「クラブはスペイン語の喋れるオランダ人監督を探していた」ので、クーマンはそれにぴったりとあてはまる。しかし、そこでも彼の戦術アプローチはこれまでとかなり異なったものであった。同紙は続けてこう書いている。

「クーマンはスペクタクル性にあふれたサッカーを約束できる監督ではなかった。アヤックスでは、サイドにストライカーを配して、アヤックス伝統のプレーシステムとは一線を画していた」

その翌年の二月、同紙は渋々ながらクーマンを「結果の出せる監督」であると認めた。何しろ、すっかり守りに入ってカウンターで攻撃していた当時のアヤックスを相手に一対〇と白星を挙げたのはもとより、チャンピオンズリーグの決勝トーナメント一回戦でアーセナルを下すという番狂わせを起こしたのもその理由である。ホームでの第一戦は中央に配した二人のストライカーがワイドに攻め込みアーセナルのディフェンス陣を抑え込むというクーマンの策が功を奏した。

「今回の戦術プランは見事に成功した。ボールを奪われているときはアーセナルの独壇場だが、守備から攻撃を組み立てるとなるとなかなかチャンスを作れない。敵の選手をマークする要員として使われているアーセナルの中央ディフェンダーは、そんな直接対峙する選手がいないとどう動いていいのかわからないのは当然だった」

クーマンは、そのシーズンも基本的に四—三—三のフォーメーションで臨む傾向にあったが、以前よりも試合ごとにシステムを変えることが多くなった。アーセン・ヴェンゲルは二〇〇二—〇三シーズンにも、クーマン率いるアヤックスと対戦したときの「ネガティブ」なプレーに苦言を呈したこともあった。ヴェンゲルはいかにも軽蔑するかのように、PSVは「〇対〇で終わらせようとプレーした」とコメントを残した。反クーマン派の種はアヤックスに蒔かれ、彼がクラブを去った後、見事に花開いたのであった。

そのシーズンのPSVは絶好調のスタートを切ったが、主要選手三人が負傷し、シーズンの折り返し地点で勝点わずか一九ポイントと振るわず、タイトルレースではアヤックスとAZが彼らに肉迫する事態に。結局、最終節でフィテッセに五対一と大勝して辛くもタイトルを獲得した。クーマンは長い交渉の末にPSVにとどまることになったが、一〇月になって辞任し、スペインはバレンシアの監督に就くことを選んだ。

クーマンの指揮下となったバレンシアはコパ・デル・レイ杯を制したものの、リーガでの成績はさんざんで、ついに一五位にまで転落し、降格ゾーンのチームとの勝点差がわずか二ポイントに迫った二〇〇八年四月に解雇された。そして、二〇〇九年夏、クーマンはファン・ハールがバイエルンに移り空席となっていたAZの監督に収まった。しかし、一六試合でわずかに七勝しか挙げることができず、クーマンはクリスマスを前にまたも解任されてしまう。こうしてクーマンはもう再起不能とまで思われていたが、二〇一一年七月、シーズンを一〇位で終えたばかりのフェイエノールトから声がかかった。そこはオランダの三大強豪クラブの一つではあるが、一九九九年以来タイトルから遠ざかっていた。それほど多くの期待もなく、どんなやり方でもいいからとにかく勝ちたいというのがクラブの願いだった。フェイエノールトはクーマン指揮下の初シーズン、リーグ成績は二位と健闘した。翌シーズンは三位に後退し、続く二〇一三―一四シーズンは序盤から苦戦を強いられ、全大会合わせて最初の四つの試合はすべて黒星に終わった。それからゆっくりと立ち直りかけてきたが、三月の初めにアヤックスに一対二で敗れ、順位は依然として四位のままであった。その次のフローニンゲンとのアウェー戦でクーマンは一八〇度方向転換し、いつもの四―二―三―一から三人のセンターバックを配するシステムを採用した。それはクライフ流の三―四―三と全く異なる、ステファン・デ・フレイ、ヨリス・マテイセン、ブルーノ・マルティンス・インディを起用し、中央に強固なディフェンスの壁を作るという非常に伝統的なスタイルに近いものであった。

この試合は二対〇で勝利を挙げ、ディフェンス三人体制は一か月ほど使われなかったが、PSVとのアウェー戦で再び登場し、この試合も二対〇で快勝した。フローニンゲン戦に始まる七連勝の甲斐あって、フェイエノールトはこのシーズンも最終成績で二位につけた。だが、このPSV戦での勝利がそれに最も大きく貢献したのは間違いないだろう。

第九章
吹きやまぬ嵐

偏屈で不器用、加えて独断的でもあるルイ・ファン・ハールは、多くのクライフチルドレンと比べて基本姿勢へのこだわりがはるかに少なかった。AZ時代に見せたそのカウンターのアプローチがそれをよく物語っているが、それはあくまでもAZでの話。オランダ国内でも強豪扱いされていないチームでのことである。オランダ代表チームとなると話は別だ。もし彼らがオランダサッカーを継承しないのなら、いったい誰が継承するのだろう？　二〇一〇年ワールドカップが終わり自己反省の機運が高まる中、アヤックスの伝統の中で育ったファン・ハールは、オランダサッカーの価値を復権させる適任者のように思われていた。

ファン・ハールはしばしの間、その役を立派に務めた。二〇一四年ワールドカップ予選では、獲得可能な最高勝点数三〇のうち実に二八ポイントを獲得し、得失点差に関してはプラス二九と、欧州で最高の数字をたたき出した。それでも、ファン・ハールは確信を持てなかった。ハンガリーに八対一、ルーマニアに四対〇と圧勝したところで、本大会に向けて何の支えになろう。三月にパリで行なわれたフランスとの親善試合では〇対二と敗れ、ファン・ハールはディフェンダーが一対一の対決時に脆く、守備面で新たな策が必要だと痛感した。それに追い打ちをかけるように、ローマでプレーしていた司令塔役のMFケヴィン・ストロートマンがナポリとの試合中にひざを負傷し、ワールドカップ本大会出場が絶望的になった。

その翌月、ファン・ハールはロビン・ファン・ペルシを連れて、ロナルド・クーマン率いるフェイエノールトがアウェーでPSVに二対〇で勝利を挙げた試合を見に行った。クーマンには嫌悪感があり信用もしていないファン・ハールだが、彼のチームには解決策があると感じた。フェイエノールトはスリーバック、時にはファイブバックも展開し、とてもボールの支配に長けているとは言えないが、虎視眈々と狙ってPSVの虚を突いてくる。トータルフットボールとは程遠いが、効果的なのは確かである。

クーマンは『フトバル・インターナショナル』紙で次のように説明している。

「このシステムでは、守備がより堅固になり、攻撃時でも主導権を握れる。オランダ代表でもそうした選手はいる。ヴェズレー・スナイデルのような選手は、強力なバックを従えた戦術パターンでより実力を発揮できるのではないか。オランダ代表が厳しい状況下にあるのは誰もが知っているし、そこから抜け出すのは容易いことではないだろう」

それに加え、ファン・ハールが本大会で起用しようと考えていた三人のディフェンダー、ダリル・ヤンマート、ブルーノ・マルティンス・インディ、ステファン・デ・フレイは皆フェイエノールトでプレーしており、そのシステムに慣れているという点も大きかった。

ワールドカップ開催前、ファン・ハールは残り三つの親善試合のうち二試合でこの新しいシステムを採用した。その結果は、エクアドル戦では一対一のドロー、ガーナ戦では一対〇の白星と、あまり絶大な効果は得られなかった。しかし、以前の四―二―三―一に戻して臨んだウェールズ戦では二対〇と快勝した。そしていよいよワールドカップが開幕し、オランダはサルバドールでの初戦、スペインとの試合にセンターバック三人体制で臨んだ。この選択についてファン・ハールは、「我々のディフェンダーのクオリティと性質を考慮に入れて、そしてまた、対戦相手のディフェンスの裏にスペースを作らせることを狙った」と説明した。

オランダは四―三―三でプレーすべきと考える人々からは批判を浴びたが、ファン・ハールにとってはそのプレースタイルへの信念がフォーメーションよりも大事だった。

「私はこのシステムを信じています。ピッチ全体を縫うようなプレーは素晴らしい。どんなときもトライアングルが作れる。サイドも思いのままだ。ファン・ペルシ、ロッベン、スナイデルにはクリエイターとなってほしかった。練習での三人の姿を見て、まだパワーが足りない、お互いにまだうまくかみ合っていないとわかったので、作戦を変えました」

そうして彼が出した解決策とは、ファン・ハールをして「六番のポジションとしては守備的過ぎて、私はあまりいいとは思わない」と評されていたナイジェル・デ・ヨングをスリーバックの正面に据え、スナイデルをいつもの司令塔的ポジションからやや下がらせてプレーさせるというものであった。

「ファン・ペルシとロッベンがゴール前で伸び伸びとプレーできるようにするには彼が必要だった。二人は自由な動きができることに満足だったので、それだけでも良いプレーをするには十分だった。ただ、スナイデルは与えられた役割に満足ではなかったが、私のために尽くしてくれた。

だから本当に良かった」

そうはいっても、スペインは他の対戦相手とは違っていた。前大会の覇者であり、欧州選手権も二連覇した強豪である。そのうえ、グアルディオラの下でチャンピオンズリーグを二度制したバルセロナの手法をさらに磨き上げ、その威力は頂点に達していた。スペインのスタメンにはバルセロナの選手が五人も顔を揃え、そのうちの二人、シャビとイニエスタはファン・ハール監督時代のレギュラーであり、ピケは彼に気迫不足とみなされてレギュラーから外されていた選手である。この対戦でオランダ式のサッカーを見せたのが本家のオランダではなかったというのも皮肉な話だ。シャビ・アロンソがPKで先制するも、前半終了直前にロビン・ファン・ペルシがペナルティエリアの端から見事なダイビングヘディングシュートを決めて同点に持ち込む。

そして、後半に起こった出来事はまさに予想外の展開であり、ファン・ハールの正しさが高らかに証明されることになった。ファン・ペルシに次ぐ二番手ストライカー、アリエン・ロッベンの猛攻がスペインを撃破し、彼が二得点を上げてオランダは五対一の大差で白星を飾ったのである。その後オランダは、ここまで圧倒的な勝利は挙げなかったものの、最終的に三位という成績は誰も予期していなかった。それに、二〇一六年の欧州選手権と二〇一八年のワールドカップでは予選敗退したことを思うと、まさしく快挙と言ってよかった。だが、そのプレースタイルにはやはり問題があった。四年前のベルト・ファン・マルヴェイクのようなフィジカルでラフなプレーではないが、その五―三―二のフォーメーションがオランダの伝統に対する裏切りという声が、クライフをはじめあちこちから上がっていた。それに対し、ファン・ハールは不愛想に「私はオランダを勝たせるために監督に任命されたので」と返答するだけだった。確かにそうかもしれない、だが、一〇年あるいは一五年前の理想追求型サッカーから遠ざかり、クライフがアヤックスに再び浸透させようとした理想からも遠ざかっていたのは事実であった。伝統のオランダサッカーはグアルディオラ率いるバルセロナによってさらに進化したが、逆にオランダ国内においては、クライフの努力もむなしく、次第に居場所を失いつつあった。

*　*　*

モウリーニョの態度にも何らかの変化が起きていたようであった。二〇一三年にチェルシーに復帰したとき、彼は自分のことを「幸福な人間」だと話し、人間的に丸くなったような様子で、それもっともなことだと思われた。ポルトの監督に就任して以来この一一年間で、チャンピオンズリーグを二度、UEFAカップを一度制し、国内リーグで獲得したタイトル数は七、カップ戦は六に上る、そんな実績を見るだけでも十分だろう。グアルディオラさえも彼の前にひれ伏した。緊迫した状況でレアル・マドリードを後にしたが、そんな監督など他にもたくさんいる。むしろ、彼は過去一〇年間のレアルで最も長く監督を務めた人物であった。そして、彼は選手から、サポーターから、そしてメディアからも熱烈に愛されていたクラブに戻ってきたのである。その性格や戦法の面で彼を慕う人は一握りだが、それよりもなお、記者会見をするたびに新聞のスポーツ欄を賑わせた男が帰ってきたのである。その歓迎ぶりは、二〇一四年一月にサッカー記者協会が毎年開催する記念の夕食会に彼を招待したことからもうかがえる。今回の監督就任から半年ほど経過したその頃、モウリーニョはようやく昔の姿を見せ始めた。

幸せなモウリーニョは、あたかも自分の思考がネガティブになりすぎたことの反動であるかのように、シーズン開幕当初は伸び伸びとしたサッカーを目指していたように見えた。彼は一人のストライカーの後ろにオスカル、エデン・アザールともう一人の選手（ケヴィン・デ・ブライネ、フアン・マタ、アンドレ・シュールレまたはウィリアン）を置いた。ノリッジ戦、カーディフ戦、マンチェスター・シティ戦での三連勝では合計九得点、サウザンプトン戦、ウェスト・ハム戦、サンダーランド戦での三連勝でも合計一〇得点と快調なときもあったが、どうしても波があった。チェルシーは一二月中旬の時点で一六試合を戦い、アーセナルに次いで二位につけていたが、とてもモウリーニョが指揮しているチームとは思えない戦いぶりを繰り広げていた。白星を挙げたサンダーランド戦ではアザールが大活躍を見せたものの、失点も三と多かった。ニューキャッスルには〇対二で、ストークには二対三で敗れていたし、ホームでのウェスト・ブロムウィッチ・アルビオンとの試合では、運よく終盤のペナルティのおかげで何とか二対二のドローに持ち込んだ。このように、他者を圧倒していた前回のモウリーニョ監督時代のようなチェルシーの姿はそこにはなかった。

転機が訪れたのは、リーグカップの準々決勝で延長戦の末に敗れたサンダーランドとの試合であった。試合後のモウリーニョには疲労と動揺の影があった。権威の低いカップ戦で敗退したところでさほど影響はないのではないか、と言われるかもしれないが、モウリーニョにとってはかつて取ったタイトルであり（モウリーニョは二〇一七年一二月に準々決勝でブリストル・シティに敗れるまで、リーグカップではことごとく時間内に勝利を挙げていた）、怒りと不安が入り混じっていたのだろう。そこで、彼は原点回帰の必要性についてコメントを出した。日程の関係で次の試合、アーセナルとのアウェー戦まで九日間の時間があったモウリーニョは有言実行し、アーセナルを徹底的に苦しめて〇対〇のドローをもぎ取った。その試合の後のモウリーニョはいたく上機嫌な様子で、かつてのプレースタイルに戻ったことで、彼自身も昔の勝気な姿を取り戻したかのように見えた。

それはまた、シーズン初めの頃の、あのしおらしくてリラックスしたモウリーニョの姿が消え去ってしまったことをも意味していた。先に述べたサッカー記者協会の夕食会の席で（アブラモヴィッチ会長を除くチェルシー上層部の多くが招待されていた）、モウリーニョは今後一生ずっとチェルシーにいたいとスピーチした。古巣に戻って今度は一大帝国を再び築き上げたい、彼が本当にそう思っていたのは確かであろうが、そこにはモウリーニョならではの裏の意図を見ずにはいられない。主催者への感謝の気持ちのほか、彼は単にそのイングランドへの愛を伝えたかっただけなのかもしれない。だが、それは後に彼が出したコメントを聞くと、一種の警告のようにも感じられる。モウリーニョは、もし解雇されるような事態になっても、イングランドを離れて再びイタリアやスペイン、ましてやポルトガルで監督をするつもりはない、別のプレミアリーグのクラブで指揮を執る、とコメントしたのである。

だが、当時はそんな事態が起こるとは誰にも考えられなかった。一月にネマニャ・マティッチを獲得してさらに強化を図るチェルシーは、リーグ戦では続く一三試合で無敗を記録し、その間の失点はわずかに四であった。アザールはとりわけ絶好調だったが、モウリーニョとの関係は終始やや微妙であった。モウリーニョは監督に就任したばかりの頃からアザールを刺激していた。彼にもっと守備を練習させるために「今日は一〇人で練習試合をする」と言った。普段は親身になってくれる監督に慣れていたアザールは驚き、「モウリーニョと目を合わせるとなんだか怖い」と語ったこともあった。それでも、反抗的な性格ではないアザールは、モウリーニョの言う通りに練習を行ない、練習後には自宅に戻って家族と共に時間を過ごしたかったのだが、自主参加のジムでのトレーニングにも顔を出した。

チェルシーがどんなに快調でも、このままではプレミアリーグのタイトルは取れないとモウリーニョは確信していた。彼は二月にこんなコメントを残している。

「今のタイトルレースは、二頭の馬と、まだ乳離れしていなくて跳び方も知らない一頭の子馬の間で争われている。来年は自分たちも同じレベルでタイトル争いに参加できるはずだ」

三月八日、チェルシーはトッテナムを四対〇で下し、順位では二位に七ポイントの差をつけてトップを走っていた。この時点でアーセナルとリヴァプールは、試合数がチェルシーよりも一試合少なく、マンチェスター・シティに関しては三試合も少なく、後に勝点差を二にまで縮めることになる。とはいっても、チェルシーは強豪の貫禄、そして第一次モウリーニョ時代の最初の二シーズンのような圧倒的なクオリティを備えているように見えた。

続いて、チェルシーはアストン・ヴィラとのアウェー戦に臨んだが、ウィリアンとラミレスが退場処分を受け、モウリーニョもベンチから退席を命じられ、〇対一で黒星に終わった。その次のアーセナル戦は、ヴェンゲル監督の一〇〇〇試合目という、アーセナルにとって記念すべき試合であったが、チェルシーは六対〇で圧勝した。その次のクリスタル・パレス戦ではまたしても〇対一で敗れた。

その試合の四日後、チェルシーはチャンピオンズリーグ準々決勝、アウェーでのパリ・サンジェルマンとの第一戦で一対三と敗れたが、第二戦ではいつものモウリーニョらしいパフォーマンスを炸裂させて二対〇と快勝し、準決勝へと駒を進めた。試合後、ジョン・テリーはチェルシーが前もって練り上げた計画に沿って動いていたことを明らかにした。選手たちは、試合をリードしているか否かに応じて誰が交代させられるかを知らされていて、最後の一〇分で三人のセンターフォワードにシュールレとウィリアンを加えた注目すべきシステムによって、勝敗の決め手となる二点目を取りに行ったことも想定内であったという。先を読んで試合を思うように進めるのは、ポルト時代のモウリーニョを思わせた。残り三分でデンバ・バが勝ち越しの二点目を挙げると、モウリーニョはポルトと同じように、タッチラインを猛進し、コーナーフラッグの所で積み重なり合っていた選手たちと共に喜びを分かち合った。

準決勝の対戦相手アトレチコとは、アウェーでの第一戦を〇対〇のドローで終え、スタンフォード・ブリッジで迎えた第二戦では、前半終了八分前にフェルナンド・トーレスの先制点もあり、チェルシーに有利かと思われたが、結局一対三で敗れて大会を後にした。後にアザールがベルギーのテレビでの取材にて、チェルシーは自ら攻めてゆくよりもカウンターに長けているとつい漏らしたことがあった。モウリーニョはこの批判的なコメントに対し、「アザールは自分の左にいるサイドバックを振り返り、彼に任せてみようと考える余裕のないタイプの選手だ」と公の場で応酬した。

それからのチェルシーは、リーグ戦ではストーク戦とスウォンジー戦で白星を挙げたものの、ホームでのサンダーランド戦では一対二で敗れ、またしても自信を揺るがされた。モウリーニョにとって、これはリーグ戦では初めてのホームでの黒星であり、リヴァプールとマンチェスター・シティにタイトルレースでのリードを許すことになった。四試合を残してチェルシーの次なる試合は、そのリヴァプールとのアウェー戦であった。

この試合がドローに終わっても、リヴァプールがマンチェスター・シティよりも上位にいるのは変わらない。リヴァプールのブレンダン・ロジャーズ監督は、このシーズンの前からバルセロナ流に近いと言えるような指導哲学を導入し、よりダイレクトな攻撃を前面に出してルイス・スアレス、ラヘーム・ステルリング、ダニエル・スタリッジらの実力をいかんなく発揮させた。モウリーニョは、レアル時代に考案した強豪クラブとの対戦時マニュアルに沿ったプレーを選び、チェルシーは出だしから時間稼ぎで試合をつまらなくした。ゴール枠内に入ったシュートも四本あったもののの、とても積極的にプレーしていたとは言い難く、ボール支配率もたったの二三パーセントで、彼らが勝てたのは前半終了間際にスティーヴン・ジェラードが滑って転倒したからであった。そして試合終了直前、誰もいないリヴァプールサイドを悠々と進んでウィリアンがダメ押しのゴールを入れる。待ち伏せして、あわよくば相手側のミスを利用し、「ボールを持っている者は誰でも恐怖を抱いている」というモウリーニョの説が痛いほど伝わるようなこの試合の結果により、マンチェスター・シティがタイトルを獲得した。

＊
＊
＊

ビラノバの病状がひどく、これ以上監督を続けられないことがわかると、バルセロナはようやく決断に踏み切った。グアルディオラがもたらした成功により、バルセロナらしさを守ってゆくには内部から人選すべきという考えはクラブ内に定着していたが、そうした意向はたとえ正しくても、その時々の状況により見捨てられることもある。アトレチコのエルネスト・バルベルデ監督もいったんは有力候補と見られていたが、最終的にアルゼンチン人のヘラルド・《タタ》・マルティーノに白羽の矢が立った。

その意図を見抜くのはいたって簡単なことで、マルティーノはメッシと同様にロサリオ市の出身で、メッシにとって大きな力になれると思われたからであった。マルティーノは一九九〇年代の初めにビエルサ率いるニューウェルズ・オールドボーイズでプレー経験があり、ビエルサよりも実利面を重視していたとはいえ、彼の考えの基本には、グアルディオラとビラノバがカンプ・ノウに残したチームの雰囲気に溶け込めると思わせる要素があった。

マルティーノは一九九八年に監督に転向し、様々なクラブでキャリアを積んできた。二〇一二年に監督として戻ってきたニューウェルズは、その一四年間の監督生活で九番目のクラブで、そのうちの五年間はパラグアイ代表の監督も務め、二〇一〇年のワールドカップではベスト八、二〇一一年のコパ・アメリカでは決勝戦にまでチームを導いた。加えて、クラブ・リベルタではパラグアイの国内リーグを三度も制した。

彼はニューウェルズに戻ってきたが、あまり本意ではなかったようで、アルゼンチンのサッカーを「ヒステリック」で「汚い」と断言し、何よりも結果第一主義でラフなプレーも厭わない点を嘆いていた。『ラ・ナシオン』紙でのインタビューでは次のようにも語っている。

「美的な面はすっかり軽視されています。一対二で負けて、最低の試合だったとこき下ろす人がいる一方で、見応えのある素晴らしい試合だったと言ってくれる人もいるのです」

結果よりも過程を重要視するのはビエルサ派、クライフ派おなじみの主張であるが、彼がパラグアイ代表監督時代に展開した手法を見ると、共通点を見出すのはそう簡単ではない。だが、ニューウェルズに戻ると、彼はかつてのビエルサ・モデルに近いスタイルを再び取り入れ、前シーズンはアペルトゥーラで一八位、クラウスーラで六位に終わったニューウェルズを、より覇気があり、魅力的なチームへと変貌させた。一部のファンが期待したほど多くのゴールは挙げられなかったかもしれないが、懸命にプレスをかけ、よく守り、そしてパスワークも巧みだった。それから、多くのビエルサ派チームと同様に、追い込みをかける段階になって勢いを失い、トルネオ・イニシアル*の優勝はベレス・サルスフィエルドの手に渡った。それでも、トルネオ・フィナルでは心機一転、二位に勝点三ポイントの差をつけて優勝し、一九試合で四〇得点を挙げ、得点が少ないという批判の声を吹き飛ばした。リベルタドーレス杯では、準決勝でアトレティコ・ミネイロ相手に惜しくもPK戦で敗れて大会から姿を消した。

＊アルゼンチンのリーグは一九九〇年から二シーズン制をとり、それぞれアペルトゥーラ、クラウスーラと呼ばれていた。一九九〇—九一シーズンにはそれぞれの優勝チームがプレーオフで最終決定戦を行なったが、以降は一シーズンに二つの優勝チームを決定するだけにとどまった。この方式は二〇一二—一三シーズンに再び変更され、シーズンの名称もトルネオ・イニシアルとトルネオ・フィナルに変わった。それぞれのシーズンを制したクラブが優勝扱いされるのは変わらないが、最終決定戦プレーオフは「カンペオナート」の名で復活した（この試合はメンドーサで行なわれ、ベレスが勝利）。こうした変則的なシーズン制度を好むアルゼンチンでも、プレーオフはやはり馬鹿馬鹿しいとの意見が上がり、二〇一三—一四年シーズン限りで廃止された。その後、半年だけの調整シーズンがあり、以後は一シーズンごとに一つの優勝チームを決めるリーグ戦方式に変わり、三〇チームによる総当たり戦となった。

過去の経歴はそれほど重要なことではない。バルセロナの監督になる前のビラノバの監督経験といえば、パラフルーゲルを四部リーグから降格させたことぐらいであり、グアルディオラもライカールトも、それまでに輝かしい監督経験を積んでいたら、ひょっとしたらバルセロナの監督にはなっていなかったもかもしれない。それよりも大切だったのは、ゲームをいかに進めてゆくかということに関する彼の信条であり、ビエルサの影響を受けていたということであった。ビエルサは、グアルディオラがバルセロナの監督になる前、ロサリオまで会いに行き、互いのサッカー観を話し合った相手である。

二〇一三年夏、バルセロナに新顔参上と大いに話題を提供したのはマルティーノではなく、ブラジルのサントスから移籍金五七一〇万ユーロで契約を交わしたネイマールであった。後に、実際に支払われた額は八六二〇万ユーロだったという事実が明らかになり、その差額が後に多大な影響を及ぼすことになる。そんな中でシーズンのスタートを切ったバルセロナに、二つの大きな疑問が投げかけられた。メッシとネイマールが一つのチーム内でうまく機能するのか？　マルティーノ監督は就任してまだ時間がたっておらず、どうやって自分のカラーを出し、先シーズンでチームが失った熱意を修復するか？　その二つの問いへの答えは早々に出るのだが、最初の問いよりも二つ目の問いがはるかに厄介な問題として浮き彫りにもなった。

結果よりも過程を重んじると思われていた人物にしては、マルティーノの采配には首をかしげたくなるようなところがあった。バルセロナはシーズン開幕から二〇試合無敗を続け、スペイン・スーパーカップではアウェーゴールでアトレチコを退けて優勝し、カルロ・アンチェロッティ率いるレアル・マドリードとの一回目のクラシコでは快勝し、悠々と首位を走っていた。だがバルサのプレースタイルは、ファブレガスの言葉によるとより「無法的」になっていった。よりダイレクトなプレーになり、コントロールは鳴りを潜めた。前方で素早くボールを奪ったが、同様に奪われることも多かった。四対〇で大勝したラヨ・バジェカーノとのアウェー戦では、五年ぶりにバルサのボール占有率が五〇パーセントを切った。そんな快進撃を続けても、疑問は残る。これは本当にバルセロナが求めていたスタイルなのか？　これはクライフの主義に忠実なのだろうか？

バルセロナはチャンピオンズリーグのグループステージ第五試合、デ・ブール率いるアヤックスとアウェーで対戦して黒星を喫した。彼らはこのときすでに決勝トーナメントへの切符を手にしていたので、その点では問題なかった。しかし、それがこの一年、いやそれ以前からうずき始めていた多くの不安材料を白日の下にさらしたこと、そしてその相手がこれまで常にバルサが目指していたスタンダードの見本であるアヤックスであったことは、やはり軽視できない。その理念とは逆方向に向かっているように見えたマルティーノは、続く二一試合も黒星一つに抑えられれば、と『ラ・ナシオン』紙の取材で意欲満々に語った。

ところが、その黒星は早くも次の試合で到来した。バルセロナは翌週末にアスレティック・ビルバオ戦で〇対一と敗れ、そうした不安が一気に噴出した。バルセロナはリーガで五三週連続して首位につけ、二五年前にエミリオ・ブトラゲーニョをはじめとするキンタ・デル・ブイトレがレアル・マドリードで達成した記録と並んだが、『スポルト』紙の表紙には「これは私たちのバルサではない！」との大きな見出しが躍った。

マルティーノは、アヤックスに敗れた後の自分の強気なコメントをどこか恥ずかしく思い、またバルサが依然として首位を走っていたことから、記者たちが試合結果しか見ていないと反撃し、もし自分が「オランダ人、またはクラブ内部出身者」だったらこれほどひどい扱いは受けなかっただろうと愚痴をこぼした。彼はボビー・ロブソンと同様に、バルセロナの独特のクラブ体質と、クラブをめぐる勢力関係に困惑していたように見えた。だが、彼の言うことにも一理あった。というのも、アスレティックはバルセロナがライカールト監督時代の混乱期以後、絶えず後継者の候補として名前が挙がっていたバルベルデが指揮しており、そのチームに負けたというのが何よりも痛手だったのである。

バルサは続く七試合で白星を挙げ、一三試合無敗を記録した。一月末の時点では二〇試合戦って勝点が五四ポイントでアトレチコと並び、レアル・マドリードとの差もわずか一ポイントであった。だが、そうした数字もどこか空しく響いた。二〇試合で六ポイント取り損なっただけであたかもこの世の末と騒がれるのは全盛期のバルセロナぐらいであるが、ネイマールの契約金差額問題のあおりを受け、サンドロ・ロセイが会長職辞任に追い込まれたことから、クラブは真に危機的状況にあったのだから。

三月の初め、下位のバリャドリードに〇対一で敗れ、バルセロナは六試合ぶりにシーズン三つ目となる黒星を喫した。「選手たちはリーガの試合をないがしろにしている。全く恥ずべきことだ」と『スポルト』紙が激怒すると、シャビはピッチの状態が悪かったことを言い訳にした。そして再びレアル・マドリードとの対決の日が訪れ、ここでもメッシが試合の主役だった。ベルナベウで行なわれたその試合でメッシはハットトリックを決め、バルサは四対三で白星を飾った。レアルはその次のセビージャ戦でも敗れ、バルサに再びタイトル獲得のチャンスが巡ってきた。チャンピオンズリーグではマンチェスター・シティを倒して準々決勝に進み、アトレチコと対戦することが決まった。そして、その対戦がバルサの運命を決定づけたのである。カンプ・ノウでの第一戦では一対一のドローを許して臨む第二戦、アトレチコはコケが開始七分にゴールを決めて早々とリードを奪う。バルセロナは同点に追いつくにはまだ時間はたっぷりあると思っていたのだろう。しかし、彼らは苦戦を強いられ、プレーには迫力がなく、もっと大差をつけられて敗北していてもおかしくなかった。それから、たったの一週間のうちに彼らのシーズンは崩壊した。アトレチコに敗れた試合の三日後、リーガではアウェーでのグラナダ戦で黒星を喫し、アトレチコにタイトル争いで後れを取った。そのさらに四日後、レアル・マドリードがコパ・デル・レイ杯決勝戦でバルサを倒した。『エル・ムンド・デポルティボ』紙には「タタの悲劇」との見出しが躍る。任務の重大さを事前に推し量る時間的余裕がなく、クラブが困難な状況に陥っていたその渦中に放り込まれたマルティーノ。グアルディオラ懐疑論者として有名な同紙記者のサンティ・ノラは後に、「原理主義者たちはモデルに忠実に従わなかったとして彼を破滅させた」と述べた。

それでも、問題は監督自身にも、そして監督のとったプレースタイルにも関係のないところにあった。バルセロナはシーズン開幕前にドイツ、ノルウェー、ポーランド、マレーシア、タイと目の回るような忙しさのツアーを敢行し、戦術面、体調面での調整を行なうのに十分な時間がなかった。その結果、シーズンが残り三分の一となった頃からプレーに切れがなくなった。センターバックを補強できなかったことでバルサのディフェンスは甘くなり、マスチェラーノは疲労を極めた。グアルディオラの頃のような力強いプレスも見られなかった。

中でも最も深刻な問題は、選手の年齢であった。プジョルは三五歳になったので引退すると宣言し、ビクトル・バルデスは新天地を求めて旅立つ決意を固めており、シャビも三三歳であった。当然、カンテーラやトップチームに昇格できる新しい才能の話題は後を絶たなかったが、ボージャン・クルキッチ、クリスチャン・テージョ、アンヘル・クエジャールらは期待されたほどの活躍を見せなかった。むしろ、期待が大きすぎたのかもしれない。ピケが語っているように、ラ・マシア出身のこの世代――イニエスタ、メッシ、シャビ、ビクトル・バルデス、ブスケ、ペドロ、そして彼自身――は、「例外的」だったのではないかという見方さえ出始めた。「もう二度と起こらないかもしれない」、そんな恐怖にバルサは向き合わなければならなくなったのだ。

＊　＊　＊

バルセロナでの最後のシーズンで心身ともに疲れ果てたグアルディオラは、ニューヨークで休養を取っていた。当時は彼がマンチェスター・シティの監督に就任するという噂も立ったが、二〇一三年一月、次のシーズンからユップ・ハインケスに代わってバイエルン・ミュンヘンの監督を務めることが発表された。シーズン末には六八歳となるハインケスは、今が潮時と引退する意向をクリスマスの前にクラブへ伝えていた。後に伝えられた話によると、実情はそれほど穏やかではなかった様子であるが、ハインケスは自らこの件について語ることはなかった。そして彼の置き土産は、ボルシア・ドルトムントに勝点二五ポイントと大差をつけて獲得したブンデスリーガのタイトル、シュトゥットガルトを倒して手に入れたカップ戦の優勝、さらにウェンブリーでドルトムントを下して制したチャンピオンズリーグ優勝という、クラブ史上初の三冠であった。

チャンピオンズリーグの準決勝は、バイエルンとドルトムントがそれぞれバルセロナとレアル・マドリードを敗退させたことで、決勝戦よりも大いに盛り上がった。ドイツ勢はプレスとカウンターに焦点を置き、そのスピードと強固さ、そして切れの良さでスペイン勢のボールポゼッション中心のアプローチを圧倒した。そんなことから、前監督が見事に封じ込めたスタイルのサッカーを信奉する第一人者を新しい監督に迎えるなど愚の骨頂、という声が予想通り上がったが、それは勘違いであった。ドイツの新たなサッカースタイルは、スペイン式スタイルへの対抗策というより、その変形版に近かったのである。問題は、ボールポゼッションにどこまで集中するかという点であった。バルセロナはかつてのアヤックスと同じく、ボールをキープするだけでなく奪い返すことにも長けていた。ドイツ式のアプローチは、そうしたプレーに努めつつ、素早く攻守の切り替えを行なうのが特徴であった。

その上、ルイ・ファン・ハールが言っていたように、その監督指名には理念の面でも理にかなっていた。

「グアルディオラはファン・ハールの哲学に従っているのだから、バイエルンが彼を起用するのは何ら驚くに当たらない。バイエルンは常に最高の監督を擁してきた」

ファン・ハールはクリンスマンに期待されていた任務を完遂し、新鮮なプレースタイルを吹き込んだ。そしてガッツ、努力、Führungsspieler*といったこだわりからクラブを解放したのも彼である。ラームは次のように語っている。

「ファン・ハールは自分たちにとって大きな転換点だった。ストライカーが一人、ウィンガーが二人、守備的MFが二人という独特のゲーム組み立て案を導入し、その哲学に沿ってチームに形を与えていった」

ハインケスはファン・ハールの作り上げたものを継承し、さらに推し進めていくのに申し分のない人物だったのである。

＊直訳すると「リーダー選手」。ラファエル・ホニングスタインがその著書『Das Reboot』で述べているように、一九九〇年代後半まで、ドイツのサッカーでは戦術面の構築よりもチームの心理的団結がより重要視されていた。

自分の後任者たちが成功を収めると、必ずと言っていいほどそれが自分のおかげであると臆面もなく主張するファン・ハールだが、このときばかりは彼のそんな主張ももっともかと思われた。グアルディオラを監督に任命するということは、クラブがそのカラーを変える過程でまた一つ別の段階へと進むということであった。だが、ヘーネスはそのような見方ではなかった。『デ・テレグラーフ』紙の取材で彼は「ファン・ハールは自分が神だとは思っていないが、父なる神だと思っている。世界が創造される前から自分は存在した、とね。でも、世界は彼の思い通りには動きませんよ」と語っている。

グアルディオラを迎え入れる土壌がどこまで整っていたかはともかく、クライフの流れを受け継ぐスタイルに対するグアルディオラなりの新解釈がバルセロナ以外でも通用するかどうか、それとも、まだ磨きをかける必要があるのか、彼のバイエルン就任はそれを確かめる絶好のテストであった。モウリーニョは次々とタイトルを獲得し、チェルシーはグアルディオラがバルサを指揮した最後のシーズンのチャンピオンズリーグでバルサを下し、ドイツのクラブでは新たなプレースタイルが台頭し始めていた。そんな中でグアルディオラが疑問を感じていたのは当然であり、彼自身も与えられた役割の難しさを痛感していたはずである。

「ミュンヘンに来て最初の頃、バルサのプレースタイルをバイエルンに何とか伝えられるだろうと思っていた。でも、自分が実際に行なったのは二つのクラブのスタイルを融合させることだった。バルサの哲学をここへ持ち込んで、バイエルンとここにいる選手たちにすり合わせていったのです」

グアルディオラはそう語っていた。相手のスタイルに自分から合わせてゆくというその姿勢は、有名なところではマルティ・ペラルナウら一部の人々に、「グアルディオラ主義」というものは存在しないという説を声高に主張させた。そうした見方にはせいぜい、物は言いようとしか答えられない。ただ柔軟性があるというだけで、グアルディオラに基本となる信念がなく、よって自分の目で物事を判断する力に欠けていると言えるだろうか。ファン・ハールも、そのキャリアの中で自身の哲学を状況に応じて適応させていった。グアルディオラは記者会見のたびに、攻撃に重点を置いたプレーへの大なり小なり批判的な意見に対しては、「申し訳ないが、これが自分のやり方なので……」と答えるばかり。前述のペラルナウはグアルディオラの哲学を支える一〇の柱を自らリストアップしているが、その内容をまとめると、高いところでプレーすること、基本のフォーメーションの形を守り、できる限りワイドにプレーし、ボールポゼッションを攻撃面だけでなく守備面でも有効に利用し、単にキープするためのキープで終わらせないこと、というものである。

最も注目すべきはその最後のポイントであろう。なぜなら、そこにはグアルディオラがバルセロナ監督時代に彼のスタイルを表現するのに使われた「チキタカ」という言葉を、なぜ彼自身が「あれは全くばかげている。目的もなく、何も考えずやみくもにパスを回すというもので、何の意味もない」と言うほどまでに嫌っているのかを説明しているからである。一時期（少なくとも英語圏の国々において）グアルディオラの持ち味として認識されていたものを、彼自身がここまで否定したのは大きな反響を呼んだが、言葉の意味は国によってやや異なるという事実も当然明らかになった。スペインでは、その言葉はアスレティックのハビエル・クレメンテ監督が、バルセロナの優等生的アプローチを鼻で笑って使ったのが最初であり、もともとは蔑称であった。それが後に英語圏で、ライカールト時代以降のバルセロナのプレーを特徴づけるボールポゼッションに重点を置いたアプローチを表現するのにその単語が使われるようになったのだが、グアルディオラならばクライフのサッカー教義に沿ってjuego de posición、ポジショナルプレーと呼んでいたであろう。

ボールポゼッションはそれ自体が目的になるというよりも、ポジションを主体にした戦略を遂行する上での方法の一つに過ぎない、そう主張するグアルディオラを疑う余地は全くないが、クライフはボールを持っていれば相手は得点できない、と常に力説していた。時が経つにつれ、グアルディオラはその偉大なる師匠よりもポジションの側面を重視するようになったのかもしれない。グアルディオラが監督だった当時のバイエルンのトレーニング場を写した航空写真を見ると、いくつかのピッチがさらに小さく区切られていたのがわかる。ペナルティエリアを仕切るラインは縦も横もタッチラインまで延長され、ゴールエリアの縦のラインはペナルティエリアの横のラインまでたどり着くところから再び延長され、反対側のペナルティエリアの横ラインまで到達する。タッチラインに近いゾーンはさらにハーフウェイラインのペナルティエリア横のラインの中間で分割される。かくして、ピッチは二〇のゾーンに分けられ、縦長のベルトが五本、横長のベルトが四本できる。ポジショナルプレーの基本的な考えは、ボールがどのゾーンにあるかによって選手がポジションを調節するというものである。しかし、それは単に基本の形であって、理想的には、本来の形では別の選手が受け持つゾーンもカバーできるほどのフレキシブルさが求められ、カギとなるエリアで選手の入れ替わりをしっかりと行なえることも大事である。その一方で、パスの選択肢をもたらし、なおかつ、ボールを奪われても効率的に反応し、すぐにカウンタープレスに切り替えてカウンターアタックができるようなディフェンス形態を維持できる、そんな態勢が常に整っていなければならない。

簡単な例を挙げると、中央のゾーンには横に三人以上、縦に二人以上はいてはならない。誰かがそこに入って横が四人となると、最初にいた三人のうち一人は別の場所へ移動しなければならない。そうすると、ボールを持っている選手はパスを送る選択肢が常に二つないし三つ確保できるはずである。こうして、ボールをキープし続けることが可能になる。グアルディオラが好んでトレーニングで行なわせるロンドにより、選手たちは狭いスペース内でのパスの受け渡しが一段と上達する。グアルディオラのチームがあれほどボールを支配できる秘訣はそこにあるのだ。

ボール支配率は、常に状況を考慮に入れたうえで、ボールキープを「どれほどうまく」できるかということよりも、「どのように行なっていたか」ということを図る目安であるが、ハインケスからグアルディオラへと変わり、その数字も劇的に変化した。成功したパスの数は一試合で五六七から七二六に増え、平均ボール支配率は六一・三五パーセントから七〇・四七パーセントに上昇した。ペラルナウによると、ハインケスの頃のディフェンスラインはゴールから三六・一メートルのところにあったが、グアルディオラのバイエルンでの第三シーズン目のラインはなんと四八・五メートトルのところにあり、つまり、メンバーのうち八人が相手陣営でプレーしていたということになる。

直接相手のゴールを狙っていないときは、チームはパスを行なうことで、次に攻撃を仕掛けるか、それともカウンタープレスへの対応に向け準備態勢に入るか、状況に応じて適切な形態を作り出すことができた。グアルディオラは、そうした形態を作り出すにはパスを一五本つなげる必要がある、と語っていた。別の言い方をすれば、そこには攻撃と守備をダイレクトにつなぐ一本の線があり、ビエルサやクロップのサッカーを特徴づける瞬間的な攻撃への切り替えは求められない。この点はまさしくクライフ的と言える。彼はその自伝の中でこう書いている。

「攻撃ができるようになるには、前にどんどん出てゆきながら守備を行なわねばならない。そのためには、とにかくボールを追い詰める。それをできる限り無理なくさせるには、できる限り多くのパスラインを作ること。また、ボールを持っている選手の前後には常に誰かがいること。ボールを持っている選手とその前後にいる選手の間には一〇メートル以上のスペースがあってはならない」

それはチームの攻撃方法と結びついていた。グアルディオラがバルセロナの監督を務めていた頃、クライフはこんな話をしていた。

「バルセロナがどうしてあんなに素早くボールを奪い返せるのかわかりますか？　彼らは一〇メートル以上離れたパスを送ることが絶対にないので、奪い返すために走る距離も一〇メートルに満たないのです」

このようなポジショニングについての考え方を教え込むのは容易なことではない。バックから二人のセンターフォワードと向き合う場合に守備的MFが二人のセンターバックの間へ補強に入ったり、サイドがワイドにプレーする一方でディフェンダーがより内側に入ったり、あるいはその逆であったり、そういった基本的な要素は簡単に理解することができる。より難しいのは、ピッチの全体図をコンスタントに頭の中に描くという原則である。バルセロナでは、そうした理論を突き詰めたグアルディオラなりの解釈への心構えがラ・マシアでの育成時代からすでにできていた選手たちが相手だった。バイエルンでは、その哲学の（より慎重さを加えた）変形版をファン・ハールから指導された選手たちが相手だった。マンチェスター・シティでは、実質的にあちこち根本から覆すことから始め、おそらくそれが理由で定着するのに時間を要したのではなかろうか。

ファン・ハールが残した基盤がどんなものであれ、グアルディオラは自分から歩み寄ってゆく必要があると感じていた。グアルディオラが率いたバイエルンは、彼が監督していた当時のバルセロナよりもテンポよく、より縦にプレーを展開した。また、グアルディオラは自分の考えもチームに適用させることで、バイエルンのフォーメーションは驚くほどバラエティ豊かになった。バルサではほとんど四―三―三か三―四―三を採用したグアルディオラは、ペラルナウのデータによると、バイエルンでは実に二三種類もの異なるフォーメーションを使った（余談だが、ビエルサは現代のサッカーでは二九のフォーメーションが可能であると語っている）。

グアルディオラが正式にバイエルンの監督に就任した二〇一三年六月、グアルディオラは「サッカーは選手たちのものであって、監督のものではない。ファンの人々は私ではなく選手を見に来る。ここにいる選手たちの高いクオリティに一〇〇パーセント合わせてゆくつもりです」と話していた。それはおそらく真実だったであろう、だが、哲学をどう継承してゆくかという点はさておき、グアルディオラの下では様々な変化が起きるとバイエルンの選手たちが気づくまで、そう時間はかからなかった。

ディフェンダーのフィリップ・ラームを中盤に置き、ストライカーのマリオ・マンジュキッチをサイドに充てるなど、グアルディオラのポジション変更実験に対して懐疑的な声が上がっていた頃、当時三四歳だったクラウディオ・ピサーロは次のように語った。

「あれほど多くの変革をもたらした監督を他に知らない。グアルディオラはバイエルン・ミュンヘン史上最も多くのタイトルを獲得したチームを根元から変えている」

イタリアでのバイエルンのキャンプの様子を取材したドイツの週刊誌『デア・シュピーゲル』は、「クラブの上層部はグアルディオラの熱意に圧倒されているが、それがすべてに吉と出るかどうかはわからないという不安も感じている」と書いている。

それが杞憂だったことはすぐに明らかになった。一〇月初めのチャンピオンズリーグ、マンチェスター・シティとのアウェー戦ではめまいのするほど素晴らしいプレーで三対一と白星を挙げた。ボールをキープしていた三分二七秒の間に九四もパスを送るという場面もあった。ウリ・ヘーネスは「八〇分間というもの、それは私がこれまで滅多に見たことのないようなサッカーだった。それも互角のチームを相手に。あのパスさばきは驚異的だった」とコメントした。翌月、アウェーでドルトムントに三対〇で快勝すると、バイエルンのリーグ優勝への疑念は吹き飛んだ。この試合でグアルディオラはマンジュキッチとのコンビとして起用したハビ・マルティネスが、縦長のディフェンスプレーでドルトムントのプレスをかわし、後半にはフォルスナインに早変わりし、混乱するドルトムントが許したスペースを巧みに利用した。

バイエルンは三月末にヘルタ・ベルリンを三対一で下すと、ブンデスリーガ優勝を確実なものにした。この試合でのバイエルンはボール支配率八二・三パーセントとほぼ独占状態で、パスの数は一〇七八にのぼり、ブンデスリーガのクラブでは初めて四桁の大台に達した。ラームはもうミッドフィルダーとしてすっかり板についた様子で、一三四ものパスを行なった。バイエルンはこれで一九連勝、五二試合無敗を記録した。グアルディオラが監督に就任したとき、三冠を遂げた後のクラブにはそれ以上の結果を出すのは難しいとささやかれていたのに、今やまたしても、それもさらに豪快な勝ち方で三冠達成する見込みが出てきたのである。結局、カップ戦は制覇したが、残るチャンピオンズリーグで躓いてしまった。

バイエルンはアーセナル、マンチェスター・ユナイテッドを下し、準決勝でカルロ・アンチェロッティ率いるレアル・マドリードとの対戦が決まった。ベルナベウでの第一戦に向け、グアルディオラは「バイエルンは自分たちが本当のサッカー選手であることを見せつけ、ボールをキープしひたすら自分たちのプレーに徹する」と意気込みを語った。試合開始から一八分までは、彼らのボール支配率は八二パーセントであった。しかし、それからレアルは反撃を開始し、ファビオ・コエントランとの絶妙のコンビネーションでカリム・ベンゼマが先制点を挙げる。バイエルンは依然としてボールを支配したが、レアルの脅威はおさまらなかった。試合はそのまま〇対一で終了。イタリアのテレビ局スカイの取材に応じたフランツ・ベッケンバウアーは、「ボールポゼッションは、相手にチャンスを許してしまうようなら意味がない。レアルが追加点を入れてくれなかったことに我々は感謝するべきだ」とコメントした。それは、クライフ以後のスタイルで常に言われる批判であった。確かに美しいプレーではあるけれど、それが実際に相手を苦しめることになるのか？

試合後にマドリード市内で開かれた夕食会の席で、グアルディオラは第二戦では三―四―三を採用することをもう決めていた。彼はまた、レアル戦では単に戦術面が問題ではないことも承知していた。リーグ優勝を決めてからというもの、バイエルンの調子は下がり、集中力も低下していたのである。だが、グアルディオラは帰りの飛行機の中で考えを改めた。一二月以来スリーバックは一度も使っていないではないか。やはりアリエン・ロッベンとフランク・リベリーが自由に動ける四―二―三―一で行こう、と。

そしてその週の金曜日、ティト・ビラノバが亡くなった。

土曜日にバイエルンはヴェルダー・ブレーメンとの試合で五対二と快勝し、リベリーは好調でロッベンも交代で入ってから得点を挙げた。ただ、守備面が気がかりだった。

月曜日のトレーニングは軽く切り上げ、グアルディオラは選手たちに気分はどうだと尋ねた。彼らは皆興奮していた。かつての栄光の再来があるかもしれない、とも話していた。ヘルタ・ベルリン戦の後にいったんは落ちてしまった士気が戻ってきたように見えた。こうして、グアルディオラは彼らの熱意に賭けた。四―二―三―一ではなく、四―二―四で攻めるのだ。しかし、それは「最大のへま」だった、とグアルディオラは後にコメントしている。

レアルは守りに入り、アンヘル・ディ・マリアが中心となってカウンターを仕掛け、四対〇でバイエルンに圧勝、うち三点はセットプレーからの得点であった。

これはクライフの流れを汲むスタイルにとって最大の危機であった。バルセロナの衰えとこの準決勝でのバイエルンの惨敗は、ワールドカップでのスペイン代表チームの迷走ぶりにもつながっているように見える。前大会でのスペインの優勝が、当時のバルセロナの栄光の付加物のようなものであっただけに、その凋落はバルサの混迷ぶりを反映していたと言えるだろう。オランダ戦での五対一の敗北は、あまりにもショックであった。スペインが栄冠を手にした前回の決勝戦と、彼らがオランダにひれ伏したこの試合の間には、今回のワールドカップではまだ二試合しか行なわれていなかった。オランダが突如これほどダイナミックで現代的なサッカーを見せたのはいったいどういうことだろう？　それも、バルセロナの過去の亡霊ともいえるファン・ハールの指揮下で？　スペインが五つも失点を許したのは三度目であるが、今回は実に六四年ぶりのことであった。後半は、レアル・マドリードと対戦したときのバイエルンのように、スペイン勢は波のように押し寄せるカウンターアタックを前になすすべもなく、茫然として、全く無力であった。

スペインは次の試合ではほんの少し持ち直したが、ホルヘ・サンパオリ監督率いるダイナミックでよく組織立てられたチリに〇対二で敗れた。サンパオリは熱心なビエルサ信奉者で、激しいプレスとダイレクトなプレーを基にしたその手法から、三年後にはバルセロナでの監督に持って来いであると騒がれたこともあった。スペインはグループ三位に終わり、決勝トーナメントに進出できなかった五番目のディフェンディングチャンピオンとなった。もっとも、彼らは最初の二試合ですでにグループリーグ敗退が決定していた。

彼らの敗北する姿には、破産が徐々に、そして突然やってくるものであるというヘミングウェイの考察を思い出さずにはいられない。スペインの脆さの兆候は一年ほど前から、コンフェデレーションズカップでブラジルに〇対三で完敗したとき、親善試合で予想外の黒星を喫した際などに少しずつ見え始めていた。スペインサッカー連盟が世界王者のチームを世界中に連れまわして荒稼ぎしようと躍起になり、それにより選手たちが疲労を極めたのだから仕方がなかった、そう簡単に片づけてしまえるものであろうか。

シャビ・アロンソは次のように語っている。

「僕たちはたくさんのミスを犯した。自分たちのノウハウを見失ってしまった。その代償として払ったのが、かつてあれほど多くの試合に勝つ原動力となった僕たちの意志の強さだ。以前と同じレベルの野心やハングリー精神、それから多分、大会に向けての現実的な心構えを維持することができなかったんだね」

もちろん、スペインには戦術面での問題もあった。とりわけ、ディフェンダーがボールを持っている場合、それがボールポゼッションにおいて不可欠な要素であるのはもちろんだが(スペインはグアルディオラのチームよりも常にリスク回避型で、無駄な動きをする傾向があった)、実際にボールを守るという点においてやや脆さがあるという事実であり、これはボールを操ることを優先してきた多くのチームが直面してきた問題であった。

「チキタカは死んだ」。専門家の中にはそんな極端な声を張り上げるものもいたが、実際はそうではなかった。また、ポジショナルプレーがもう行き詰まったということでもない。それはむしろ、一つの周期の終わり、選手たちの世代の終わりである。『スポルト』紙は「バルセロナの一時代の終焉は、あたかも当然のごとくスペイン代表の終焉につながった。メンタル的にも体力的にも、選手たちは疲れ果てているのだ」と書いた。

一つの章が終わりを告げたことを疑うものは誰もいなかった。シャビ・アロンソの言うように、「時代の終わりには敗北がつきものだ。でも、本当に辛い敗北だったなぁ」

第一〇章

進化するプレースタイル

ヨハン・クライフがバルセロナの監督として最後に行なった仕事は、ルイス・エンリケにレアル・マドリードを離れてバルセロナに移籍するよう説得にこぎつけたことであった。ルイス・エンリケは故郷のクラブ、スポルティング・ヒホンで頭角を現し、二一歳でレアル・マドリードに加入した。レアルでは一九九五年にリーガのタイトルを獲得し、翌九六年にバルセロナと契約。以後、ボビー・ロブソン監督のもとでウィナーズ・カップを制し、ファン・ハール監督のもとではリーガで二度優勝を経験した。才能に恵まれ、驚くべきスタミナを持つマルチプレーヤーだった彼は、バルセロナとの相性が抜群に良く、二〇〇四年に引退するまでクラブに在籍した。体力に自信のある彼は、引退後にニューヨーク、アムステルダム、フィレンツェでのマラソンに参加し（フィレンツェでは三時間を切るタイムだった）、ピレネー山脈二〇五キロ自転車レースにも挑戦、フランクフルトのトライアスロン大会アイアンマン、二〇〇八年には一〇キロのリュックを背負って二二五キロを走るサハラマラソンでも完走を果たした。

こうしたサッカーと縁のない生活を四年間経たのち、ルイス・エンリケはバルセロナに戻り、グアルディオラがトップチームの監督に就任したことで空席になっていたBチームの指導役を務めることになった。二〇一一年にバルセロナを離れてローマの監督に就任したが、期待されたほどの結果を出せず、結局どの欧州クラブ大会にも出場権を得ることができなかったのを理由に解雇された。次に監督を務めたセルタ・ビゴでは魅力的なサッカーを見せ、チームも程々に健闘したが、二〇一四年にバルサの監督に就任するまで、彼が指導者として最も成功した例と言えばバルセロナBを昇格させたことぐらいであった。

そんな経歴だけを見ると、ヘラルド・マルティーノの後任として非常にまっとうな選択であったとは言い難いが、バルセロナの監督選びでは過去の実績があまり問われないことも事実である。むしろ重要視されたのは、バルサのスタイルとカラーを存分に出せるかという点であり、その意味ではルイス・エンリケは申し分なかった。二〇〇八年にバルセロナで再スタートを切ったときにも「自分の居場所に戻ってきました」とコメントしていたほどであるのだから。

マルティーノは自分がクラブ内でよそ者扱いされていたと愚痴をこぼしていたが、ルイス・エンリケの監督就任は、信頼できる伝統的な価値観の復活と見られていた。ファン・ハールの第一期監督時代には、現代のプレースタイルが形成されたそのるつぼと言えるチームでグアルディオラと共にプレーし、ファン・ハールの最初の退陣時からライカールト就任までの低迷期にもチームを支え続けたルイス・エンリケは、二度の黄金時代を経験した唯一の選手であった。それだけにファンからの支持は厚く、彼が監督として戦った最初の試合では、スタジアム中に彼の名前がこだました。マルティーノが監督時には絶対に起こりえなかったことである。

また、チームとの関係性もマルティーノと異なっていた。『スポルト』紙のルイス・マスカロは次のように述べている。

「タタ（マルティーノ）は何人かの選手を神格化していた。自分がそんな選手をコーチするなど夢にも思っていなかったのだから。今は選手たちがルイス・エンリケに敬意を払っている。それはペップ・グアルディオラのときと同じである。なにしろ彼は選手としてタイトルをいくつも獲得した、いわばクラブのアイドルなのだ。シャビを見るとそれがよくわかるし、マルティーノにとっては不可能だったやり方でルイス・エンリケがチームを導いてゆけることを示している」

後から考えてみると、彼が監督就任時に発表したコメントは今後クラブが陥りかねない状況への警告であったようにも思える。穏やかなトーンとはいえ、ルイス・エンリケは自らが「リーダー」になることを強調し、舞台裏でチーム内にいざこざがあったことを彼が感知していたことを暗にほのめかしていた。先の二シーズンでは目標意識の低さと危機意識の欠如が見られたことから、断固とした権威が求められていたのも無理はない。

しかし、バルサはただその哲学に頼っているだけではなかった。その夏、リヴァプールから八二三〇万ユーロでルイス・スアレスを獲得し、メッシ、ネイマールと彼の三人の頭文字をとってMSNと呼ばれるフォワードラインを形成することを目指した。もっとも、スアレスは先のワールドカップでジョルジオ・キエリーニに噛みついた件で四か月間の試合出場停止を命ぜられていたので、それは一〇月二五日までお預けとなった。この新選手獲得への反応は様々であった。スリートップ体制はこの上なくエキサイティングだという人がいる一方で、ネイマールやスアレスといったスーパースターと立て続けに契約を交わすというのは、カンテーラのモデルとは逆行するものであり、まるでレアル・マドリードのやり方のようだと批判する声もあった。クライフもそんな懐疑派の一人だった。彼が『デ・テレグラーフ』紙に寄せた一文でこう述べている。

「メッシ、ネイマール、スアレスを同時にプレーさせて、バルサはどうやってまとまりのあるプレーを展開できるのか、私には見当がつかない。三人とも個人プレーを得意とする選手だ。良いサッカーをするチームよりも、明らかに個人で輝く選手を重宝しているクラブと同じではないか」

シーズン開幕前、ルイス・エンリケは記者団を前に戦術プランについて語った。本質的には昔からのモデルと変わらず、何ら目新しいものはなかった。基本は三―四―三のままだが、スリーバックにも変更可能で、シーズン前のイングランド、セント・ジョージズ・パークでのキャンプでトレーニングした三―四―三または三―二―三―二という選択肢もあった。バルサへの激しいプレスに打ち勝つため、GKにもその足で積極的にプレーに参加することも求めた。守備的MFと補助的DFの二足の草鞋《わらじ》をはくブスケが酷使されていることを認め、その負担の一部をマスチェラーノに軽減してもらおうというのが彼のプランだった。

ルイス・エンリケはクライフの哲学に忠実であり続けると誓い、「patadóns（目的のないパント）」を使って勝つことは無価値であると語る一方で、臨機応変に対応し、「自分たちのアプローチを豊かにする隠し味」を導入する必要があるとも認めた。

「そのアイデアを進化させ、完成させ、さらに向上させなければならない。そうすると、相手の虚を突くことができるし、相手も自分たちがどういう風に出てくるのかわからなくなる」

将来的にシャビの代わりとなる選手としてセビージャから獲得したクロアチア人のイヴァン・ラ

キティッチは、中盤にテンポと攻撃性を与え、マルティーノがすでに定着させようとしていた、よりダイレクトなプレースタイルも可能にした。

バルセロナは冬の中断期間に入るまでの一六試合で一二勝を挙げたが、第一七節のレアル・ソシエダとのアウェー戦では〇対一と黒星を喫し、ルイス・エンリケは崖っぷちに立たされ、バルセロナにまたしても危機の到来と騒がれた。バルセロナはコパ・デル・レイ杯では依然勝ち残り、チャンピオンズリーグでも難なく決勝トーナメント進出を果たし、リーガでの順位も、首位のレアル・マドリードより一試合多く戦っていたとはいえ、一ポイント差で二位につけていた。リーグ戦では二大強豪クラブに求められる安定度の基準が異常に高いとはいえ、試合結果や順位はさほど問題にされなかった。バルサがグアルディオラ時代の高いレベルから日に日に遠ざかり、混迷から下降、そして衰退への道をたどっているという印象が問題なのであった。

それはピッチの上でのプレーに限ったことではなかった。レアル・ソシエダ戦での敗北の後、かつてのバルサのゴールキーパーでありキャプテンであったアンドニ・スビサレッタがスポーツディレクターを解任されたのである。その知らせは彼のアシスタントであったカルレス・プジョルからすぐに発表された。その前の週には、バルセロナが二〇〇九年から二〇一三年の間に一八歳以下の選手を登録したのが規則に反するとし、今後二度の移籍期間中にいかなる選手とも契約を結ぶことをバルセロナに禁止したFIFAの決定をスポーツ仲裁裁判所が支持するという事件があった。バルセロナ側はそれが手続き上の問題であり、スペインサッカー連盟とFIFAの規則の違いから起きたことであると主張したが、スビサレッタは日曜夜にテレビのインタビューにて、バルセロナのジョゼップ・マリア・バルトメウ会長が当時副会長であった期間中に決定したことについては彼に責任がある、と発言した。こうした騒動はグアルディオラ時代のバルセロナで顕著だった「クラブ以上の存在」という道徳観念とは容易に相いれないものであった。

スビサレッタが解雇されたのはこのインタビューだけが原因ではない。夏の移籍市場では守備面の強化が最優先課題だったが、アーセナルから移籍したベルギー人センターバック、トーマス・フェルメーレンは膝の負傷で試合出場がままならず、サンパウロからやってきたブラジル人ディフェンダーのダグラスも、一試合出場しただけで絶望的に調整できていないことが明るみになった。バレンシアから移籍したフランス人の中央DFジェレミー・マチューは彼らよりも活躍を見せたが、屈強だが華のない三〇歳の選手が一人加入したところで到底役者は足りなかった。

スビサレッタはルイス・エンリケ監督任命を裏で最も支えた人物であっただけに、直接的な打撃は大きかった。彼がクラブを去ったことによりルイス・エンリケは窮地に立たされ、レアル・ソシエダ戦での敗北もあって、彼の不安は増大した。レアル・ソシエダとの試合では、メッシ、ネイマール、ダニ・アウヴェス、ラキティッチ、ジェラール・ピケらがすべてベンチで控えてのスタートであった。南米のスター選手三人は長めのクリスマス休暇からトレーニングに復帰したばかりであり、メッシが休暇明け直後の試合でベンチスタートするのはその六年来毎回のことであった。その翌日は公現祭の祝日恒例となっていた、子供たちのための特別オープンセッションの日であったのだが、メッシは胃の不調を訴えてトレーニングを休んだ。ところが、その前の週にシャビが胃の痛みはトレーニングや試合に参加したくないときに絶好の言い訳になる、と明かしていたものだから、ことはややこしくなった。こうして、ベンチに残されたことに腹を立て、監督を信頼していないことをメッシがアピールしていたのではとの疑問の声が上がるのも仕方がなかった。

ネイマールもメッシも不在で戦ったレアル・マドリードとの試合では、バルサのプレーはひらめきに欠け、チームがいかにこの二人を頼りにしているかが白日の下にさらされ、さらにはバルセロナが本当にクライフ的な理想を掲げているのかという疑問が蒸し返された。二人のフォワードのスター選手への依存状態と、哲学を基にしたチームの倫理観とをうまく融合させるのは非常に難しい。エウセビオ・サクリスタンは次のように語っている。

「クライフは一人の選手の個人的実力がチーム全体の実力に勝ることを許さなかったが、そうした個人の能力を伸ばすことは厭わなかった」

自分一人の肩に背負わされたスアレスは失望し、チームになかなか馴染めないと漏らし、MSNは門出から前途多難であることがはっきりとした。

ピケもまた、その調子には非常に波があった。だが彼がいなければ、バルサは空中戦で力を発揮できる選手に欠け、守備陣の再建がいかに不適切であったかを露呈させた。特別なクラブには他とは違うプレーの基準があり、また世代によってその基準も変わってくる。バルセロナがいかに良い結果を出そうとも、チームの状況が泥沼化しているのではないかと疑いをかける理由はたくさんあった。メッシとルイス・エンリケがトレーニング場で衝突したというニュースに、ルイス・エンリケがメッシのスーパースター気取りの態度を正そうとしたという尾ひれがつくこともあった。だが、ルイス・エンリケは人前ではそんな危機的状況については一言も触れず、スビサレッタとプジョルがクラブを去ったことで「落ち込んでいた」とコメントするにとどめた。

またしても、バルセロナ特有のクラブ体質が足かせとなった。だが、ルイス・エンリケにはそれなりに心の準備ができていたようで、一一月の初めにレアル・マドリード戦で敗れた後、ホームのセルタ・ビゴ戦で初めて黒星を喫したときには、「さあ狩猟の季節が始まるぞ」と、まるで新監督探しが始まったとでも言いたいようなコメントを発した。立て続けの敗戦にプレースタイルへの疑問視が加わり、結果としてファンはメッシの側につくようになった。ある調査ではルイス・エンリケの解雇を求める人の割合が六八パーセントにも達したという。それについて彼は「極端な意見を持った人が多いですから」と述べた。

次の水曜日、バルトメウ会長は「緊張をほぐす」ために夏に向けての選挙を呼び掛けた。ただ、それがすぐに及ぼす影響は限られていた。バルセロナはその日の夜、コパ・デル・レイ杯の試合でエルチェを相手に五対〇と圧勝し、この試合で初めてメッシ、ネイマール、スアレスの三人がそれぞれ得点を入れたのだが、当日のスタジアムはあまりにも異様な空気に包まれていて、そんなことはすっかり忘れ去られてしまった。なにしろ、カンプ・ノウに集まった観客がわずか二万七〇〇〇人しかおらず、ルイス・エンリケの名前を叫んで励ます声はすぐさまブーイングと口笛にかき消されるというほどであった。後に報じられたところによると、バルトメウ会長が試合後にロッカールームへ行くと、メッシが彼に向かってルイス・エンリケをお払い箱にするよう迫り、もし状況が変わらなければシーズン限りでバルセロナを去るとまで言ったという。真偽のほどはともかく、メッシはやけに興奮していて、試合の翌日からシャビをはじめ年長の選手たちのとりなしのおかげで彼が次第に落ち着きを取り戻していったのは確かなようだ。

日曜日、バルセロナはアトレチコと対戦した。前のシーズンでは六度も顔を合わせ、一勝もできず、奪った得点もわずか三点という相手である。アトレチコのディエゴ・シメオネ監督は他のどの監督よりもバルセロナを徹底的に研究していたようであった。アトレチコはルイス・エンリケにとって最も相性の悪いチームであり、ここで最後のとどめを刺されてもおかしくない相手だった。

だが、実際はその逆だった。バルセロナはあたかも外部からの脅威がチーム内部の問題を忘れさせたかのように伸びやかなプレーを見せた。バルサの動きには切れがあり、この数か月間とんとご無沙汰だった活気あふれるタックルも見られた。この試合でもMSNのそれぞれが得点を挙げ、三対一で快勝した。すっかり和解して再び活力を見出したメッシは試合後、「もう変な噂は立てないでくれよ」とマスコミをけん制した。

一方のルイス・エンリケは、もっと淡々としていた。

「この波を鎮めるにはやはり白星を挙げるしかないのですかね。ちょっと躓いただけで危機の再来、と騒がれますし」

だがそれ以後は、概して躓くことはなくなった。アトレチコ戦での白星は、一二連勝のうちの二つ目の白星で、この連勝中に挙げたゴールの数は四四に上る。三月の初めにレアル・マドリードがアスレティックを相手に黒星を喫すると、バルセロナはついに首位へと躍り出た。

バルサは二週間首位の座をキープし、いよいよ迎えるクラシコ。バルセロナは開始一六分にセットプレーからマチューがヘディングで先制し、それからはレアルの猛攻を受ける。三〇分にクリスティアーノ・ロナウドがゴールを決めて試合を振り出しに戻し、前半終了までバルサは苦戦を強いられた。しかし、後半開始八分後、ダニ・アウヴェスからの長いパスをスアレスが受ける。最初のタッチでボールを右に寄せてセルヒオ・ラモスをかわし、次のタッチで放った低めのシュートはイケル・カジージャスの脇を通ってゴールの奥にすっぽりとおさまった。試合後、ルイス・エンリケは次のようにコメントした。

「スアレスはありがちな昔ながらのストライカーではない。彼はチームメイトとのコンビネーションも抜群で、ゲームの流れをよくつかんでいる。だから、ゴールする前に何度もボールタッチする必要がないのです。彼の体力は私たちにとって重要ですし、その性格も、私たちのような、何というか……ちょっと冷めたチームには非常に有益だと思います」

シド・ロウが指摘していたように、そのルイス・エンリケのコメントは、フリスト・ストイチコフとの契約を交わしたときにクライフが残したコメントを思い起こさせる。クライフはストイチコフが「malo leche（直訳すると腐った牛乳、の意味）」をもたらした、と言ったのであるが、それは彼の背後で展開される頭脳的なパスプレーにさらなる強みを与える、熱烈さ、ガッツ、全力で相手に向かってゆく姿勢を意味していた。

バルセロナはセットプレーからのゴールとロングパスからのゴールでレアルに勝利した。それでも、ボール支配率は五二パーセントと、ペップ・グアルディオラ監督時代以来のクラシコでは最も低い数字であった。ルイス・エンリケが監督就任時に約束したように、そのスタイルは確実に進化を遂げていたのだ。

五月の初めになると、チームの姿は四か月前からは想像もつかないほど様変わりしていた。三人のトップはメッシが右サイドに移った後、スアレスがセンターのポジションを得て密接につながりあうようになった。スアレスはその排斥処分から再び自分のリズムを取り戻すために時間が必要だったのであろう。彼は選手たちがある試合でコンビネーションのカンをつかみ、それがうまくゆくことがわかるとひたすら前進した、と話していた。もし実際にその通りだったのであれば、ルイス・エンリケの功績はそうした状況を作り上げるようおぜん立てをしたということである。誰のおかげであれ、バルセロナは強力なフォワードラインを有し、それが一時期の間は共にプレーする喜びを分かち合い、各人のエゴに邪魔されることなく相手を滅多打ちにするユニットとして機能していた。チャンピオンズリーグの準々決勝ではパリ・サンジェルマンを倒して準決勝へと駒を進め、次いでリーガではヘタフェ戦とコルドバ戦でさらに勝点六ポイントを獲得した。

準決勝では、二年前に完敗したバイエルンと再び対戦することになった。しかし今回は単なるチャンピオンズリーグの準決勝とはわけが違っていた。なぜなら、バイエルンを指揮していたのは他でもないペップ・グアルディオラ。クライフ式のサッカーの現代風アレンジが試される、その最も強力な推進者同士の対決となったのである。

*

*

*

前シーズンのチャンピオンズリーグ準決勝でレアル・マドリードに喫した敗北はグアルディオラに大きな衝撃を与えた。プレスを過剰にかけることの問題や、バイエルンが手を緩めてスペースを許す余地を与えず、それからカウンターで攻撃されるという問題点、つまり、彼がバルサで過ごした最後のシーズンと全く同じ問題点があるということをグアルディオラは痛感した。相手に得点のチャンス、もしくは得点そのものを奪われたとき、彼はチームに「安定性」を見出すよう励ました。それは彼に言わせれば、パスを二〇本立て続けに行なうということである。ファンマ・リージョが好んで使うフレーズに、「ボールは速く行ってしまえば行ってしまうほど、戻ってくるのもまた速くなる」というものがある。チームは底の見えない退行の渦に捕らわれの身となっていた。

カウンタープレスをかけ、そのカウンタープレスにカウンターをかけ、そのカウンターのカウンターにまたカウンターをかけるという図式は、一種の狂乱状態を導くことになり、自分たちより実力の高いチームが相手の場合はそれが有利に働く。

グアルディオラはまた、スペインと比べてドイツでは（そして後にはイングランドでは）、ミスをするとそれをフィジカルな努力でカバーしようとする試みがより重要視されることに気がついた。これは、戦術面での向上の可能性が選手の性格、文化的背景、そして感性にいかに左右されるかということを意味している。グアルディオラのモデルと、ユルゲン・クロップに代表されるハードプレスのドイツ流哲学との決定的な違いはそこなのかもしれない。

両者はともにプレスを重要な要素と考えているが、クロップの場合は攻守の素早い切り替え、ひいては相手よりも先手を打つという見方がゲームの基本にある。それは熱に浮かされたような、時には無鉄砲とも思えるようなゲームの進め方である。グアルディオラも迅速なカウンターには一目置いていたが、チームのテクニックと動きを信頼してペースを落とし、リセットする方を好んだ。たとえ相手側のディフェンスが再び態勢を整えるチャンスを得た後でも、それをこじ開けようとはしなかった。グアルディオラはこう話している。

「ウィンガーがセンターハーフからボールを奪うか、それとも内側のフォワードから奪うかによって事態は全く異なります。センターバックから奪えば、相手側はディフェンスの体制をしっかり作れる。しかし、もし前方で攻撃的MFがボールを奪えれば、相手のディフェンス体制作りはより難しくなる。ミッドフィルダーがディフェンダーをおびき寄せているならばなおさらだ」

イギリスのサッカー試合分析の父であり、ダイレクトプレー理論の熱烈な支持者であったチャールズ・リープは、すべてのゴールのおよそ八〇パーセントが三つまたはそれ以下の数のパスを経て決まることを発見した。* グアルディオラの率いたチームに関してはそのパーセンテージよりも低くなるのは想定内だが、その低さには驚くばかりである。バイエルンでの三シーズン目だけを見ると、すべてのゴールのうち七二パーセントが五本またはそれ以上のパスを経て決まっている。同時に、カウンターからのゴールの数は全体の半分以下であった。

＊リープは独断的で誤った情報に左右されることがあり、著者が『サッカー戦術の歴史』の中で述べているように、それが彼の理論において大きな欠点となっている。それでも、彼の出している数字を疑問視する理由はない。

それをプラスと取るかマイナスと取るかは人それぞれの主観の問題である。バイエルンのブンデスリーガでの総得点数は、ハインケスの最後のシーズンでは九八だったのが、グアルディオラに代わった最初のシーズンでは九四に落ち、その後の二シーズンでは共に八〇であった。総失点数は、ハインケスの最後のシーズンでは一八、その後二三、一八、一七と推移した。こうした数字だけを見ると、ややパワーが低下したという感は否めないが、それはいたって型通りの感想である。ハインケスが三冠を達成したシーズンのバイエルンは、再びこんな機会は訪れないであろうと思うほどの、並外れた絶好調ぶりであった。もっとも、これほど多くのゴールを挙げているチームには、多少の変動など大した意味を持たない。バイエルンはその四シーズンでいずれも優勝し、続くカルロ・アンチェロッティ監督指揮下でもタイトルを獲得し、そのときは総得点数八九、総失点数二二であった。六対〇といった大差での勝利の代わりに四対〇のようなスコアで白星を挙げるようになっても、それは取るに足らない違いではないだろうか？

ドイツ時代のグアルディオラを評価する上で、これは最も重要な点である。ブンデスリーガのタイトルは手にした。このような独り勝ちの状態はドイツのサッカー史上前例を見ないことだとことさらに持ち上げるのは無意味である。というのは、サッカーをめぐる経済構造がかつてないほど明確に固定化されてきたからである。その事実は試合をどのように戦い、どのように消化してゆくかという点において多大な影響を及ぼした。スーパークラブはその強大な支配力から、国内でのリーグタイトル獲得は朝飯前であり、チャンピオンズリーグ出場権獲得はそうしたクラブの天下が果てしなく続いていることの表れである。その結果、各シーズンのハイライトはチャンピオンズリーグの一つか二つの試合にのみ絞られてしまってもおかしくない。

また、スーパークラブがグローバルなブランドと化したことで、各クラブはその独自のカラーを失い、トップスター選手次第でどんな形にも変化できるようになった。ここに一つの例がある。非常に極端な例であるし、これで決めつけてしまうのは公正でないのは百も承知だが、ポール・ポグバがマンチェスター・ユナイテッドに移籍したときに残した意気込みのコメントは象徴的であった。彼はバロンドールの獲得が夢だ、と語ったのである。少し前の世代の選手なら、新しいクラブでチャンピオンズリーグに優勝することが個人賞の獲得よりも勝っていたはずである。こうしたスター性の重視は、滑らかで効果的なチームプレーの構築を抑圧する反面、クラブにとっては大いに意義のあることである。優れた選手はいつでも素晴らしいプレーを見せてくれるし、マーケティングの面からみて、華やかな選手とサッカー哲学、どちらが簡単に売り込めるだろうか？　グアルディオラはこうしたメンタリティーに対して反旗を翻したのであった。

フランスではパリ・サンジェルマン、イタリアではユベントスという具合に、ドイツではバイエルンが圧倒的な強さを誇っている。彼らの収入は、最大のライバルであるボルシア・ドルトムントの収入よりもおよそその三分の二多い。だから当然彼らはリーグを制覇する。いみじくもモウリーニョが語っていたように、よっぽどの不調続きでもない限り、それは避けられないものなのだ。

バイエルンの幹部らは、グアルディオラがクラブを飛躍させ、戦術面で進歩的な考えをもたらしてくれた、という印象を抱いていた。だが、タイトル獲得という面では物足りなさを感じていた。知的で美しいプレーに磨きをかけるのも結構だが、やはりチャンピオンズリーグを制してほしい、と。しかし、グアルディオラはそれを達成することができなかった。

グアルディオラのバイエルンでの二シーズン目は、最初のシーズンとほぼ同じパターンで始まった。冬の中断期間までは負け知らずで、チャンピオンズリーグのグループステージも楽々と勝ち進んだ。しかし、チームは確実に進化していた。グアルディオラは徐々にディフェンダーを守備的MFの補助役として使うようになった。ディフェンダーを事実上のMFとするやり方は、現代のサッカーではおなじみである。そして、グアルディオラは前のシーズンでラームを中盤のセンターで起用して大成功したこともあり、彼のことを自分が知る限りで「最も賢い選手」とほめちぎっていた。

グアルディオラはこの二つのアイデアを組み合わせ、ディフェンダーはサイドのミッドフィルダーをサポートするために外側に向かって上がってゆくよりも、ディフェンスラインの前に出てゆき、その一方で守備的MFが下がり、あたかも三人目のセントラルディフェンダーのごとくプレーさせた。こうしてできあがったディフェンス五人体制は、グアルディオラいわく「安全なシステム」であり、あのレアル・マドリード戦で苦しめられた一種の体制崩壊に悩まされる心配もなく、残りの五人の選手で依然として攻撃を続けられるというものであった。ボールポゼッションしていないときのフォーメーションは正統派の四―三―三（その進化版は四―一―二―三）だが、ボールを保持しているときは三―二―二―三という、一九三〇年代から一九六〇年代にかけて最も一般的だったW―M型に近い形態に変化した。

バイエルンは第一八節のヴォルフスブルク戦にて、一対四という手痛いスコアでシーズン初めてホームで黒星を喫した。このときグアルディオラは自分自身を責め、彼が「聖書の教え」とまで呼ぶようになったいくつかの事項をホワイトボードに書いた。それは次のような、三つの項目から成るとても短い教えである。

一、フォワードは四人より二人
二、中盤に一人追加
三、ディフェンスに一人追加

これらはもちろん、非常にクライフ的な価値観に基づくものである。一番目と三番目は、「ピッチの中央部分に選手を集めて数的優位に立つ」必要に関して、二〇〇一年の彼の回想録の中でクライフの哲学について語っていた部分と呼応する。

しかし、バイエルンには依然として脆い部分があった。チャンピオンズリーグ決勝トーナメント一回戦で対戦したシャフタール・ドネツクとは、アウェーでは〇対〇のドローに終わり、ホームで七対〇と大勝した。準々決勝の相手ポルトとは、アウェーで一対三と敗れ、ホームで六対一と逆転。両相手ともに最終的には難なく白星を挙げられたが、アウェーで試合をリードできないという傾向は明白だった。

リーグ優勝はまたしてもヘルタ・ベルリン戦の後に決定した。前シーズンはシーズン終了まで残り七試合で早々と決まったが、今回は四試合を残してのことであった。しかし、タイトル獲得が決定してまたしても足並みが乱れた。カップ戦の準決勝ではPKの末ドルトムントに敗れ、リーグのレーバークーゼン戦も黒星で終え、そうこうしているうちにチャンピオンズリーグ準決勝、バルセロナとの対戦の日を迎えることになった。

ヴォルフスブルク戦での敗北の後にグアルディオラがホワイトボードに書いた三か条によれば、対戦相手がバルサと同じ四―三―三を使うなら、自分たちは攻撃陣を四人から二人に減らし、残る二人をそれぞれディフェンスと中盤に充てるということになる。しかし、今度は普通の対戦相手とは違う。まずバルサの後衛、特にダニ・アウヴェスなど、彼らがすべてディフェンダーであると言えるのかどうかは議論の余地がある。それに、メッシという怪物がいる。グアルディオラはかつて、「メッシを止められるディフェンスのシステムも、監督も、この世に存在しない」と語っていたが、このときは当たって砕けろというような勢いで、メッシ、ネイマール、スアレスを徹底的にマークさせるスリーバック体制を敷くことを決めた。バルサは自陣の奥でひと塊になったチームとの対戦に慣れているから、ボールは彼らのほぼ独占状態となるだろう、グアルディオラはそう読んだ。バックに三人だけを残すことで、七人による集中的なハイプレスを強化できる。それは結果的には失敗に終わったが、バルサに揺さぶりをかけたのは確かであった。

バルセロナは序盤からバイエルン陣営に攻め込み、短時間で二度も得点のチャンスがあった。そして一六分を過ぎた頃から、グアルディオラは実験を開始した。ファン・ベルナトを中盤左サイドから右サイドバックに移し、四─三─三とした。すると、バルサはそれまでのチャンスの波が嘘のように静まり、先制点を挙げたのはようやく七七分になってから、ベルナトがボールを奪われた後にメッシが決めたゴールであった。それから二点も追加点を許したのはバイエルンにとって痛かった。メッシは素早いフェイントでジェローム・ボアテングの裏をかき、GKノイアーの目の前でボールを軽く蹴り上げてゴールネットを揺らし、アディショナルタイムにはネイマールがだめ押しの三点目を入れた。

これは、ピッチの高いところでボールを奪い返してあっという間に攻撃に転じる作戦による勝利であり、ルイス・エンリケが焦点を当てていたものであった。ハビエル・マスチェラーノは次のようなコメントを残した。

「ルイス・エンリケはクラブの哲学をよく心得ている。高いところでプレスをかけるという考えを確かにここへ持ち帰って来てくれた」

グアルディオラは、バルサが世界一カウンターアタックに強いチームだと感想を述べた。もちろん褒めるつもりで言ったことであり、そのまま受け取って差し支えないが、ここ二シーズンの間は、彼らが到底そんなチームではないと感じさせる場面の方が多かった。バルセロナのボール支配率が相手チームよりも下回ったのは、四四二試合のうちこれが二回目で、前回下回ったのはラヨ・バジェカーノ戦にて四対〇で白星を挙げたときであり、これはマルティーノがクラブの信念を失い始めたと広く認識された試合であった。

バイエルンはホームでの第二戦は四─四─二のフォーメーションで臨み、三対二で勝利したが、またしても準決勝で敗退という結果に終わった。かつてバイエルンで会長を務めたフランツ・ベッケンバウアーは、バイエルンが第一戦で先制されたときに「兜を脱いで」しまったのが敗北の原因だと非難した。それで当然のごとく追加点を許し、最後の一五分でコテンパンにやられたのだ、と。あれよあれよという間にゴールを奪われたのは、グアルディオラにとって破滅そのものだった。しかし、バイエルンの崩壊の種はすでに第一戦の一六分間のうちにすでに蒔かれていたのではないか。もしベルナトが疲弊していなかったら、あれほど簡単にボールを奪われていただろうか？彼がボールを奪われ、カウンターを仕掛けるきっかけとなったあのコーナーキックさえも、バイエルンがうんざりしたように無駄にボールポゼッションを行なっていたから生じたのであった。ボアテングの動きがしばらくの間は緩やかかつ複雑すぎて、ついベルナトが勇み足を踏んだのではないか？　確かに、バイエルンの選手たちの疲れがもっと少なかったら、より効率よくラキティッチを封じ、メッシが二点目を決める機会を与えることを阻止できたかもしれない。そして、もし前衛から二人を下げていなかったら、バイエルンはアウェーでのゴールが欲しいあまりに向こう見ずになりすぎ、ディフェンスラインの後ろにスペースをあけてしまい、メッシとネイマールにまんまと利用されていたのではなかっただろうか？

おそらく、アリエン・ロッベン、ダヴィッド・アラバ、ハビ・マルティネス、フランク・リベリーが出場できていたら、またロベルト・レヴァンドフスキとバスティアン・シュヴァインシュタイガーの体調が万全だったら、結果は違っていたかもしれない。もっとも、バイエルンにこれほどの負傷者、体調不良の選手がいたのには、一部はグアルディオラが要求した激しいプレーに原因があったことは間違いない。

断言はできないが、グアルディオラの最初の戦術アプローチのつけがこの試合で回ってきたと結論づけるのは妥当なように思われる。一つのチャレンジが失敗したからといって、それについて語るのが無駄だというわけではない。またしても、グアルディオラは妥協策を探すことを拒否し、最大限に攻撃するという自分の理念を貫いた挙句に失敗したのである。

＊　＊　＊

合計スコア五対三でバイエルンを退けて決勝進出を決めた日から五日後、バルセロナはアトレチコとのアウェー戦で一対〇と白星を挙げ、リーガのタイトル獲得を確定させた。前シーズン、アトレチコにタイトルを奪われた日から数えて三六四日後のことであった。ハビエル・マスチェラーノはこうコメントした。

「困難なときでも、ずっと信じていた。僕たちは逆境を乗り切ったんだ。笑うべきときに笑い、苦しむべきときには苦しんだ」

続いてコパ・デル・レイ杯でもアスレティックを下して優勝を手にし、五か月前はあれほど崩壊寸前に見えたのに、ベルリンでのチャンピオンズリーグ決勝戦ではユベントスを三対一で下し、このシーズンで三冠を達成した。

決勝戦でバルセロナが挙げた先制点は、お見事としか形容できないほどの高いクオリティのものであったが、同時に一つのスタイルの完成とも見えた。ルイス・エンリケ率いるバルサは、グアルディオラの頃よりもプレースタイルが多彩になったと言えるが、それは伝統的なクライフ哲学のサッカーの一つの到達点であった。大げさに言えば、それは進化形の頂点、傑作を完成させる最後の鮮やかな一筆だったのかもしれない。試合開始からわずか四分で見せつけられたその先制点は、試合の序盤一五分がどのようなものであったかすっかり忘れさせてしまうほどの完璧さだった。

それは思いもよらず、バルサの左サイド、ユベントス陣営の一〇ヤード手前からのスローインから始まった。ボールがピッチを横切りいったんバックに返されると、ダニ・アウヴェスがセンターサークルのすぐ外側にいたメッシへパスを渡す。そこから間髪入れずにボールは左サイドに送られ、そこでは左サイドバックから上がってきたジョルディ・アルバが、コンパクトなユベントスの中盤ダイヤモンドによって不可避的に、そしておそらく意図的に作られたスペースに入り込む。そして彼はネイマールにパスすると、今度はネイマールがアルトゥーロ・ビダルのマークを振り切って前方に出てきたアンドレス・イニエスタにパスを送る。それからはいたって正攻法で、ゴール前でのスクエアのパスを受けたラキティッチがフィニッシュを決めた。

容赦なくユベントスを痛めつけるバルサは、前半ですでにゲームの決着をつけていてもおかしくはなかった。後半にアルバロ・モラタが同点ゴールを入れるが、ラキティッチが典型的なダイレクトパスで来たボールを完璧にコントロールし、それをメッシが引き継いで相手ゴールに突進する。メッシのシュートはセーブされたが、バウンドして跳ね返ったボールを今度はスアレスがすかさずゴールに叩き込む。ネイマールがカウンターから三点目を入れると、試合は完全に決着がついた。試合終了のホイッスルが鳴ったとき、七七分からイニエスタに代わってキャプテンの腕章をつけて出場していたシャビは、これがバルサにおいて七六七回目にして最後の試合出場であったことから、皆に担ぎ上げられてピッチを走り回った。二〇〇六年の決勝戦ではベンチで控えていて出場の機会はなく、二〇〇九年と二〇一一年に優勝したときはフルで出場した。第一線で活躍してきた一〇年間、彼は中盤の戦力において横パスを強力な武器にし、ゴールへたどり着く最良の道は必ずしも直線的な攻めだけではないことを何度も証明してくれた。

フレン・ロペテギにとって、シャビは哲学の体現者であり、それが実現可能だということを教えてくれた選手である。

「シャビはサッカーを変えた。彼は私たちに新たな選手像を作り上げる、あるいはそれを思い描かせる手助けをしてくれた。その選手像が今や代表チームにおいてあらゆるレベルですっかり当たり前のことになった。何よりも体格重視という神話を打ち壊し、小さくても技術の高い選手なら攻撃も守備も立派にこなせる資質があると多くの人々に目を開かせたのだ。プレーしているときの彼の激しさは私たちにとって命そのものだった。でも、その激しさというのは世間一般の人たちが思っているのとは違う。それはゲームを引っ張るリズム、プレーそのもののスピードと密度の濃さなのだ。つまり、素早く、シンプルで安定したプレーということだ。彼のおかげで他の選手も良いプレーができるようになった。彼は的確なパスを送って、流れをキープし、それにポジショニングが常に適切だった」

バルセロナがグアルディオラ流のスタイルから脱皮したことと、シャビが年齢を重ねてチーム内での影響力が弱まっていったことは決して偶然ではなかった。新しいバルサのスタイルはグアルディオラの頃よりもずっとダイレクトであった。マルティーノが監督になりたての頃にチームについてファブレガスが使った「無秩序」という言葉は、今はプラスの意味で作用していた。ピケも「自分たちのサッカーはもうハンドボールみたいなものではなくなったよ」とコメントしていた。

前方で素早くボールを奪えるようになったのは、裏を返せばそれだけボールを奪われる機会も多くなったということだが、それはまた、相手に持ち直す隙を与えずカウンターで陥れやすくなったということをも意味している。それに、フォワードの三人はすべてドリブルの天才でもある。メッシだけではなく、三人それぞれがタイトなスペースで二人抜き、三人抜きで相手のマークを打ち破る力がある。グアルディオラの目指したモデルに全く忠実というわけではないが、より先の読めないプレーを展開できるようになったのは確かだ。エウセビオはルイス・エンリケについて次のように語っている。

「彼は、競争意識、実力向上への意欲、細部への注意、トレーニング……そういった、彼の選手時代に得た価値観を伝えることができた監督だ。彼は内面的に、クラブで学んだそうした価値観を大事にし、それを有するクラブのカラーに自らをすっかり染め、やがてそれを自分のものにして、利用した」

そうした様々な面でスタイルの相違はあれど、チームの顔ぶれにはほとんど変化がなかった。ベルリンでの決勝戦ではアディショナルタイムにペドロが投入されると、バルサの顔ぶれは六人が六年前のローマでの決勝戦のメンバーと同じになった。また、二〇一一年のウェンブリーでの決勝戦とは八人が同じであった。これは、チームの驚くべき安定ぶりを表している。レアル・マドリードが一九六〇年に欧州クラブカップで四連覇を果たしたときのメンバーの中には、最初に優勝した一九五六年当時にもプレーしていた選手は四人しかいなかった。*

＊マルキートス、ホセ・マリア・サラガ、フランシスコ・《パコ》・ヘント、アルフレッド・ディ・ステファノの四人。

では、プレーの手際は彼らの方が良かったのか？　それは何よりも表面的な判断に他ならないが、スタイルの多様化により彼らはさらに打たれ強く、また単に彼らの勢いを止めようと向かってくる相手のペースに乱されなくなったのは事実であり、同時に何もかもが順調なときでもその上限を見極められるようになった。二〇一五年にチャンピオンズリーグを制したバルセロナは非常に優れたチームだったが、二〇一一年のときが、おそらくこれまでで最強のチームであっただろう。

＊　＊　＊

グアルディオラがドイツで迎える三度目の、そして最後となったシーズン、バイエルンはスーパーカップでのヴォルフスブルク戦でPKの末に敗れるという幸先の悪いスタートを切ったが、以後は全大会合わせて一二連勝し、いつも通りに圧倒的な強さを見せつけた。クリスマスの前にはグアルディオラが続投しない線が濃厚となり、様々な疑問が飛び交うようになった。グアルディオラのやり方は身体的に酷すぎたのか？　当時起きていた意見の対立が原因で、長年クラブの医師を務めていたハンス・ヴィルヘルム・ミュラー・ヴォールファールト氏が辞任したが、これは表面に出た問題の一部で、実際はもっと根深いものであった。バイエルン州の日刊紙『南ドイツ新聞』はグアルディオラを評して、「美人でセクシーだが、時に口うるさく、毎朝隣で目が覚めるのが誇らしいと思えるほどなのに、実際はどんな機嫌で目を覚ますのやら皆目見当がつかない恋人のよう」と、幾分ひねりを利かせすぎた評価を与えた。ブンデスリーガのタイトルはまたしても早々と手中に収め、カップ戦はドルトムントにPK戦にもつれ込んだ末に優勝を果たしたが、またしても、チャンピオンズリーグのタイトルには手が届かなかった。事実、その前の二シーズンに比べ、バイエルンにはチャンピオンズリーグでは目を見張るような健闘が見られなかった。決勝トーナメント一回戦のユベントスとの対戦では、終了間際にようやくトマス・ミュラーが同点ゴールを挙げ、それから延長戦で勝負がつくというスリリングな試合を展開。スコア合計三対二で勝ち抜いた準々決勝のベンフィカ戦は、予想外に手を焼かされた。こうして、準決勝ではアトレチコと顔を合わせることになった。

マドリードでの第一戦で、グアルディオラはミュラーをベンチに控えさせ、キングスレー・コマンとダグラス・コスタをサイドに置き、アルトゥーロ・ビダルとチアゴ・アルカンタラを中盤から攻め上げる際のロベルト・レヴァンドフスキのサポート役として配する、四―一―四―一を採用し、一部に波紋を呼んだ。地元っ子でユースからの生え抜きであり、ここぞというときにゴールを決めてくれるミュラーはバイエルンのサポーターにとりわけ人気が高かったのだが、グアルディオラ式の押しの強いポゼッションサッカーが要求する非常に高度なレベルのテクニックの面ではやや物足りなかった。

試合は一一分にサウール・ニゲスがアトレチコに先制点をもたらした。彼は鮮やかに身をかわしてバイエルンの選手を三人も抜き、アラバと正面から対決すると、アラバの体を利用してGKノイアーの視界を遮り、低いショットでゴール枠ギリギリにボールを蹴り込んだ。それでもバイエルンは動揺せず、以前にも増してゲームの主導権を握るようになった。そして終了二〇分前、グアルディオラはチアゴを下げてミュラーを投入した。バイエルンはバランスを崩し、勢いも失って中盤にスペースを許してしまい、ミュラーをスタメンで登板させるべきだったとの思いを新たにさせた。フェルナンド・トーレスの放ったシュートはゴール枠に激突。それでもバイエルンは明らかにゲームを牛耳っており、〇対一で負けたのにもかかわらず、バイエルンは大健闘だったという印象を残した。

グアルディオラはすでにわかっていた。バイエルンのいつものパターンだ、と。ブンデスリーガでの優勝が決まったのが何よりも響いていると。グアルディオラに対してリーグ三連覇はこの上ない快挙とたたえる人がいる一方で、やはりチャンピオンズリーグこそ真の実力が試される舞台だと思う人もいる。三大会連続で準決勝敗退というのは、失敗して汚点を残したと見られても無理はない。

第二戦でどのようなアプローチで臨むか、グアルディオラは頭を抱えた。他の監督と比べてグアルディオラに対しては、こうして常に手を変えて挑戦することが、グアルディオラ自身とその理想をダイレクトに測る物差しのように捉えられていた。彼は左バックのフィリペ・ルイスと左サイドのセンターバック、ステファン・サヴィッチの間に盲点があると発見したようで、本来そこはコケが守っているのであるが、グアルディオラはラームならば彼を遠くに引きつけ、ミュラーに得点のチャンスをもたらすことができるだろうと確信した。彼はまた、アトレチコが出だしから激しいプレスをかけてくると睨んでいたので、とりあえずはレヴァンドフスキにロングパスを渡す作戦をとり、アトレチコのペースが落ちたらいつもの正統派ボールポゼッション中心のプレーに移行しようと考えた。

彼の作戦は、ほぼ成功した。いや、完璧に成功していてもよかった。バイエルンはシャビ・アロンソのフリーキックから先制点を奪い、その直後にはミュラーにＰＫのチャンスが訪れるが外してしまう。そして後半九分、アトレチコがバイエルンの虚を突き、フェルナンド・トーレスからのパスを受けたグリーズマンが同点のゴールを決める。このときバイエルンには最低でもあとは二点どうしても取っておかなければならなかった。そのうちの一点は、終了一六分前にレヴァンドフスキがビダルのクロスからヘディングで決めた。しかし、バイエルンは次第に錯乱の度を増し、欠点が露呈し始めた。試合終了間際にはトーレスがPKに失敗したが、アトレチコにとっては痛くもかゆくもなく、アウェーゴールのおかげで決勝進出を決めたのであった。

三シーズンを通じ、グアルディオラはブンデスリーガで一試合平均での勝点が二・五二ポイントと前例のない高い数字を記録した。バイエルンのCEOカール・ハインツ・ルンメニゲはグアルディオラにとってブンデスリーガでの最後の試合のプログラムにこう書き残した。

「今のドイツのサッカーがあるのはグアルディオラのおかげである。彼は戦略の面でも戦術の面でもゲームのレベルを頂点にまで引き上げた。（中略）厳しさと質の高さという点において、バイエルンでは比肩なき監督である」

しかし、チャンピオンズリーグの栄冠は手にできなかった。

第一一章

遠すぎた橋

ジョゼ・モウリーニョのジンクスに、監督就任二年目に国内リーグのタイトルを獲得するというものがある。二〇一四年夏、チェルシーはセスク・ファブレガスとディエゴ・コスタを獲得し、前シーズンで明らかに最も不足していた、中盤における狡猾さ、そしてタフで手に負えないリーダー格の点取り屋の二つの要素を取り入れることに成功した。

エデン・アザールとモウリーニョの関係は生産的な段階に入っていた。前シーズンにアザールがPFA年間最優秀若手選手賞に選出された時、ノミネートされていた選手たちはもっと努力しなきゃだめだ、と彼が冗談めかしてコメントしたのをモウリーニョはいたく気に入ったようで、これが二人の距離をぐっと縮めることになった。モウリーニョはアザールに対し、謙虚で真面目だが野心が足りない選手という印象を抱いていた。アザールの父親はかつて、モウリーニョが息子に「もう少しばかりのエゴ」を持たせ、すでに「素晴らしい父親であり夫である」息子を「一流のプレーヤー」に育ててくれる監督だと思っていると話していた。モウリーニョは次第にアザールに一目置くようになり、ミーティングで対戦相手の選手について話すときも、「こいつはマラドーナでも、メッシでも、アザールでもないんだ」というフレーズを使った。

バーンリーとの対戦で三対一と白星を挙げた第一節から、チェルシーには王者の貫禄があった。子馬が成長を遂げたのだ。このシーズンにチェルシーが喫した黒星はたったの三つで、そのうちの一つは優勝が決定した後のものであった。また、アザールはサッカーライター協会とPFAの両方で年間最優秀選手に選ばれた。昔からモウリーニョを知る者にとっては、彼は以前と何ら変わった様子はなかったようで、マニシェはこう証言している。

「選手とのコミュニケーションの取り方も、全く以前と変わりないと思った。チェルシーでも、トレーニングは基本的に昔と変わらないし、ウォーミングアップなんてポルトの時代とちっとも変っていないよ」

レアル・マドリードでの経験は彼に大きなダメージを与えたが、アンチ・クライフの精神は相変わらずで、何にも増して強大であった。

ルイス・スアレスがバルセロナに放出され、ダニエル・スタリッジも負傷でプレーのできないリヴァプールは、二〇一四―一五シーズンの好調ぶりが嘘のように鳴りを潜めた。アーセナルはおなじみのクラブ内部の騒動に追われ、マンチェスター・ユナイテッドはルイ・ファン・ハール監督のスタイルになかなか慣れず、マンチェスター・シティが一月に入って首位争いから脱落し始めると、チェルシーの快進撃は加速度を増し、ホームでクリスタル・パレスを相手に一対〇で挙げた勝利により、チェルシーはリーグタイトルの獲得を決めた。最終節まで三試合を残してのことであった。

その試合では特に面白みも、素晴らしいプレーも見られなかったが、チェルシーのここ一、二か月間の疲労ぶりは明らかだった。疲れた体を引きずりながらモウリーニョに三度目の、そしてクラブで通算五度目のタイトルをもたらしたこの日、チェルシーのメンバーは喜びと同じくらいに安堵を味わった。このときチェルシーがどれほど苦労したか、どれだけの困難を乗り越えてきたのかを正確に知っていた者は一人もいなかっただろう。

だが、試合後の記者会見でのモウリーニョには、疲れも祝賀ムードもなかった。普段ならこうした状況では、記事にできそうなタイトル獲得までの苦労話や裏話を記者ならば期待するものである。カギとなった試合は？　波に乗れたと感じたのはいつ？　ひょっとすると、次のシーズンはチェルシーがもっとパワーアップするという意気込みまで聞けるかもしれない。しかし、モウリーニョはそのような話題には触れず、グアルディオラへ向けられたとすぐにわかるような皮肉を飛ばした。

「自分は計算の上でどの国に行くか、どのクラブに行こうかと決められるほど賢い人間ではありません。自分にだって、タイトルをもっと簡単に獲得できる国のクラブを選ぶことができましたよ」

名指しはしなかったものの、グアルディオラのことを言っているのは明らかだった。グアルディオラのいるドイツでは、バイエルンが優勝するかどうかということよりも、彼らが勝点を何ポイント挙げるかが注目されているのであるから。そうした広い意味では、モウリーニョは間違っていない。ここでもし彼が世界のサッカー界における財政不均衡批判にまで言及していたら、それこそ大御所的な貫禄さえ感じさせたであろうが、所詮彼の発言はグアルディオラだけに向けられた、個人的な恨みに過ぎなかった。

「自分ならかつて幸福感を味わったクラブと国を選ぶ。私はリスクを負ったが、そういう性格だし、一〇年ぶりにこのクラブで再びプレミアリーグのタイトルを獲得できたのは非常に嬉しい。インテル、レアル・マドリード、そしてここチェルシーと、私はこれまで監督を務めてきたクラブでは必ずリーグタイトルを獲得した。いずれのタイトルも重みがある。リーガで当時絶頂期だったバルサを抑えて勝点一〇〇で優勝したのは一つの大きな到達点であり、爽快そのものだった。今後、もしかするともっと賢くなって、簡単にリーグを制覇できそうな国のクラブで監督をするかもしれません。チームの用務係が監督になっても優勝できるような国に行くかもしれません。賢くなる必要はあるでしょうが、私はまだやっぱり困難に立ち向かっていくのが好きなのでね。だから、ここが自分にとって最高の居場所だと思います。アブラモヴィッチ会長から出て行けと言われるまではここに居座るつもりです」

いくらモウリーニョのコメントとはいえ、それは極めて不思議なものであった。タイトルを手中に収めたばかりだというのに、なぜ自分のライバル、それも他の国で活躍している人間を見下すようなことを口にしたのだろうか？　それも、単なる軽い挑発や、話が脱線したついでに出た発言というものではなく、真正面からの攻撃であった。グアルディオラを批判したかったら、もっと含みを持たせた言い方をするなり、チェルシーに戻ってきたのがクラブへの愛からであることを示すなり、彼が直面した問題をさらけ出すなり、プレミアリーグの競争性の高さに賛辞を贈るなり、他に方法があったはずなのに、モウリーニョは他の国ではリーグのタイトル獲得がなんと容易なことかと冷笑した。もっとも、彼が用務係という言葉を使ったのは、スペインで彼がいつまでも「通訳」だと卑下されていたことへの腹いせの意味があったのかもしれない。栄冠を手にしたときでも、モウリーニョはグアルディオラの話をせずにはいられなかったのだ。

後から考えると、最後の一言もまた奇妙であった。アブラモヴィッチ会長から出て行けと言われるまで居座るとは？　チェルシーに復帰したとき、モウリーニョはここで長く続くような一時代を築きたいと意気込みを語っていた。それはタイトルにあふれた彼のキャリアの中で欠けていたものだった。ぞんざいな言い方ではあったが、そのコメントからは不安の影がうかがえた。単に契約交渉に関して問題があっただけなのかもしれないが（その数週間後にモウリーニョはクラブと四年の契約を交わした）、それは前年にモウリーニョがサッカー記者協会主催の夕食会の席で話したように、多くの人々が望むほど自分が一つのクラブにとどまることができないという不安な心境とどこか通じるところがあった。

だがこのとき、次に起こる事態を誰が予測できただろうか。

チェルシーは優勝を決定させた時点でかなりの疲労ぶりを見せており、続くホームでのバーンリー戦とサウザンプトン戦、そしてアウェーでのハル・シティ、クイーンズ・パーク・レンジャーズとの対戦ではプレーが妙にぎくしゃくしていた。それでも、次のシーズンが始まるまでは誰もそんなことは気に留めなかった。タイトルレースに決着がつき、後は残りの試合をこなすだけとなったが、王者がどのように有終の美を飾るかという点に人々の興味は注がれた。ボールを持つ者は誰もが恐怖を抱くと公言する監督に率いられ、慎重な守り中心のゲームをさせれば右に出る者のいないチェルシーには、これから退屈な試合ばかり見せられるのだろうか？　ジョルジュ・コスタはこんなコメントを残している。

「そんな疑問は本当に意味がないと思う。監督する上で勝利を最重要課題とするのは当然だ。現役選手時代の自分は負けるのが大嫌いで、それは監督になった今も変わらない。昨シーズンに関しては、チェルシー以上にいいプレーを見せたチームは他にいないと断言できる」

マニシェもまた、そんな疑問はいかにも素人のものという意見だ。

「理想では、ポルトで成し遂げたことの再現だね。あのときは、ほぼすべての試合で素晴らしい、みんなを魅了するプレーができた。でも、その間にサッカーはずいぶんと変わってしまったし、一〇年後にはまた全く違うものになっているかもしれない。あんな批判は本当にサッカーを理解していないから出るんだと思うよ。アーセナルはタイトルを獲得できない監督のもとで満足しているようだけれど、彼らのファンに訊いてみたらいい。モウリーニョのほうが良くないかい？　世界中のチームに訊いてみたらいい。モウリーニョに監督になってほしくないかい？　勝つことは試合の一部だけではない、人生の一部なんだ。勝たねばならないなら、そして勝つためには、モウリーニョが必要なんだ」

モウリーニョ自身も胸を張って勝利第一主義を掲げている。シーズン終了直後に彼はこんなコメントを残している。

「一〇〇年前から、根本では何も変わっていないと思います。子供がサッカーをするとき、たとえ相手が従兄弟であれ父親*であれ、庭での単なる遊びでも、負けるために戦う子供など一人もいませんよ。自然の摂理は変わらない。みんな勝つためにプレーする。子供の頃は私も近所でサッカーをして遊んでいましたが、記憶ではいつも勝つために真剣勝負でしたよ。それが変わったとは思わない。最も高いレベルでのサッカーならばなおさらだ。なぜなら目標は勝つことなのだから」

＊あるいは、おそらく彼の家の使用人。

グアルディオラやクロップなど、クライフやビエルサの考えを発展させ、よりエキサイティングでダイナミックな勝ち方を目指す新世代の監督もいるではないか、という質問に対して、モウリーニョは次のように答えた。

「世間の人はそれ（勝つことの重要性）をカムフラージュしたがっている、私はそう思います。真実でないことをでっちあげて。新世代の監督という話題が出ますが、新世代とはいったい何なのでしょうか？　世代というものは勝つ者が常に作り上げてきました。たまにしか、あるいは一度も勝ったことのない人々が作るのは別物でしょう」

当然誰もがそう思っているわけではなかった。モウリーニョの伝記を書いたパトリック・バークレーの取材に応じたルイ・ファン・ハールは次のように語っている。

「モウリーニョは攻撃よりも守備を信頼している。私は、観客を楽しませるのが第一と考えていますから、やっぱり常に攻撃を主体にしたプレーですね。モウリーニョの哲学はとにかく勝つこと！そこが私との違いですね」

とはいえ、AZアルクマール時代のコンパクトな四―四―二は、攻撃主体と言えただろうか？二〇一四年ワールドカップのオランダ代表はカウンターを狙いやすい五―三―二ではなかったか？マンチェスター・ユナイテッドでは横パスとリスクの少ないボールポゼッションで、どんな攻撃を仕掛けていただろう？

モウリーニョは続ける。

「新世代など存在しません。あるのは、何か新しいこと、哲学っぽいことを思いついて、『自分たちは後方から攻撃を組み立て、しっかりとボールポゼッションして、カウンターアタックには頼らない』というような流れを作りたいと思っている一部の人間です。カウンターに頼らないのは、それは頭が悪いから。カウンターアタックはサッカーの醍醐味ですよ。カウンターは、攻撃時の動きのせいで起こるポジショニングの乱れと常に結びついているのですから、相手チームのバランスが崩れ、そこでボールを奪えばゴールを決める絶好の機会が得られるのです。カウンターに頼らないのは頭が悪いから、と私が言った理由はそこです。カウンターはぜひ使うべきだ。だから、一部の人間が目新しいことを言って、それが世間の一部の人々に影響を与えているだけではないのでしょうか。だが、サッカーは勝たなければ意味がない、そこは絶対に変わることはないでしょう」

その最たる例が、四月にチェルシーがファン・ハール率いるマンチェスター・ユナイテッドと彼らのホームで対戦した試合である。チェルシーがクイーンズ・パーク・レンジャーズ相手に冴えのないプレーで勝利を収めた、その一週間後のことである。ディエゴ・コスタが腿の不調により欠場することになり、チェルシーが躓くならこの試合であろうと思われていた。センターバックにクル・ズマを、マティッチを中盤の後方に配したチェルシーは、徹底した守りに入り、マンチェスター・ユナイテッドにボールを預け、ボール支配率わずか三〇パーセントにもかかわらず、一対〇で白星を挙げた。試合後、ファン・ハールは自分たちがゲームの主導権を握っていたと語っていたが、実際には試合の大部分はチェルシーのほうに余裕があったように見えた。モウリーニョはこうコメントした。

「簡単なことですよ。今日のチェルシーには攻撃の要となる選手が欠けていた。ディエゴ・コスタは不在だったし、彼の代役のロイック・レミもいなかった。だから攻撃を仕掛けるのに十分な戦力がなかった。オスカルも途中から交代したし、それほど攻撃を仕掛ける可能性を持ち合わせていなかった。こちらは同点でも満足、向こうはどうしても白星を挙げたかった。それだけのことです。

失点さえ許さなかったので、目標は達成できた。相手は得点を挙げようと必死だったから、彼らがボールを奪われたときにはディフェンスがバランスを崩した。それは、ボールポゼッションに適したポジショニングだと、ディフェンダーは危険な状態にさらされる。後衛をどんどん上がらせ、守備的MFを二人のディフェンダーの前に残していたので、両者の間には大きな距離があった。これまでの彼らを分析すると、しょっちゅうそうやっているのがわかる。そんなことも自分のチームに教えられないようなら監督など務まりませんよ。

監督は、対戦相手の長所も短所も見極めることが大切だ。だがそれ以上に、自分のチームの長所を、そして短所を知らなければならない。自分のチームにだって欠点はあるし、自分と選手たちにとってそれを知ることは非常に重要だ。私の監督術の秘訣の一つに、『対戦相手から、いや専門家の目からも、自分たちの悪い部分を隠せるか？』というものがある」

モウリーニョの不思議なところは、彼が年齢を重ねるにつれ、その戦術アプローチはより明確になったが、彼の欠点そして不安材料がさらに露呈するようになったことである。

監督就任二年目にリーグのタイトルを獲得するのは、モウリーニョにとってこれが連続五度目のことであった。しかし、そんな見せかけの魔力はすぐにとけ始めた。次のシーズンでは最初の試合から、モウリーニョの欠点が白日の下にさらされた。スウォンジー・シティに二対二のドローを許したその試合でのチェルシーは無様で、この結果を出せたのはひとえに運が良かったからである。スウォンジーのスピーディーな右ウィンガー、ジェファーソン・モンテロは、ブラニスラフ・イヴァノヴィッチを骨抜きにした。また、ティボー・クルトワは退場処分を受けた。アディショナルタイムに入って、ラダメル・ファルカオからパスを受けたアザールがアシュリー・ウィリアムズから激しいタックルを受けた。アザールは転倒し、股間を押さえながらうずくまり、やがて仰向けになった。マイケル・オリヴァー主審はフリーキックを与えたが、アザールに応急処置が必要かと確認を取り、チェルシーの医療スタッフを呼んだ。スタッフがすぐに来ないので、彼は頭を振って合図した。理学療法士《フィジオセラピスト》のジョン・ファーンがチームドクターのエヴァ・カルネイロとともに駆けつける。このときゴール脇から撮られた写真で、カルネイロが走ってゆく傍でモウリーニョが右手を振り上げ、怒りに満ちた形相をしているのが見える。

医療スタッフの二人がアザールの手当てを終えてベンチに戻ってくると、モウリーニョはカルネイロと何やら激しい口調で言い合い、ファーンを怒鳴りつけた。試合後にモウリーニョは二人を「お人よし」だと言い放った。というのは、手当てを受けたアザールはピッチを離れ、チェルシーが一時的とはいえ九人でプレーする羽目になるかもしれなかったからである。しかし、イングランドサッカー協会の規則、そして医療的倫理の見地から、彼らの選択肢は限られていた。この一件の後、カルネイロもファーンもトップチームの担当から外されてしまう。カルネイロは推定解雇を法廷に訴え、最終的に五〇〇万ポンドの賠償金で和解したが、これはチェルシーでのモウリーニョのキャリアにピリオドが打たれるカウントダウンが始まった象徴的な出来事であった。

モウリーニョ衰退の種はそれよりもずっと前に蒔かれていて、それはおそらく彼の性格が原因であろう。この三度目のシーズンですべての歯車が狂い始めたのは、この事件が発端ではなかった。理由は様々あるが、その多くはモウリーニョの手法が原因であると思われ、彼を名将とならしめた戦術は彼自身を苦しめることになりつつあった。とりわけインテル時代に、モウリーニョは同じくカリスマ的指導者で、極端なまでに実利主義的なエレニオ・エレーラと比べられたことがあった。カテナチオの強力な推進者であったエレーラは、一九六四年と一九六五年にインテルを欧州クラブ王者に導いた。一九六七年のセルティックとの決勝戦では、もっぱらインテル有利という下馬評であったが、チームは決勝戦開催地リスボン近郊のエストリルにあるホテルに缶詰めにされ、相手の攻撃を阻止するネガティブな戦い方ばかり叩き込まれた選手たちは限界に達していた。DFのタルチシオ・ブルニチは、チームメイトが不安に押しつぶされて夜中に嘔吐する音で眠れなかった、と当時を振り返って語っている。インテルは決勝戦で敗れ、以後はセリエAでも躓き始め、一時は確実と見られていたタイトルも逃し、それがエレーラの更迭につながった。インテルを離れたエレーラが獲得したタイトルは、その一四年後にバルセロナでのコパ・デル・レイ杯ただ一つであった。恐怖心を駆りたててプレーさせるやり方や、自分自身の実力を最大限に生かすよりも、常に相手をカウンターで攻め、相手の弱点を引き出す機会を狙うばかりのやり方が、最終的には心理面での崩壊をもたらした。相手の出方をうかがう一方の姿勢は、究極的に悪い結果をもたらすことがはっきりとしたのであった。

もちろん、当時と全く同じ状況ではないが、類似点はいくつかあった。チェルシーが順風満帆ではなかったという証拠は、おそらく二〇一四―一五シーズン終了前の試合ですでに見出すことができただろう。もしモウリーニョが一部の核となる「アンタッチャブル」な選手に固執していなければ、チェルシーはあれほど疲労困憊していただろうか？　身体的な要求が選手に対して強くなり、他の監督たちが選手のローテーションを不可欠と見ている今のサッカーにおいて、こうした少数のメンバーに頼ることはまだ実現可能であろうか？　モウリーニョは選手の疲れを理解していて、プレシーズンの開始時期を遅らせた。その背景には、彼らに体力回復のための時間を与え、年末あたりにその力をピークに達させるという二重の目論見があったと思われる。しかし、モウリーニョがプレミアリーグで獲得した三つのタイトルは、いずれも序盤から飛ばし、早々と首位についてそのままトップを維持するというやり方であり、これまでのポリシーから大きく離れていた。

そのため、二〇一五―一六シーズンのチェルシーの立ち上がりはなんとも中途半端であった。イヴァノヴィッチ、ファブレガス、ディエゴ・コスタは皆ペースダウンしてしまったように見えた。腰の痛みに悩まされたアザールは、モウリーニョが彼のことを「私の新しいメッシ」と呼び、より守備の面での役割を果たすよう駆り立てて、さらにプレッシャーをかけていると感じていた。ある日、イライラしていたモウリーニョが彼に「君はトッププレーヤーになるには力不足だ。放出することになるかもしれないぞ」と脅しをかけたとの噂も流れた。ともあれ、モウリーニョは記者会見でアザールに対してまたしても批判めいたコメントを出すようになった。

チェルシーはスウォンジー戦、マンチェスター・シティ戦、ウェスト・ブロムウィッチ戦ではいずれもフォーバックの前からの呆気《あっけ》ないシュート［訳注・要はミドルシュート］で点を奪われ、GKのクルトワも、おそらく前シーズンのストーク・シティ戦でチャーリー・アダムのセンターサークルからのダイレクトなシュートから失点を許してしまったことをいまだに気にしていたのか、ゴールラインからあまり前に出ようとはしなかった。他のトップクラブではスイーパーキーパー信仰が主流になりつつある中で、クルトワは昔ながらのキーパーの代表格といった感じだった。

しかし、不調の何よりの理由は、フィジカル面での準備不足と各選手の体調不良であろう。プレシーズンのアメリカツアーでの様子からも不安材料があちこちに散見された。モウリーニョは何かがうまく行かないことに気がつき、チームにハングリー精神が欠如し、一部の選手から不信感を抱かれていると感じていたのではないだろうか。そうして九月の終わりには、ディエゴ・コスタの素行不良について取り上げた『スカイ・スポーツ』の解説者に対するモウリーニョの反撃にチェルシーの選手たちも困惑しているとのうわさが広がり、それは審判や試合日程、そしてバルセロナに対してことあるごとに攻撃の牙をむいたレアル・マドリード時代のモウリーニョを思い出させた。

イングランドのサッカーメディアはすっかりモウリーニョに心酔し、彼を権謀術数に長けた偉大なる操り人形師のように見ていたので、彼の一挙手一投足は様々な憶測を呼んだ。コミュニティー・シールドではなぜに髭も剃らず、くたびれたトレーニングウェアに身を包み、髪は伸ばし放題でろくに整えもせずに姿を現したのか？　完璧な身だしなみと洒落たファッションセンスを持つ男というイメージを作り上げてきたモウリーニョだが、このときはまるで、浴室の改装をしていたらペンキが足りなくなってホームセンターに買い物にやってきた中年男といった姿だった。それとも、もうそんなイメージは気にしないという態度を明らかにしたかったのか？　ともあれ、肝心の試合はアーセナルがアレックス・オックスレイド＝チェンバレンのゴールにより一対〇で勝利を挙げ、モウリーニョの対アーセナル無敗記録は一三でストップした。ひょっとしたら、彼はこの試合で負けることを予想しており、そんな結果など取るに足らないと思っているように見せるため、先回りしてそんないでたちで現れたのではないか？　彼の行動は何かと目を引いた。試合後のヴェンゲル監督との握手事件もその一つだ。モウリーニョは、メダルをもらって表彰台から降りてきたアーセナルの選手一人ひとりの手を握って祝福したが、最後にヴェンゲル監督が降りてくる前プイと姿を消してしまった。その後、彼はヴェンゲルが彼自身の主義を捨ててディフェンス中心のアプローチをとったことを非難した。だが問題は、モウリーニョの作戦に皆が騙されなくなったということであった。彼の挑発行為はその内容よりも、彼がまたしてもやらかしたという具合に取り沙汰されるようになった。一度目にチェルシーの監督を務めたとき、彼は人を惑わす天才で、プレッシャーをチームから遠ざけて自分自身にのしかかるように仕向けた。この二度目のチェルシー時代でのモウリーニョは、そんな魔力を失った魔術師であった。

まず、ファーンとカルネイロの事件が新たなモウリーニョの策略とみなされた。このときも、滑稽なまでにこの件で抗戦する姿勢を見せ、チームの芳しくない成績があまり話題にならないように人々の関心を逸らそうとした。しかしその後、事件の一部始終を映したビデオが登場し、モウリーニョがメディアを前に演技する役者の顔を作っていたのではなく、真剣に怒っていたのがわかった。彼の演技が魔力を失い、事実を歪曲するような試みもその行為自体ばかりが取り沙汰され始めた一方で、彼の行動が必ずしも演技ではなく、モウリーニョも時には感情を爆発させる頭でっかちな頑固者であることも明るみになりつつあったのは、このシーズンの序盤に起きた非常に奇妙な現象であった。

カルネイロの事件は大きな影響を及ぼした。何より、彼女はチームメイトに大変人気があったのだ。多くのチームドクター同様、選手から信頼され、好感を持たれる存在だった彼女は、監督や他のチームメイトとは話しにくい事柄についても話し合える、医学的な倫理観を持った一種の相談役であった。一部の選手がモウリーニョに対し不信感を抱き始めたのは、彼のカルネイロに対する態度によるところが大きい。

チェルシーはマンチェスター・シティとのアウェー戦で〇対三と完敗した。モウリーニョは前半が終わってからジョン・テリーをベンチに下げたが、プレミアリーグで彼が主将を交代させたのはこれが初めてであった。試合後、モウリーニョは前半のチェルシーがいかに弱々しい様子であったか、そしてディフェンスラインを中盤へと近づける必要がどうしてもあったことを語った。ディフェンスラインの移動は純粋に作戦上のことであっただろう。もっとも、テリーはもともとそれほどスピードがなく、一方マンチェスター・シティは、セルヒオ・アグエロ、ラヘーム・スターリング、ヘスス・ナバスの前衛トリオをはじめ、よりスピードに自信のある選手が揃っていた。しかし、モウリーニョとその終わることのない策略で厄介なのは、彼の真意がどこにあるのか、また彼の行為に何か他の意味があるのか、決して誰にもわからないということである。単なる作戦の上での判断なのか、それとも、チームの要である選手を犠牲にして他の選手を奮い立たせようとしたのか？ それともまた、エヴァートンからのジョン・ストーンズの獲得が緊急課題だということをアブラモヴィッチ会長に納得してもらうための計画だったのか？

新しい顔ぶれとしては、バルセロナからウィンガーのペドロが加入していた。彼はマンチェスター・ユナイテッドからもオファーを受けていたが、ルイ・ファン・ハール監督のもとでのプレーについて他の選手たちに聞き込みをした結果、オファーを拒んだと言われている。ウェスト・ブロムウィッチとのアウェー戦でチェルシーでのデビューを飾ったペドロはこの試合で一得点を挙げ、チェルシーは後半九分にテリーが退場させられるというピンチを乗り越えて、三対二で辛勝した。

新たに獲得した戦力の中では、彼が一番の有望株であった。膝の手術の後遺症に悩まされてマンチェスター・ユナイテッドでの前シーズンを棒に振ったファルカオは、またしてもモナコからのレンタルという形で今度はチェルシーにやってきた。アスミール・ベゴヴィッチはクルトワのバックアップとしてストークから移籍。アウグスブルクから来たガーナ人左サイドバックのババ・ラーマンは前評判ほどの活躍は見せず、ナントから来たセネガル人センターバックのパピ・ジロボジに関しては、いまだになぜ彼を手に入れたのか謎のままである。いつも通り、ケネディ、マイケル・ヘクター、マット・ミアズガら多くの若手選手がレンタルで放出されたが、有名な選手たちに関しては、モウリーニョは放出を望んでいたが、一人残らず残留した。

モウリーニョは、チェルシーの選手獲得ポリシーについて正面から批判的な意見を述べるようになった。ドローに終わった第一節のスウォンジー戦の後、「今動かなければ、事態は悪くなる一方だと言われますが、まさにその通りですね」と語った。チェルシーは移籍市場期間が終わる直前、ホームでのクリスタル・パレスとの試合では一対二で黒星を喫した。モウリーニョは「クラブには四月二一日に今季の計画書を提出してあります」と公言したが、それは新選手獲得の件について、とりわけジョン・ストーンズとポール・ポグバの獲得を以前から求めていたことを強調するためであり、それが実現しなかったのだから自分には非がないと言いたかったのであった。これには、二〇〇六年にアダムス・パークの廊下で彼が話したことを思い出さずにはいられない。クラブよりも自分にプラスになることを優先する、いつものモウリーニョ節であった。

それにしても、なぜモウリーニョはラダメル・ファルカオとの契約にあれほど執心していたのだろうか？　単なる判断ミスと言えばそうかもしれない。メンデスの顧客の一人であるファルカオが、前シーズンのマンチェスター・ユナイテッドで、そしてコパ・アメリカでの不調ぶりにもかかわらず、膝を負傷する前の頃のようなストライカーに再び戻れると本当に思っていたのかもしれない。実際に、彼は次のシーズンにモナコに戻り、かつての輝きを取り戻した。しかし、いみじくもトーレスの本が取り上げているように、ジョルジュ・メンデスの顧客であるレアル・マドリードの選手たちがクラブ内で優遇されているという事柄がまたしても思い出される。それはもちろん悪い事では決してないのだが、関係の密接さが時には誤った判断をさせてしまいかねないということを意味している。

このほか、大きな影響を及ぼしたことがもう一つある。それはコスタが身体面で抱えていた問題である。すらりとしたハンターのような外見だった彼がまるでレスラーのように変貌し、かつてはその迫力から当然のことと受け入れられていた反則すれすれのプレーが、今やすっかり彼の代名詞のようになり、コスタ自身もシーズン前の体重オーバー状態に戻ってしまったことを潔く認めた。

また、チェルシーがシーズン開幕前の準備期間に行なう細かなメディカルチェックでは、コスタ、ブラニスラフ・イヴァノヴィッチ、セスク・ファブレガス、エデン・アザール、ネマニャ・マティッチら主力選手が軒並み体調不完全と診断された。唯一体調に問題なくシーズン開幕を迎えられたのはウィリアンで、彼はコパ・アメリカでブラジル代表としてプレーしたことで、おそらく以前のレベルを維持できたのであろう。

だが、チェルシーは下り坂を転げ落ちる一方だった。エヴァートン戦ではスティーヴン・ネスミスにハットトリックを奪われて一対三で敗れた。このシーズン、ネスミスがゴールを決めたのは後にも先にもこの試合だけだった。アーセナル戦では何とか昔からの面目を保って白星を挙げたものの、続くニューキャッスル戦では二対二のドロー、そしてチャンピオンズリーグの試合ではポルトに敗れた。一〇月に入り、ホームでのサウザンプトン戦でも一対三で敗れ、無残な結果が続いた。

このサウザンプトンとの試合で、チェルシーの陥っているスランプが一時的なものではないとはっきりわかった。チェルシーはスピードがなく、ダラダラとしていて、異常なほどやる気がなかった。六四分にウィリアンがペドロと交代したとき、チェルシーのファンは彼らが愛してやまない監督の決断に初めてブーイングを起こした。また、後半から出場させたマティッチを二八分でベンチに下げたとき、サポーターはもうすっかり呆気にとられていたと言ってもよかった。

ベンチでのモウリーニョはいかにも無力といった様子で、試合後の記者会見では、自分が瓦礫の中でも倒れずに頑として動じないところを見せようと意気込んでいるかのようだった。彼は力強く、七分間にわたってしゃべり続けた。山ほどいる敵対者、中でもその筆頭であるチェルシーの理事会を厳しく攻撃した。

「辞任するなどもってのほかです。問題外です。なぜかと聞かれれば、その答えはチェルシーには私以上にふさわしい監督がいないからです。私と同じレベルの監督はこの世にたくさんいますが、私よりもふさわしい監督はいません。だから、私は決して逃げ出すようなまねはしない。それには二つの理由があります。一つは、私には監督としてのプライドがあり、この仕事をうまくこなせるという自信があるから。そしてもう一つは、私がこのクラブを心から好きだから。そうでなかったら話は違います。しかし、私はクラブのためにベストを尽くしたい、そしてクラブにとってベストなのは、私がここに残ることだと思っています。だから残るのです。昨シーズンにプレミアリーグ優勝を決めたとき、会長と役員会から出て行けと言われるまでここに残ると宣言しました。いかなるクラブも、どんなに大金を積まれても、私をここから引き離すことなどできません」

それに続く彼のコメントは、まるで記者会見を通じて送った聴衆へのメッセージであった。

「クラブが私を解雇したいのならばそうするしかない。だが私は自分に課された責任とチームからは逃げない。今、クラブは重大な岐路に立たされていると思う。もしクラブが私を解雇したら、それは彼らがクラブ史上最高の監督をクビにするということになる。それから、またしても芳しくない結果を出すと、それは監督のせいだと言われる。だが、今ここにいる選手だけに限らず、この十年間ここでプレーしてきた選手にもその責任の一端はある。

私は自分の責任を負います。今は全員がそれぞれ責任を負う時期です。選手なら、例えば多くのミスを犯し、プレーに対して恐れを抱くようになれば、彼らがその責任を負うべきである。本当にパフォーマンスの悪い選手たちがいても、『悪いのは君だ』と言うのは私の役目ではありません。しかし、個人的なエラーによってチームが苦しんでいるのは事実です。悲しみが新たな悲しみを呼ぶように、悪い結果もまた悪い結果を招いてしまう。最初のミスは後に続いて起こるミスの始まりに過ぎない。今のチームにはまだ、前半を二対〇か三対〇でリードして終えることが必要なのです。そうすれば恐怖も吹っ飛ぶ。後半を落ち着いて迎えられる。チームにはそれが必要なことだけれど、残念ながらまだそうした展開は起きていない」

そう言った後、モウリーニョは予想通り主審のボビー・マドレーに滑稽なまでに攻撃の矛先を向け、ファルカオとサウザンプトンのGKマールテン・ステケレンブルフが衝突した際にペナルティのチャンスを与えなかった彼の判定に文句をつけた（ちなみに、サウザンプトンは二度にわたり、それよりもはるかに妥当と思われるペナルティ要求の声を上げたが、主審はそれも無視していた）。

「自分たちが首位にいるときに、審判が嬉々として自分たちに不利な判定をするというのはよくわかる。しかし、ここまで落ち込んでいる場合には、もう少し公正な判定をしてくれてもいいのではないか。はっきり言うと、審判はチェルシーに何らかの判定を下すのを恐れているのだ」

このときの彼の発言の中で最も注目すべきは、先のチェルシーについての彼の思いと、クラブ役員らに関する長々としたコメントであろう。モウリーニョはもちろん正しかった。混乱が続く中、リーグ優勝に失敗した監督の更迭は非生産的である。なぜなら、それはチーム内の変革に及び腰な一部のベテラン選手による小さな集団を作り上げるからで、彼らは新たに就任するどんな監督のもとでも引き続きプレーできると思っている。世界に名だたる監督にとって、そんな役目を受けるのは面白いはずがない。アンドレ・ヴィラス＝ボアス監督のチェルシーでの失敗には様々な要因があったが、そうしたベテラン選手集団との関係が崩壊したことが、あれほど急激に不調に陥った最大の理由であろう。モウリーニョは彼のそれまでのキャリアから、クラブで長く一時代を築くことのできない、突発的に大成功を収める監督として認識されてきた。しかし、彼の影響はチェルシーに長く尾を引き、彼が最初にクラブを去った後は数年間これといった成績を残すことができなかった。ラファエル・ベニテス監督がジョン・テリーを隅に追いやって、モウリーニョの影を断ち切ろうと大きな一歩を踏み出したときに彼が復帰したというのは、なんとも皮肉な話である。

モウリーニョのコメントの裏にはもちろん、何か別の意味や、自分自身の物事の見方が表されていた。モウリーニョがあれほど攻撃の対象を絞り、クラブの不安定な運営ぶりを徹底的につるし上げていたのは、そのコメントに巧妙な逆襲、理事会への警告といったような性質を含ませるためであったのではないか。もしモウリーニョが解任されれば、そうした言葉はまた、いざというときのための言い訳にもなり得る。それでも、マドレー主審について述べたことはやはり明らかに滑稽であった。もっとも、テレビで流れたそのコメントの後に行なわれた新聞記者団向けの記者会見では、その言動の滑稽さに遅ればせながら気がついたようで、批判のトーンはやや抑え気味であった。モウリーニョは、実際にいる敵にも想像上の敵にも見境なく噛みつき、まるで小屋の隅で小さくなっている傷ついた動物のようであった。

チェルシーの状態はさらに悪化の一途をたどった。ホームでのアストン・ヴィラ戦では二対〇と白星を飾ったが、アストン・ヴィラはこれで八戦七敗を記録し、まさしく誰もが勝てる相手であった。次のウェスト・ハムとのアウェー戦では、まず〇対一でリードされ、前半終了前にはマティッチが二枚目のイエローカードを受けて退場。二週間前のサウザンプトン戦で早々と交代させられたことが彼の判断力を鈍らせたと思うのはおそらく短絡的過ぎるであろう。しかし、その可能性も全くないとは言い切れない。モウリーニョはハーフタイムに主審のジョン・モスに近づいて「この腰抜け野郎」と言い放ち、二度にわたって控室から出てくることを拒んだ。モスはモウリーニョにベンチ入りを禁じ、チェルシーは一対二で敗れた。本当に自分をコントロールできなくなったのか、それとも、トーレスが指摘しているような、自分が責任を逃れるため、物事をあたかも策謀のように見せかけようとする彼の性格の一例なのだろうか？

アザールとモウリーニョの仲がまたギクシャクしてきたことから、二人は話し合いを行なった。アザールはセンターでプレーすることを希望し、モウリーニョは一〇月末のホーム、リヴァプール戦でその希望を受け入れると答えた。その試合では、まだ一対一の同点だった時点でモウリーニョはアザールをベンチに下げた。アザールの心に残っていたモウリーニョへの信頼感はすっかり崩れ去り、チェルシーは一対三でまたしても黒星を喫した。その後のストーク・シティ戦でも〇対一で敗れた。ノリッジ戦での勝利や、トッテナムとのアウェー戦での〇対〇のドローと、しばしの間チェルシーは健闘を見せたが、そのトッテナム戦では、モウリーニョに対して不満を抱いているのがアザールだけではないことが明らかになった。というのも、彼はディエゴ・コスタをベンチに残してアザールをフォルスナインとして起用する策を選んだのだが、コスタは試合前のウォーミングアップ参加を拒んだらしく、それが理由でモウリーニョはコスタを無視して彼の代役選手三人をスタメンに起用したのだ。コスタはモウリーニョがベンチの後ろの席に着くと彼に向かってトレーニング用ベストを投げつけた。反逆の意思をこれほど明確に表す行為はないだろう。

ホームでのボーンマス戦は、終盤にグレン・マレーにヘディングでゴールを奪われ、そのまま〇対一で敗れた。モウリーニョの未来に暗雲が立ち込めたまま、一二月初旬チェルシーはクラウディオ・ラニエリ率いるレスターとの試合に臨んだ。サッカーが偶然とドラマチックな展開を好むのは誰もが承知だが、二〇〇四年にチェルシーから追い出されてモウリーニョに監督の座を譲ったラニエリをおいて他に、モウリーニョへ最後の一撃を加えるのにふさわしい人物などいただろうか？

そのレスター戦は開始三〇分、エデン・アザールがジェイミー・ヴァーディーに激しいタックルを受け、地面に倒れこんだ。これまで何度も彼を悩ませたその腰に手当てを受け、立ち上がるとすぐにピッチの外に出た。モウリーニョは彼が引き続きプレーすることを求めていたが、アザールは乱暴にモウリーニョを振り切った。ポルトを下した先の水曜日の試合で、アザールが終盤に交代したときにモウリーニョからわざとらしく抱擁されるという場面が無かったら、これは単に負傷した選手のフラストレーションと片づけられてよかったであろう。その四分後、レスターはリードを奪った。ヴァーディーがテリーとズマの間に入り込み、リヤド・マフレズのセンタリングからボレーで決めたゴールだった。後半三分、マフレズが軽やかに身をかわしてペナルティエリアに入り込んだ。チェルシーはロイック・レミが一点を返し、最後の三〇分間はスリーバックに切り替えてゲームを支配したが、スコアは一対二で試合終了となった。

モウリーニョは怒鳴り散らした。初めはボールパーソンに対して動きが遅い、無駄に時間をかけすぎていると怒っていたが、その攻撃の矢はやがて自分の選手にも向けられた。

「自分の仕事ぶりが踏みにじられたような気分だ。この試合の準備ために四日間費やした。レスターが多くゴールを決めるパターンを四つ見つけ、今日もその四つのパターンうち二つのパターンで彼らは得点した。それは私が選手全員に説明したことだ。彼らに訊いてみるがいい」

裏切りはおなじみのテーマとなっていた。モウリーニョはチェルシー内部に「密告者」がいると話し、選手の一人に対してはポルト戦での出場選手のラインナップを試合前に横流ししたとも糾弾した。本当かどうかはともかく、陰謀を図ったと疑われ、非難された者の名前が飛び交った。

レスター戦での黒星で、チェルシーは一六位にまで転落。降格ゾーンのチームとの勝点差はわずか一ポイントに迫り、もう確実に限界に来ていた。次の木曜日、モウリーニョはスタッフとのクリスマスの昼食会を終えて自分の事務所に戻ると、そこにはチェルシーの部長でアブラモヴィッチ会長の腹心の部下の一人であるユージン・テネンバウムが彼を待ち構えていた。そして一〇分後、モウリーニョが「両者合意のもと」チェルシーを辞任することが決まった。

モウリーニョのジンクスにはもう一つ、三年目に退陣するというものがある。今回もそれは健在であった。

第一二章
マンチェスターでの再会

二〇一六年、マンチェスター・ユナイテッドがＦＡカップ決勝戦でクリスタル・パレスを下したとき、優勝を祝うルイ・ファン・ハール監督のもとに、妻のトルースさんからメッセージが届いた。ファン・ハールが、愛弟子のモウリーニョに監督の座をとってかわられる、と。ファン・ハールはこの解雇話が全く寝耳に水だと話していたが、彼の妻はかなり前からうすうすと勘づいていたようだ。ファン・ハールは、「妻の話では、一二月ごろからクラブ役員の態度がよそよそしくなったので、そんな気がしたそうです。女のカンは……」そう言って自分の鼻を指さし、空気の変化にいち早く気づいた妻の勘の鋭さを称えながら、次のように続けた。

「しかし、何もかも通常通りで、エド・ウッドワードとの普段のミーティングも新人発掘の会議も現在進行中だし、自分は誰からも支持されていると思っていたので、とても受け入れ難かった。本当にびっくりしました」

このときまでモウリーニョとファン・ハールは友好関係を保っていたが、以後は言葉も交わさなくなった。

「あまり感心できるやり方ではないですね。確かに、マンチェスター・ユナイテッドはイングランドで、いや世界的にも最もビッグなクラブですし、モウリーニョがその監督の座を欲しがったのは理解できる。ただ、やはり私に一言連絡を入れるべきだったと思う」

監督を務めたチームでは必ず何らかのタイトルを獲得し、このときも大きな喜びの瞬間となるはずだったのに、すっかり後味が悪くなってしまった。とある記者会見では優勝カップをこれ見よがしに振り上げて、自分の功績ここにあり、と言わんばかりのファン・ハールは怒り収まらぬ様子であった。

「記者会見ではメディアへの見せしめに優勝カップをテーブルの上に置いていました。この半年間というもの、私の采配が良くないだの、チームが何のタイトルも獲得できないなど、さんざんな言われ方をされましたからね。これは私からメディアへのプレゼントです。優勝したときは自分が解雇されるなど知りませんでした。お祝いの言葉ももらいましたが、噂は次第に広まり始めました。それでも公式には、私には何も知らされていなかった。FAカップを、それも久しぶりに獲得したというのに、*祝賀会ではクラブの役員の姿はなく、それで選手も私もわかったのです。だから選手にとっても私にとってもとても悲しい夜でしたよ。翌朝、依然として公式な通告はなかったのですが、朝食時に選手たちを前にお別れのスピーチをしました」

＊前回の優勝は二〇〇四年に遡る。

ファン・ハールの監督引退劇はクライフの引退劇ほど不快極まるものではなかったが、そのキャリアに見合った引き際でなかったのは同様である。しかし、解雇を伝えるやり方がいかに道理にかなっていなかったところで、ファン・ハールがマンチェスター・ユナイテッドで大きな成功を収められなかったのも、隠しきれない事実であった。ファン・ハール時代のチームは前任者のディヴィッド・モイーズとは非常に異なっていたが、マンチェスター・ユナイテッドがトップに君臨するのは当然だと思っている人々にとっては、依然として満足のゆくものではなかった。モイーズはアレックス・ファーガソン監督の後任という重圧に押しつぶされ、まるでヘッドライトに照らされたウサギのようにすっかり縮み上がり、チームの成績も七位と振るわず、結局は一年でお払い箱になった。そんな風に、モイーズはクラブの偉大さに圧倒されていたものだから、ファン・ハールのときはクラブのほうが彼に威圧されていたという印象を与えた。

彼の監督就任時の記者会見は見事であった。こうした記者会見はたいていの場合、希望に満ちた今後の展望や、信頼してくれたクラブへの感謝の言葉など、いたって単調なものである。そんな紋切り型のコメントから外れ、その後長い間使われ続けるような強烈な一言（例えば「特別な存在」など）が飛び出すか、クラブの偉大な業績を称えないで後にサポーターからそっぽを向かれるような事態（リヴァプールのロイ・ホジソン監督）にでもならない限り、特に注目すべきものはないのである。しかし、ファン・ハールはクラブ上層部に向けて正面からパンチを浴びせた。皆の期待に応えられそうかというごくありきたりな質問を受けたファン・ハールは次のように答えた。

「できると思います。ただ、ここは他のクラブとは格が桁違いなので難しいかもしれない。また、このクラブはビジネス面での制約もあり、ビジネスとプレーの両方で必ずしも満足のいく結果が出せるとは限りませんから」

このコメントは、クラブのオーナーであるグレーザー一家とその意向を以前から快く思っていなかったサポーターたちからはあっぱれと受け止められたが、同様に、クラブの権力中枢と闘う姿勢が明るみになったともみなされ、ファン・ハールと後に起こる事件に大きな影響を及ぼすことになる。クラブの運営に対するファン・ハールの不満は、そのすぐ後にはっきりとした形を見せて表面化した。それは、プレシーズンのアメリカツアーのときで、彼は選手たちのホテルが当初予定されていたところから練習場のすぐそばのホテルに変更することを要求して譲らなかった。彼は頑なに自分のやり方を貫こうとした。

プレシーズンは滞りなく終了し、マンチェスター・ユナイテッドは楽観的なムードの中で二〇一四―一五シーズンをスタートさせた。おそらく、ファーガソン監督とチームの新しい未来との間には、モイーズのように一旦チームを落ち込ませるワンクッションが必要だったのかもしれない、という意識があったのだろう。第一節のスウォンジー戦は黒星に終わり、ファン・ハールは「自分たちの哲学を信じなければならない。そうすればまたビッグなクラブになれる。だが、それには時間が必要であり、一日で達成できるものではない」と忍耐強く待つよう訴え、取材では「哲学」や「プロセス」といった言葉を頻繁に使うようになる。

サンダーランドとのアウェー戦は一対一のドローに終わった。このときのマンチェスターは中盤からの追い上げに迫力が足りず、選手全体がシステムに囚われて咄嗟のプレーができていなかった。ファン・ハールは選手たちが彼の哲学を自分のものにするには三か月かかる、と釘を刺した。その後、リーグカップでのミルトン・キーンズ・ドンズ戦では〇対四で惨敗した。「ファンの人たちにとって、ファン・ハールの哲学をまだ信じ続けるのは困難かもしれない。でも、信じてほしい。私は新しいチームを作るためにここへ来たのであり、新しいチームは一か月では作れない。時間が必要なのだ」

果たしてどのくらいの時間が必要なのか？　ホームでのバーンリー戦では〇対〇のドローを許し、アウェーでのレスター戦では三対五で敗れ、マンチェスター・シティとのダービーも〇対一で黒星に終わった。一〇試合を消化した時点でマンチェスター・ユナイテッドの勝点は一三ポイントと、当時首位を走っていたチェルシーの半分で、ロン・アトキンソン監督が更迭された一九八六―八七シーズン以来最悪のスタートであったのだから。モイーズのときですらこれより四ポイント多かった。ファン・ハールは自分の契約が三年間であることを強調した。三か月という彼の命乞い期間は一〇月を過ぎ、一一月へとなだれ込んだ。

二〇一八年、ファン・ハールは当時を振り返ってこう語った。

「私は常に、プロセスが大事だと言ってきました。あの頃も、私がそう言っていたので誰もが混乱しました。以前からそうした心得が無ければ、やはり時間はかかるものです。それから、チームにはクオリティが必要です」

ファン・ハールはそのクオリティが欠けていたと力説する。だから、オランダ代表で監督を務めたときのように、とりあえずスリーバックを固めて守備面での安全性をさらに高めようとしたのであった。

ファン・ハールが受け継いだチームはまた、リオ・ファーディナンド、パトリス・エヴラ、ネマニャ・ヴィディッチ、ダレン・フレッチャー、マイケル・キャリック、ロビン・ファン・ペルシと三〇歳以上の選手を六人も抱え、選手の高齢化にも直面していた。そのうち最初に挙げた四人は早々と売却された。

「マンチェスターで最初に手掛けたのは、三〇歳以上の選手を最小限にとどめることでした。それから、新しい選手の獲得に奔走しました。なぜなら、ユースにめぼしい選手がいなかったからです。バルセロナではシャビ、プジョル、バルデス、モッタ、そしてイニエスタらをユースから引き抜きました。バイエルンではミュラー、バトシュトゥバー、アラバという具合に。しかし、マンチェスター・ユナイテッドには一人もいなかった。いたのはジェームス・ウィルソン、タイラー・ブラケット、パディ・マクネアといったレベルの選手たち。正直なところ、そうした面々を見ていて、また彼らが今どのクラブでプレーしているのかを見れば、他から戦力を獲得する必要があったことは間違いないでしょう。新人スカウト部門がそれなりの仕事をしてくれればいいのですが、マンチェスター・ユナイテッドではそこも問題点でした。それがチームのクオリティにつながる。モイーズが監督だった前シーズンでは七位に終わりましたが、そういう結果になったのにはやはり理由があるのです」

また、ファン・ハールは練習場の設備が不十分だとも感じていた。

「イングランドにはトレーニングにあまり力を入れない文化があるようです。私がマンチェスター・ユナイテッドにやってきたとき、照明がありませんでした。フラッドライトが無いんですよ。世界一ビッグなクラブなのに、フラッドライトすら備えていない。だから彼らは一日に二回トレーニングセッションを行なうことに慣れていなかったのです」

こうして、ファン・ハールは郷に従うことを強いられた。中盤からの突撃要員としてマルアン・フェライニを起用するというのが彼の「哲学」に沿っていたとはいささか想像しがたいが、結果的にこれが功を奏した。バイエルンがアウェーでユベントスを四対一で下した試合のような、すべてが始動するきっかけとなる事柄はなかったが、マンチェスター・ユナイテッドの調子は右肩上がりになった。

そしていよいよ、マンチェスターの逆襲が始まった（少なくともそう見えた）。三月中旬にホームでトッテナムに三対〇と快勝したのを皮切りに、リヴァプール、アストン・ヴィラ、マンチェスター・シティを次々と下して四連勝、それもそのうち三つはいわゆる強豪チームを相手にもぎ取った白星であり、目覚ましい飛躍ぶりだった。このときこそ、ファーガソン退任以来待ちに待った、マンチェスター・ユナイテッドの新時代の幕開けであった。しかし、マンチェスター・シティとの試合終盤、キャリックが負傷によりプレー続行不可能となり、マンチェスター・ユナイテッドの復活ぶりは足踏みを始め、その後のチェルシー戦、エヴァートン戦、ウェスト・ブロムウィッチ戦ではいずれも黒星を喫した。こうして、最終成績四位でシーズンを終えたマンチェスター・ユナイテッドはとりあえずチャンピオンズリーグへの切符を手にしたが、それよりも重要なのは、チームの今後に明るい兆しが見え始めたことであった。

しかし、その兆しがより現実味を帯びることはなかった。アンヘル・ディ・マリアは自宅が空き巣に襲われたことで嫌気がさしていたこともありチームを離れ、膝の負傷から未だ完全に回復しきれていないラダメル・ファルカオという選択肢もなくなった。一方、新戦力として、ファン・ハール時代のバイエルンでキープレーヤーだったバスティアン・シュヴァインシュタイガーをはじめ、モルガン・シュネデルラン、マッテオ・ダルミアン、セルヒオ・ロメロ、メンフィス・デパイ、アントニー・マルシアルらが加入したが、そうした出費もむなしく、試合結果の面でもプレーの面でもこれと言った目覚ましい向上は見られなかった。

ボールコントロールはできているが、相手陣営を突破することができない。ファン・ハールのリスク回避型アプローチに対してシャーク・スヴァルトとパウル・ブライトナーが批判を行なうときに必ず指摘していたのはそこであった。ファン・ハールは、選手たちが自分の指示することを字面通りに受け取り、彼の理論が実際にプレーする上でのヒントというよりも、何か絶対的なものであると捉えているのが一番の原因ではないかと感じていた。

「オランダでは、選手たちはよく、『そうですね、でも……』と言って、自分の意見を述べます。イングランドでも、ドイツでも、スペインでも、選手たちは絶対に『でも……』とは言いません。言われたことを忠実にやる。行動で応える。しかし、何も考えずにただ言われたことをやっているのは問題だと思います。選手には頭を使ってほしい、ゲームの流れを読んでほしい。そうすれば、何かをきっかけにチームの形を変えなければいけないことがわかるはずだ。私は選手たちが自分自身でチーム全体に関する物事を決められるようにトレーニングしたいと思っている」

シーズンの折り返し地点で、マンチェスター・ユナイテッドは〇対〇のドローゲームが全大会合わせて七試合もあり、プレミアリーグでは一九試合を消化した時点での総得点数も九得点という有様であった。一二月はとりわけ不調で、チャンピオンズリーグのグループステージ最終試合でヴォルフスブルクに敗れて大会敗退が決定し、プレミアリーグでも三連敗し、時を同じくしてモウリーニョがチェルシーの監督を解雇されるという出来事もあり、ファン・ハールもこれで年貢の納め時かと思われた。

それでもファン・ハールはどうにか闘い続けたが、連続して三度以上白星を挙げることはシーズン終了までできなかった。リーグカップではミドルスブラにPKの末敗れて敗退、UEFAヨーロッパリーグではリヴァプールに敗れて大会から姿を消した。その後、プレミアリーグ最後の一二試合中八試合で白星を挙げて追い上げ、FAカップ優勝も手にしたが、プレミアリーグでの成績は五位に終わり、チャンピオンズリーグ出場権は手にすることができなかった。

前のシーズンで四連勝したあの快進撃は二度と戻ってこない、今や遠い夢であったことがはっきりとした。FAカップ決勝戦の日の朝も、『ザ・タイムズ』紙はチーム内部からの情報であるとして、ファン・ハールのアプローチに選手たちが「控室に入るなり考え込んで、何のためにこんなことをやっているんだ?」と困惑を感じている様子を綴っている。ユナイテッドはプレミアリーグの最終節、ボーンマス戦で三対一と勝利を挙げたが、ファン・ハールはブーイングを浴び、サポーターは彼の退陣を求める横断幕を掲げていた。*

*この試合は、爆破物が発見されたためにオールド・トラフォードから全員退去が命じられたことから、他のすべてのチームがシーズンの全試合を終えた二日後の火曜日に行なわれた。後になって、スタジアムのセキュリティ係が避難訓練のために使用したダミーの装置が便所に忘れ去られていたことが原因だと判明。そんな混乱と失態の中で、避難訓練にも試合開催を妨げる危険性があるということが暗に示されていた。

ファン・ハールが監督就任時の記者会見で触れ、不満をこぼしていたクラブの運営方針が結局は彼を陥れた。ファーガソンが退陣した際、モウリーニョはクラブにとってふさわしくない人物だと言われたのに、なぜ三年後にふさわしい人物となれたのか? 彼の態度や、常に騒動を呼び起こすようなその性格から、二〇一三年当時には敬遠されていたのに、このときまでにいったいどんな変化が起きたのだろう? チェルシーでの彼の姿を見ると、とても彼がそのやり方を変えたとは思えない。しかし、二つの出来事が重なり合い、モウリーニョへの門戸が開かれたのであった。

まず、ボビー・チャールトンをはじめとする、道徳的見地からモウリーニョ監督就任に反対していたクラブの旧体制役員メンバーの影響力が弱まり、クラブがよりビジネス面重視の方針に変わっていったことがある。八試合も続けて白星を取りそこなったクリスマス前後の時期が、一連の新たなビジネス展開(クラブ公認エンジンオイル、マットレス、コーヒー、靴など)を発表した時期と一致する。もっとも、デロイト社が二〇一七年に発表したところ、マンチェスター・ユナイテッドは世界で最も収益のあるクラブである。クラブがそのブランド力によってせっせと金を稼いでいるのに、チームはチャンピオンズリーグで戦えないなど我慢がならなかった。それは、大会出場によって得る利益だけでなく、ブランドの顔としての意味も大きかったのだ。

また、マンチェスター・シティがマヌエル・ペレグリーニに代わってペップ・グアルディオラを監督に迎えたことで、マンチェスター・ユナイテッドは決断を迫られた。ここは何としても勝負に出なければならない。またも低迷し、プロセスが定着するのを待ってシーズンを台無しにすることはできない。モウリーニョはちょうど自由の身である。彼はグアルディオラのリーグタイトル獲得を阻止した唯一の監督。レアル・マドリードが彼らの主義をかなぐり捨て、グアルディオラに対抗するためのただ一つの解決策としてモウリーニョに白羽の矢を立てたように、マンチェスター・ユナイテッドもまた、そのカラーとは正反対の人間にすがるしか道は残されていなかったのであった。

世界中が首を長くして待っていた。トップクラスの選手たちはスペインでプレーすることを望んでいたようだが、二〇一六—一七シーズン序盤はプレミアリーグにそうそうたる顔ぶれの監督たちが勢ぞろいした。リヴァプールでは、そのハイテンションで活気に満ちたプレーと執拗なプレスで有名なユルゲン・クロップ。トッテナムには厳格だが人当たりが良く、これまたプレスに力を入れたプレーを信奉するマウリシオ・ポチェッティーノ。チェルシーにはこちらもプレス重視でタッチライン際での鬼の形相とシステムへのこだわりには一切妥協しないアントニオ・コンテ。アーセナルのアーセン・ヴェンゲルは年齢のせいでやや迫力不足であるものの、依然として人々からの尊敬を集めていた。エヴァートンには、サウザンプトンをリーグで七位、そして六位にまで引き上げて世間を驚かせ、そのポスト・クライフのスタイルをさらに完成させようと意気込むロナルド・クーマン。マンチェスターにいるのは、サッカー史上最も因縁の深い監督同士であるペップとジョゼ、クライフ主義の救世主と堕ちた天使の対決は、どこか世界の終焉の戦いを思い起こさせた。そしてもちろん、ディフェンディングチャンピオン、レスターのクラウディオ・ラニエリも忘れてはならない。

グアルディオラとモウリーニョは、プレシーズンに北京での親善試合で顔を合わせるはずであったが、試合は豪雨のために中止となった。それでも両者は、シーズン開幕後まもなく、第四節の試合でユナイテッドがホームにシティを迎えて初顔合わせとなった。

それまでの試合で、シティはサンダーランド、ストーク、ウェスト・ハムをすべて下し、ユナイテッドもまた、ボーンマス、サウザンプトン、ハルを相手に白星を挙げてきていた。ここまで互いに全勝でこのダービーに臨むことになったわけだが、両チームともまだ、今後の可能性は未知数だった。おそらくシティのほうがやや滑り出し順調という様子であったが、前の三試合ではいずれもゴールを奪われた。このシーズンで最も注目のダービーであったこの試合は、ユナイテッドが大きな屈辱を味わう結果に終わった。もちろん、グアルディオラとモウリーニョにとって最初のクラシコの五対〇とまではいかないものの、シティはスピードがあり、切れが良く、如才なかった。四〇分間はシティがパスを回し続け、ユナイテッドは何とかそれに追いつくのが精一杯。グアルディオラ時代のバルサが二〇〇九年と二〇一一年にユナイテッドと対戦したチャンピオンズリーグ決勝戦と同じパターンである。また、彼がバイエルンを率いていた頃にシティと対戦したときの二〇一三年チャンピオンズリーググループステージでの試合とも同様であった。このダービーでシティは二得点を挙げた。まずは、出場停止処分を受けていたセルヒオ・アグエロの代役として出場したケレチ・イヘアナチョが、アレクサンダル・コラロフのロングパスを弾いてケヴィン・デ・ブライネが先制。それから、怒涛のパスワークからボールはペナルティエリアにいたイヘアナチョのもとに届く。彼のタッチは強すぎてボールはいったん横へ押し出されたが、それを拾ったデ・ブライネがスペースを狙ってボールをコントロールし、シュートを放つもゴール枠に激突。そこで跳ね返ってきたボールをイヘアナチョがつま先で突いてゴールに押し込む。

この時点で、シティはこれでもかと攻めていた。ラヒーム・スターリングとノリートはサイドいっぱいに広がってプレーし、ユナイテッドのディフェンスを振り回し、ルーク・ショー、アントニオ・バレンシア、ダビド・シルバ、そしてとりわけケヴィン・デ・ブライネは、ポール・ポグバとマルアン・フェライニのポジショニングの甘さによって開かれたディフェンスの外側に突破口を開拓した。

グアルディオラはその手法を驚くほど素早くシティに定着させたようであった。〇対一で敗れた前回のマンチェスターダービーに出場していた選手のうち七人がこの試合に出場し、そのうちのまた二人は、今回欠場を余儀なくされたアグエロとヴァンサン・コンパニで、何もなければ間違いなく出場していただろう。ファン・ハールはチームが自分の手法を会得するには三年かかると言っていたが、グアルディオラは三週間でそれを見事にやってのけたのだ。

モウリーニョはおそらく、シティがいかに巧妙であるか心得ていた。だから彼は、クラシコでの際に採用した、トリボーテを用いた四―三―三よりも四―二―三―一を選んだのであろう。しかし、この試合で特に印象深かったのは、反撃の勢いが欠けていたことであった。モウリーニョはヘンリク・ムヒタリアンとジェシー・リンガードを前半限りで交代させたが、なぜそれまで彼らを起用し続けたのか？　なぜもっと早く交代させなかったのか？　試合後にモウリーニョは「選手を台無しにしたくなかった」と語ったが、それもやむを得ない状態になったのはいつだったのか？　モウリーニョには前例がたくさんある。チェルシー時代には二〇〇六年三月、〇対一で敗れたフラム戦では二六分でジョー・コールとショーン・ライト＝フィリップスをベンチに下げた。二〇一五年一〇月に一対三で敗れたサウザンプトン戦では、交代で入ったネマニャ・マティッチを二八分間プレーさせただけでベンチに戻した。マンチェスター・ユナイテッドの監督になってからは、二〇一六年八月にレスターを二対一で下したコミュニティー・シールドでは、フアン・マタを途中から起用して後にベンチへ戻した。なのに、このダービーではなぜこれほど時間がかかったのか？　序盤にあれほど容赦なく攻撃されて二点も奪われれば敗戦もやむなしという気持ちはわかるが、それはお気楽さなのか、それとも感覚がマヒしていたということなのか？

しかしその後、ユナイテッドは調子を取り戻した。シティ陣営に深く入り込むクロスを追って前へ出たGKのクラウディオ・ブラボがジョン・ストーンズと衝突し、ボールはズラタン・イブラヒモヴィッチの正面に向かう。イブラヒモヴィッチは跳ね上がったボールを完璧にコントロールしてから一蹴してゴールネットを揺らす。この失点ではブラボが大いに非難を受けたが、ビデオ映像を見ると彼が何か叫んでいるのが見えることから、むしろストーンズに非があるように思われる。また、前半終了直前には、ブラボがゴールエリアから離れ、DFのバカリ・サニャともつれた絶好の瞬間にイブラヒモヴィッチがシュートを放つがボールの勢いがなく、ストーンズがボールを止めて、シティはあわや同点に追いつかれるかとひやりとした。

ユナイテッドは後半に入って体制を変更した。ルーニーが右サイドへ行き、アンデル・エレーラはポグバ、フェライニと共に中盤でトリオを組む。シティも作戦を変え、試合は前半よりもはるかに互角の戦いとなった。ゴールエリア内で手持無沙汰そうなブラボがうっかりルーニーに向かってボールを送ってしまい、慌ててボールを追いかける場面もあった。彼はボールを足ではじいたが、そのときルーニーに一撃を加えてしまった。主審のマーク・クラッテンバーグはペナルティを与えない判定を下す。だが、後でこの場面を見ると、明らかにファウルでありレッドカードの対象であった。デ・ブライネはまたもシュートを放ち、これは惜しくも枠に激突した。両者ともにぐらつきが見られたが、この試合で印象的だったのはやはり、後半の攻撃と守りのシーソーゲームより、シティがゲームの主導権を握っていた前半四〇分間であった。

もちろんモウリーニョは主審のクラッテンバーグに対する不満を述べたが、今度は自分の選手たちに対してもその矛先を向けた。

「一部の選手の個人技能が私の求めているものをもたらしてくれると思い、二、三の事柄を決めていました。しかし、私が求めていたものは得られなかった」

このモウリーニョのコメントには、その勢いの良さで起用されたものの全く活躍できなかったムヒタリアンとリンガードへの批判が込められているように思われる。

「だが、問題なのはそうした選手たちだけではありません。私たちはいとも簡単にボールを奪われた。中央のディフェンダー、エリック・バイイーとデイリー・ブリントも、これまではトップクラスの選手だったのに、あっという間にボールを失った。ハーフタイムで彼らにこう言いました。『君たちの中に、私がやるなといったことをやろうとしている者がいるようだ』と。ファースト・ステーション・ボール（セントラル・ミッドフィルダーへの短いパス）には手を出すな、『シティは激しくプレスをかけてくるから、絶対にダメだ』と口を酸っぱくして言ったのに、何度もそれを繰り返した」

しかし、それは彼が悪いのではない。彼が選手に指示を与え、選手はそれを無視したのである。これは、チェルシーでの最後の試合となった一二月のレスター戦での敗北後に彼が残したコメントと恐ろしいほど似通っていた。

アレックス・ファーガソンは、かつてレンジャーズの監督を務め、彼にとって最大の師であるスコット・サイモンの教えを守り、公の場では絶対に選手を批判しないという主義であった。もちろん、プライベートでは彼らにありとあらゆる叱責の言葉を投げていたであろうが。モウリーニョが監督になって早くも四試合目でそんな非難を公にしたのは、意味のない挑発的な態度であり、さらに悪いことには、彼自身の評判を守ろうとする試みだと思われかねないものだった。

これにはまた、もっと深い問題が潜んでいた。なぜ選手たちは彼の指示を無視したのか？　なぜバイイーとブリントはポグバやフェライニに短いパスを渡し、相手側のプレスを誘発したのか？

それがシティの先制点につながったのが、何よりも戦術面での混乱を物語っていた。コラロフは自陣のペナルティエリア左側でボールを持っていたときには全くプレスをかけられていなかった。ムヒタリアンは自分のポジションを守り、周囲やルーニーから相手ディフェンスを抑え込むように駆り立てられたが、彼はそうしなかった。コラロフはブラボにボールを送り、彼はそこでイブラヒモヴィッチが肉迫してきたのでコラロフにボールを送り返した。ムヒタリアンも前へ出て行ったが、動きがあまりにも遅く、コラロフは余裕でパスをコントロールすることができた。モウリーニョの指示とはいったいどのようなものだったのか？　ポジションを維持するのか、それともプレスをかけるのか？　ムヒタリアンはそのどちらでもなく、そのポジションを離れてもスピードが足りないために全くゲームから取り残されてしまった。ムヒタリアンは前半で交代させられ、以後二か月間はプレーする機会を与えられなかった。

いや、それよりももっと深刻な問題もあったのではないか。それは中盤でのパスに対するモウリーニョの強い嫌悪であった。グアルディオラは、とりわけドルトムント戦のように、プレスをかわすためにロングパスをさせることもしばしばあった。だがモウリーニョにとってそれはもっと大事なプレー方針であった。クライフ式の理論は、中盤でのパスを求め、例えばグアルディオラ、クラレンス・セードルフ、シャビといった、そこにいるパサーかつクリエイターである選手たちの力をいかんなく発揮させることで見事に花開いた。モウリーニョはこの理論を完全に否定し、特に強敵相手の試合では徹底的に中盤でのパスをさせようとしなかった。彼にとって、ボールを持つ者は恐れを抱く、のだから当然である。

この試合は、ユナイテッドが酷いプレーを見せ、モウリーニョが選手を批判する、という一つのパターンの始まりだった。ヨーロッパリーグではフェイエノールトに敗れ、その後のワトフォードとのアウェー戦でも黒星を喫した。このときモウリーニョは、ルーク・ショーに対してムヒタリアンと似たようなだらしなさがあると非難していた。

「ワトフォードのノルディン・アムラバトが右サイドにいて、こちらの左サイドバックは彼から二五メートル離れたところにいた。本当は五メートルしか離れてはいけないのに。だが、そのくらい離れていてもどんどんプレスをかけに行くべきだ。だが、私たちはただ待っているばかりだった。戦略上のことだが、そこには意気込みも大いに関係している」

それからというもの、チーム内に不満の声が上がるようになった。一人の選手、とりわけ深刻な負傷から持ち直そうと必死に努力していた者がこのように公の場で批判されたことを不快に思う選手も多かったようである。彼らがどれほど深刻に捉えていたのかはわからないが、モウリーニョがレアル・マドリード時代にペドロ・レオンを標的にしてチームの反発を買ったときの状況と似ているところがあるのは明らかだった。そして、ショーへの批判は以後も続いた。

ピリピリと張りつめたマンチェスター・ユナイテッドは、EFLカップでノーザンプトンを三対一で下した。モウリーニョは彼の実力を疑ったマスコミの「天才理論家たち」を攻撃した。これが逆襲を始める第一ステップとなったのはやや意外な気もするが、この後のプレミアリーグの試合では前回の王者レスターに四対一で快勝。すべての得点が二〇分の間に決まり、そのうちの三点はコーナーキックからであった。有無を言わさず勝ち続けるチームの姿がもう見られないのかと諦めかけていた人々すべてにとって、この勢いは復活への第一歩と思われたが、チャンピオンズリーグの試合を優先しているチームを相手にしたやや突拍子もないゲームだったと見る者も同じくらい多かった。それから、ストーク・シティ戦では引き分け、リヴァプールとのアウェー戦では〇対〇で乗り切り、シーズンでリヴァプールに得点を許さなかった二つ目のチームとなった。モウリーニョには相手を妨害するかつての能力がまだ残っていたのだろう。それでも、マンチェスター・ユナイテッドはリヴァプール相手に得点できなかった最初のチームでもあったのだが。

こうして、モウリーニョがその六日後に控えた古巣チェルシーとのアウェー戦で同じように健闘できるかどうかに注目が集まった。チェルシーはクリス・スモーリング、デイリー・ブリント、ダビド・デ・ヘアのコンビネーションからペドロが開始三〇秒後に先制し、これにすっかりノックアウトされたマンチェスターは〇対四と大敗し、復活の狼煙は消えてしまった。モウリーニョは何とか話題を逸らそうと、〇対四というスコアで会場を沸かせるなど、チェルシーのアントニオ・コンテ監督は自分に対して敬意を欠いていると非難するのが精一杯だった。これは単にばかげた発言である以上に、攻撃の手口として安易すぎるということで、さらに滑稽なものとなった。

翌週末、〇対〇のドローに終わったバーンリー戦では、ハーフタイムが終了して選手たちがピッチに戻ってきても、モウリーニョは主審のマーク・クラッテンバーグを罵ったかどでベンチから退席を命じられ、後半の試合は客席から見守る羽目になった。その後のスウォンジー戦では、モウリーニョは依然としてベンチ入り禁止処分を受けていたが三対一で白星を挙げた。ただ、モウリーニョの論争誘発癖はとどまるところを知らず、テレビのインタビューでも記者会見でも、一部の選手たちは士気が足りず、負傷によって試合から逃れたいと思っている、と主張した。さらに、マンチェスター・ユナイテッドのオフィシャルクラブテレビMUTVにて、彼はその選手がショーとスモーリングであると公表した。ショーは足の骨折から復帰したばかりで、スモーリングはつま先を傷めて一か月間はプレー不可能と診断されていたことから、モウリーニョの判断力は著しく欠けていたと言える。ユナイテッドの選手たちの集団ヒポコンデリーと言う点ではモウリーニョは間違ってはいなかったかもしれないが、至極もっともな理由でプレーに支障をきたしていた選手を名指しで批判するというのは、やはり異常であるとしか思えない。

このシーズンでは、モウリーニョがマンチェスター・ユナイテッドで何をしようと、それはチェルシーでのアントニオ・コンテ監督の活躍の影に常に隠れていた。コンテには前シーズン中にチームの調整を行なう機会はなかったが、モウリーニョを見限ったチェルシーにはエンゴロ・カンテ、ダヴィド・ルイス、マルコス・アロンソが加わり、また欧州クラブ大会に出場しなかったのが幸いしたのか、このシーズンのプレミアリーグでは優勝を果たし、マンチェスター・ユナイテッドとの勝点差も二四ポイントであった。チェルシーはまた、ＦＡカップの準々決勝でユナイテッドを下した。モウリーニョはその試合ではコンパクトなフォーバックに両サイドバックでさらに脇を固めて臨んだが、アンデル・エレーラが前半に退場処分を受け、エデン・アザールには数々のファウルを与えながらも、チェルシーは一対〇で勝利を手にした。

この試合の前に、アザールは取材で二人の監督の違いについて尋ねられ、こう答えていた。

「戦術面でのトレーニングが一番違う。コンテはそれにより力を入れている。ピッチの上でどう動けばいいのか正確にわかっている。自分がどこへ行くべきか、ディフェンダーがどこへ行くべきか。モウリーニョはシステムを固めただけで、それをどうこうするということはなかった。プレーするのは自分たちだから、何をすればいいのかはわかっているけれど、たぶんオートマチックな動きという点で少し違いがあるのかな、と思う」

コンテは、別の言い方をすれば、選手たちにあらかじめ準備した動きを練習させ、それをゲームの状況に応じて適用できるよう訓練したのであった。彼はまた、守備面だけでなく攻撃面でもそうしたトレーニングを構築させていった。

モウリーニョがもうサッカー指導の最先端ではないと主張する人々にとって、おそらくそれは動かぬ証拠であった。彼のシステム第一主義はもう限界である、と。それはまた、団結したディフェンスをどうやって崩すかという作戦を立てるのに費やされた時間が少なすぎると感じていた多くのレアル・マドリードの選手たちの間から上がった不満の声と呼応する。だが、それはモウリーニョのプロセス全体に固有のものであった。サッカーはあまりにも複雑で変化が激しいので、オートマチックな動きは真に効果的ではなく、監督にとって一番大事なのは、選手にどんな状況下でも適切に対応できるような心構えを植えつけることだと彼は信じてやまなかったのだから。

二〇一六―一七シーズンでは、そうした心構えは極端に乏しかった。マンチェスター・ユナイテッドは対戦相手を圧倒するのに苦労し、シーズン後半には二五試合無敗を記録して健闘し、リーグカップではサウザンプトンを下して優勝するも、首位争いには終始無縁であった。かつてのユナイテッドの名将マット・バスビーは選手たちに全力で戦い、試合を楽しめと語ったという。〇対〇のドローで終わった二〇一七年四月のマンチェスターダービーの後では、その言い伝えに乗じて、モウリーニョが選手たちに全力で戦え、そして誰も楽しめないように気をつけろと言ったという冗談まで流れた。

この二度目のダービーを包んでいたムードは、一度目のダービーとはまるで異なっていた。あたかも世界で最も重要な試合と言わんばかりに盛り上がった最初の頃と比べ、四月末のこの試合では四位と五位のチームの対戦と、注目度はぐっと下がっていた。試合終盤にフェライニがレッドカードを受けても、結局は〇対〇のまま面白みに欠けたこの試合は終了し、世間からはあっという間に忘れ去られてしまった。シティの立ち上がりは素晴らしかったが、次第にパワーダウンし、ユナイテッド側もまた、当時はヨーロッパリーグに集中していたため、とてもこの試合で全力を尽くしたとは言い難かった。

クラウディオ・ブラボは二か月半の間は試合から遠ざかり、ハルとの試合で復帰した。この試合と次のサウザンプトン戦でシティは快勝したが、その後に臨んだユナイテッドとのダービーでブラボはまたしても負傷により退出を余儀なくされた。試合終了前一一分のことであった。ブラボが次にシティでプレミアリーグの試合に復帰するのは一年以上も先のこととなる。彼はこのシーズンにシティが抱えていた問題点を体現する形となった。クライフの哲学で求められるゴールキーパー像は、前へ出て積極的にプレーに参加し、必要な場合には補助的なフィールドプレーヤーの役も担うのも惜しまない選手である。グアルディオラはジョー・ハートがこの役割を全うできないことをいち早く悟った。彼を控えに回すという決断には、一部に大きな波紋を呼んだ。ハートは当時まだイングランド代表の守護神であったのだから無理もない。その決断はやがて正しかったと判断されるはずであった。しかし、グアルディオラは人選を誤ったのである。

クラウディオ・ブラボのそれまでのデータには非の打ちどころがなかった。バルセロナに在籍していた前シーズンはパスの成功率が八四・二パーセントと、ハートの五二・六パーセントに比べると格段に高い。しかし、数字に惑わされてはいけない。スペインはイングランドに比べてキーパーによるパス送りがもともと多く、それはおそらく試合のペースの緩やかさと、後衛からのパスでゲームを組み立てるのを好む国柄によるものと思われる。また、ハートは前シーズンには、プレミアリーグすべてのゴールキーパーの中で第七位に位置している。これはブラボが優れたパサーでなかったと言っているのではない。むしろ彼はパスに秀でていた。ただ、彼はキーパーとしての他の面でのプレーに難があった。バルセロナとチリ代表チームで彼の残した記録を見ると、非常に優秀なキーパーという印象があるが、プレミアリーグではなぜかその実力をすべて発揮しているようには見えなかった。クロスからのゴールに自信を打ちのめされたブラボは、正面からのシュートを前にしてもどこか無気力な様子だった。

危険を顧みないブラボのプレーに敵が圧倒されたからではないだろうが、シティはシーズン開幕からすべての大会で合わせて一〇連勝と絶好調のスタートを切り、グアルディオラはリーガ、ブンデスリーガに続いて早くもプレミアリーグを制覇するかと思われた。シティは両サイドのディフェンダーを中盤に押し上げ、フェルナンジーニョを二人のセンターディフェンダーの間に深く入り込ませるフォーメーションをよく使い、グアルディオラがバイエルン時代に採用したWM型の体制を作り上げ、ケヴィン・デ・ブライネとダビド・シルバには「自由な八番」と言われる役割を与え、まるでインサイド・フォワードがいた昔の頃のようなスタイルになった。

だが、チャンピオンズリーグのグループステージ、セルティックとのアウェー戦でシティの連勝はストップした。ブレンダン・ロジャーズ率いるセルティックはシティに激しいプレスをかけ、圧倒されたシティは三対三のドローで何とか試合を終えた。次のトッテナム戦では〇対二でシーズン初黒星を記録し、シティは唐突に勝てなくなってしまった。エヴァートンとの試合も引き分け、いよいよチャンピオンズリーグのグループリーグでバルセロナとの第一戦を迎えることになった。

試合開始一七分、フェルナンジーニョが足を滑らせてメッシに先制のチャンスを与える。しかし、シティもバルサにプレスをかけて振り回し、シティ優勢で試合が進み突入した後半九分、クラウディオ・ブラボがペナルティエリア外でのハンドによりレッドカードを受けて退場となり、形勢は一気に逆転。試合は四対〇とバルセロナの圧勝で終わった。シティに関しては、実力は申し分なく、美しいプレーを繰り広げるチームという印象も残したが、同時にここぞというときの詰めの甘さも感じられた。プレスとポゼッションを中心にしたプレーに対するおなじみの批判も、この試合に関して言えば全く妥当であるとしか言えず、グアルディオラさえも、それがペナルティエリア以外でしか通用しないと認めるようになった。

それからもシティのスランプは続き、リーグカップのマンチェスター・ユナイテッド戦は〇対一で敗れ、これで六試合連続して白星から遠ざかった。結局シティはシーズン終了まで完全に復活することはなかった。ホームでのバルセロナ戦では、思い切りプレスをかけて善戦し三対一と勝利を挙げたが、チームのまとまりの悪さは否めなかった。続くチェルシー戦では、もしデ・ブライネが四ヤード先から放ったシュートがゴールの上枠に激突しておらず、シティに一対〇のリードをもたらすことができていたら、結果はすっかり変わっていたかもしれない。チェルシーの容赦ない攻撃はそんなシティのチャンスを吹き飛ばし、シティ側も歩調が乱れ、セルヒオ・アグエロとフェルナンジーニョが退場処分となり、一対三のスコアでチェルシーの勝利に終わった。

シティはこの後もいくつかの手痛い敗北を味わった。二対四で黒星を喫した一二月のレスター戦では、シティは積極的に高いところでプレスをかけるが、それがジェイミー・ヴァーディーにスペースを与える結果となった。試合後、グアルディオラは「タックルの指導」などしていないことを強調し、彼のアプローチへの批判に若干腹を立てていた様子であった。その一か月後にはエヴァートンを相手に〇対四と大敗し、シティは五位にまで転落した。グアルディオラは、イングランドでのセカンドボールの多さに辟易していて、その口調からはイングランドではまだそんな原始的なスタイルを使っているのかと憤慨し、デ・ブライネやシルバとのパス勝負を避けようとする（それはもっともなことだが）相手側の選手にも怒りを感じているのがうかがえた。その点では、彼の目論見は失敗し、彼が目指すクライフの流れを汲むサッカースタイルはプレミアリーグでは通用しないと言えたのかもしれない。

しかし、それからシティは一一試合連続無敗を続け、中でもチャンピオンズリーグ決勝トーナメント一回戦のモナコとの第一戦は五対三という点の取り合いの末に見事勝利を手にした。だが、たった二点のリードでは不十分である。シティはいったんボールをコントロールできれば誰もそのペースを止められなかったが、積極的に攻撃をかけてくるチームが相手だと、ディフェンスの基盤の弱さに足を引っ張られた。シティはモナコとの第二戦では一対三で敗れ、アウェーゴールにより大会敗退が決まった。また、プレミアリーグで二連勝した後に迎えたFAカップ準決勝ではアーセナルに敗れた。シティはリーグ最後の四節はすべて白星を飾り、最終成績は三位でマンチェスター・ユナイテッドとの勝点差は九ポイントであったが、グアルディオラのイングランド初シーズンが幾分期待外れだったのは間違いなかった。

*　*　*

イングランドでのグアルディオラとモウリーニョの最初のバトルは呆気なく終了したと言えよう。一方、バルセロナでは古典的なクライフ主義のスタイルからの脱却が垣間見られ、クライフ式サッカーの故郷であるオランダでは、ビロード革命に失敗してからのアヤックスに運気の変化が見え始めた。クライフ主義に忠実な人々は、彼らがクラブと袂をわかって五年から七年経過するまでは、その争いの影響がどのような形で現れるのか見ることはできないと愚痴をこぼしていたことであろうが、アヤックスは二〇一七年、ヨーロッパリーグの決勝戦にまで駒を進めたのである。

アヤックスは、フランク・デ・ブールが二年間タイトルを獲得できずに二〇一六年にインテルへと移ってから、ピーター・ボスが指揮を執っていた。ボスはかつて一度もアヤックスでプレーしたことはなかったが、そこには彼いわく「たった一人のアイドル」がいた。一九八一年から八三年にかけて、彼はフィテッセでプレーしていたがアヤックスのシーズンチケットを持っていて、クライフのアヤックスでの最後の活躍を目の当たりにした。RKCヴァールヴァイク、フェイエノールト、フランス、ドイツ、日本で重ねてきた彼の選手キャリアを振り返ると、それは監督となるための準備だったと言ってもおかしくないだろう。

「一六歳の頃から、いつかは監督になるだろうと思っていました。だから自分がいたチームの監督たちの長所を書きとどめ、クライフのコメントもたくさん読んで準備に励みました。そうして何人かの友人とともに、自分たちの指導書のようなものを作ったのですが、そこには必ずクライフの寄せた記事やインタビューが引用されていましたね。それらをできる限り集め、攻撃にはこう、守備にはこう、戦術面ではこう、という具合にまとめ上げていったのです」

アヤックスのスタイルに魅了されていた彼は、フェイエノールトでプレーしていた頃も頻繁にアムステルダムまで車を飛ばしてトレーニングの様子を見に行くほどの惚れこみようだった。だが、絶対的なクライフ信奉者としては、トレーニングを行なっていたのがルイ・ファン・ハールというのが不満だった。また、グアルディオラも彼に影響を与えた一人で、ボスはマルティ・ペラルナウが書いたグアルディオラのバイエルンでの初シーズンの記録である『ペップ・グアルディオラ　キミにすべてを語ろう』をお気に入りの本として挙げている。ハードなプレスでボールを奪い返し、より守備的な体制を作るためにグアルディオラが選手に与えた時間が三秒だったということを知り、ボスは「私たちはバルセロナではないから、こっちは二秒で勝負だ」と思ったという。

ボスはまた、短い間だがマッカビ・テルアビブの監督を務めていたことがあり、そこではクライフの息子ジョルディがスポーツディレクターだったため、クライフも時々彼のトレーニングぶりを視察にやってきた。しかしいくつかの点でボスはまだ純粋なクライフ流の継承者ではなかった。ルーベン・ヨンキントは、ヴィム・ヨンクがアヤックスの若手養成機関で掲げた八つのカギとなるプレー要綱の中で、ボスはその三つしか取り入れていないと語っていた。

「その中の三つしか採用しないなら、例えば五秒ルールのように、何が起こるのか先が見えてしまう。そうなるとゲームの流れは全く違ってくる」

それは、ボスのサッカーが退屈であるということではない。デ・ブールのようにただボールを持っていればいいという面は皆無であり、ヨーロッパリーグではコペンハーゲン、シャルケ、リヨンを相手に、不安を抱かせながらも波乱の末に勝利を挙げたので、より実用的なサッカーと見る向きも多い。国内リーグでは絶好調だったフェイエノールトに次いで二位で終わったアヤックスは、ヨーロッパリーグの決勝戦ではモウリーニョ率いるマンチェスター・ユナイテッドと戦うことになり、熱狂的クライフ信者と反クライフ派の対決となった。

この試合では終始アヤックスは攻撃を阻まれ、シーズン中に際立っていたその淀みないプレーもことごとくかわされた。ボスは試合後、「今日はアヤックス本来の姿が見られなかった」と語った。ユナイテッドは序盤からプレスをかけ、中央DFのダビンソン・サンチェスにはポゼッションを許して彼を後方からのプレーメーカーに仕立て、その一方で彼らはどんな攻撃にも全く隙を与えなかった。マンチェスターは一八分にポール・ポグバからのダイレクトなシュートで先制し、後半三分にコーナーキックからのボールをクリス・スモーリングがいったん落とし、それを拾ったヘンリク・ムヒタリアンがゴールに押し込んで追加点を挙げ、試合は二対〇でマンチェスターに軍配が上がった。試合後、ボスは次のようにコメントした。

「マンチェスターはロングパスばかり狙っていて、リスクの高いプレーを避け、セカンドボールばかり使っていたので、ハイプレスが思うようにできなかった。退屈な試合だったと思います」

確かにそうだったかもしれない。だが、モウリーニョはそんなことは全く気にせず、「サッカーの世界には、本当にたくさんの詩人がいますね。でも、詩でタイトルは取れませんよ」という憎まれ口までたたいた。モウリーニョはその戦術に忠実に、アヤックスのセンターフォワード、カスパー・ドルベリへボールが渡るのを徹底的に阻止し、彼がようやくボールに触れたのはポグバがゴールを決めた後のキックオフ時であった。モウリーニョはこの優勝について次のように高らかに宣言した。

「これは実利主義サッカーの勝利であり、謙虚な人々の勝利であり、対戦相手を尊重する人々の勝利であり、相手の動きを封じてその弱い部分を攻め込む人々の勝利です」

モウリーニョの普段の口調と比べても、それは呆れるほど大胆不敵な発言であった。相手が思うようにプレーするのを阻止することよりも相手を自分のプレースタイルに巻き込もうとするのが何か傲慢なことであるかのようなこの言い回しは、モウリーニョがかつてポルト、チェルシー、インテルであれほどうまく利用した反権威精神、アウトサイダーの気骨に訴えようとの意図をはっきりと表していた。だが、収入面では世界で一、二を争う最も裕福なクラブの監督の口から出た言葉だけに何とも説得力に欠ける。麺類食品のスポンサーを持つことと、相手の出方をうかがうサッカースタイルが財政面で圧倒的に劣る相手を前にして必要な手段であるという主張は、いくら何でもかみ合わない。

かつてラファエル・ベニテス監督がヨーロッパリーグの栄冠を手にしたとき、モウリーニョはこの大会について、どんなレベルのチームにとっても参加するのがありがたくない大会だと鼻で笑った。だが、彼は明らかに喜んでいた。選手たちがトロフィーを掲げて祝福しあう中、モウリーニョは赤い旗を振り上げた。彼はチームの面々の前に来ると、その旗をピッチに刺した。プラスチックの棒は弱くてすぐに曲がってしまうので、モウリーニョは結局その旗を「Stockholm Final 2017」と書かれた表彰台に立てかけた。最初は何かと改良を迫られ、不本意なことも多々あったものの、最終的には一つの大きな仕事を成し遂げた。それはまるでモウリーニョのユナイテッドでの最初のシーズンを象徴しているかのようだった。

この優勝に対するモウリーニョの心情を物語る出来事が他にも二つある。表彰式でＵＥＦＡ会長アレクサンデル・チェフェリン氏からメダルを受け取ったとき、モウリーニョはこれで三人の異なる会長からメダルをもらうことになる、とチェフェリンに耳打ちしたのである（ポルトでＵＥＦＡ

カップとチャンピオンズリーグ優勝を果たした二〇〇三年と二〇〇四年にはレナート・ヨハンソン氏、二〇一〇年にインテルでチャンピオンズリーグを制したときはミシェル・プラティニ氏)。そしてモウリーニョはまた、後日そのことを友人や知り合いのサッカー関係者にテキストメッセージで知らせたというのである。よそから見るとやや不思議な気もするが、モウリーニョはそのことにたいそうご機嫌だったようだ。彼は何か記録を作ると、それを皆に知ってほしくてたまらないのである。

これを、エゴが助長されることを絶えず求める悲しい性と決めつけるのはあまりにも短絡的であろう。しかし、これはモウリーニョの心情を明るみにしている。あの有名な歓喜の姿も同じである。モウリーニョと、おそらく彼にそそのかされたと思われる一部の選手たちが高らかに上げた三本の指。それは彼らがこのシーズンで獲得した三つのタイトル、ヨーロッパリーグ、リーグカップ、そしてコミュニティー・シールドを意味していた。史上最も価値の低い三冠かもしれないが、モウリーニョはユナイテッドでの初めてのシーズンでクラブにもたらしたタイトルの数を世間に知らしめたかったのだ。

何しろ、その数はグアルディオラがシティで獲得したタイトルより三つも多かったのだから。

第一三章

理想の追求と現代サッカー

ペップ・グアルディオラはその手を顔にあて、ゆっくりと顎から口、左目、そして髪がまばらに残る頭部にまで上げていった。それからうなじに手をあてると、彼はうなだれ、観念したように口をすぼめ、その視線は足元に向かった。前後に体を揺らし、それから前かがみになった。またしても同じことが起きてしまった。このときは珍しくベンチから離れ、ホームのエティハド・スタジアムの客席に追いやられたグアルディオラは、その指示を選手たちに伝えようにも、ベンチへの伝令役となったマゼンタ色のトレーニングウェアを着て右往左往するコーチに向かって叫ぶしかなす術はなかった。普段はテクニカルエリアの端で最小限の指示を与えるグアルディオラにとって、これは死ぬほどの苦痛だった。

マンチェスター・シティはシーズンを通じて驚異的に華麗なプレーを見せていた。プレミアリーグでも、二位に一三ポイントの差をつけて首位を独走していた。もし先の土曜日に行なわれたユナイテッドとのダービーで白星を挙げていたら、シティはイングランドサッカー史上最も早く優勝を決定したチームとなっていた。しかも、シティは前半で二対〇とリードをとっていたのにもかかわらず。その代わり、五日後にユナイテッドがホームでウェスト・ブロムウィッチ・アルビオンに敗れたことでシティのタイトル獲得が決定し、最速優勝決定記録はタイとなった。しかしまたしても、グアルディオラ率いるチームはチャンピオンズリーグの決勝トーナメントで敗退した。ゲームは完全に彼らのペースであったのに。

選手時代にヨハン・クライフの下で学び、ルイ・ファン・ハールの下でさらに磨きをかけたサッカー哲学のグアルディオラなりの解釈には、致命的な欠陥があるように思われた。それは、本来ならば失点を低く抑えることができるのだが、もし相手が中盤のプレスを突破できると、ディフェンスが崩れやすくなる傾向にあるということだった。グアルディオラはバイエルン時代にチャンピオンズリーグの準決勝でレアル・マドリードおよびバルセロナとの対戦において、そしてプレミアリーグでは前シーズンのレスター戦、そして三か月前のリヴァプールとのアウェー戦と、トントン拍子で三点奪われて撃沈した。その悪夢が今回、チャンピオンズリーグ準々決勝リヴァプールとの第一戦で甦った。念のために、先のマンチェスターダービーではユナイテッドが後半でわずか一六分の間に三点を返したこともここに記しておこう。悪夢は立て続けに甦ったのだ。

第一戦でリヴァプールに三点のリードを与えたグアルディオラは、第二戦ではDFカイル・ウォーカーを右サイドにおいてディフェンダー三人体制の三―一―四―二という徹底した攻撃重視の体制で臨んだ。前半はその作戦が吉と出た。シティは開始から二分目にガブリエル・ジェズスが先制し、前半のほとんどがリヴァプール陣営側で展開し、ユルゲン・クロップ監督率いるリヴァプールもさすがに歯が立たなかった。ベルナルド・シルヴァの放ったダイレクトシュートは枠に激突し、前半終了直前にはレロイ・サネのシュートがゴールネットを揺らすが、これはオフサイドと判定されてゴールは無効となった。しかし、サネが押し込んだボールはシティの選手からではなくジェームズ・ミルナーから来たものであったことに気づいていた審判は皆無で、これは明らかに誤審であった。

シティの選手たちは前半終了後、スペイン人主審のアントニオ・マテウ・ラオスに当然のごとく抗議した。そこにグアルディオラが選手たちを引き離そうと間に入り、フェルナンジーニョをなだめて連れ戻そうとしたとき、彼の中で何かがはじけた。なにしろ、ラオスは前シーズンのチャンピオンズリーグでシティに三度もペナルティをお見舞いし、さらには大会敗退が決まった決勝トーナメント一回戦のモナコとの試合でも、セルヒオ・アグエロがシミュレーションの判定を受けたが、映像を見るとそれは明らかにモナコのGKダニエル・スバシッチのレッドカードに値するファウルであり、逆にペナルティを与えられていてもおかしくなかったという悶着もあった。グアルディオラはそのまま引き返し、彼が後に話したところ、「罵りの言葉」もかけなかったという。それは事実だったであろう。しかし、いつまでもむきになるその性格が災いしたのか、ベンチからの退席を言い渡されてしまう。本来ならば二対〇になっていたはずが依然として一対〇のままで、さらには戦いから締め出され、後半にリヴァプールが二点獲得するのを、ただ指をくわえて見ているだけだった。こうして合計スコア五対一でシティは大会から姿を消した。

シティはこのシーズンのプレミアリーグで単にタイトルを獲得しただけでなく、勝点の合計と得点数でも史上最高記録をたたき出したが、シーズンは終盤に入ってから明らかに盛り上がりを欠いていた。それは、プレミアリーグのタイトルレースがあまりにあっさりと決着がついてしまったことが原因の一つであっただろう。一一月ごろにはもうすでに、シティの優勝は不可避という見方が強くなっていた。シティは序盤から一人勝ちで、最大のライバルであるモウリーニョ率いるユナイテッドとのマンチェスターダービーは、そんな中で唯一シーズン前半のハイライトとなるかと思われたが、シティは悠々と白星を挙げ、どこか拍子抜けであった。もっとも、それはあまり公平な言い方ではないかもしれない。シティでこれほど圧倒的な強さを誇るというのは、バイエルンで同じくらいに他を引き離してブンデスリーガのタイトルを獲得するのとは比べ物にならないくらい困難なことなのだから。だが、そうした印象がいつまでも付きまとい、盛り上がりを欠いた理由の一つとなったのは確かである。

とはいえ、数字の面でも、また数字では計れない面でも、このシーズンのシティは驚異的だった。プレーの美しさを判断するというのは当然ながら主観的なことであるが、とりわけ秋の終わりごろのシティのプレーは息をのむほどの美しさで、グアルディオラがサッカーの可能性を再構築し、およそ半世紀前にオランダで生まれ発展したスタイルをさらに磨き上げ、現代のサッカーに適用させているかのような印象を与えた。しかし、またしてもあの弱点が露わになった。グアルディオラはよりスピードがあり、よりフィジカルなチームに倒されたのだ。二〇〇九年と二〇一一年にチャンピオンズリーグを制したときのバルセロナのような圧倒的な強さはなく、彼のスタイル、あるいはクライフが八〇年代末にバルセロナで発展させた哲学の彼なりの解釈は、トップクラスに君臨する数あるサッカースタイルのなかでの一つのアプローチに過ぎなかったのである。

バルセロナにとって、チャンピオンズリーグ準々決勝パリ・サンジェルマンとの第一戦は青天の霹靂だった。第二戦では見事に逆転して準決勝進出を決めたが、第一戦での四対〇というスコアには打ちのめされた。それは、バルセロナでの最初のシーズンでルイス・エンリケに向けられたあらゆる賛辞も、二〇一五年にベルリンでチャンピオンズリーグの栄冠を手にした後にチームに寄せられたどんな誉め言葉も無に帰してしまうほどであった。やはり昔ながらのスタイルの支持者の言うことが正しかったのではないか？　二〇一四—一五シーズンに三冠を達成できたのは、クライフチルドレンの哲学を再構築したからというよりも、世界でいま最も優れた三人のフォワードを抱えていたという、単純な理由からだったのではないか？

このシーズンでは終始、何かがうまくいかない、そんな不穏な影がバルセロナに付きまとっていた。以前のような激烈さはどこかへ消えてしまったようだった。とりわけセルジオ・ブスケは、アンドレス・イニエスタと共に負傷に悩まされていたこともあって、目立った活躍がなかった。クライフは常に、ブスケがチームを離れない限りバルサはブスケがどれほど重要な選手なのか気がつくことはないだろう、と述べていたが、それがまさに証明されたと言っていいだろう。彼本人はそこにいても、以前と同じではない、またはるかにかけ離れた選手がそこにいる。華麗な個人技でコンパクトなディフェンスの間を抜けるという武器を持つ綺羅星のごときスリートップが、ディフェンスのパワー不足と中盤との連携のズレから重荷を負わされ始めるようになった。

リーガでのバルセロナは、そのオーラに圧倒されたチームを相手に圧勝するというパターンは今回も同じであったが、危険信号も数多く見られた。それはアラベス戦、セルタ・ビゴ戦での黒星だけではない、奇妙なほど活気に欠けたマラガ戦、ビジャレアル戦、レアル・ベティス戦でのドローからもうかがえた。チャンピオンズリーグのグループステージではグアルディオラ率いるマンチェスター・シティと対戦したときにも、その後のバルサの姿を予見させることがいくつかあった。確かにバルサはホームで四対〇と圧倒的な強さを見せたが、試合の全体像に関してはスコアだけではよくつかめない。

というのは、バルサはいったんそのプレスで相手チームを震え上がらせたが、それを何度も繰り返すと単なる作戦の一つに過ぎなくなる。そうなると、対抗策が生まれてその作戦はくじかれる。パリ・サンジェルマンは終始試合を有利に進め、さらに驚くべきはバルセロナが手も足も出ず、まさしく全滅状態であったことだ。パリ・サンジェルマンのウナイ・エメリ監督はそれまでバルセロナと対戦した二三試合のうち白星を挙げたのはわずか一度だけであったが、セビージャの監督を務めていた三シーズンの間にバルサに何度も揺さぶりをかけてきた人物であった。彼にはバルサを落とせるという自信があった。バルサは弱体化している、かつてそのパスワークとテクニックを支えていた根性、エネルギー、そして気迫が薄れているのを確信していた。ただ、その後あのような形で逆転されるとまでは想像していなかったかもしれない。とにかく、パリのプレスは容赦なかった。バルセロナのGKマルク＝アンドレ・テア・シュテーゲンはゴールエリア内にいたにもかかわらず、あまりの執拗なプレスにボールをわざと外へ出すことを強いられた。前半が半分ほど過ぎた頃には、バルサがコーナーキックをしてもすぐさまテア・シュテーゲンのもとに戻るという場面もあった。

パリはアンヘル・ディ・マリアのフリーキックから先制。ハーフタイムに入る直前に、メッシがアドリアン・ラビオにボールを奪われ、その後ユリアン・ドラクスラーがマルコ・ヴェラッティとの鮮やかなコンビネーションから二点目を入れる。三点目はディ・マリアがあきれるほど大きく開いたスペースのど真ん中を突進して決めた。そして、右サイドバックのトーマス・ムニエが放った四〇ヤードのロングパスを見事にフォローしたエディンソン・カバーニがダメ押しの四点目を入れた。最後の二〇分になり、バルサのまとまりが乱れたことでパリは相手に邪魔されずに四〇、五〇ヤード先からパスを送ることができたのであった。

バルセロナの右サイドバック、セルジ・ロベルトが右サイドのMFアンドレ・ゴメスから取り残されるという場面が何度かあったが、それはバルサのチーム再建が難航していたことを嫌と言うほど見せつけるものだった。バルサの右サイドはダニ・アウヴェスが一手に引き受けていたといっても過言ではない。バルセロナ移籍後から負傷に見舞われたアレイクス・ビダルであったなら、ミッドフィルダーから鞍替えしたセルジ・ロベルトよりもこの事態をうまく切り抜けられていたかもしれない。だが、それがチームのまとまりの悪さ、自覚のなさ、そしてアウェーで戦うという意識が徹底的に欠けていたことへの言い訳にはならない。『スポルト』紙は、「これはバルサではない」と大きな見出しを付け、クラブを「監督のいない難破船」だと書き立てた。

次の週末、バルセロナはホームでレガネスを迎えた。最下位から数えて四番目におり、そのシーズンは四勝しかしていないクラブである。バルセロナは二対一で白星を挙げたが、決勝点となったのはメッシのPKであった。PKが決まっても彼は少しも嬉しそうではなく、普段ならばゴールを祖母のセリアさんへ捧げると天に向かって指をさす彼が、それすらもしなかった。シーズン序盤のバレンシア戦で、試合終了間際に決勝点のPKを決めたときの激しく感情を爆発させたメッシとは大違いであった。そこに立ったままのメッシは、バルサの中に淀んでいた茫然とした気持ち、何か大事なものが欠けてしまったという心情を表しているかのようだった。

このレガネスとの試合で、バルサは初めてスタメンでカタルーニャ地方出身の選手を一人しか起用しなかった。現代のサッカー界では、その数が久々にこれほど低くなったからといって特に驚くべき現象ではないと思われるかもしれないが、これは無視できない事件である。バルセロナの強さ、その極意はクラブ自身の信念とプレースタイルの融合であった。バルサには常にカタルーニャ人で構成された中核があり、その中核はラ・マシアからバルセロナの伝統スタイルをチームに伝える役目があり、それはまたクライフのもたらした最初の教訓の一つである。そうした体系は、部外者が馴染むには困難を伴うと思われがちだが、その中で育ってきた者にとってはプレーシステムの基本を会得する足掛かりとなる。また、常にそんな若手がいることで、他の選手にもシステムが伝授される。シャビ、イニエスタ、ブスケ、ピケほどのレベルとまではいかないかもしれないが、自分たちのサッカーがどんなものかは体でわかっている。レガネス戦ではこんな場面もあった。リュカ・ディーニュがネイマールにボールを送り、ネイマールはそれをコントロールし、走り出そうとしていたが、ディーニュが上がってこないので、腕を振って合図を送った。二〇一六年の夏にパリ・サンジェルマンから一四〇〇万ポンドもかけて獲得したディーニュは、ネイマールがバルサで三シーズン半を過ごすうちに期待するようになった動きに合わせることができなかったのである。

しかし、そんな選手はディーニュ一人ではなかった。もちろんネイマールもスアレスも、ラキティッチと同じようにチームの原動力に変化をもたらした。彼らがバルセロナをよりダイレクトなプレーをするチームに変えた。それはサッカー界全体における戦術の進化に沿っていたのかもしれないが、バルサのプレーはより多彩になった。とはいえ、それはまだバルセロナの主義に収まる範囲内でのことであった。中盤にアルダ・トゥランとアンドレ・ゴメスを獲得したのも、クライフチルドレン的哲学とはまるで方向性が逆のように思われた。二人はよく動き、努力を惜しまず、それなりに才能のある選手だが、バルサの華麗で複雑なパス回しを長々と繋いでゆくタイプではない。それはむしろ他の場所に、とりわけ右サイドにおいて、そしてまた、ブスケの役割という点において問題を投げかけた。イニエスタとシャビ（後にラキティッチ）が前にいれば、彼はより中盤の底に陣取り、必要とあれば三人目のセンターバックとしてプレーすることもできた。それが動きの緩やかなイニエスタとゴメスあるいはトゥランのコンビだと、ブスケはより前方に上がらざるを得ず、彼のスピード感の欠如と動きの鈍さが露わになってしまう。パリ・サンジェルマンがバルサのディフェンスラインの隙間にあれほど頻繁に走りこんだ理由の一つがそれである。レガネス戦の後にシド・ロウが『ザ・ガーディアン』紙で指摘したように、バルサがそのルーツからすっかり離れてしまった証拠に、当時リーガのパス成功率ランキングで上位一〇位以内にバルセロナの選手が一人も入っていなかったこと、さらに中盤の選手のみに関して言えばバルサの選手は上位二五位以内にも見当たらず、バルセロナで最も不調なシーズンを過ごしたブスケは八〇位以内にさえもランキングしていなかったことを挙げている。

ルイス・エンリケは当然ながら批判の矢を浴びた。しかし、レガネスとの試合では熱心なバルサのサポーターたちが彼の名前を込めた応援歌を歌っていたこともここに記しておくべきであろう。もちろん、バルサの衰退は選手たちの高齢化を考えれば当然のことであった。いつまでもイニエスタ、ブスケ、それにメッシにすべてを任せるわけにはいかない。ネイマールとスアレスの加入により、バルセロナはグアルディオラの掲げた理想の純粋な部分から抜け出し、少なくとも一時的にはその衰退に歯止めをかけ、おそらくはチームをさらに高いところにまで押し上げたのではなかろうか。チームがその力をいかんなく発揮して最高潮に達すると、あとは下り坂が待っているというパターンは繰り返す。生え抜きの選手でチームを固めるという文化から有名選手を中心に据えたモデルへの移行したことで、クラブは難しい状況に立たされることになった。今後も選手を買い続けるか、それともパワフルな新世代の登場を待つか？　バルサは買い続ける方を選び、ことごとく失敗に終わった。それはクラブ役員側の判断ミスとしか思えない。

パリ・サンジェルマンに敗れた後、前年の夏にフリー移籍でユベントスへ移ったダニ・アウヴェスからも厳しい声が上がった。

「バルセロナで過ごした最後の三シーズンの間、『アウヴェスが放出される』と何度も耳にしたけれど、クラブの役員たちは自分と面と向かっては何一つ言ってこなかった。とんだ嘘つきの恩知らずどもだ。敬意というものが全くなかったね。FIFAの移籍禁止処分が発表されたときにようやく新しい契約オファーをもらったよ。彼らの手口に乗って、契約解除の条件付きでサインしたよ。今バルセロナを仕切っている連中は選手の扱い方がまるでわかっていないね」

しかし、行き詰まりが頂点を迎えた頃、二〇一五年一月に起こったような思いもよらぬ転機が訪れた。バルサはスポルティング・ヒホンに六対一で圧勝し、この試合後にはルイス・エンリケが「心身疲れ果てた」とシーズン終了後に辞任する意思を明らかにした。同じ日、レアル・マドリードはホームでラスパルマスに三対三と番狂わせのドローを許してしまい、次のクラシコで白星を挙げればバルセロナにリーガのタイトル獲得の可能性が浮上した。バルサはその後セルタ・ビゴ戦でも五対〇で大勝し、パリ・サンジェルマンとの第二戦に臨むことになった。ひょっとして、その試合でも五得点を挙げて勝利できるのではないかとの期待が高まる。

そして、それは実現した。ただ、それはバルセロナの実力というよりもパリ側の心理的なダメージによるところが大きかったのかもしれないし、審判から有利な判定をうけ、多少の運も味方したのかもしれないが、試合が終わってしまえばそんなことは誰が気にするだろう？　普段は冷静なルイス・エンリケも、このときばかりは試合終了のホイッスルが鳴るとピッチに駆け込んで足を滑らせ、船に積み上げられたばかりの魚のように飛び跳ねて狂喜したほどである。六対一というスコアで見事な逆転劇となったこの試合は長く人々の記憶に残ることであろうが、これまでくすぶっていた問題が解消、解決したと思わせるものは何一つとしてなかった。

この日、ルイス・エンリケは三―四―三にフォーメーションを切り替え、ディフェンスの問題点を取り払うのにディフェンダーそのものを取り払った。それはバルサにとってより安全性の高い策であったかもしれないが、第一戦ではすっかり鳴りを潜めていたメッシの周囲を固めるようにも見えた。バルサはこうして、素早く相手側に入り込み、畳みかけるような攻撃ができた。その攻撃の激しさを、バルサはこの試合でまざまざと見せつけた。バルセロナは開始早々、不安定に跳ねるボールにうろたえるパリを尻目にスアレスがヘッドで先制。前半終盤には、イニエスタのバックヒールのクロスを受けたパリのレイヴァン・クルザワによるオウンゴールでバルサは二点目を挙げる。後半に入り四分、ムニエが滑って倒れた際にネイマールに接触し転倒させたとして与えられたPKをメッシが決めてスコアは三対〇に。バルサはこうして一気に勢いに乗るが、パリも六二分にカバーニがハーフボレーシュートで一点を返し、バルサはあと一点返せば同点というところで、勝ち進むためにはあと少なくとも三点は取らねばならない状況に陥った。その後二六分間は特筆すべきことは起こらず、平坦な試合運びにこのままもう終了かと思われた。そのとき、ネイマールが鮮やかなフリーキックで決めたゴールでパリの息の根を止める。パリが試合最後の七分間に送ったパスはわずか四本で、そのうちの三本はバルサ得点後のキックオフだった。スアレスは無意味に腕を高く上げたマルキーニョスと接触してバルサにペナルティをもたらし、ネイマールがＰＫを決める。アディショナルタイムに入って五分経過したところで、コーナーキックからのボールをセーブしたテア・シュテーゲンがセンターサークルにまで駆け上がり、勝ち越しの残り一点を挙げようと賭けに出た。一一人全員がフィールドプレーヤーとなれる強みを、このスイーパーキーパーは身をもって証明したのだ。ネイマールが放った浮き玉のスルーパスは、パリの乱れたディフェンス陣の頭上を悠々と越え、走りこんだセルジ・ロベルトの絶妙のボレーシュートでパリのＧＫケヴィン・トラップの鼻をあかす。

この興奮の一夜はチャンピオンズリーグ史上、そしてバルセロナの歴史の中でも永遠に残る名勝負の一つであろう。しかし、これはバルサの準決勝進出を可能にしたということ以外には極めて意義のない勝利であった。タフで技巧の冴えるユベントスが相手の準決勝、トリノでの第一戦ではユベントスが予想通りにバルサのディフェンスの鈍さに付け込み三対〇で快勝。カンプ・ノウでの第二戦は両者無得点のドローに終わり、バルセロナは大会敗退を決めた。

リーガのタイトル争いでバルセロナが奪っていたリードは、パリ・サンジェルマンとの奇跡の逆転試合の四日後に行なわれたデポルティボ・ラ・コルーニャ戦で一対二と黒星を喫したこともあり、チャンピオンズリーグ準決勝のだいぶ前から貯金はなくなっていた。さらに、マラガにも敗れ、リーガ優勝への希望は遠のくばかりであった。

クライフ時代のドリームチームで活躍したＭＦのエルネスト・バルベルデが次期監督に任命され、バルサの原点となる哲学への復帰かと一部ではささやかれたが、実際にふたを開けてみると必ずしもそうではなかった。バルセロナは二〇一七―一八シーズンではリーガ優勝を果たしたが、チャンピオンズリーグでは決して快調ではなかった。バルベルデが好んで採用した四―四―二により、バルセロナは得点面でメッシに大きく依存する形となり、中盤は奇妙なまでに脆くなった。イヴァン・ラキティッチはセルヒオ・ブスケが中盤で必要としているサポートをもたらすことができず、チャンピオンズリーグ決勝トーナメント一回戦の相手チェルシーはバルサの弱点をまざまざと見せつけ、準々決勝ではローマを相手に第一戦で四対一とリードをとったものの、第二戦で追いつかれ、アウェーゴールの少なさで大会敗退を決めた。ローマから激しいプレスをかけられたバルサにはスピードがなく、また動きにも張りがなく、メッシとルイス・スアレスが加担した守備面での力不足は明白だった。そのローマは準決勝にて、フィジカル面でそのさらに上を行くリヴァプールに圧倒されていた。バルサの衰退は選手の高齢化か、それともスター選手重視の傾向が生んだ結果なのか。いずれにしても、グアルディオラがメッシに対して、ボールを持ったら世界一というだけでなく、ボールを持っていないときでもそうであれと活を入れていたのはもうすっかり過去の話になってしまった。

＊
＊
＊

オランダが本当にオランダらしいサッカーを最後に見せたのはいつのことであっただろう？　クライフ流サッカーを推し進めるチームが次々とタイトルを手にする一方、本国オランダではその存在自体が脅かされていた。二〇〇八年の欧州選手権ではマルコ・ファン・バステンのスタイルが疑問視され、二〇一〇年ワールドカップでのベルト・ファン・マルヴェイクの手法はこの上ない批判を浴び、二〇一四年ワールドカップではルイ・ファン・ハールがスリーバック体制を敷いて大きな波紋を呼んだ。だが、代表チームはその都度大会に参加し、それなりの成績を上げてきた。ファン・ハールなりの伝統的オランダサッカーの再現も様々な不安を呼び起こしていたが、それはあっという間に消え去った。

再び代表の監督に就任したフース・ヒディンクは一年間の短命に終わった。彼が指揮していた頃のオランダは、二〇一六年の欧州選手権予選にて、アウェーでチェコ共和国、アイスランドに敗れ、出場国数が拡大されたにもかかわらず予選敗退の危機に陥った。彼の後を継いだダニー・ブリンドもその凋落ぶりに歯止めをかけることができず、ホームでチェコ共和国とアイスランドに敗れ、トルコとのアウェー戦では〇対三で完全に打ちのめされた。各グループの上位二か国が出場権を獲得し、三位のチームにもプレーオフで敗者復活のチャンスが残されているだけに、強豪国には予選敗退などもっての他であったのだが、オランダは四位という成績でグループステージを終え、一九八四年以来初めて本選出場を逃すこととなった。

ワールドカップの予選ではフランス、スウェーデンと同じグループに入るというくじ運の悪さにも見舞われた。それでなくとも、チームの調子は向上せず、二〇一七年三月にブルガリとのアウェー戦で黒星を喫すると、ブリンドの更迭が決定した。オランダ国内では、ビエルサの弟子でチリ代表にて成功を収め、後にアルゼンチン代表監督も務めたホルヘ・サンパオリにチームを任せてみてはどうかという声も上がったが、結局新監督に任命されたのは六九歳のディック・アドフォカトであった。監督として確かなキャリアを積んできた彼だが、またしてもという感は否めなかった。オランダサッカー協会は信頼するモデルにこだわるあまり、アドフォカトを含めたそれまでの四人の監督のうち、一九八一年当時にスパルタ・ロッテルダムでプレーしていた選手だったのは彼が実に三人目であった。

一〇月に入り、予選はあと二試合を残すばかりとなった。グループ順位ではスウェーデンが二位につけ、勝点三ポイント差でオランダが後を追っていた。両国は最終日にアムステルダムで対戦することになっており、もしオランダがスウェーデンをホームで下すことができれば、予選通過は得失点差に左右されることになりかねない。その前に、オランダはベラルーシとのアウェー戦、スウェーデンにはルクセンブルグとの試合が控えていた。ベラルーシ戦前のアドフォカトは自信満々といった様子で、もしスウェーデンがルクセンブルグ相手に大勝したらと問われても、「まさか八対〇で勝つわけでもあるまいし、そんな質問は馬鹿げている」と、全く相手にしなかった。しかし、スウェーデンは本当に八対〇で勝ってしまったのである。

オランダサッカーの危機の原因は多々ある。中でも最大の要因として、人口わずか一七〇〇万人の国が常にトップレベルのサッカーを維持するのは難しいということが挙げられる。また、優れた選手のいない世代に当たることもある。財政的な面からの要因もある。オランダのクラブはコンスタントに選手を外国のクラブに売り出し、その結果エールディヴィジでプレーする選手の年齢層が低下しているのである。二〇〇四年にロナルド・クーマン率いるアヤックスにて弱冠一七歳でデビューを飾ったライアン・バベルはこう語る。

「僕の頃は、一七歳とか一八歳でデビューすると、『すごい！　奇跡だ！』なんて言われたけど、今ではもう当たり前だ。若手の選手は非常に早くから責任を負わされているはずだ。中にはまだ身体能力のピークを迎えていなくて、どんなに若かろうがあれこれと批判を受ける選手もいる」

ピーター・ズヴァルトの分析が示している通り、オランダ代表はアリエン・ロッベンにすっかり頼り切りで、二〇一四年から二〇一八年の間に、彼が出場した試合の平均得点は、彼が出場しなかった試合の平均得点よりもほぼ一点多い。ロッベンは確かに、ボールポゼッションからではなく、どちらかと言えばカウンターでゴールを決めるタイプの選手であり、その威力は二〇〇八年欧州選手権のフランス戦とイタリア戦、二〇一〇年ワールドカップ準々決勝でのブラジル戦の後半、そして二〇一四年ワールドカップでスペインを骨抜きにした試合などで実証済みである。サイモン・クーパーが『デア・シュピーゲル』誌に寄せた記事で指摘しているように、ロッベンは正真正銘のオランダ的な環境の中で成長したのではなかった。彼はオランダ北東部にあるドイツ国境に近いベドゥムという町で育ったのである。もし彼がもっと西側で生まれていたら、そのドリブル感覚は培われていなかったかもしれないし、かつてファビオ・カペッロをして、ズラタン・イブラヒモヴィッチがアヤックスで受けたと言ったプレーのプロセスに従い、個人技で光ることもなかったであろう。三三歳のロッベンは、スウェーデン戦の勝利の後、代表チームから引退した。

クーパーによれば、誰が非難されるべきか明らかだった。「オランダ式のサッカーは、有能な外国人監督とは接触すらも持とうとしない、かつての選手たちで作られる仲良しグループの中に落ち」、いつまでも七〇年代の栄光とトータルフットボールにしがみつき、グアルディオラ、モウリーニョ、ルイス・エンリケ、さらにはルイ・ファン・ハールらがもたらしたような進化を遂げることはなかった。長い間、最高のオランダ式サッカーがプレーされてきたのはスペインであった。

国際大会を二度連続で予選敗退した後、オランダサッカー協会がロナルド・クーマンを監督に任命したのは、彼が現代のサッカースタイルを形作った哲学が生まれたその場に居合わせていたからなのだろう。

クーマンはもうとっくにそうした信仰を失っていた。監督就任発表の記者会見で、昔のような四―三―三に戻るつもりはあるかと訊かれたときには笑い飛ばし、マンチェスター・シティでのグアルディオラの仕事ぶりには賛辞を惜しまなかった一方で、彼にとって最初の二試合、イングランドとポルトガルとの親善試合ではスリーバックを採用し、ボールポゼッションへのこだわりはほとんどなかった。オランダ代表にとって、リヌス・ミケルスの教えははるか遠い記憶になってしまった。

最もクライフ流に忠実な信者たちはといえば、彼らの信じるスタイルのプロセスすべてを受け入れてくれるようなクラブを見つけるのが次第に困難になっている。そんな中、北京のモンテッソーリ教育研究所にてクライフ・フットボールというプロジェクトが進行中である。そのプロジェクトのリーダーを務めるルーベン・ヨンキントはこう語る。

「私たちは持っていた財産すべてをこのプロジェクトに出資しました。そして、クライフの遺産を世界中に広めていこうと思っています。それにはサッカーのプレーそのものに関する遺産のほか、サッカーの持つ力、その力をばねに選手がどれほど成長できるかということも含まれます。育てるのは単なるサッカー選手ではなく、クリエイティブな性質、問題解決スキル、前向きに進もうという心構え、自分をコントロールする力、尊敬の念、サッカーという小さな世界を飛び出して考えること、周りの人間が成長する力になる、そんなクライフ的な選手の持つ特徴を体現できるような選手です。教育プログラムとサッカーを結びつけるには、そしてサッカーを教育の出発点に据えるにはどうすればいいのか？　それが私たちの本来の任務です。選手たちの力を伸ばすことで私たちはそれを行ない、また、監督向けに授業やワークショップも行なっています」

もしかすると、そのプロジェクトは見事に開花し、二〇三〇年ワールドカップでは、頭脳的なポジショニング、ハイプレス、ボールポゼッションを基本にしたクライフ流のサッカーを繰り広げる真の脅威が中国から現れるかもしれない。だが現時点では、オランダは模索と実利主義の真っただ中にいる。

＊　＊　＊

ゲームの状況にも左右されるが、クライフの流れを汲むスタイルは効率が高いだけでなく、この上なく美しいサッカーを今でも見せてくれるし、他を圧倒する上でのヒントを与えてくれる。イングランドでの最初のシーズンが期待外れな結果に終わったグアルディオラは、シーズン後の移籍市場でシティの弱点克服に乗り出し、ボールさばきだけでなくフィジカル面にも強いGKエデルソン、そして三人のディフェンダーを総額一億一五〇〇万ポンドで獲得した。その他にはベルナルド・シルヴァ、そして冬の移籍市場ではエメリック・ラポルトが加わり、チームはさらに選手の幅を広げた。

マンチェスター・ユナイテッドは七五〇〇万ポンドでセンターフォワードのロメル・ルカクを獲得したが、ジョゼ・モウリーニョはシティがセンターフォワードを買える金額でディフェンダーを獲得した、と鼻で笑った。モウリーニョはこうして守備的MFネマニャ・マティッチとセンターバックのビクトル・リンデロフを獲得し、守備の軸を強化した。

モウリーニョが金額の話を持ち出したのは、ある程度までは理解できなくもない。後に来るシティの快進撃はアブダビからの資金のおかげであり、サッカーのクラブが一国の体制のイメージを浄化させるのに一役買っているということについて問題提起したい気持ちはよくわかるが、ユナイテッドも選手獲得には大金を積んだ。グアルディオラとモウリーニョがマンチェスターに来て以来の二シーズンでそれぞれのクラブが払った金額は、シティが三億五〇〇〇万ポンド、ユナイテッドが二億五五〇〇万ポンドである。もちろんこれは現在進行中の過程の一側面に過ぎないが、シティにしてみれば、ユナイテッドよりも多くの金額を払いながらも、それが彼らの成功を確約するというほどではなかったことを如実に表している。いずれにせよ、最も重要なのはシティの支出が明確な目的に沿っていたということである。世界最高と謳われる二人のフォワードを獲得することだけを考えて途方もない金額を払ったパリ・サンジェルマンと違い、シティはチームのことを第一に考え、ターゲットをきちんと絞ったうえで大金を払ったのである。

二〇一七年の夏、こんなジョークが流れた。グアルディオラがシティのオーナーであるシェイク・マンスール氏に近づいて、あなたはシティをヨーロッパで最強の、そして息をのむほどに美しいサッカーを見せるチームにしてくれることでしょう、と彼に言う。グアルディオラの描くチーム像に大興奮のマンスールは、どうしたらそれが実現するだろう、とグアルディオラに訊くと、彼は「各ポジションに世界最高の選手が二人ずつ欲しいのですが」と答えた、というものである。そこには真実の部分もあるが、やはりただの冗談に過ぎない。パリ・サンジェルマンは何も考えずに湯水のごとく金を使っているような部分があり、チャンピオンズリーグ決勝トーナメント一回戦でレアル・マドリードが彼らに平手打ちを食わせ、シティがその資金をクライフの流れを汲む哲学をきちんと実践するために有効に使っているのを見ると、華やかな外見の裏側で内容があまり伴っていないような印象を受ける。払った金額の正当性は、グアルディオラのシステムとその枠組みが選手自身の向上につながっているという事実と同じく否定しがたいものであった。

シティは二〇一七―一八シーズンをスリーバックでスタートした。また、最初の四試合のうち三試合までもセルヒオ・アグエロとガブリエル・ジェズスを共にプレーさせた。それは、二対〇で白星を挙げたブライトン戦、一対一のドロー（試合はシティが優勢だった）を許したホームでのエヴァートン戦、そして五対〇で圧勝したリヴァプール戦である。しかし、それ以後は二人が同時にプレーすることはまれになった。リヴァプール戦での勝利は、そのスコアが示すほどにシティが圧倒的な強さを見せたというわけではなかった。シティは一対〇でリードしていたが絶えず相手のプレス攻撃に悩まされ、その矢先にサディオ・マネが跳ね返ったボールをコントロールしようとしたときにエデルソンの頭を蹴ってしまい、退場の憂き目にあった。リヴァプールがシティの動きを抑えるのに苦労したのはそのときからであった。次の週のワトフォードとのアウェー戦では四―三―三を採用し、六対〇でまたも大勝。それ以後の二か月間は、ケヴィン・デ・ブライネとダビド・シルバが「自由な八番」の役を見事にこなし、フェルナンジーニョの前で昔のインサイド・フォワードのように得点のチャンスを作り、シティは破竹の勢いで一八連勝というプレミアリーグの新記録を達成し、得点数も五八に上った。

だが、モウリーニョ率いるユナイテッドも好調な滑り出しを見せた。プレミアリーグ最初の七試合では六勝し、うち四試合でそれぞれ四得点を挙げ、リーグカップではバートン・アルビオンを、そしてチャンピオンズリーグではCSKAモスクワを下して順調に勝ち進んだ。タフでフィジカル面での強さを見せた彼らは、スタミナを長時間維持し、試合終盤での得点で相手を圧倒した。最初の七試合で挙げた合計二一得点のうち、一〇得点が八〇分を過ぎてからのものだった。

そんな中、マンチェスター・ユナイテッドはリヴァプールとのアウェー戦に臨んだ。当時のリヴァプールは彼らとは対照的に苦戦を強いられていた。マンチェスター・シティ戦での敗北以来、リヴァプールは全大会合わせて七試合のうちにわずか一試合でしか白星を挙げておらず、ことごとく失点を許して弱体化していた。またユナイテッドにとっては、シティのそれまでの絶好調ぶりから、リーグ優勝を狙うにはとにかく勝点をたくさん取っておく必要があり、ほんの少しの失敗も命とりになりかねず、絶妙のタイミングで訪れたこの試合で白星を挙げ、少しでもリードを奪って彼らにプレッシャーをかけるチャンスであった。しかし、それはあえなく失敗に終わった。守りに入ってリヴァプールのプレスに対抗しようとするが、それはほとんど肩透かしで、得点のチャンスもわずか一度だけであった。試合後、モウリーニョはユルゲン・クロップ監督が進んでゲームに取り組もうとしなかったと非難したが、有利な立場にあったのはモウリーニョのほうであり、勝てなかった責任は彼にある。

翌週、気落ちしたままのユナイテッドはハダースフィールドに敗れ、次のトッテナム戦ではまたも相手の出方をうかがうプレースタイルで、相手ディフェンスの盲点を突いて終盤に決めたゴールにより一対〇で勝利した。その後のチェルシー戦も同様にひたすら耐え忍ぶ側に回ったが、こちらは〇対一で黒星を喫した。こうして、首位のシティとの勝点差は一気に八ポイントに広がった。前シーズンのヨーロッパリーグを制覇したとき、モウリーニョは実利主義の勝利と謳ったが、その精神はどこへ行ってしまったのだろう？

実利重視のプレーは、勝つことを第一に考えたプレー以外の何物でもない。モウリーニョはそれをインテルで実証して見せた。バルセロナのプレースタイルについて、イニエスタはかつてこう言っていた。

「自分たちがこうしたプレーを行なっているのは、それが自分たちに合っているから。別のスタイルでプレーしてそれを乱す選手がいないからね。『実利主義』のサッカーという話をよく耳にするけど、僕らにとってはそれが実利的なんだ。それは僕たちがやりたいと思っているプレースタイルであり、それが最も勝つチャンスのあるスタイルだと僕らは信じている」

実利主義は防御第一と同じ意味ではない。一見弱体化していたリヴァプールとチェルシーを相手に、大いに勝つチャンスがあったユナイテッドがあれほど無気力なプレーを見せたのは、シティとの首位争いを続ける必要があったことからも、非常に理解しがたい。受け身のスタイルが幅を利かせなくなっても、モウリーニョはそれを繰り返し採用する。上位六チーム同士が対戦したこの一か月間は、やはりシーズンの行方を左右する山場であった。その間にユナイテッドがゴール枠内に放ったシュートは六本。モウリーニョのアプローチはもう実利的ではなく、その考えに凝り固まった八方ふさがりの様相を呈していた。

クライフ以降のプレースタイルに関して沸き上がった一連の論争では、グアルディオラはその頑固さや、バルセロナで身についた基本理念から離れることを受け入れないと批判されていたが、皮肉なことにモウリーニョの方こそ、自分の哲学への執着、そしてグアルディオラの対極を行くというこだわりのために苦しんでいたのである。

一二月一〇日、オールド・トラフォードに乗り込んだシティが二対一でまたしてもダービーを制し、シティのリーグ優勝はほぼ確実となった。ユナイテッドは前半終了前に一点を返したが、その時点で彼らのボール占有率はわずか二五パーセントであった。このときも深く守備を固め、極めて受け身の態勢で臨んだユナイテッドは、ひたすらシティがミスを犯すのを待っていた。試合終盤になってユナイテッドが攻めに入ると、シティもひやりとさせられたが、ルカクの至近距離からのシュートをエデルソンが顔でセーブするという文字通り体を張った活躍も見られた。シティはすでに二対一でリードをとっていたが、その二得点ともに、モウリーニョのアプローチの持つ深みのない性質をあざ笑うかのようなセットプレーからのもので、ユナイテッドは手も足も出なかった。

試合後、モウリーニョは彼らしいやり方で仕返しをした。というのは、控室でシティがあまりにもはしゃぐものだから、彼はシティの選手たちとアシスタントコーチのミケル・アルテタに向かって水や牛乳パックを投げつけ、アルテタに至っては顔に傷まで負わせてしまったのだ。試合後の記者会見の席では主審のマイケル・オリヴァーに対し、アンデル・エレーラは危険なダイブをしたと警告を受けたのに、彼がニコラス・オタメンディからタックルを受けて転倒してもペナルティを与えなかったと非難した。確かに、ユナイテッドのプレーはあまりにも無味乾燥であった。ただ、終盤の追い上げを見る限りでは、彼らがもっと早く攻撃を仕掛けていたら、シティは負けていてもおかしくはなかったであろう。

マンチェスター・ユナイテッドは最終的に難なく二位の座についた。結果だけ見ると順調だったように見えるこのシーズンだが、後半は上位の六チームをことごとく倒したかと思えば、昇格してきたチーム相手の三試合では敗れるなど、奇妙なほどに浮き沈みが激しかった。また、パワフルで効率的なプレーを見せた一方で、理由もなく変に守りに入った。中でもチャンピオンズリーグのセビージャ戦はその最たるものであった。このシーズンの決勝トーナメントではどの試合も点の取り合いとなり、守備に強いチームにとって有利な展開が予想されたが、アウェーでのセビージャとの第一戦で、ユナイテッドはおとなしく且つ動きが鈍く、GKダビド・デ・ヘアの好セーブのおかげで何とか〇対〇のドローに持ち込むのが精一杯だった。ユナイテッドはこうしてアウェーゴールで不利な状況に置かれ、第二戦でセビージャに二点を奪われて大会を去った。

同じことはマンチェスター・シティにも言えるだろう。プレミアリーグではボール支配率六六・四パーセントの新記録を打ち立て、成功したパスの数は一試合平均で七三四本と、次点のアーセナルを一二四も上回る。失点数は二七だが、ファン・ハールが指摘していたように、グアルディオラが指揮していたバイエルンと同様、プレスを突破されるととたんに脆さが浮き彫りになる。その傾向がシーズンで初めて顕著に見られたのが、一月にアンフィールドで行なわれたリヴァプール戦である。リヴァプールはシティを四対三で下したこの試合で、九分間の間に三得点を挙げて四対一とリードを奪い、この大量失点がいつまでもシティにおいてしこりとなって残った。さらには、チャンピオンズリーグで再びリヴァプールと顔を合わせたときも同じパターンに陥り、第一戦の前半でシティは一九分の間に三点も奪われ、試合はリヴァプールの勝利に終わった。

ある意味、それはチャンピオンズリーグにおける全体的な傾向の一つともいえる。二〇〇九—一〇シーズンから二〇一六—一七シーズンまでの八シーズンの間に、準々決勝およびそれ以降の一〇四試合のうち、二一の試合で三点以上の差がついて勝負が決まっている。それ以前の八シーズンを見ると、そうした試合は八試合しかない。二〇一七―一八シーズンだけでもすでに五試合ある。グループステージでは、対戦するクラブの間に資金力の差があればスコアに大差がつくのもうなずけるが、ベストエイトが決まる段階やそれ以上では少しおかしくはないだろうか。

それを説明するには複雑に絡み合った要素があるように思われる。プレミアリーグは競争性が激しいのでマンチェスター・シティには必ずしもあてはまらないが、他のヨーロッパの強豪クラブは自国のリーグで易々と支配権を握っていることから、守備のやり方、ひいては闘いそのもののやり方を共に忘れてしまい、スター選手の個人技にますます頼る風潮がそれに拍車をかけているのではないだろうか。そうしたクラブは互角のゲームとなると丸裸にされてしまい、それがチームの乱れ、大量得点そして点の取り合いへとつながる。同時に、現代のサッカーでは、後衛ではより伝統的な守備術を駆使する選手よりも、ボールさばきに長けた選手が重宝される。ボールポゼッションに力を入れようとするならば、それが対戦相手よりも優位に立つという理由からであれ、哲学からであれ、ボールをうまく使いこなせる選手のほうが、他人がボールを使うのを妨げるのが得意な選手よりも当然好まれる。だが、それでは攻撃される際に脆くなるのは否めない。

グアルディオラのチームにはさらにもう一つの問題がある。それは、強力な相手と対戦したときに単に大量の失点を許してしまうというだけではなく、短い時間で立て続けに点を奪われるということである。バイエルン時代には準決勝でレアル・マドリード、そしてバルセロナからあれよあれよという間に点を奪われ、シティでも先に挙げたリヴァプールとの二試合、そして二〇一六―一七シーズンでのレスター戦、二〇一七―一八シーズンのマンチェスター・ユナイテッド戦という例がある。それには、反撃されてパニックに陥るという心理的な要因もあるのかもしれない。また、このシステムを推進する上での裏の部分でもあるだろう。選手たちはその個人の力をチーム全体のために捧げ、それぞれの個性を失うようになる。本来ならその個性でゲームの流れをつかみ、それを自分たちのペースへと引き込むことができるはずなのに。こうして、選手たちはまるで聞き分けのいい生徒たちのようになる。ズラタン・イブラヒモヴィッチがバルセロナで痛烈に批判したのはチームのそうした面であった。リヴァプールとのチャンピオンズリーグ準々決勝第二戦では、後半にグアルディオラがベンチから退席させられたという事態が何よりも試合を左右した。いつもタッチラインのそばで見守り、ゲームをしっかりと管理する彼が、選手たちに直接指示を出すことができない。選手たちは道標をなくしてしまったのだ。

とはいえ、それでクライフ流サッカーのグアルディオラなりの解釈がもう使えないということでは決してない。彼の哲学に間違いはあるかもしれない。クロップの容赦ないプレス攻撃とはとりわけ相性が悪い。何しろ、クロップはグアルディオラとの一四回にわたる対戦のうち八試合で勝利を挙げているのである。グアルディオラ相手にこれほど白星を挙げている監督はクロップの他にはいない。明らかに、クロップのスタイルは特定のタイプの選手、そして一定のレベルに達した選手にのみ適応する。グアルディオラへの批判には、たとえ彼がバーンリーの監督だったとしてもこうしたスタイルでプレーさせることはないだろう、という意見もあるが、それはF1のドライバーが二〇年物のフィアット・ウノで近所まで買い物に行くのにサーキットでのような走りを見せないだろうと言うのと同じくらい見当違いな意見である。しかし、グアルディオラのアプローチは九シーズンで七つの国内リーグタイトル、そして二度のチャンピオンズリーグ優勝をもたらし、現代サッカーのスター主義、個人主義の傾向に挑みつつ、この上なく美しいサッカーを世に送り出した。

他のところではおそらく、クライフの影響は下降線をたどっている。モウリーニョは反グアルディオラの戦いを続け、結果には波があるが、最近では以前より少しばかり息切れし、レアル・マドリードで受けた傷が未だ癒えないままのように見える。また、指揮するクラブはあまりにも強大すぎて、昔のような気骨あふれるアウトサイダー的な役割を演じるのは不可能であり、はみ出し者のパワーを出せずにいる。彼はそのうちに復活を遂げるかもしれないが、彼のマンチェスター・ユナイテッドでの二年間は苦しく、好調なシティに立ち向かって苦戦を強いられたイメージが強く、それは二〇一七―一八シーズンでより顕著であった。

クライフ流継承スタイルのお家元でも状況は決して楽ではなかった。バルセロナは二〇一七―一八シーズンのリーガを制したが、彼らのプレーはよりスピードが落ち、チーム高齢化の限界がチャンピオンズリーグで露呈した。ルイス・エンリケによって持ち込まれたスター選手主義の味付けはそう簡単に払拭することはできないだろう。アヤックスではビロード革命が残念な結果に終わった。しばしの間チームに息を吹き返させたボスは、ボルシア・ドルトムントに移るも結果を出せず、一方でアヤックス内の混乱はいまだに続いている。五〇年ぶりの超低迷期を迎えていたオランダ代表チームは、クライフチルドレンの一人ロナルド・クーマンに状況の立て直しを依頼したが、クーマンはここでは昔のようなクライフ哲学が通じるとは思っていないという見方を明らかにしている。

それでもバルセロナは、二〇年前に頂点を極めたそのプレースタイルを継承し、今でもその影響力は絶大である。様々な形態の下で、プレスとボールポゼッション中心主義は状況に対応し、現代のサッカーの基礎を作った。世界レベルでは、現代サッカーのグローバル的な性質によって他のどのスタイルよりもそれに貢献した。モウリーニョのようにクライフの主義を撥ねつけた監督たち、また、ディエゴ・シメオネ、マウリシオ・ポチェッティーノ、ユルゲン・クロップといった、異なる背景から来た監督たちも、何かしらその影響を受けた。そこにこそ、クライフが達成したことと彼の影響の大きさがはっきりとうかがえる。カンプ・ノウで共にそれを体験した人々が大々的な成功を収めただけではない、他のあらゆる強豪クラブ、そして名将と呼ばれる監督たちが、その対抗策を見出すために知恵を絞ったということも忘れてはならない。

クライフが監督職を離れて二〇年以上経過した今も、彼の遺産はしっかりと守られている。現代サッカーのトップレベルにおいてアプローチが多様化しても、彼の残した足跡は何よりも大きな影響を与え続けているのである。

謝辞

あらゆる書物は人々の協力により成り立っている。本書もまた、世界中の数多くの人々がその時間を割き、知識をもたらしてくれなければ完成し得なかったであろう。インタビューに応じていただいた監督、選手、コーチらには大いに感謝を述べたい。しかし、それよりもさらにありがたかったのは、私の同業者であるジャーナリスト諸兄姉たちの協力である。彼ら自身も同じようなテーマで執筆中だったのではないかと思うとなおいっそうのこと感謝に堪えない。

シド・ロウ氏には、インタビューのセッティングのお世話、連絡先の紹介、そしてそのスペインサッカーに関する膨大な知識を提供していただくなど、今回もまたいつものように大変お世話になった。オランダ及びポルトガルのサッカー事情に関しては、プリヤ・ラメッシュ氏とカルロス・サントス氏のサポートが無ければ本書は完成し得なかったであろう。また、バルセロナの古い新聞を入念に調べてくれたリク・シャーマ氏の協力も貴重であった。イタリアのサッカーに関する部分では、ジェームス・ホーンキャッスル、フェデリコ・バッサウン、パオロ・バンディーニの各氏には多大な力添えを賜った。

初版ではカット・ピーターソン氏から厳しい校閲をいただき、イアン・グリーンシル氏の校正には大いに助けられた。編集者のマット・フィリップス氏、そしてクリケットでは私の想像をはるかに超える緩いスピンをかけてボールを投げる私の代理人ディヴィッド・ラクストン氏にも感謝する。

　本書の起こりはスウェーデンのサッカー誌『オフサイド』に寄せた記事であり、同誌編集部の皆様には依頼をいただいて感謝している。それがクリケットのツアーについて『ザ・ガーディアン』紙に寄せた記事のおかげで新たな一歩を踏み出すことになった。なので、同紙編集部及びにオーサーズ・クリケット・クラブのチームメイトであり、ミルトンの『失楽園』を引用してジョゼ・モウリーニョとサタンの類似点を教えてくれたトム・ホランド氏にも礼を述べたい。

　最後に、情報や見解の提供、その他何らかの形で協力していただいた方々すべての人々に感謝するとともに、以下の人々にも厚くお礼申し上げる（敬称略）。ジョン・ブレウィン、ミゲル・デラニー、ケン・アーリー、サイモン・クーパー、ガブリエーレ・マルコッティ、アンディ・ミッテン、ジャック・ピット＝ブルック、クリストフ・テルー。

解説

西部 謙司

本書はヨハン・クライフから始まるFCバルセロナ歴代監督の足跡を辿りつつ、スコットランドを発祥とするヨーロッパフットボール現代史が綴られている。クライフ、ルイ・ファン・ハール、ジョゼ・モウリーニョ、ペップ・グアルディオラが、同じ流派に属しながらも対立と衝突を繰り返していく絵巻物だ。

FIFAが初の国際試合として認定している一八七二年のスコットランド対イングランドは〇対〇のドローだった。すでにこのときから、スコットランドはショートパスを使ったプレーを行なっていたという。ここからの一〇年間に行われた両国の定期戦で、スコットランドは七勝二分二敗だった。だからといってフットボールのスタイルが二分された当初からスコットランド方式が優れていたとまでは断言できないが、スコットランドのスタイルはヨーロッパ大陸や南米諸国へ広く受け入れられていく。

フットボールの構成要素を絞り込むと「人」と「ボール」が残る。イングランドはより強く、より速い選手による、ロングボールとドリブルのスタイルだった。この「人」のパワーに重きを置いたイングランドに対して、スコットランドは「ボール」に着目した。イングランド人からすれば、スコットランド人は狡猾にもパスを使って真っ向勝負を回避しながら攻撃を仕掛けてきた。

やがてイングランドにプロチームが出現すると、多くのスコットランド選手が活躍し、スコットランド風のパスゲームを行なうクラブも現れたが、主流はやはりイングランドのスタイルだった。スコットランド人たちは大陸へ渡り、フットボールを伝え、パスゲームは各地に広められた。代表的な伝道師にオーストリアやハンガリーなど、大陸に広く足跡を残しているジミー・ホーガンがいる。

スコットランド人のホーガンがウィーンに招聘された際のエピソードとして、自分に向かって思い切りボールを蹴らせるというパフォーマンスがあった。強く蹴られたボールを、ホーガンはピタッと止めてみせたそうだ。時代は違うが、ドイツ人のデットマール・クラマーが似たようなパフォーマンスを見せている。クラマーは片手にボールを持ち、それを自らの足下へ思い切り投げつける。すると、ボールは地面とクラマーの足の間にピタリと収まる。何度繰り返しても同じだった。

ホーガンが（そしてクラマーも）最初に伝えたのはボールの原理だ。ボールの中心から上を触れれば、ボールはその運動を停止する。どんなに強く蹴られたボールでも、中心から上にある、いわばOFFスイッチを触れば動けなくなって静止する。当たり前のことなのだが、そのOFFスイッチがどこにあり、どう触ればいいのか。それを何回でも同じようにやることは簡単ではない。ボールを止める、ボールを蹴る、最も基本的な技術こそが重要で奥深く、鍛錬が必要だということ。しかし、それを習得してボールマスターになれば、スコットランド流のプレーは選手にも、それを見る観客にも大きな喜びを約束してくれる——その第一歩として魔法のようなボールの止め方を披露したに違いない。

「ファン・ハールからボールの蹴り方を教わりたくないね」

バルセロナでプレーしていたころのフリスト・ストイチコフはそう毒を吐いたことがあるが、ファン・ハールでない監督からは教わっていたのかもしれない。たぶん、クライフからは教わっていたはずだ。

本書に登場するメインキャストであるクライフとファン・ハール、グアルディオラとモウリーニョは、スコットランドが源流の同じスタイルを信奉する監督でありながら、それぞれが強く反発し合っている。グアルディオラはクライフの正統後継者だ。ファン・ハールとモウリーニョに多くの共通点は見出せないかもしれないが、バルセロナでは監督とコーチの間柄だった。クライフとグアルディオラは名選手でボールマスターだったが、ファン・ハールとモウリーニョは選手としては無名に近い。クライフ&グアルディオラ、ファン・ハール&モウリーニョのどちらがよりボールに近かったかといえば前者になる。ファン・ハールとモウリーニョにはそこにコンプレックスがあり、彼らが問題を引き起こすときの要因になっている様子が本書からうかがえる。

ファン・ハールはロジックに固執するあまり、スコットランド流派が本来持っているはずの自由や闊達さを極度に制限してしまって墓穴を掘った。モウリーニョはスコットランド流に親和性の高いポルトガルの出身で、スコットランドでライセンスをとりバルセロナで働いたが、正統後継者とはならず、むしろ知悉《ちしつ》しているフットボールの弱点をつくことに躍起になっていく。フットボールの王になろうとして王道を研究した結果、やりすぎて似て非なる者になってしまったのがファン・ハール、王になる資格がないことを悟って覇道を突き進んだのがモウリーニョといえるかもしれない。

クライフとグアルディオラは王道を進んだ。ただ、この道を通れる人は限られていて、王道ではあるが主流であったことはない。ジミー・ホーガンが王道を教えたオーストリア代表はやがて「ヴンダーチーム」と呼ばれるフットボール史上でも輝かしい偉大なチームになった。また、ハンガリー代表もホーガンの教えから、やはり偉大な「マジック・マジャール」を生み出すに至る。ジャック・レイノルズが改革したオランダにはアヤックスが台頭し、アヤックスを土台としたオランダ代表はヴンダーチームやマジック・マジャールの系譜を継いだ。ただし、オーストリア、ハンガリー、オランダはいずれもワールドカップで優勝はしていない。また、これらの偉大なチームは彼らの時代で唯一で孤高の存在だったともいえる。


進化したスコットランド方式は、ポゼッションとポジションのフットボールである。ボールマスターたちによるボールポゼッション、そしてその技術を最大限に生かすためのポジショニング。この方式の真髄がパスワークである以上、ポジショニングの優位性は絶対だ。より良い視界を得るための位置、体の向きはもとより、敵の体重移動の逆をついて瞬間的にフリーになることなど、ポジショニングはボール技術とともにパスワークを駆動させる両輪となる。

オーストリア、ハンガリー、オランダ、そしてバルセロナへ通じるパスゲームにおいて、ポジションの流動性は共通項になっている。どのチームも「偽九番《フォルスナイン》」を採用したことは象徴的といえるかもしれない。ドリブル突破を別にすれば、パスゲームでの崩しのメインとなるのは必然的にパス&ムーブである。そしてパス&ムーブはポジションの入れ替わりや変形を誘発する。相手守備陣の中央に穴を開けるセンターフォワードはその典型で、マティアス・シンデラー、ヒデグチ・ナンドール、ヨハン・クライフ、リオネル・メッシが「偽九番」を引き継いできたのは偶然ではないのだ。「偽九番」がいる以上、偽八番も偽一一番も必然的に発生するわけで、ポジションの流動性と互換性はこの流派のトレードマークだった。

流動性は攻撃のダイナミズムを生み出すが、ボールを失ったときにはリスクになる。ファン・ハールはリスクを懸念するあまりに流動性を制御したので、この流派としては踏み込み不足の感は否めない。ただ、リスクを冒すがゆえに栄光を取り逃がしてきたことも事実ではあるわけだ。モウリーニョはその轍《わだち》を踏みたくないがために、次第に逆張りに傾いていき、この流派からは完全に逸脱して、ついには「グアルディオラ・キラー」のヒール役として知られるに至る。

スコットランド流派の信奉者であるセサル・ルイス・メノッティは「人々に寄り添う左派のフットボール」と表現している。確かにこのフットボールはメノッティの言うようにフットボールファンを魅了するが、彼が言うほど「民衆に寄り添うもの」なのかどうかには疑問がある。むしろ一定以上の要件を満たしているチーム、例えばバルセロナのようなチームにしか許されないスタイルであり、民衆のというより特権階級のフットボールというほうが当たっているからだ。モウリーニョがバルセロナの監督就任という王位継承の機会を失い、反逆者として持たざる者のためのフットボールを扇動していく姿は、ヒールであるとともにヒーローでもある。どちらの側から見るかで違って見えるはずだ。

一九六〇年代以降については、リヌス・ミケルスからヨハン・クライフへ、さらにグアルディオラへと継承されてきたスコットランド由来の王道フットボールは、たとえ王に相応しいタイトルを獲得できていないにしても、王たる資格を有するごく限られた者が伝承してきた。彼らに共通するのは、このスタイルを理屈抜きにも信じ切れる直感と、ある種の傲慢さである。次の継承者としてはシャビ・エルナンデスが適任に見えるが、そうでなくても誰かがこの細々とした流れをつないでいくに違いない。

参考文献

『Ajax, Barcelona, Cruyff: The ABC of an Obstinate Maestro』（Frits Barend,Henk van Dorp,Bloomsbury,1997）／『ヨハン・クライフ「美しく勝利せよ」』（二見書房）

『Angels with Dirty Faces』（Jonathan Wilson,Orion,2016）

『Barça: A People' s Passion』（Jimmy Burns,Bloomsbury,1999）

『Barça : The Making of the Greatest Team in the World』（Graham Hunter,BackPage, 2012）／『FC バルセロナの語られざる内幕』（SB クリエイティブ）

『Bayern』（Uli Hesse,Yellow Jersey,2017）

『Brilliant Orange : The Neurotic Genius of Dutch Soccer』（David Winner,Bloomsbury, 2000）／『オレンジの呪縛 - オランダ代表はなぜ勝てないか?』（講談社）

『Das Reboot』（Raphael Honigstein, Yellow Jersey, 2015）

『Descartes' Error』（António Damásio,Grosset Putnam,1994）／『デカルトの誤り 情動、理性、人間の脳』（筑摩書房）

『Farewell but not Goodbye』（Bobby Robson,Hodder & Stoughton,2009）

『Fear and Loathing in La Liga（Sid Lowe,Yellow Jersey,2013）

『Football Total』（Ştefan Kovacs,Calman-Levy,1975）

『Giocare da uomo』（Javier Zanetti,oscar,2016）

『I Am Zlatan Ibrahmović』（Zlatan Ibrahmović with David Lagercrantz,Penguin,2013）／『I AM ZLATAN ズラタン・イブラヒモビッチ自伝』（東邦出版）

『Inverting the Pyramid』（Jonathan Wilson,Orion,2008）／『サッカー戦術の歴史　2 - 3 - 5 から 4 - 6 - 0 へ』（筑摩書房）

『José Mourinho』（Luis Lourenço,Dewi Lewis Media,2004）／『ジョゼ・モウリーニョ「KING OF 監督」誕生ストーリー』（講談社）

『José Mourinho』（Robert Beasley,Michael O' Mara,2016）

『Koeman & Koeman』（Sjoerd Claessen,DCM,1998）

『La meva gent, el meu futbol』（Pep Guardiola,Edecasa, 2001）

『L' Alieno Mourinho』（Sandro Modeo,ISBN Edizioni,2013）

『Louis van Gaal』（Maarten Meijer,Ebury,2014）／『ルイ・ファン・ハール 鋼鉄のチューリップ』（カンゼン）

『Louis Van Gaal,Biografie & Visie』（Louis Van Gaal,Publish Unlimited,2009）

『Messi』（Guillem Balague,Orion,2013）

『Mijn Ajax: Openhartige Memoires van den Talisman van Ajax in den gouden Jaren ' 60 en ' 70』（Salo Müller,Houtekiet,2006）

『Mourinho』（José Mourinho,Headline,2015）／『Mourinho ジョゼ・モウリーニョ自伝』（東邦出版）

『Mourinho』（Patrick Barclay, Orion,2005）／『ジョゼ・モウリーニョ 勝者の解剖学』（宝島社）

『Mourinho,the True Story』（Joel Neto,First Stone,2005）
『My Turn』（Johan Cruyff, Macmillan,2016）／『ヨハン・クライフ自伝 サッカーの未来を継ぐ者たちへ』（二見書房）
『O, Louis』（Hugo Borst,Yellow Jersey,2014）
『Pep Confidential』（Martí Perarnau, Arena,2014）／『ペップ・グアルディオラ キミにすべてを語ろう』（東邦出版）
『Pep Guardiola』（Guillem Balague,Orion,2012）／『知られざるペップ・グアルディオラ』（朝日新聞出版）
『Pep: The Evolution』（Martí Perarnau, Arena,2016）／『グアルディオラ総論』（ソル・メディア）
『Quiet Leadership』（Carlo Ancelotti, Penguin,2016）／『戦術としての監督』（KADOKAWA）
『Spain: The Inside Story of La Roja's Historic Treble』（Graham Hunter,BackPage,2016）
『The Artist』（Andrés Iniesta,Headline,2016）／『LIFE アンドレス・イニエスタ自伝』（東邦出版）
『The Ball Doesn' t Go In By Chance』（Ferran Soriano,Palgrave,2011）／『ゴールは偶然の産物ではない FC バルセロナ流世界最高マネジメント』（アチーブメント出版）
『The Ball is Round: A Global History of Football』（David Goldblatt, Viking,2006）
『The Blizzard, Issue Nine』（Simon Kuper, 'Pep' s Four Golden Rules'）
『The Blizzard, Issue One』（Sid Lowe, 'The Brain in Spain'）
『The Blizzard, Issue Three』（Simon Kuper and David Winner, 'Comparing Apple with Oranje'）
『The Blizzard, Issue Twenty-Seven』（Tom Williams, 'An Englishman Abroad'）
『The Blizzard, Issue Zero』（Simon Kuper, 'The Dutch Style and the Dutch Nation'）
『The Coaching Philosophies of Louis Van Gaal and the Ajax Coaches』（Henny Kormelink and Tjeu Seeverens,Reedswain,2003）
『The Duellists』（Paolo Condo,De Coubertin, 2017）
『The Special One』（Diego Torres,HarperSport,2014）／『モウリーニョ vs レアル・マドリー「三年戦争」明かされなかったロッカールームの証言』（ソル・メディア）
『Thoughts about Architecture』（Jacob Bakema ,St Martin' s Press, 1981）
『Tor !: The Story of German Football』（Uli Hesse, WSC, 2003）

クライフ監督就任（1988-1989シーズン）以降のFCバルセロナの成績

シーズン	監督	国内			UEFA	
		リーガ	コパ・デル・レイ	スーペルコパ	CL	EL
1988-89	ヨハン・クライフ	2位	ベスト8	2位		
1989-90		3位	優勝			
1990-91		優勝	ベスト4	2位		
1991-92		優勝	ベスト16	優勝	優勝	
1992-93		優勝	ベスト4	優勝		
1993-94		優勝	ベスト8	2位	2位	
1994-95		4位	ベスト16	優勝	ベスト8	
1995-96		3位	2位			
1996-97	ボビー・ロブソン	2位	優勝	優勝		
1997-98	ルイ・ファン・ハール	優勝	優勝	2位	GS敗退	
1998-99		優勝	ベスト8	2位	GS敗退	
1999-00		2位	ベスト4	2位	ベスト4	
2000-01	セラ・フェレール カルロス・レシャック	4位	ベスト4		1次GL敗退	
2001-02	カルロス・レシャック	4位	初戦敗退		ベスト4	
2002-03	ルイ・ファン・ハール ラドミール・アンティッチ	6位	初戦敗退		ベスト8	
2003-04	フランク・ライカールト	2位	ベスト8			ベスト16
2004-05		優勝	初戦敗退		ベスト16	
2005-06		優勝	ベスト8	優勝	優勝	
2006-07		2位	ベスト4	優勝	ベスト16	
2007-08		3位	ベスト4		ベスト4	
2008-09	ペップ・グアルディオラ	優勝	優勝		優勝	
2009-10		優勝	ベスト16	優勝	ベスト4	
2010-11		優勝	2位	優勝	優勝	
2011-12		2位	優勝	優勝	ベスト4	
2012-13	ティト・ビラノバ	優勝	ベスト4	2位	ベスト4	
2013-14	ヘラルド・マルティーノ	2位	2位	優勝	ベスト8	
2014-15	ルイス・エンリケ	優勝	優勝		優勝	
2015-16		優勝	優勝	2位	ベスト8	
2016-17		2位	優勝	優勝	ベスト8	
2017-18	エルネスト・バルベルデ	優勝	優勝	2位	ベスト8	
2018-19		優勝	2位	優勝	ベスト4	

[著者略歴]

ジョナサン・ウィルソン

Jonathan Wilson

1976年、イギリス生まれ。『ガーディアン』『インディペンデント』紙などに寄稿する、博覧強記の世界的なスポーツジャーナリスト。戦術研究の第一人者として知られ、サッカーのシステム論から歴史、文化まで様々なテーマをウィットに富んだ筆致で記す。著書多数。邦訳されている著書に『サッカー戦術の歴史 2-3-5から4-6-0へ』(筑摩書房)、『孤高の守護神』(白水社)がある。

[解説者略歴]

西部 謙司

Nishibe Kenji

1962年生まれ、東京都出身。早稲田大学教育学部を卒業し、商社に就職も3年で退社。学研『ストライカー』の編集記者として95年から98年までフランスに在住し、ヨーロッパサッカーを中心に取材。02年からフリーランスとして活動。サッカー技術、戦術解析の第一人者として活躍している。著書に『メッシは2歩で敵を抜く』(学研)、『戦術リストランテ』(ソル・メディア)、『サッカー戦術クロニクル』(カンゼン)など多数。

[訳者略歴]

三好 幸詞

Miyoshi Koshi

1971年生まれ、熊本県出身。熊本大学文学部史学科、パリ第10大学歴史学科卒業。アフリカの仏語圏やフランス国内で翻訳および通訳、フリーで主にスポーツ関連の新聞や雑誌の翻訳に携わった後、フランスのプラント・エンジニアリング企業に勤務。パリ在住。

装　丁　水戸部 功
D T P　松浦 竜矢
編集協力　一木 大治朗
佐藤 航太

バルセロナ・レガシー
クライフ哲学の申し子たちによる熾烈極まる抗争

2019（令和元）年 9 月 2 日　初版第 1 刷発行

著　者　ジョナサン・ウィルソン
解　説　西部 謙司
訳　者　三好 幸詞
発行者　錦織 圭之介
発行所　株式会社 東洋館出版社
〒113-0021　東京都文京区本駒込 5-16-7
営業部　TEL 03-3823-9206 ／ FAX 03-3823-9208
編集部　TEL 03-3823-9207 ／ FAX 03-3823-9209
振　替　00180-7-96823
U R L　http://www.toyokan.co.jp

印　刷　藤原印刷株式会社
製　本　牧製本印刷株式会社
ISBN978-4-491-03707-3 / Printed in Japan